O EU SEM DEFESAS

O MÉTODO PATHWORK
PARA VIVER UMA ESPIRITUALIDADE INTEGRAL

Susan Thesenga

O EU SEM DEFESAS

O MÉTODO PATHWORK
PARA VIVER UMA ESPIRITUALIDADE INTEGRAL

Tradução
CARMEN YOUSSEF

Editora
Cultrix
SÃO PAULO

Título original: *The Undefended Self – Living The Pathwork of Spiritual Wholeness.*

Copyright © 1994 Susan Thesenga.

Copyright da edição brasileira © 1997 Editora Pensamento-Cultrix Ltda.

1ª edição 1997.
10ª reimpressão 2016.

Sevenoaks Pathwork Center, Route 1, Box 86, Madison, Virginia 22727 – USA.

Todos os direitos reservados. Nenhuma parte deste livro pode ser reproduzida ou usada de qualquer forma ou por qualquer meio, eletrônico ou mecânico, inclusive fotocópias, gravações ou sistema de armazenamento em banco de dados, sem permissão por escrito, exceto nos casos de trechos curtos citados em resenhas críticas ou artigos de revistas.

A Editora Cultrix não se responsabiliza por eventuais mudanças ocorridas nos endereços convencionais ou eletrônicos citados neste livro.

Direitos de tradução para a língua portuguesa adquiridos com exclusividade pela
EDITORA PENSAMENTO-CULTRIX LTDA, que se reserva a
propriedade literária desta tradução.
Rua Dr. Mário Vicente, 368 – 04270-000 – São Paulo, SP
Fone: (11) 2066-9000 – Fax: (11) 2066-9008
http://www.editoracultrix.com.br
E-mail: atendimento@editoracultrix.com.br
Foi feito o depósito legal.

Dedicatória

Este livro é dedicado a **Eva Broch Pierrakos**, que trouxe a sabedoria do Pathwork para o nosso mundo.

Agradecimentos

À Pathwork Foundation, que me autorizou a citar sem restrições as Palestras do Guia do Pathwork. A Pathwork Foundation tem o direito autoral exclusivo sobre essas palestras.

Ao dr. John Pierrakos, que me incentivou e me autorizou a usar o texto e o título do manuscrito que Eva Pierrakos escreveu em 1965, *The Undefended Self*.

Às muitas pessoas que me apoiaram ao longo do caminho, dentro e fora das comunidades Pathwork, e em especial às seguintes, pelo auxílio editorial e técnico: Asha Greer, Gene Humphrey, D. Patrick Miller, Karen Millnick e Judith Saly.

À minha mãe e ao meu pai, que cultivaram a abertura de espírito, a integridade e a coragem, e a minha filha Pamela, que trouxe tanta luz e alegria ao meu mundo.

E, acima de tudo, ao meu marido e parceiro espiritual, Donovan Thesenga, cuja contribuição foi fundamental para o desenvolvimento de minha vida e deste livro.

"Todo ser humano tem um anseio íntimo que vai além do
anseio pela satisfação emocional e criativa.
Esse anseio vem da percepção de que é preciso haver
um estado de consciência ainda mais satisfatório
e uma capacidade maior de viver a vida."

— *O Guia do Pathwork*

Sumário

Dedicatória e agradecimentos... 5
Prefácio 11
Resumo dos capítulos, a história de Susan 12

Capítulo 1. **A Aceitação da Dualidade** 19
Simplesmente Susan: deixando a vida fluir
A aceitação da nossa natureza humana imperfeita; O despertar do potencial espiritual; A ampliação do senso de eu; O respeito pelo anseio espiritual; O caminho do eu sem defesas

Capítulo 2. **A Opção pela Unificação dos Eus** 33
Maureen: A integração da criança e da domadora de leões
O desenvolvimento de nossas dualidades; Crescer rumo à unidade; A meta do trabalho espiritual; A crise e a evolução espiritual da nossa espécie; O impulso da evolução

Capítulo 3. **O Desenvolvimento do Eu Observador**.................... 49
A expansão de James: o microscópio e o estojo de primeiros socorros
O eu observador; Distorções da auto-observação; A origem das distorções da auto-observação; A auto-aceitação radical; Dois aspectos do eu observador: verdade e amor; Verdade: atitudes construtivas; Amor: atitudes construtivas; Auto-identificação; Instrumentos para desenvolver o eu observador: meditação e recapitulação diária; Recapitulação diária

Capítulo 4. **O Acolhimento da Criança, do Ego Adulto e dos Eus Transpessoais** 69
Bobbi, Barbara e a avó: a descoberta da Criança Interior e da Mulher Sábia Interior
Os mapas da consciência; O eu criança; A mente indiferenciada da criança; O ego adulto; Aspectos positivos e negativos do ego; O ego em relação aos outros; O ego em relação a Deus; A necessidade de um ego saudável; Alma/nível transpessoal; Aspectos positivos e negativos do nível transpessoal; Diferença entre a alma, os níveis transpessoais e outros níveis; O nível unificado; Entrega; A coexistência dos estágios; O paradoxo da evolução espiritual

Diagramas constantes deste capítulo:
Os Três Eus 76
Mapa da Psique Humana 78

Capítulo 5. Como Recriamos o Passado no Presente 95
Bill e Joanne: desfazendo os nós sexuais do relacionamento
Definição de imagem; A origem das imagens; A origem das imagens no nível da alma; Tipos de imagens; Mais exemplos de imagens em funcionamento; A compulsão para recriar mágoas da infância; Como descobrir uma imagem; A vergonha indica uma imagem; A imagem principal ou as divisões da alma; Como desfazer as imagens e os resultantes círculos viciosos; O círculo virtuoso

Capítulo 6. A Compreensão do Eu-Máscara 117
A máscara de Connie: abrindo mão da auto-imagem idealizada
A máscara e a jornada da transformação; O que é a máscara?; A origem da auto-imagem idealizada; A ligação entre uma imagem e a máscara; A defesa; Reações secundárias de defesa; A máscara e a recriação das mágoas da infância; Três tipos de máscara; 1) A máscara do amor; 2) A máscara do poder; 3) A máscara da serenidade; 4) A máscara combinada; A transformação do eu-máscara; A máscara como distorção do Eu superior

Diagramas constantes deste capítulo:
Os Aspectos dos Três Eus 121
Personalidade Comum 121
Personalidade Evoluída 122

Capítulo 7. Como Enfrentar o Eu Inferior 139
Os fantasmas de Albert: encontro com o eu inferior
O que é o eu inferior? O que é o mal? A negação do eu inferior; Três aspectos do eu inferior: orgulho, obstinação e medo; O que o eu inferior não é; A raiva do eu inferior; A revelação do eu inferior; O poder criador do eu inferior; As origens do eu inferior; O eu inferior inato da criança; O karma e o eu inferior; A origem do mal; O mito cristão; Perspectivas não-cristãs; A perspectiva do Pathwork

Capítulo 8. O Encontro com o Eu Superior 163
O coração de Susan: abertura ao Eu superior
O que é o Eu superior? A experiência do Eu superior; O Eu superior e o eu inferior; Negação e vergonha do Eu superior; O Eu superior e a máscara; O que o Eu superior não é; As emanações dos três eus; O que é Deus?; O Eu superior como consciência cósmica; O Eu superior e a imagem de Deus; A entrega ou a resistência ao Eu superior

Capítulo 9. **A Libertação das Ligações com o Eu Inferior**.................187
O demônio de Michael: explorando as raízes do fruto proibido
Intenção negativa, vontade negativa; As intenções negativas tornadas conscientes; Por que escolhemos o negativismo; O abandono das intenções negativas; A afirmação das intenções positivas; A compreensão dos níveis mais profundos da nossa negatividade; O prazer negativo; O que é o prazer?; A ligação da força vital a situações negativas; A origem do prazer negativo; As distorções da sexualidade; Como lidar com o prazer negativo; A transformação do prazer negativo

Capítulo 10. **A Transformação do Eu Inferior** 209
O demônio de Michael: a transformação de luxúria em amor
A ativação das energias do Eu superior; O abandono do eu inferior; A ativação das energias do eu inferior; Sentir os sentimentos; O mal visto como defesa contra a dor; A dor da culpa verdadeira; A paciência para a cura do eu inferior; Meditação para reeducar o eu inferior; As qualidades divinas por trás dos defeitos; A responsabilidade total por si mesmo; A entrega a Deus

Capítulo 11. **A Criação da Vida a Partir do Eu Superior** 227
O retiro de Susan: em busca do feminino
A criação de nós mesmos e a responsabilidade por nós mesmos; Identificação com o Eu superior; Meditação para a criação positiva; Resumo do trabalho pessoal necessário para a criação positiva da vida; Etapas do caminho do eu sem defesas; A dança criativa da evolução espiritual; A criação do céu na Terra

Gráfico "Passos do Caminho Espiritual"................................247
Lista de Palestras do Guia do Pathwork para uma vida de Espiritualidade
    Integral 252
Para maiores informações sobre o Pathwork............................258

Prefácio

O profundo anseio que existe em todo coração humano por um estado mais satisfatório de consciência e uma capacidade maior de viver a vida leva-nos, mais cedo ou mais tarde, necessariamente, a olhar para dentro de nós. Quando descobrimos que não é possível conquistar a felicidade através da posse de bens materiais, de realizações ou mesmo de relacionamentos, finalmente voltamos a atenção para dentro de nós e começamos a perguntar: "Quem sou eu? O que é a verdadeira felicidade e como posso eliminar os obstáculos para obtê-la?" E, além da felicidade pessoal, começamos a perguntar: "O que estou fazendo na Terra? O que é Deus e como posso experimentá-lo?" Tais questões nos incitam a fazer uma sondagem psicológica para nos conhecermos, e a fazer uma busca espiritual para descobrir as respostas às perguntas finais sobre a natureza da realidade. Mais cedo ou mais tarde, será preciso encontrar e trilhar o caminho que ajudou outros viajantes a encontrar a satisfação interior e o sentido da vida.

Este livro descreve o Pathwork, uma disciplina espiritual contemporânea que promove o crescimento pessoal com a finalidade de conhecer e integrar nossa vasta realidade interior. O Pathwork enfatiza a necessidade de aceitarmos todas as nossas dualidades, o que inclui o lado mau e o lado bom, o ego limitado e o aspecto divino. Através da auto-aceitação, aprendemos a viver em unidade, amor e verdade — o território do eu sem defesas. Este livro resume o Pathwork para o leitor seriamente empenhado no seu desenvolvimento espiritual.

O Pathwork baseia-se conceitualmente no material que Eva Broch Pierrakos canalizou desde 1955 até morrer, em 1979.[1] Eva foi uma extraordinária mestra espiritual com quem estudei durante sete anos. A entidade ou energia que ela canalizava é conhecida simplesmente como o Guia. O processo criado a partir dos ensinamentos do Guia — que continuam a evoluir por meio das contribuições de muitos terapeutas, curadores e mestres espirituais — é conhecido como o Pathwork. Este trabalho é ensinado e praticado em dois centros rurais de retiro nos Estados Unidos, e em outros centros naquele país, na Europa e na América do Sul, que oferecem aconselhamento e programas de ensino sobre o Pathwork. Pequenos grupos de pessoas, em muitas partes do mundo, reúnem-se para estudar e aplicar esses princípios espirituais.[2]

O Pathwork, que eu ensino e pratico há mais de vinte anos, oferece mapas e processos relativos a muitos estágios do caminho espiritual universal. A dádiva ímpar

---

1. A listagem completa dos títulos das Palestras do Guia do Pathwork é apresentada a partir da página 252. As palestras podem ser encomendadas separadamente nos centros relacionados na página 258.

2. Uma relação dos grupos e centros onde o Pathwork é praticado e ensinado é apresentada na página 258.

do Pathwork é a profunda compreensão da natureza do mal e do eu inferior, além de um processo eficaz para transformar o lado escuro da nossa natureza. Este livro proporciona ajuda em muitos passos da jornada espiritual, porém sua contribuição mais original está nos capítulos que sintetizam o trabalho com o eu inferior. O processo do Pathwork para transformar o eu inferior representa um toque de clarim de esperança para a libertação do mal que existe em nós e no nosso mundo.

Este livro combina o resumo feito por mim do material do Pathwork e citações do Guia. Escrevo a partir da minha perspectiva humana particular; as citações do Guia correspondem ao ponto de vista de uma entidade espiritual não encarnada. Incluo também muitos episódios da minha própria jornada espiritual e muitos exemplos de transformação pessoal que testemunhei ao ajudar outras pessoas nos respectivos caminhos espirituais, através de aconselhamento e seminários. Os nomes dos protagonistas dos casos foram mudados para proteger sua identidade. Os episódios são apresentados no início de cada capítulo, desdobrando-se ao longo de todo o texto. Cada capítulo termina com exercícios que visam aprofundar a compreensão do material.

Resumo dos capítulos

Os capítulos deste livro seguem os estágios do trabalho espiritual, conforme eu os vejo. O Capítulo 1 incentiva-nos a aceitar nossa natureza humana, dualista e imperfeita, e respeitar o nosso anseio espiritual. O Capítulo 2 reforça a necessidade de seguir o caminho na nossa evolução pessoal e coletiva, e ajuda-nos a usar esse anseio como instrumento de unificação. O Capítulo 3 mostra como se faz para desenvolver o eu que observa e identificar-se com ele. Esta é a mais importante ferramenta no trabalho de transformação. A meditação e a recapitulação diária são apresentadas como instrumentos para fortalecer a capacidade de auto-observação objetiva e compassiva.

O Capítulo 4 descreve quatro estágios de desenvolvimento da consciência — a criança, o ego adulto, a alma e a consciência unitiva — e como reconhecer, no nosso íntimo, essas realidades muito diferentes. O Capítulo 5 mostra como estamos constantemente recriando, no presente, preocupações e idéias sobre a vida que tínhamos na infância, e como podemos fazer para nos desembaraçar dessas ilusões ou "imagens". O Capítulo 6 começa a explorar o grande mapa dos três eus: a máscara, o eu inferior e o Eu superior. O Capítulo 6 também apresenta uma descrição completa da máscara e o que é preciso fazer para entendê-la e cortar a ligação com ela. O Capítulo 7 introduz o eu inferior e nos leva a encarar essa energia criativa vital, embora distorcida, presente na alma. O Capítulo 8 ajuda a voltar para casa — ao Eu superior, nossa natureza divina original. Os Capítulos 9 e 10 mostram como nos livrarmos da ligação com a vontade negativa e a incitação negativa e, dessa forma, transformarmos o eu inferior. O Capítulo 11 afirma o esforço para passar da identificação com o ego para a identificação com o Eu superior. Com essa âncora firme, podemos abarcar a totalidade do nosso ser e usar a energia do Eu superior para trabalhar com ânimo na criação de uma nova vida positiva.

Para que você possa entender melhor como encaro a sabedoria perene proporcionada pelos ensinamentos do Pathwork, conto a seguir a minha história, revelando o contexto pessoal e histórico que resultou na lente através da qual vejo a realidade.

A história de Susan

Nasci um mês depois que Hitler invadiu a Polônia, e tinha quase seis anos quando finalmente terminou a Segunda Grande Guerra. Durante a celebração da vitória, lançando ao ar os meus confetes artesanais, uma excitação que ultrapassava a minha capacidade de compreensão me deixou trêmula. Eu sabia que havia acontecido algo importante, que uma terrível escuridão fora levantada do mundo.

Na época, eu não tinha meios de saber, mas Hitler e seu Holocausto se tornariam, para mim, a metáfora que dediquei a vida toda a entender. Se fosse mais intelectual, talvez o impacto provocado por Hitler tivesse feito de mim uma historiadora. Se fosse mais combativa, poderia ter-me levado a uma vida dedicada à justiça social. Meu interesse, ao contrário, é mais pessoal e emocional, voltado para entender o Hitler que vive em mim e em todo coração humano, principalmente naqueles que são bem-alimentados demais para usar o desespero econômico como desculpa para as inúmeras grandes e pequenas crueldades que cometemos e toleramos, individual e coletivamente, todos os dias.

A questão do bem e do mal é uma questão que me preocupou até onde minha memória alcança. Fui uma criança séria e, dos nove aos onze anos, registrei todos os dias em um diário tudo de bom ou mau que fazia ou via, com preces pelas coisas más e graças pelas boas. Quando eu não conseguia encontrar minha bicicleta, supunha que estava sendo castigada por não ter ajudado minha mãe nas tarefas domésticas. Certa vez, ao fugir de um incêndio no bosque, fiquei me questionando se eu tinha praticado um ato de covardia ou de coragem.

Em casa, eu estava sempre procurando me soltar das ataduras emocionais que limitavam minha vida segura no subúrbio. Quando bem pequena, eu era do tipo que engatinhava para baixo da mesa posta com cuidado em busca das cacas de nariz que as crianças ali depositavam para, em seguida, expor minhas descobertas ao distinto público. As verdades que se encontram embaixo das mesas da vida sempre foram as que mais me interessaram.

Apesar do agnosticismo sincero e inteligente de meus pais, vim a interessar-me intensamente por religião. Quando tinha dez anos, meu primo católico, de nove anos, morreu em um acidente de bicicleta; a morte, tão próxima, foi um poderoso ensinamento para mim. Quando meu pai me trouxe uma casquinha de sorvete e tentou me tranqüilizar dizendo que agora "Johnny estava no céu", olhamos um para o outro, sabendo que se tratava apenas de uma mentira conveniente para mascarar a nossa ignorância. Assim, fiz experiências com diferentes igrejas, tentando descobrir mais — o que é a vida, o que é bom, o que é mau?

Depois de rejeitar a Igreja Católica, freqüentei durante algum tempo uma Igreja Episcopal que me conquistou através de um único e poderoso ritual, cuja lembrança ainda me comove. Na Sexta-Feira Santa, uma enorme cruz de madeira preta era levantada em frente à igreja, e a realidade da morte deixava em segundo plano os belos quadros e as toalhas de renda branca do altar. Certa vez sentei-me na igreja durante horas, absorvendo a mensagem daquela cruz preta. Ao me fundir com a negritude, vi o chão abaixo da cruz se abrir e revelar várias grandiosas salas ricamente decoradas com misteriosos objetos do mundo todo, inclusive muitos tesouros orientais, todos muito diferentes do conjunto habitacional prosaico onde eu morava. O que quer que estivesse além da morte parecia indizivelmente vasto e já não tão amedrontador.

Depois, no Domingo de Páscoa, todos os membros da congregação levavam flores para pregar, colar ou prender naquela cruz, que assim ficava totalmente coberta de alegres flores de primavera. Esse símbolo da ressurreição de Cristo confirmava a visão que eu tinha de que a morte, que tememos como o ponto final da nossa vida, poderia ser apenas um ponto na circunferência de uma roda. Todos sabiam que o nascimento era seguido da morte, mas comecei a vislumbrar que o nascimento também poderia seguir-se à morte. O mistério do espírito transcendendo o corpo, da encarnação física como apenas o início de uma realidade muito mais profunda — tudo isso levava minha jovem e séria alma a ser piedosamente alegre e reverente.

Quando os interesses mais prementes da adolescência se fizeram sentir, deixei de ir à igreja. Mas comecei a acampar. O fato de estar em contato com a natureza, além de me poupar de algumas das loucuras da adolescência, passou a ser a minha forma preferida de adorar a Deus. Foi também na adolescência que me encontrei pela primeira vez com judeus e fiquei obcecada com a leitura de relatos pessoais sobre o Holocausto. Eu estava tentando entender como um mal tão grande poderia ter criado raízes em um povo que "sabia mais". Qual era a irresistível atração do mal?

Eu já tinha terminado a faculdade quando comecei a questionar seriamente se todo esse aprendizado tinha algo que ver com o que realmente me interessava — tornar-me uma pessoa melhor. Eu imaginava se a educação não seria apenas mais uma máscara, irrelevante em relação às lições mais profundas que, de alguma forma, eu sabia que me aguardavam.

Enquanto ensinava inglês a calouros da Universidade Howard, tive a primeira oportunidade de "fazer o bem" no mundo. Acabei aderindo ao movimento moral pelos direitos civis, que então estava no auge. O mergulho na cultura afro-americana ampliou meus horizontes culturais; participei de muitos dos momentos históricos mais importantes de meados dos anos 60. Tive a experiência de uma enorme expansão de consciência ao participar da "Marcha sobre Washington" em 1963, quando o dr. Martin Luther King proferiu seu inesquecível discurso "Eu tenho um sonho". No verão de 1964, fui para o sul (junto com muitos outros brancos nortistas bem-intencionados e irremediavelmente ingênuos), onde lecionei em uma pequena faculdade para negros nos arredores de Jackson, Mississippi. Lá tive o primeiro contato com o terror de verdade, depois de ser presa por estar dirigindo um carro com passageiros brancos e negros.

A atuação no movimento pelos direitos civis intensificou meu ódio aos opressores, que eu via como os homens brancos, em especial os homens brancos investidos de autoridade que trabalhavam para o "Sistema". Como meu amado pai. Acabei percebendo que meu ódio era neurótico; meu fervor moral tinha tanto que ver com sentimentos não-resolvidos pelo meu pai quanto com as questões políticas a que esses sentimentos se associaram. Essa idéia me levou à terapia e, finalmente, às terapias alternativas.

Meu primeiro grupo de encontro, em 1967, foi uma experiência de volta ao lar. De repente, tive permissão para expor o que sempre soubera: que, por baixo da polidez civilizada e da máscara de bom-mocismo, as pessoas estão cheias de todo tipo de sentimentos selvagens e rudes, de rancor e fúria, e de montanhas de dor. Essas realidades interiores levam-nos a praticar atos de toda espécie, que mais tarde lamentamos e nos impedem de ter a felicidade que dizemos querer. O mundo interior dos sentimentos, para mim, sempre foi mais palpável do que as regras e os papéis exteriores; eu apenas não conseguia dar nome ao que sabia ser real.

Daí por diante, aderi com sofreguidão às experiências terapêuticas e grupais — Tavistock, Gestalt, psicologia humanística, percepção sensorial, bioenergética. Eu sentia que um profundo poço de privação emocional estava, finalmente, sendo preenchido. Mas tinha a impressão de que ainda havia mais. Em uma viagem à Califórnia em 1969, lendo R. D. Laing, ouvindo uma das primeiras fitas de Ram Dass, eu soube que minha mente estava se abrindo a uma realidade muito mais vasta do que eu jamais imaginara. Comecei a sentir que um poderoso influxo espiritual penetrava a consciência coletiva. Quando cheguei ao Esalen Institute, em Big Sur, percebi que uma parte mais profunda e inominada de mim mesma estava mudando. Tive uma visão, na qual estava amarrada a uma das extremidades de uma corda, estando a outra enrolada em torno de um gigantesco molinete que me puxava, inexoravelmente, para casa, para algo que eu não conseguia identificar.

Num encontro de grupos intensamente dramático em Esalen, conheci Donovan Thesenga, meu futuro marido. Os anos que Donovan passou estudando e praticando o Zen-budismo, e sua exploração séria das experiências de transcendência através do LSD, conferiram-lhe uma compreensão espiritual que ultrapassava muito tudo o que eu conhecia até então. Por outro lado, minha abertura emocional levou-o a profundidades de sentimento que eram novas para ele. Juntos, progredimos — e continuamos a colaborar no progresso um do outro.

Donovan e eu nos casamos em 1970 e mudamos para o interior da Virginia, para começar a dirigir grupos de encontro e de bioenergética. Compramos um pedaço de terra e começamos a construir um centro de crescimento que acabou se tornando o Sevenoaks Pathwork Center, onde moramos e trabalhamos até hoje.

Eu estava fazendo treinamento em bioenergética com os drs. Alexander Lowen e John Pierrakos quando conheci Eva Broch Pierrakos, no verão de 1972. Soube, imediatamente, que ela seria a minha mestra espiritual.

Como é possível saber uma coisa dessas? Tudo nela me atraía. Ela era judia, nascida na Áustria, tendo fugido para Zurique durante a Segunda Grande Guerra. Bonita e sensual, ela também se dedicava ao tipo mais profundo de busca espiritual. E era, que surpresa, o "canal" de uma entidade espiritual, atividade a que ela já se dedicava enquanto eu ainda estava dando meus tropeços no colegial.

Ao assistir às palestras do Guia dadas por Eva, sentia-me cheia de eletricidade espiritual, o mais incrível alvoroço combinado com a mais profunda calma. Jamais me sentira tão cheia de vida, tão cheia da presença de Deus.[3] A própria Eva era cheia de vida, vibrante, entusiasmada pela vida, e ao mesmo tempo mais serena do que qualquer outra pessoa que conheci. Ela parecia efetivamente ter e viver as respostas às perguntas que, na época, eu mal começava a formular.

---

3. Uso a palavra "Deus" para denotar a "base do ser", o "poder superior", "a força vital", o "grande espírito" ou qualquer outro nome que se queira dar ao inominável mistério que ocupa o centro de toda a existência.

Na ocasião em que conheci Eva, eu me sentia à deriva em uma jangada que lentamente se partia ao meio. Uma das metades da jangada era o meu profundo mergulho na terapia pessoal; a outra metade era o meu envolvimento igualmente profundo com a prática do Zen-budismo. A primeira ignorava o meu potencial espiritual; a segunda esquecia a minha personalidade. Eu sabia que cada uma dessas disciplinas continha apenas parte da minha verdade, mas era incapaz de achar uma solução.

Através do meu encontro com Eva e da leitura posterior das palestras do Guia do Pathwork, encontrei a união que minha alma buscava entre as contradições filosóficas da psicologia ocidental e do misticismo oriental. Agora eu podia investigar a questão do mal e da morte, reconciliar sexualidade e espiritualidade, e juntar a atividade exterior com a serenidade interior. Agora eu podia caminhar para a união, por aceitar minhas dualidades, e caminhar para a liberdade, por conhecer intimamente as minhas defesas. Minha jangada interior começava a se consertar.

Mas nem sempre o convívio com Eva era fácil. Ela era exigente e autoritária, e também amante do prazer e *sexy*. Eu considerara esses dois aspectos da personalidade dela ameaçadores e inquietantes. Muitas vezes, ao chegar às sessões com Eva, depois de várias horas de meditação profunda no Centro Zen de Nova York, ela me saudava com uma pergunta animada: "Como vai sua vida sexual com Donovan?" Era, com certeza, o assunto que eu estava menos preparada para discutir naquele momento! Evidentemente, ela acreditava que meu caminho espiritual tinha muito que ver com a minha entrega cada vez maior ao meu marido, opinião que mais tarde vim a compartilhar.

Durante um período de sérias dificuldades no meu casamento, ela me mostrou o desejo que eu tinha de controlar Donovan, forçando-me a ver que minha dependência e minhas reservas estavam na origem da infelicidade. Era preciso dar uma guinada de 180 graus, parar de atribuir culpas e assumir responsabilidade por mim mesma. Esta não foi a única vez que Eva e o Pathwork me disseram uma coisa que eu não queria ouvir, mas era exatamente a verdade de que eu precisava.

Eu gostava intensamente de Eva. Nenhuma outra relação adulta, além da que tenho com Donovan, me afetou ou me mudou tão profundamente. Ela me serviu de modelo, me ajudou e me ensinou durante sete anos, até morrer de câncer em 1979. No entanto, minha relação com ela, enquanto vivia, nunca passou de adoração infantil. Eva era a minha mãe espiritual, a mulher sábia e generosa de que eu tanto precisava para me ajudar a preencher vazios emocionais e responder a perguntas que me prendiam a atenção desde a mais remota infância. A comunidade que se reuniu em torno dela e do marido, John Pierrakos, acabou sendo a família íntima e emocionalmente aberta que eu jamais tive.

Mas, como eu não cresci com Eva nem com a comunidade, a morte dela me deixou totalmente arrasada e deu início a outra jornada espiritual, mais profunda ainda. Depois de um breve período de negação, as comunidades do Pathwork passaram por um período de profundo pesar e desorientação. O número de associados caiu e as crises financeiras eram uma ameaça. O começo dos anos 80 foi um período atemorizante e depressivo para mim.

A imagem cor-de-rosa que eu fazia de Eva começou a desbotar. Foi preciso dar vazão à raiva, ao rancor e ao sentimento de perda de minha mãe espiritual idealizada. Eu odiava o fato de agora precisar ser responsável por mim mesma e por meu próprio crescimento espiritual. Durante algum tempo, eu teria preferido morrer a crescer espiritualmente, e na realidade fiquei muito doente de desespero por vários anos.

Nessa época, eu estava outra vez à deriva, do ponto de vista espiritual, tendo abandonado o Pathwork numa renúncia desnorteante, embora necessária. Às vezes, apavorava-me a idéia de mergulhar na falta de sentido, o que era contrabalançado por uma determinação igualmente forte de não comprometer minha integridade permanecendo em um barco sem condições de navegar. Agora eu flutuava em mar aberto, sem jangada de nenhum tipo, deixando para trás minhas ilusões como tantas outras tábuas de salvação inúteis. De tempos em tempos eu deparava com alguma prancha das minhas crenças passadas, e usava-a para descansar um pouco. Apesar da minha confusão sobre o Pathwork, o processo do auto-exame honesto estava tão entranhado em mim que não havia como não continuar o trabalho pessoal no estilo do Pathwork, que sempre funcionara tão bem.

No período que se seguiu à morte de Eva, descobri aos poucos uma profunda fé que vem de dentro de mim e que tem notável semelhança com os ensinamentos do Guia. Acabei reconstruindo para mim o Pathwork, de dentro para fora. Quanto mais observava outras crenças e práticas espirituais, mais me convencia da verdade essencial e da profundidade do Pathwork.

Atualmente, vejo Eva como uma pessoa de carne e osso, com profundos dotes espirituais desenvolvidos através da devoção e da perseverança como canal de um auxiliador espiritual, culminando com a fundação do Pathwork, que ajudou e continuará a ajudar tantas pessoas. Se meu ídolo caiu por terra, o ser humano extraordinário que ela foi permanece.

O eu sem defesas

O processo de redação deste livro corresponde a um microcosmo da minha jornada espiritual pelos últimos doze anos. Como aluna e adoradora de Eva, comecei a organizar um manuscrito que ela escreveu em 1965, intitulado *The Undefended Self*. Mas quando o meu mundo do Pathwork desmoronou, eu não sabia nem se ia ter onde morar e trabalhar, muito menos se seria capaz de escrever um livro. Eu sabia que, no fim das contas, precisaria escrever o meu próprio resumo das palestras do Pathwork, também intitulado *The Undefended Self*, para ser usado basicamente nos centros do Pathwork e em outros treinamentos espirituais conduzidos por pessoas conhecedoras desse método. Nesse livro, incluí alguns episódios pessoais, alterando o nome para disfarçar. Este livro, que é uma versão revista do anterior, destina-se a um público muito mais amplo de terapeutas, curadores e a qualquer pessoa interessada no vibrante caminho da autodescoberta psicológica e espiritual. Nele, fazendo jus ao título que conservei, exponho com mais abertura o meu eu sem defesas, em três dos episódios que introduzem os capítulos.

Este livro é a minha dádiva de gratidão a Eva. Também é o meu adeus a ela, embora não ao seu legado. Com esta dádiva e este adeus, mais uma vez me abandonei à correnteza, ao não saber. Suponho que continuarei a ser levada pela minha aparente necessidade de enfrentar a realidade (e a ilusão) do mal e a realidade (e a ilusão) da morte. Ainda penso em Hitler e nas lições sobre o mal e suas máscaras, que tanto precisamos aprender para podermos sobreviver e florescer juntos neste planeta. Seja o que for que me espere ao longo do caminho, sei que, puxada pelo molinete do meu destino espiritual, terei como guia o mestre interior.

Este livro é oferecido ao coração e à mente do leitor. Faço um convite para que você olhe para dentro, aceite tudo o que lá encontrar e jamais deixe de olhar. Assumo um compromisso com você de perseguir a verdade mais profunda e o caminho mais cheio de amor que pudermos encontrar.

Se este livro tiver ressonância no seu íntimo, talvez este seja um caminho para você explorar melhor. Se não, continue pesquisando, porque cada um de nós é inexoravelmente atraído pela luz da nossa fonte espiritual, tão certo quanto uma flor se volta para o sol. O caminho interior que leva a Deus é uma realidade. Todas as nossas experiências de vida não são nem mais nem menos do que um ensinamento preciso para nos ajudar a atingir a fonte interior.

Bênçãos na sua jornada,

Susan Thesenga
Sevenoaks Pathwork Center
Madison, Virginia

CAPÍTULO 1

A Aceitação da Dualidade

"Uma voz interior lhe diz que há muito mais
coisas em você e na vida do que aquilo que você é
capaz de sentir atualmente."

— Palestra 204 do Guia do Pathwork — *"O que é o caminho?"*

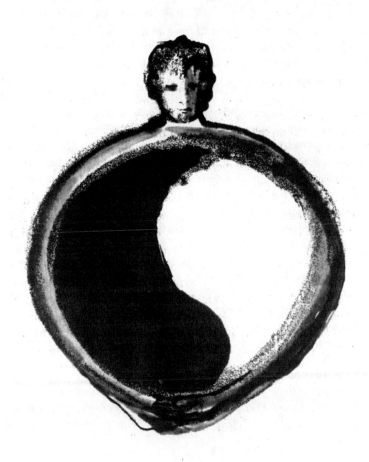

Simplesmente Susan: deixando a vida fluir

Passeio pelos bosques frios da Virginia numa manhã de janeiro. Folhas marrons de bordas congeladas estalam debaixo dos meus tênis pretos. À minha volta, carvalhos e olmos, alguns pinheiros brancos, e acima o céu azul sem nuvens. Neste trecho, uma videira rastejante, verde-clara, cobre o chão. Ando depressa, em direção à estrada estadual que fica logo depois deste bosque. A percepção do meu ritmo me faz decidir parar, ouvir. É difícil se aquietar por dentro para ouvir esses bosques invernais sem pássaros cantando, sem vento assobiando, sem bichos se coçando, sem absolutamente nenhum ruído, a não ser o som amortecido que vem da estrada. Mas começo a ouvir ou talvez a sentir alguma coisa, um batimento cardíaco constante e baixo, que parece a pulsação da vida no meio dessas árvores, e sinto que a minha presença humana está perturbando algo que preferiria ser deixado em paz. Retomo o ritmo apressado. Quem ouve esta mensagem? Quem é esta Susan que corre entre galhos quebradiços numa gélida manhã?

Sempre gostei de ter um nome comum. Ele ajuda a fazer com que os ataques de grandiosidade, que me acometem de tempos em tempos, não durem mais do que um resfriado comum. É verdade que tenho outro nome, mais oculto, que só eu uso: Mulher-que-olha-para-dentro. Ele me ocorreu há anos, durante a leitura de Sete Flechas. *Meu nome me parece aceitavelmente modesto. Não tem nenhuma pretensão de revelar a minha essência, como Shanti, ou Ananda, ou Shakti. Às vezes, quando fico presa e atormentada em algum abismo de ansiedade e dúvida, exatamente do outro lado da montanha da grandiosidade, sinto vontade de ter um nome sagrado ou de conhecer um mantra mágico para assegurar a minha essência divina. Mas, depois, me lembro que a tarefa é trazer à tona a minha divindade através de "simplesmente Susan".*

Anos atrás, quando eu era insegura em relação à minha identidade como praticante do Zen-budismo, expressei, em um grupo de encontro, o meu desejo de manifestar com mais perfeição a calma interior que era capaz de atingir na postura zazen prolongada. Eu ficava extremamente impaciente, porque meus estados de mente eram comuns, dispersos e frenéticos. Alguém sugeriu que eu conversasse com um travesseiro, representando meu eu ansioso e imperfeito, e lhe dissesse, sem deixar margem a dúvidas, a forma que ele deveria assumir. Virando-me para sentar no travesseiro, senti como doía a minha autocrítica e chorei como a criança rejeitada que eu também era. O genitor crítico e a criança rejeitada, o poderoso e o oprimido. Um impasse. Uma amiga interveio e, com ternura, sugeriu que talvez o fato de ser simplesmente Susan, a Susan de cada momento, fosse a essência do Zen. Nada mais (nem menos) era necessário além da plena aceitação da minha experiência a cada momento. Uma revelação. Simplesmente isso. Simplesmente Susan.

Na estrada estadual, começo a executar a tarefa que me levou até ali — recolher o lixo que os motoristas em trânsito deixaram desde a última vez que andei por este trecho da estrada que nós, de Sevenoaks, "adotamos". Andando rapidamente, abaixo-me muitas vezes para colocar os restos da nossa civilização descartável num resistente saco de plástico cor de laranja — embalagens de papel e alumínio do McDonald's, Taco Bell, Tastee Freeze, latas e garrafas de cerveja, carteiras de cigarro. Abaixando e recolhendo, fico ciente dos meus passos e minha respiração, que se materializa em baforadas geladas de ar exalado. Simplesmente andando, simplesmente respirando.

E então eu me lembro do episódio que Pamela, minha filha de dez anos, contou sobre dois garotos, logo antes das férias de Natal, que "fumavam" cigarros de chocolate e soltavam baforadas de ar gelado no pátio da escola. Eles conseguiram enganar a professora, que pensou que os cigarros fossem de verdade. Crianças e cigarros de chocolate. Ainda sinto o gosto doce da infância quando eu, também, alternava entre chupar e "fumar" os cigarrinhos, soprando o ar frio da manhã. Nada mudou desde aquela época, mesmo com os quarenta e dois anos de distância que me separam de minha filha. Exceto por uma coisa: eu não tinha ousadia nem espírito brincalhão para tentar enganar a professora. Que criança amedrontada, tensa e comportada eu era!

Nesse momento, quase sem perceber, capto uma ligeira tensão ou esforço. O que é? Ah, é um pouco de superioridade moral que tenta entrar em cena enquanto caminho agindo certo, catando o lixo que os outros jogaram. Por que esse esforço para agir certo? Agir certo para me tornar especial? Para quê? Para justificar de alguma forma a minha existência, porque o simples fato de existir não me basta? Lembro de meu pai, supercrítico e superconsciencioso; lembro como eu tentava com tanto afinco conseguir a aprovação dele, sem jamais acreditar que conseguia, ou pelo menos que conseguia o bastante para sentir que eu tinha valor. Trabalhei com tanto empenho para satisfazer todos os critérios externos e conseguir a aprovação dele! O que, naturalmente, nunca me deu aquela sensação de segurança e valor, aquele sentimento de sei lá o que, que aparentemente é o desejo de todos nós em relação aos pais e, num raciocínio mágico e errado, acreditamos que eles tenham para dar. Agora sei que não existem mais mamãe e papai. Será que a saga para provar a minha bondade finalmente chegou ao fim? Será que posso ficar livre? Posso andar por esta estrada porque ando por esta estrada, não para agir certo, nem para melhorar o mundo, mas simplesmente porque andar por esta estrada e limpar a sujeira é o que está acontecendo agora?

Um carro passa e aceno para a minha vizinha e nova amiga. É uma negra ou agora se trata de uma afro-americana? Eu, que venho de uma família talvez mais recente na América que a dela, não digo que sou escocês-americana. No entanto, a busca de diferenciação cultural entre os americanos negros é muito mais premente e carregada de sofrimento. A mudança de palavras reflete a busca permanente de uma identidade com dignidade. Até que ponto a minha pele branca me define? Interiormente, sinto-me multicultural, uma mistura de todas as cores do arco-íris, uma combinação dos dois sexos. Contudo, estou ciente dos limites perceptuais que derivam da minha identidade externa nesta vida, como uma mulher branca de meia-idade. Será que posso esquecer a idéia de um eu fixo?

Minha consciência simplifica; observando externamente os tênis pretos subindo a lombada da estrada cinza-escura; internamente, observo a respiração, um pouco ofegante agora, para acompanhar o ritmo das passadas. Noto então o gelo que o sol faz brilhar, cobrindo extensos tufos de mato amarelado na beira da estrada. A luz que atravessa a crosta congelada e cria mil minúsculos prismas. O sol que ilumina a água, nas gotas de chuva, no orvalho ou na geada, sempre me emociona. Paro, as pernas fracas e molhadas, o corpo vibrando com a mesma trepidação elétrica do gelo que reflete a luz do sol. Não há mais contornos nítidos no meu campo visual, a energia que sobe pulsando pelas minhas pernas começa a desfazer o senso do eu delimitado pela pele; eu me espalho lá fora e me rendo à beleza deste momento gelado. O espanto toma o lugar até há pouco ocupado pelos tênis e pelas fitas em volta da cabeça. A água congelada, refletindo a luz do sol, transforma-se em uma dádiva encantadora da Criação. E, com essa dádiva, o comum passa a ser fora do comum.

De volta ao foco definido, vejo o lixo junto ao mato congelado, um copo plástico de café de uma loja Seven-Eleven que promete: "Conosco você acelera." O som da estrada mais perto, a aceleração da vida mais próxima. Um lampejo de desprezo pela aceleração e pelos espalhadores de lixo. No entanto, não é difícil desviar um pouco a minha atenção e lembrar das épocas em que dá medo desacelerar, em que a única coisa segura é estar dentro de um carro indo ou vindo de algum lugar, seja ele qual for ou se imaginar, desde que não seja aqui e agora, e tudo o que está fora do carro, principalmente o chão, é alheio e não importa, pois é apenas um lugar digno da nossa recusa. Se eu conseguir entrar nos lugares onde em mim habita a crueldade, como já fiz, com certeza poderei encontrar a consciência do jogador de lixo. Ele também sou eu.

Sinto uma dor aguda no peito ao lembrar de um recente diálogo com Pamela. Como às vezes faz quando não estamos nos dando bem, ou ela precisa afirmar sua independência, ontem à tarde Pam "fugiu de casa" e foi para outra casa dentro da propriedade Sevenoaks, levando uma maleta. Como geralmente acontece, ela me telefonou meia hora depois pedindo que fosse buscá-la, e eu respondi: "Quem é grande para fugir de casa também é grande para voltar sozinha." Mas ela voltou sem a maleta, e depois concordei em levá-la de carro até a outra casa para buscar suas coisas, pensando o tempo todo que provavelmente era um erro ceder à manipulação premeditada dela.

Logo que entramos no carro, Pamela disse: "Gosto de você, mamãe." Respondi ironicamente: "Em outras palavras, você está contente pelo favor que estou lhe fazendo." Ela aparentemente não se ofendeu: "Não, só achei que você precisava saber que gosto de você." Aproveitando a deixa, eu disse exatamente o que pensava: "Não estou me sentindo muito amada neste momento." "Eu sei; é por isso que eu disse que gosto de você." "Bem, obrigada." Eu me acalmei, mas só por um segundo, e em seguida perguntei qual a razão do enorme mau humor que ela exibira naquela manhã. Pamela tinha passado a noite na casa de sua amiga Sonia, depois de uma festa de aniversário. Ela respondeu que ficou enlouquecida comigo depois de ver como a amiga dela conseguiu que a mãe deixasse as meninas sozinhas. "Por que você nunca me deixa sozinha com minhas amigas, quando elas vêm dormir aqui em casa? Por que você nos manda para a cama e não deixa a gente decidir quando está na hora?" Ainda na defensiva, eu contra-ataquei: "É porque você ainda age de forma muito mais infantil que a Sonia quando suas amigas estão em casa." Essas palavras me aborreceram e me afligiram assim que as pronunciei. Pam, desconsolada, respondeu apenas: "É isso o que você sempre diz." A conversa morreu aí.

Só agora consigo perceber o tom mesquinho da minha voz, e lamento a oportunidade perdida de conversar sobre a necessidade de negociarmos os nossos limites. Um novo livro de Alice Miller sobre maus-tratos em crianças que folheei esta manhã aguçou minha consciência da facilidade com que caímos na superioridade parental inconsciente, em vez de aceitar a realidade de que minha filha faz um enorme esforço para se expressar e mostrar que está ciente de que alguma coisa precisa mudar entre nós, em vez de aceitar a possibilidade de, juntas, encontrarmos um meio de melhorar as coisas. Nunca me passou pela cabeça a idéia de que ela fosse apenas o lado mais fraco da corda. Talvez eu tenha outra chance esta noite; talvez não. Esse momento já se foi. Meu coração bate num misto de tristeza aguda e de ansiosa autodesaprovação, apesar das minhas passadas em ritmo aeróbico. Um grande suspiro. Que seja.

Estou de volta à entrada de Sevenoaks, onde deixo o saco alaranjado cheio de lixo para o departamento de estradas de rodagem recolher mais tarde. Agora estou livre para caminhar até a casa, sentir o chão batido que o gelo derretido deixou úmido e esponjoso, exalando o cheiro penetrante das folhas mortas. Ponho no chão o fardo cor de laranja e pergunto de quantos outros fardos interiores poderei me libertar com cada respiração, com cada passo em direção à casa. Apenas este, e nada mais. Afinal de contas, eu sou simplesmente Susan.

A aceitação de nossas dualidades

Ao caminhar pela estrada, vou perguntando: "Quem sou eu?" Sinto em mim uma natureza mística sintonizada com alguma presença no bosque. Também encontro uma criança ansiosa, que ainda sente necessidade de agradar a seu pai. Admito um egomente que faz juízos de valor e critica as pessoas que espalham lixo pelas ruas e a nossa cultura agitada e descartável, mas descubro também em mim a consciência do jogador de lixo. Ao acenar para minha amiga afro-americana, estou ciente da minha pele branca e da minha alma multicolorida. Sou uma mãe conscienciosa perturbada por um diálogo irrefletido com a filha. E depois, num instante cheio de graça, não sou absolutamente nada; apenas um espaço tomado de reverente espanto em harmonia com as folhas congeladas de meados de janeiro numa estrada do campo.

Qual é a verdadeira Susan? Esse é o momento cheio de reverência, no qual não existe uma Susan separada, mas apenas a trama inconsútil da vida, tecida também com a minha percepção? Ou o ego condenador, cheio de críticas e desprezo pelos viajantes da estrada? Sem dúvida, eu sou as duas coisas. As baforadas geladas e as lembranças dos cigarros de chocolate trazem um afluxo de sentimentos amorosos para com minha filha. No entanto, momentos depois, lembro de uma Susan perdida, tentando manter a autoridade materna. Sou uma mãe boa ou má? Sem dúvida, sou as duas coisas. Estou limitada pela minha identidade exterior, como mulher americana branca, ou sou uma alma cuja experiência ultrapassa esse invólucro? Sou as duas coisas, com certeza.

A resposta à pergunta "Quem sou eu?" é sempre, necessariamente, parcial e limitada. Mesmo quando estou sentada ao ar livre, sentindo-me unida com todas as formas de vida, isso também vai passar, e logo vou me perceber como um fragmento solto, prova da minha natureza humana inevitavelmente imperfeita. O fluxo sempre cambiante da experiência interior se interrompe no momento em que rotulo algumas dessas experiências (em geral, apenas aquelas que aprovo) como "eu" e as outras como "não eu".

Todos os caminhos espirituais e psicológicos são tentativas de responder à pergunta: "Quem sou eu?" Caminhos diferentes focalizam níveis diferentes de consciência, partes diferentes da totalidade da nossa experiência como seres humanos. O trabalho psicológico nos ajuda a integrar a criança interior e a fortalecer o ego positivo. Alguns trabalhos espirituais nos ajudam a desenvolver a intuição e a entrar nos reinos xamânicos e transpessoais. Outras práticas de meditação contribuem para tirar do caminho o nosso ego e sentir diretamente a harmonia inata com a vida.

Todo trabalho interior é válido quando aprofunda a nossa experiência e, conseqüentemente, quando amplia a nossa compreensão da pergunta "Quem sou eu?". Mas o trabalho que tenta nos limitar a uma única resposta não atende aos propósitos evolucionários de expansão da nossa idéia acerca do que significa ser humano. Quando nos dizem que "somos todos terríveis pecadores", ficamos reduzidos a uma identidade sombria e limitada, baseada na auto-rejeição. Mas quando nos respondem que "na verdade, somos todos anjos disfarçados", talvez também possamos nos afastar de aspectos nossos e negar a nossa escuridão. Certamente somos as duas coisas — pecadores e anjos — e mais, muito mais.

É extremamente difícil conceber as muitas contradições do ser humano. Caímos com facilidade na tentação de esquematizar a nossa experiência. Quando vemos nossos defeitos, perdemos de vista a nossa magnificência. Quando reconhecemos a nossa beleza, esquecemos a dor e a vulnerabilidade. No entanto, os dois extremos, e tudo o que fica no meio, são parte da experiência humana, parte da nossa experiência, da nossa verdadeira natureza como seres humanos e espirituais.

Como espécie, adquirimos uma capacidade incrível e inaudita de fazer perguntas sobre nós mesmos. Contudo, como espécie, estamos constantemente tentando definir e, portanto, restringir a nossa complexidade. Nossa mente ainda é limitada pela ilusão dualista de que somos **ou** isto **ou** aquilo. Definimos a nós mesmos, e aos outros, em termos das dualidades que a nossa mente foi estruturada para reconhecer. Damos a nós mesmos, e aos outros, rótulos de felizes ou de infelizes, de equilibrados ou dementes, de dignos ou indignos de confiança. Tentamos colocar rótulos e obter respostas finais a nosso respeito para manter a nossa identidade segura e fixa.

Somos todos como crianças assistindo a uma peça de Shakespeare. Quando nos assusta a fúria do Rei Lear na charneca tormentosa, imediatamente queremos saber se ele é um sujeito bom ou mau — como se a resposta a essa pergunta pudesse, de uma vez por todas, mitigar a ansiedade que está no cerne da nossa complexa natureza boa e má. Precisamos, aos poucos, ensinar nossa mente imatura e dualista a abarcar a totalidade da experiência humana, a transcender o pensamento por oposições — "ou isto ou aquilo" — e dar lugar à sabedoria do "tanto isto como aquilo". Este é o próximo salto evolutivo da nossa espécie.

No plano social, precisamos questionar a mentalidade do tipo ou/ou que gerou guerras e a mentalidade guerreira, na qual nossas relações com outras pessoas são reduzidas à esquematização de enquadrar todos como aliados ou como inimigos. Essa mentalidade do eu *contra* o outro também é fundamental na crise planetária da exploração ecológica, que considera os seres humanos como separados da terra, e não como parte da matriz onde nós e as futuras gerações precisamos viver em harmonia, para que a espécie floresça. Precisamos entender que o nosso bem-estar como pessoas e como espécie depende do respeito e da ligação saudável com todos os outros seres humanos e com todas as espécies não-humanas com quem dividimos o planeta.

Essa compreensão expandida de interligação começa quando admitimos a verdade da nossa natureza complexa. Quando aceitamos os atributos negativos que existem em nós mesmos, que projetamos no "outro", começamos a ter menos inimigos. Quando expandimos a fronteira individual a ponto de incluir a identidade com outros seres humanos e a natureza, somos capazes de viver em maior harmonia com a vida como um todo. "Ama a teu próximo como a ti mesmo" não é apenas uma injunção moral e, sim, um convite para ver a vida como ela realmente é. Cabe a nós expandir a percepção do eu de modo a incluir o nosso próximo, saber que amar o próximo é amar a si mesmo, e vice-versa. O amor é a experiência que amplia as fronteiras do egoísmo visível para abranger mais e mais do que anteriormente era considerado como externo e, portanto, visto como "outro". Inversamente, quando aprendemos a amar todos os nossos eus interiores, sem rejeitar nada que se abriga no nosso íntimo, torna-se fácil amar ao próximo e à Terra.

A expansão da autocompreensão precisa começar com uma sinceridade excepcional, em particular em relação aos nossos defeitos e aspectos negativos.

A aceitação da nossa natureza humana imperfeita

Ser humano é ter defeitos e imperfeições. Todos nós cometemos erros, às vezes magoamos as pessoas que nos são mais próximas, e às vezes nos comportamos muito mal. No entanto, essa simples verdade parece-nos muito difícil de aceitar.

Quando me conscientizo de que magoei minha filha por causa de um diálogo descuidado, eu me encolho por dentro, como que tentando me defender da dor que é parte inevitável da consciência de meus atos. Temos uma relutância ainda maior em aceitar as mensagens sobre os nossos defeitos vindas de outras pessoas. Imediatamente erguemos defesas, como se estivéssemos sendo fisicamente atacados. Na verdade, a reação fisiológica de defesa lutar/fugir, adequada a situações nas quais existe uma ameaça imediata de dano corporal direto, é usada para proteger a auto-imagem idealizada, que precisa ter a aparência de certa e boa, e não de errada e má. Esquivamo-nos de encarar nossos erros e defeitos porque eles são uma parte dolorosa, embora inevitável, de quem somos. Somente quando contenho o perfeccionismo é que consigo sentir a simples tristeza de ter magoado minha filha. Respiro profundamente, afrouxo as defesas automáticas e sinto a simples dor. Somente assim consigo perdoar. Atinjo um nível mais profundo de auto-aceitação.

Quando negamos nossos defeitos, nosso egoísmo, ficamos enredados na tentativa de parecer melhores do que somos e afastar a culpa pelas nossas dificuldades. "Não foi culpa minha" é a primeira coisa que a criança em nós grita sempre que confrontamos com nossos erros. Quando acontece alguma coisa desagradável, respondemos internamente como a criancinha que ouve a voz da mãe chamando por ela depois que um terremoto abalou a casa. Sua primeira resposta é: "Não fui eu, mamãe." A criança dentro de nós tem medo de reconhecer que possuir qualidades más ou imperfeitas signifiquem que ela é unicamente má, ou que, sendo tremendamente má, ela será julgada ou rejeitada pelos "outros" pais que, imaginamos, são responsáveis pelo nosso bem-estar.

Por medo do eu imperfeito, criamos um eu-máscara, um eu idealizado, o eu que pensamos que deveríamos ser, em vez de admitir que somos seres humanos imperfeitos. Todos nós respondemos prontamente "vou bem" quando nos cumprimentam, por maior que seja a nossa depressão, por causa da crítica que o chefe acabou de nos fazer, ou a alegria por um recente sucesso profissional. Asseguramos prontamente a nós mesmos e aos outros que "eu estou bem, sou competente, posso dar um jeito", por maiores que sejam a carência ou a infelicidade verdadeiras. Fui uma criança de desempenho acima do normal, ansiosa por parecer sempre inteligente e competente, conquistar o amor e garantir a aprovação de meu pai. Essa máscara continua aparecendo na adulta que sou sempre que me vejo "agindo corretamente" e, portanto, sendo melhor que os outros; por exemplo, quando cato o lixo que os outros jogam na estrada.

Seja qual for a máscara criada — o bom menino, a boa menina, a mulher ou o homem poderoso, o aluno aplicado ou o professor confiante, a criança carente ou o adulto competente, o pesquisador ingênuo ou o cético experiente — ela é uma tentativa de nos colocarmos num plano acima dos defeitos e da dor, de negar nossa mediocridade e pequenez. Criamos uma máscara sempre que tentamos nos apresentar como pessoas mais amorosas ou poderosas, mais competentes ou carentes, mais compassivas ou céticas do que realmente somos naquele momento.

A fuga à experiência verdadeira do momento representa um enorme desperdício de energia que pode ser recuperada pelo simples ato de decidir aceitar-nos como realmente somos, em cada momento. Essa auto-aceitação implica a compreensão da necessidade da máscara, criada para que a criança dentro de nós pudesse formar uma persona aceitável quando a auto-estima parecia estar frágil ou ameaçada.

À medida que aprofundamos o compromisso de ser honestos com nós mesmos e com os outros, criamos uma base mais sólida para a auto-estima. Fazer um bom conceito de si mesmo passa a não depender mais de atender às exigências irrealistas de uma máscara perfeccionista; ao contrário, seu fundamento é a coragem de encarar a realidade humana imperfeita atual. O imenso potencial humano que temos só pode ser realmente nosso depois que ousamos ser exatamente e exclusivamente quem somos em cada momento, por mais mesquinha ou assustadora, grandiosa ou sagrada que seja a realidade temporária.

"Se você não aspirar a ser mais do que é, jamais ousará ser tudo o que você é." Essas palavras, que me foram ditas há anos pelo Guia do Pathwork, continuam a me orientar.

O despertar do potencial espiritual

Ser humano também significa que podemos sentir dentro de nós uma totalidade e perfeição inerentes; podemos saber que estamos unidos à força vital, ao espírito, a Deus.

Enquanto eu andava pela estrada, percebi que o ato de catar o lixo tinha se transformado num esforço em ser "boa", que me mantinha presa à identificação com a máscara da menina boazinha. No momento em que consegui me libertar dessa idéia auto-referente, fiquei vazia; passei a ser um componente do cenário não mais importante do que as vacas pastando do outro lado da cerca ou do mato cintilante debaixo dos meus pés. Eu estava aberta para experimentar a fusão do eu com a beleza e a perfeição do momento, que temporariamente ofuscou o meu isolamento e ampliou o senso do eu em harmonia com a totalidade da vida.

Podemos nos sentir unidos a tudo o que existe, uma expressão individualizada do Espírito Universal presente em tudo. A maioria das religiões e as tradições místicas de todas as religiões reconhecem a divindade inerente como a nossa natureza mais verdadeira. "Eu Deus", "natureza de Buda" e "Eu Cristo" são nomes do Eu superior ou poder superior que existe em todo ser humano. Existe em nós uma totalidade por trás da experiência normalmente fragmentada e separada que temos de nós mesmos.

Somos muito mais do que pensamos ser. Em cada momento, quer tenhamos ou não consciência da nossa vastidão interior, alcançamos mais longe que nossos eus conhecidos e mais fundo que nossa personalidade atual. A forma de aumentar a auto-estima evolui então para o questionamento sobre a identidade desse "eu". Nesse questionamento, descobrimos identidades internas de mais dignidade e nobreza de espírito do que julgávamos ser possível. Podemos experimentar estados de consciência em que sabemos que cada momento da experiência é uma expressão perfeita de uma totalidade muito maior do que jamais poderíamos imaginar.

> No núcleo mais íntimo do eu você encontrará a presença eterna de Deus... Nesse universo [interior] tudo está bem e não há nada que temer. Nele, você encontrará o senso de totalidade e de vida eterna, o poder de curar e a satisfação emocional no nível mais profundo possível. *(PGP 200, "O sentimento cósmico")*[1]

No entanto, da mesma forma que procuramos não conhecer o eu humano imperfeito por medo de não sermos nada além de nossas limitações, também procuramos não conhecer nosso eu divino inato, por medo de perder a noção confortável e circunscrita de quem somos. Acreditamos que a nossa personalidade humana restrita, delimitada pela superfície da pele, é a nossa identidade, e resistimos à idéia de saber que somos mais. Vivemos na superfície da vida, identificando o "eu" com a experiência de separação. Temos medo de sondar nossas profundezas, onde somos muito mais do que a experiência normal que temos de nós mesmos.

Temos medo de admitir os defeitos e os aspectos negativos inconscientes, porque essa percepção abala o nosso orgulho e a nossa identificação com as pretensões da máscara. Mas temos um medo igual de despertar o eu inconsciente positivo e expandido, porque não queremos desafiar o universo conhecido nem sofrer a decepção de ter menos do que queremos. Dessa forma, o medo e o orgulho estreitam o nosso perímetro pessoal de experiência e mantêm a nossa percepção fragmentada e parcial.

> A realidade que vocês experimentam como seres humanos, e neste plano humano, é uma fração infinitesimal da realidade total. ... Quando a consciência não está ligada ao significado mais profundo das coisas, a vida é uma luta renhida. Isso se aplica a todos os seres humanos, pelo menos até certo ponto. Pois, mesmo as pessoas mais

---

1. Daqui por diante, e até o final do livro, mencionaremos apenas o número da Palestra do Guia do Pathwork depois das citações textuais desse material. Consulte a lista completa, apresentada em ordem numérica na página 252, para saber o título da palestra em questão.

conscientes e desenvolvidas passam por períodos em que elas, também, ficam perdidas no nevoeiro de sua própria desconexão e falta de compreensão. (*PGP 181*)

Assim, passamos a maior parte da vida na defensiva, erguendo muros ao redor da nossa percepção, na tentativa de manter "lá fora" seja o que for que nos ameace, e que não reivindicamos como parte de nós mesmos. Por um lado, afastamos a consciência da nossa simples condição humana imperfeita, com suas pequenas maldades, erros freqüentes, dores comuns e intensa vulnerabilidade. Nós nos cobrimos com a máscara que, esperamos, manterá os defeitos e a dor fora do campo da consciência. E, por outro lado, negamos o nosso núcleo espiritual mais profundo, onde somos expressões íntegras e magníficas do Tudo.

A ampliação do senso de eu

O trabalho espiritual é a disciplina pela qual as fronteiras do eu são lenta e constantemente ampliadas, até integrar na consciência mais e mais de quem somos. É preciso ter dedicação e coragem para ampliar a idéia que fazemos de nós mesmos. Para crescer, é preciso estar disposto a eliminar as defesas contra a dor enterrada.

Harriet estava explorando sua resistência à expansão da idéia de si mesma. Ela conseguia sentir um muro interno, uma rígida e rebelde recusa em saber quem era, além da mulher adulta implacavelmente competente ou, ao contrário, da criança perdida e deprimida. Essas duas identidades eram-lhe familiares; qualquer outra coisa era desconhecida e assustadora.

Numa visualização dirigida, ela viu a própria mente pensante como uma sentinela postada no alto de uma muralha de pedras cinzentas em volta do território conhecido do eu, aconselhando-a a não se aventurar pelos perigosos territórios dos sentimentos ou do espírito. Sempre que ela sentia o menor desejo de tornar a vida mais rica, a sentinela alertava: "Cuidado! Este é um terreno perigoso. Volte para dentro da fortaleza conhecida. Você não conseguirá sobreviver lá fora."

No entanto, Harriet conseguia se lembrar de um tempo no passado distante quando seu mundo de menininha era muito diferente. Era um lindo mundo mágico; os ursinhos de pelúcia falavam, ela tomava chá com alegres amigas imaginárias e os bosques irradiavam vida espiritual. Era um mundo seguro, e mamãe e papai estavam lá para protegê-la; não havia necessidade de muralhas nem de sentinelas.

Harriet também se lembrava da época em que esse mundo feliz e alegre se transformou em escuridão total e inexplicável. O fato que desencadeou a mudança foi a morte do pai de Harriet, quando ela tinha apenas seis anos de idade. Depois da morte do pai, a mãe ficou muito instável e emocionalmente dependente. A segurança de Harriet ficou ameaçada e a luz do seu mundo psicológico quase se apagou. Ela fez a escolha inconsciente de crescer o mais depressa possível para sobreviver à terrível perda. Reprimiu a dor e esforçou-se para agir como uma pessoa adulta e competente para ajudar a mãe.

Harriet começou a perceber que, desde a morte do pai, os sentimentos dela e o senso de identidade ficaram paralisados. Inconscientemente, ela tomou a decisão de achatar seu mundo emocional, pintá-lo de cinza e viver na fortaleza segura da depressão. Inconscientemente, ela concluiu que o estado anterior de alegria risonha e franca era inseguro, pois a deixava muito vulnerável à terrível, sombria decepção. Melhor cortar todos os sentimentos extremos. Foi ela quem construiu a muralha e chamou a sentinela para proteger sua vulnerabilidade e velar por sua defesa. Essa decisão, há muito esquecida, veio agora à tona.

Em uma sessão do Pathwork que fiz com Harriet, ela falou com a sentinela, como se ela, a sentinela, fosse outra pessoa, e agradeceu por tê-la protegido dos sentimentos e da consciência que, naquela época, poderiam ter sido esmagadores para uma criança. Depois, pediu que ela a deixasse aventurar-se fora dos estreitos limites do eu até então conhecido. Harriet disse a ela que agora tinha crescido de fato e tinha a força do ego para arriscar a travessia do temido abismo dos sentimentos; agora ela já tinha um pouco de confiança na sua capacidade de chegar com segurança ao fundo do poço que, no passado, significaria morte certa.

Harriet deu vazão à sua dor e à sua raiva; chorou e esbravejou. Agora ela tinha coragem para aceitar seus sentimentos. Ao abrir-se aos sentimentos mais profundos, Harriet se sentiu inundada de alegria e esperança. Lentamente, ela resgatou a inocência e a abertura da infância, que jaziam por trás da terrível dor pela perda do pai. A muralha voltaria a confiná-la, mas nunca mais seria tão impermeável quanto antes. Cada vez que ela se abria para a dor e a saudade, a vida ficava um pouco menos cinzenta e proibitiva do que no passado.

Nossa experiência de vida é um reflexo exato da pessoa que somos por dentro. Sempre que a vida mostrar algum aspecto restritivo e insatisfatório, é preciso ir mais fundo na exploração do território interior, para revelar onde ficou bloqueada a possibilidade de uma vivência mais rica. Cada vez que ampliamos o território interior, a vida exterior também se amplia. Nosso melhor mestre espiritual é sempre a vida que está bem à nossa frente; as mais importantes lições espirituais sempre assumem a forma de experiências de vida.

Para ampliar a vida, precisamos estar dispostos a entrar nas áreas interiores que desconhecemos.

A princípio, sempre parece assustador ultrapassar as atuais fronteiras do ego. As terras novas são estranhas, desconhecidas. O ego tem a ilusão de que permanecer dentro dos estreitos limites do território conhecido é fácil, relaxante, não exige esforço. Esse sentimento é uma ilusão, porque o estado de paralisação, na realidade, exige esforço. A paralisação exige uma quantidade enorme de esforço, muitas vezes inconsciente, para vencer a resistência à inclinação natural de crescimento da alma. *(PGP 199)*

O respeito pelo anseio espiritual

A vocação da alma para o crescimento espiritual chega até nós na forma de um anseio pessoal. Todo ser humano anseia por algo que ele acha que tornará sua vida mais satisfatória. Pode ser o anseio pela profunda reciprocidade com o parceiro, por um trabalho significativo ou por uma família mais amorosa. Também pode ser o desejo da satisfação espiritual, de uma relação mais profunda com Deus, com Cristo, com a Terra. Por trás desses desejos específicos está "o sentimento ou a sensação de que precisa haver outro estado de consciência mais satisfatório, e uma capacidade maior de viver a vida". *(PGP 204)*

Todo anseio, no fim das contas, é o mesmo — viver uma relação mais amorosa consigo mesmo, com os outros, com o ambiente e com Deus. Podemos nos envergonhar desse anseio porque ele nos expõe à sensação de vulnerabilidade, reproduzindo a sensação da criança que tem seus desejos contrariados ou suprimidos. Podemos temer esse anseio porque ele contém a possibilidade da decepção. No entanto, somente quando despertamos e respeitamos nossos anseios é que teremos a motivação para executar o trabalho interior que leva à expansão da vida.

A maioria dos nossos anseios podem ser expressos como desejo de amar (o eu, o outro, o trabalho, a natureza ou Deus) e ser amado (por si mesmo, por outro, pelo meio ambiente ou por Deus). O primeiro passo é aprender a amar e a ser amado. Dessa forma, assentamos o alicerce para satisfazer todos os anseios. Aprendemos a nos identificar com uma parte nossa que podemos amar, e depois orientar esse amor para outros aspectos nossos que não parecem ser dignos de amor. Aprender a amar e aceitar tudo o que há em nós é a ferramenta primordial e permanente da cura.

A vontade de amar e ser amado leva à expansão pessoal e à expansão da vida. Mas é preciso também estar disposto a pagar o preço: honestidade total e capacidade de se enxergar, de discernir as restrições que impomos a nós mesmos. Aprendemos a ver quando odiamos em vez de amar (a nós e aos outros), quando nos limitamos por medo ou orgulho, quando acreditamos que somos vítimas inocentes e os outros são responsáveis pela nossa infelicidade.

> Os anseios são realistas quando você parte da premissa de que o segredo da satisfação precisa estar em você mesmo; quando você quer identificar as atitudes que o impedem de viver a vida de forma satisfatória e significativa; quando interpreta o anseio como uma mensagem vinda do âmago do seu ser, que mostra o caminho que ajuda a encontrar o eu real. *(PGP 204)*

O caminho do eu sem defesas

O caminho para o eu real implica aprender a tirar a máscara, aceitar a natureza humana imperfeita e "inferior" e a natureza espiritual perfeita e "superior". O crescimento espiritual é o movimento em direção ao eu sem defesas, o eu que nem mascara os defeitos humanos nem nega a essência espiritual. A expansão da autopercepção e da auto-aceitação por esses meios resulta na mais profunda harmonia e contentamento na vida, e constitui a base mais sólida da verdadeira auto-estima.

Este livro mostra uma maneira de ver o crescimento pessoal e espiritual que ressalta a necessidade de explorar todos os opostos e extremos da nossa natureza — o demônio e o anjo, a criança vulnerável e o adulto competente; a mesquinhez do ego e a grandeza do espírito. Aprendemos a aceitar a multiplicidade de nossas identidades e experiências humanas. Aprendemos a renunciar às defesas contra o conhecimento de tudo o que somos — o lado indesejável, bem como o lado desejável da nossa natureza. Para resgatar a condição humana, precisamos abandonar as máscaras defensivas e reconhecer nossa limitação e imperfeição inerentes. Para desenvolver a espiritualidade, precisamos rejeitar a pretensão de que já sabemos quem somos, abrindo-nos à vastas profundezas desconhecidas do eu.

Exercícios do Capítulo 1:

1. Qual é o seu maior anseio na vida? Escreva o que você quer, sendo específico. Em seguida, veja como os vários desejos representam um anseio subjacente por um estado de consciência mais expandido e mais amoroso. Coloque em palavras o seu anseio mais profundo.

2. a. Faça uma lista do que você considera que são os seus defeitos ou falhas específicos. Peça a opinião de outra pessoa sobre os defeitos que você tem e ponha-os no papel.

   b. Faça uma lista das suas boas qualidades. Peça a opinião de outra pessoa sobre as boas qualidades que você tem e ponha-as no papel. Reflita sobre as listas dos aspectos "bons" e falhos, e veja até que ponto você pode se permitir assumir os dois lados.

3. a. Escreva sobre alguma área da vida que esteja perturbando você. Relacione essa área com a lista de defeitos. Conseguiu encontrar alguma relação?

   b. Escreva sobre uma área da vida que esteja indo bem. Relacione essa área com a lista de boas qualidades. Conseguiu encontrar alguma relação?

4. Peça a ajuda do Eu-Deus interior para indicar o caminho. Fique tranqüilo e peça ajuda, fazendo um pedido específico de orientação espiritual. Fique atento para uma voz interior. Se ouvir alguma coisa, escreva. Peça um sonho para servir de guia no caminho espiritual e anote o que sonhar.

5. Em que área ou áreas da sua vida você gostaria de concentrar, neste momento, o trabalho de crescimento pessoal? Que aspectos do seu Eu superior precisam ser fortalecidos? Que aspectos da sua máscara e do eu inferior precisam ser mais bem entendidos?

CAPÍTULO 2

A Opção pela Unificação dos Eus

"Quando você empreende a exploração interior
como a principal tarefa da vida, a inquietação
desaparece e um profundo senso de significado e
direção se instala na alma."

— Palestra 208 do Guia do Pathwork — *"A capacidade inata de criar."*

Maureen: a integração da criança e da domadora de leões

"Amo muito o meu marido", Maureen diz de repente, entre soluços. "Mas, desde que os nossos filhos nasceram, tenho pouco ou nenhum desejo sexual por Jim. Sinto isso como uma perda terrível. Quando estávamos namorando, eu não conseguia tirar as mãos de cima dele; mas agora sinto ternura e afeto, mas quase nunca desejo." E confessa: *"Não é só desejo sexual; não tenho mais sentimentos intensos em relação a ele, apesar de saber que o amo muito."* Os grandes olhos castanhos de Maureen se enchem de lágrimas outra vez quando ela olha suplicante para mim e Alan, meu co-líder. Ela conclui: *"Não entendo o que está acontecendo."* Maureen, uma terapeuta bem-sucedida, é uma bonita mulher de trinta e poucos anos. Ela começa a contar alguma coisa sobre sua família, de irlandeses católicos, sendo ela a mais velha de cinco filhos. O pai era alcoólatra e dominador, sujeito a abruptas mudanças de humor, e a mãe uma mulher amarga e submissa, que parecia estar eternamente cansada.

Pedimos a Maureen para escolher um "pai" entre os homens do grupo, e a escolha recaiu sobre Bob, cujo pai também era alcoólatra. Maureen dá algumas instruções e Bob se mostra à altura do papel. Bob anda com arrogância pela sala, imitando os modos de um maníaco, e berra com "a filha" Maureen. *"Grande dia hoje. Fiz montes de vendas. Bacana, hein, Maurie?"* Com um pedido que soa mais como uma ordem, dá um tapa nas costas dela. *"Venha cá! Quero que você sorria para mim. Por que essa cara de desânimo?"* Maureen começa a responder, mas é prontamente interrompida pelo "pai": *"Venha cá, Rá, diga rá para mim."* Essa era uma brincadeira do pai para fazer sorrir a filha meio triste e séria. Ela deveria dizer *"rá"*, ele respondia *"rá, rá"*, ela *"rá, rá, rá"*, e assim por diante, até a menina cair na risada. Ele a apelidou de *"Rá"*. Desta vez, Maureen tenta protestar. *"Olha aqui, pai, quero falar sobre o que aconteceu comigo hoje."* O "pai" Bob dá um salto e começa a fazer cócegas em Maureen. *"Que é isso, Rá, não venha com essas coisinhas chatas. Hoje o dia foi ótimo; vamos nos divertir."* Maureen, revivendo os sentimentos da criança interior, sente fundo a derrota e se retira para o outro canto da sala, chorando baixinho. Alan e eu instamos para que ela dê vazão total à tristeza, mas Maureen não vai além de uma ou duas lágrimas.

Em seguida, Bob e Maureen representam uma cena em que o estado de espírito do pai está totalmente diferente. Bob entra na sala carrancudo, esbravejando: *"Pegue meus chinelos, Maurie."* Ela demora e tenta falar, mas ouve um grito: *"Agora!"* Ela sai de fininho e volta um minuto depois, trazendo os chinelos e um projeto da escola para mostrar ao pai. Bob a empurra. *"Hoje não. Hoje não posso ver nada. Dia horrível. Não vendi nada."* E depois, levantando a voz: *"Você não vê que não estou com disposição para aturar crianças? Do jeito que as coisas vão, vamos tirar você dessa escola católica cara que a sua mãe insiste que você freqüente. Os tempos estão horríveis para vender. Vá dizer à sua mãe para me trazer uma bebida antes do jantar."* Maureen sai de cena outra vez, triste e magoada. Mas dessa vez não há lágrimas.

De repente, Maureen se endireita e revela: *"Lembro-me de um momento, no corredor, do lado de fora do quarto dos meus pais. Ele estava de péssimo humor e tinha gritado comigo porque eu não lhe trouxe o chinelo certo ou alguma coisa assim.*

Depois, com o copo de aperitivo na mão, foi para o quarto e bateu a porta; a minha sensação foi de que eu havia feito alguma coisa realmente horrorosa. Comecei a ficar deprimida, como sempre acontecia quando eu sabia que tinha desagradado a ele, e nesse momento tive um estalo. Ou fiquei insensível. Ou joguei tudo para o ar. Não sei o que foi mas, de qualquer jeito, lembro de ter pensado: nunca mais vou deixar que ele me atinja, nunca mais. E assim foi. Acho que nunca mais chorei até entrar na faculdade e conhecer Jim, meu marido. Eu me trancava internamente e não sentia nada quando papai ficava de mau humor."

Alan segura a mão dela e insiste para que Maureen o encare. Quando ela o faz, as lágrimas começam a rolar outra vez, devagarinho, e ela diz, quase num sussurro: *"Acho que me tranquei com Jim exatamente como fiz com meu pai. Agora que Jim é o pai de nossos filhos, eu o amo mais do que nunca. Ele significa muito para mim, mas acho que agora tenho mais medo de que ele possa me magoar de verdade, me magoar tão fundo como meu pai fazia."*

Alan e eu insistimos para ela fazer uma opção diferente da que fizera quando criança, ou seja, ocultar os sentimentos em relação ao pai. Alan fica perto de Bob e incentiva Maureen a dizer aos dois homens tudo o que sente em relação ao pai. Primeiro ela sibila: *"Você tem idéia do quanto me magoou? Você me ignorava, seu canalha egoísta! Você não prestava atenção nenhuma em mim. Eu não passava de uma figurante nessa história. Você nunca viu nenhum de nós de verdade; nós só fazíamos parte do cenário, éramos apenas as crianças."* A voz dela fica mais alta. *"E eu, papai? E eu? Eu significo alguma coisa, não é? Não é, papai?"* Agora, com o dedo apontado para si mesma, ela bate os pés e grita: *"Olhe para mim! Olhe para mim, que droga! Você não é a única pessoa do mundo. Eu também sou importante."* A essa altura, a voz dela parecia um guincho. O medo e a mágoa corroeram as certezas dela. Ela desmorona no sofá, nos braços de uma das outras mulheres do grupo, soluçando: *"Não sei se sou importante. Se ele não me amava, talvez eu não seja digna de amor."* Agora a mágoa aflora em soluços descontrolados.

Quando Maureen se levanta de novo, eu comento: *"Acho que você pode fazer uma nova opção consciente agora: a opção de ter todos os sentimentos, por você mesma. O seu pai não pode mais magoar você dessa maneira. E Jim é muito mais capaz de receber e amar você."* Depois, pergunto delicadamente: *"Você pode assumir esse novo compromisso agora?"* Maureen reflete e diz, com sinceridade: *"Quase, mas não totalmente. Parece que está faltando alguma coisa."*

Tento adivinhar o que está faltando. *"Talvez você precise passar por uma situação contrária à da criança vitimizada. Talvez você precise encontrar meios para castigar o seu pai, até para vitimizá-lo. Existe um lado seu que ainda quer se vingar?"* O brilho nos olhos de Maureen é um sinal de concordância. *"Parece que é isso!"*

Ela pede que Bob a ajude outra vez, mas desta vez fazendo o papel do pai como é na atualidade, com sessenta e cinco anos de idade, envelhecido e ciente de sua fragilidade. Bob pede que Maureen agora seja gentil com ele, que o perdoe pelas falhas da juventude. *"De jeito nenhum!"*, ela berra. *"Agora é a minha vez de dar as ordens. Quem manda aqui sou eu, e você vai fazer as coisas como eu quiser."* E acrescenta, enfática: *"Está ouvindo?"* Bob choraminga humildemente: *"Mas agora eu preciso de você; seja boazinha, Rá."* Maureen solta um áspero *"Rá!"* e repete: *"De jeito nenhum! Você vai dançar conforme a minha música. Agora vá buscar meus chinelos." Ele obedece. "Acho que finalmente domei o leão", diz ela. "Ele agora é um velho e eu tenho a possibilidade de feri-lo."*

Alan e eu olhamos em volta à procura de alguma coisa para fazer as vezes do chicote do domador de leões. Um rapaz puxa o cordão que prende suas calças e o entrega a Maureen. Nós a incentivamos a continuar botando para fora a sua domadora de leões. Maureen bate com o cordão no chão e grita ordens ao "pai" obediente. "Agora dê risada, papai, vamos, rá rá! Vamos, agora!" Bob obedece. "Muito bem, de novo, mas desta vez com mais sentimento", Maureen ordena, batendo várias vezes com o cordão no chão perto de Bob. Ela ri uma risada cruel, e descobre que gosta do papel de domadora. Dá vários outros comandos, aos quais Bob obedece e, depois, resume, exultante: "Você só vai fazer o que eu mandar, e somente o que eu mandar, quando e onde eu mandar!"

A transição de Maureen do papel da criança triste e vitimizada para o papel do adulto cruel e algoz está completa. Pedimos que ela sinta o prazer negativo desse novo papel, e ela prontamente percebe que acha delicioso o poder de dar ordens ao pai, de exercer total controle sobre ele. Reconhece também a satisfação que sente por ter cortado os sentimentos humanos em relação a ele. "Nada de compaixão; somente poder e controle", anuncia ela, triunfante. Ela continua caminhando pomposamente pela sala durante mais algum tempo, estalando a corda no chão e saboreando todo o prazer da "doce" vingança. Várias mulheres da sala admitem estar encantadas com a vingança de Maureen contra o pai.

Mas, depois de alguns minutos, há uma mudança perceptível de estado de espírito, tanto de Maureen como do grupo. "Estou me sentindo vazia", ela confessa. "Isso não é tão divertido assim. Desse jeito não me sinto nem mais amada nem mais digna de amor, e com certeza não sinto o tipo de ligação que gostaria de ter com meu pai. Agora sinto apenas tristeza. Estou triste por mim, pela perda de meu pai e pela maneira como eu quis fazê-lo sofrer. Estou triste porque os homens e as mulheres continuam agindo dessa forma uns com os outros. É um jogo terrível magoar os outros. Tudo isso agora me parece tremendamente triste, um enorme desperdício de energia."

As lágrimas recomeçam, e ela caminha lentamente na direção de Alan e Bob. Detém-se diante deles, vulnerável, e diz apenas "Desculpem. Desculpem mesmo." Alan diz as palavras que todos nós sabemos que devem estar escondidas no coração do pai de Maureen: "Desculpe-me você também." Maureen cai chorando nos braços de Alan e os dois sentam no sofá, num demorado abraço. Várias pessoas do grupo, também chorando, abraçam o vizinho, em busca de amparo e consolo. Todos nós sentimos a tristeza das perdas humanas e a dor dos sentimentos de vingança. Quando finalmente se acalma, Maureen levanta o rosto, olha para Alan e diz, dirigindo-se a Alan, a Jim e a seu pai: "Já passou. Não precisamos mais agir assim. Foi tão triste, mas já passou. Eu consigo gostar de mim. Consigo perdoar você. Vai levar tempo, mas vou conseguir. Agora eu sei."

Opção pela unificação dos eus

Mesmo depois que Maureen fez aflorar os sentimentos até então reprimidos da criança interior ferida, a experiência de cura não estava completa. Faltava dar um passo. Ela precisava conhecer o oposto da criança ferida, o adulto vingativo, antes de ser capaz de liberar a dor da infância e perdoar o pai.

Nossa cura depende exatamente de um processo como esse, de incorporação de opostos. O adulto competente se retira e aparece a criança prejudicada. A vítima ferida recua para dar lugar ao algoz cruel. Nosso caminho espiritual nos leva a acolher todos os pares de opostos interiores, tirando da sombra tudo que foi escondido por ser inaceitável, mau, mesquinho ou fraco. Somente dessa forma é possível integrar à consciência o lado escuro e não desenvolvido, e devolver ao reservatório de energia disponível o ânimo e o prazer contidos na sombra negativa.

Mas é exatamente porque a mente humana vê a vida em dualidades que muitas vezes sentimos até o desejo de crescimento pessoal e espiritual como a vontade de intensificar a experiência positiva e eliminar a negativa. Queremos ter saúde, prazer e felicidade, e excluir a doença, a dor e a infelicidade.

Contudo, não é errado querer as coisas positivas que a vida humana tem a oferecer. Não poderia ser de outra forma, pois é assim que se organiza a consciência humana. No entanto, o problema espiritual surge quando procuramos reprimir o que é negativo e vulnerável em nós, negá-lo ou viver "acima" da mortalidade, da falibilidade, do negativismo ou da dor.

É uma racionalização dos desejos achar que o fato de concentrar-se na divindade automaticamente dê um jeito no lado escuro da natureza humana. As coisas não se passam assim. Não se pode superar o que não foi plena e conscientemente experimentado. *(PGP 193)*

Perpetuamos a não-consciência quando nos empenhamos em aceitar apenas o lado positivo da vida humana e negar ou evitar a outra metade. Se enfocarmos apenas as boas qualidades e ignorarmos os problemas que, como a nossa vida revela, devem existir em nós, ou se esperarmos a satisfação sem efetivamente encarar tudo o que bloqueia essa satisfação, vamos viver em perpétua ilusão, e nosso crescimento espiritual continuará incompleto.

Quando você busca apenas um dos lados de um par de opostos, você precisa se opor ao outro lado. Nessa oposição, a alma fica agitada e medrosa, e nesse estado não é possível jamais atingir o estado unificado. Enquanto você se opõe a um lado e se agarra ao outro, a realização pessoal ou liberação — ou seja, o princípio unitivo — é inatingível. *(PGP 144)*

Se queremos amor e poder, prazer e expansão criativa, precisamos também estar dispostos a sentir medo e impotência, dor e contração, pois a tentativa de excluir esses estados "maus" restringe de tal forma a capacidade de experimentar a vida que os "bons" também ficam fora de alcance. Quando cortamos a percepção de um lado de nós mesmos, também cortamos a percepção do lado oposto. Quando nos abrimos, abrimo-nos para tudo.

O desenvolvimento de nossas dualidades

A experiência humana habitual é uma realidade limitada e parcial, na qual a vastidão da consciência é reduzida para a dimensão dos limites da pessoa, do tempo e do espaço. Às vezes, e durante algum tempo, a consciência se liberta das restrições da mente limitada e dualista, e nos transporta para o conhecimento mais amplo do nosso estado essencial de Ser, acima e além da dualidade, onde somos capazes de conhecer nossa unidade com os outros seres humanos e com toda a vida. Mas quando voltamos ao estado normal de conhecimento, comprimido e parcial, o "eu" se separa de tudo o que seja percebido como "não eu".

Cada nascimento humano é uma entrada numa identidade separada. O grau em que nos separamos e isolamos de partes de nós mesmos, de outros seres humanos e do ambiente é resultado do tipo de questões dualistas que nascemos para solucionar. Essas questões se manifestam no decorrer do nosso crescimento, da infância até a idade adulta.

Ao nascer, o bebê não tem um ego; "eu" e "não eu" não são diferenciados. Mas o bebê experimenta a dualidade, isto sim, no nível físico. Algumas coisas (fome, estar molhado, frio, toque áspero) são desagradáveis e provocam insatisfação e dor. O bebê chora. Outras coisas (alimentação, estar seco, calor, toque suave) são agradáveis e induzem à satisfação e ao prazer. O bebê arrulha. Instintivamente, ele procura aumentar as experiências que favorecem sua sobrevivência física e dão prazer, e diminuir as experiências de dor e privação. Nossas primeiras experiências da dualidade humana no plano físico ficam gravadas em nós e muitas vezes determinam a nossa relação com o alimento e a fome, com o calor e o frio, com a limpeza e a sujeira, durante o resto da vida.

Pouco a pouco, a criança em desenvolvimento tem contato com outras dualidades — no plano emocional — à medida que descobre que certos comportamentos e sentimentos geram conseqüências negativas ou desagradáveis no seu mundinho, basicamente através das reações dos pais. A sobrevivência física agora passa a ser sobrevivência emocional, e outras dualidades, relativas ao que é emocionalmente seguro em contraposição ao que é emocionalmente inseguro, multiplicam-se à proporção que o bebê procura intensificar as reações dos pais que parecem boas e evitar ou diminuir as que parecem más. Começamos a definir nossas dualidades emocionais particulares, nossas questões psicológicas, nossas neuroses e problemas, no esforço para sobreviver e sentir bem-estar emocional. A partir das experiências da primeira infância com os pais, a família e o meio ambiente imediato, definimos quais são os comportamentos e sentimentos "bons" em contraposição aos "maus", com base no tipo de reação que eles despertam em nós.

A pessoa em desenvolvimento também se define no plano mental, físico e emocional. Ela aprende a aceitar algumas idéias e a rejeitar outras. Além de determinadas idéias serem consideradas erradas, torna-se inaceitável até mesmo pensar nelas, que, portanto, são relegadas para a mente inconsciente.

O eu físico/emocional/mental — que gostaríamos de limitar a sensações corporais aceitáveis, a sentimentos agradáveis e a pensamentos aprovados, e que acreditamos ser delimitado pela pele — é percebido como separado do ambiente. Tudo o que fica fora dessa fronteira é percebido como "outro", diferente do eu. À medida que nos distanciamos ou desligamos de tudo o que é considerado "alheio" é resultado, em grande parte, da medida que percebemos o ambiente da infância como relativamente perigoso ou benigno. Uma vez feita a identificação como ego separado, nossa necessidade de bem-estar físico, emocional e mental é incorporada à necessidade de reforçar o ego e a auto-estima. Com o desenvolvimento do ego, passam a existir ainda mais opiniões dualistas sobre o que é desejável (reforçador do ego) em contraposição ao que é indesejável (redutor do ego).

No decorrer do processo de crescimento para se tornar um ser humano adulto, construímos mais e mais barreiras para o autoconhecimento. Já aplicamos o rótulo de indesejável, ou até de intolerável, a muitas experiências da nossa realidade física, emocional e mental, e a muitos aspectos da relação com os outros. Quando chegamos à idade adulta, esses nossos aspectos rejeitados estão escondidos no inconsciente. Limitamos a autodefinição a um território mais ou menos restrito de experiência que consideramos aceitável. Passamos a acreditar que somos apenas a imagem idealizada de nós mesmos.

Crescer rumo à unidade

O caminho espiritual exige a exploração das dualidades pessoais que se manifestam na infância e são transportadas para a idade adulta. Precisamos deslindar e inverter o processo através do qual nos alienamos de nós mesmos e do ambiente. Fazemos a jornada da identidade limitada da auto-imagem idealizada para a expansividade do eu real.

Nessa jornada, despertamos o desejo de experimentar uma identidade expandida, de entrar em contato com o nosso núcleo, de conhecer o ponto de união interior. Através da percepção normal do ego, vemos a vida em termos de opostos, um dos quais consideramos desejável e o outro, indesejável. No entanto:

> No plano unificado da consciência não há opostos. Existe apenas o bom, apenas o certo, apenas a vida. Contudo, não é o tipo de bom, de certo ou de vida que compreende apenas uma metade dos opostos no plano dualista. O "bom" unificado transcende os opostos, e sua natureza é totalmente diferente. O bom que existe no plano unificado de consciência combina ambos os aspectos, de modo que os opostos já não entram em conflito entre si. *(PGP 143)*

Só podemos chegar a essa unidade mais profunda quando aprendemos a aceitar o que rejeitamos em nós mesmos, a ir ao encontro do que vínhamos tentando evitar. Chegamos à unidade pela aceitação de nossas dualidades.

Dorothy pediu um sonho para guiá-la no caminho espiritual. Como mulher de negócios, ela atingira uma posição expressiva na sociedade, além de ser uma dedicada investigadora espiritual. Julgava-se pronta para ir mais fundo; o sonho que ela teve mostra o caminho com absoluta clareza:

"Venho de um lugar no porão de um prédio; um espaço exíguo e confinado onde estou morando. Uma amiga, muito sofisticada e conhecedora do lado material da vida, está comigo. Subimos os degraus que dão para um prédio muito maior do que eu imaginava ser possível.

Exatamente no centro desse prédio há um pequeno jardim rodeado por uma minúscula cerca. A única coisa que cresce ali é uma enorme aboboreira, que tem um tronco robusto do qual saem doze ou mais galhos. Na extremidade de cada galho há uma fruta, como a abóbora, mas cada abóbora está partida pela metade. Sinto que a planta representa unidade e dualidade, o núcleo central unificado da vida e a manifestação dualista dos frutos da vida. Diante dessa planta, tenho uma forte sensação de serenidade. Descubro então que a planta é cuidada por um velho casal, sábio e sereno, que reconheço como os guardiães eternos da planta. Quero ficar e aprender com esse maravilhoso casal, mas minha amiga está impaciente e quer continuar andando. Ela nem nota essa planta que chamou tanto a minha atenção; está ansiosa por explorar o prédio.

Acompanho minha amiga e andamos pela casa; acabamos indo para a parte de cima e a parte de fora, uma varanda lateral que dá para a escuridão exterior. Encontro ali um homem que parece ser o parceiro da mulher que está comigo desde o porão. Os dois não agem como um casal; ambos estão perdidos no próprio narcisismo. Há alguns anos tive um caso compulsivo com esse homem, que agora está preocupado e caminhando ansiosamente pela varanda. Tento acalmá-lo, consolá-lo, mas ele é incapaz de reencontrar o seu centro. Não consigo tocá-lo; ele está perdido no seu espaço negativo e incapaz de ligar-se a mim ou à sua parceira. Deixo os dois com seus passos ansiosos na varanda escura; a mulher fala sem parar sobre a arquitetura da casa.

Volto ao interior da casa iluminada. Ao vê-la por dentro, do alto das escadas, fico espantada com a sua beleza. A grande aboboreira ocupa graciosamente o centro, e no terreno espaçoso à sua volta há mesas cobertas com toalhas cor de musgo, de um verde-esmeralda luminoso. Lá estão pessoas esperando para serem alimentadas pelos frutos da planta que cresce no centro. Fico muito contente ao ver a planta e esse espaço, que acho saudável, cativante. Como é bom para todos serem alimentados por esse espaço e pela planta do centro.

Absorvendo a riqueza desse local, sinto que estou mais bonita, mais graciosa e mais saudável. Desço as escadas para ficar mais tempo com a planta; vejo um homem. Nós nos olhamos, e percebo que esse homem é o meu verdadeiro parceiro. Ele parece ser ao mesmo tempo o verdadeiro parceiro que quero e a parte masculina de mim mesma.

Volto à planta, desta vez na companhia do homem que será o meu parceiro, e assumo a minha nova tarefa: cuidar dessa planta. Vou receber instruções do velho casal sábio, os eternos guardiães da planta; sinto que eles são o meu Eu superior masculino/feminino unificado. Vou trabalhar com meu parceiro para alimentar as pessoas que vieram à casa com essa finalidade. Esses convidados fazem parte da minha completude; são parte da reciprocidade que existe entre mim e as pessoas a quem sirvo.

Sei, no entanto, que a minha tarefa não termina ali, pois devo procurar alcançar o casal que ficou preso na varanda escura, que parece representar os aspectos distorcidos masculino e feminino da máscara e do eu inferior. Minha máscara é a de uma pessoa sofisticada e competente em questões terrenas. Meu eu inferior manifesta-se na minha ganância compulsiva e na minha enorme desconfiança em relação aos outros. Não tenho fé no eu espiritual e tenho a necessidade compulsiva de colocar o meu pequeno ego no controle. Por depender unicamente do ego, sinto uma imensa ansiedade. Sei que vou precisar levar a esse casal o alimento espiritual da aboboreira. Vou precisar ir e voltar do meu novo lar nesse lindo prédio até a escuridão onde aqueles dois continuam presos na ignorância e na ansiedade, até eles estarem prontos para vir para dentro comigo, coisa que eu acredito que vá acontecer algum dia."

O sonho de Dorothy mostrou claramente que ela precisava abandonar a vida mundana limitada que levava e entrar na riqueza da casa interior. Ali ela iria descobrir o centro espiritual simbolizado pela aboboreira — unificada na origem e dualista na expressão. Dorothy percebe que a divisão macho-fêmea negativa do eu inferior está representada pelo casal compulsivo, e assume o compromisso de trabalhar com eles o tempo necessário para trazê-los para casa. Ela também descobre qual é a sua tarefa essencial, ou seja, contemplar e cultivar a planta interior, sob a orientação do Eu superior macho-fêmea unificado. Para isso, ela vai precisar encontrar o seu parceiro, isto é, unificar seus aspectos masculino e feminino. Além disso, ela tem de servir as pessoas que vêm a essa casa em busca de alimento espiritual.

O sonho é uma bela ilustração do caminho espiritual que implica conhecer as falhas e dualidades e abrir-se ao núcleo central de unidade.

Quando você empreende a exploração interior como a principal tarefa da vida, a inquietação desaparece e um profundo senso de significado e direção se instalam na alma. Com isso, lentamente, mas com certeza, as frustrações da vida começam a desaparecer e são substituídas por intensa satisfação. Você só pode encontrar o seu lugar na vida quando volta a atenção, em primeiro lugar, para a razão de ter vindo a este plano de existência. *(PGP 208)*

A meta do trabalho espiritual

Nós nos manifestamos como existência humana separada com a finalidade de purificar e unificar os aspectos nossos que estão desligados do todo. Esse desligamento torna-se evidente no decorrer das experiências da infância, quando rejeitamos alguns aspectos nossos, considerando-os intoleráveis. Essas partes rejeitadas passam a existir no inconsciente, como aspectos separados, que desconhecem sua verdadeira origem em Deus. Essas partes que ficaram alienadas de sua verdadeira identidade são expressões do Tudo. São as ovelhas desgarradas da nossa psique, e cabe a nós sermos o bom pastor que as acolhe em casa.

A meta do crescimento espiritual é a união. A união é realizada através da "reunificação de todos os pedaços e fragmentos da consciência que se desprenderam" da união original com Deus. *(PGP 193)*

O verdadeiro crescimento espiritual é sempre um processo de unificação. Implica sempre ligar os dois lados de um abismo, dominar um conflito, resolver uma contradição ou aparente contradição. Toda a vida é uma progressão para alcançar mais unidade e eliminar um número cada vez maior de áreas de desunião. *(PGP 178)*

Assim, trilhar o caminho espiritual não é apenas procurar experiências de união. Também é vir a conhecer todos esses fragmentos do eu que se desprenderam da consciência unitiva. Para isso, é preciso dedicar-se à autopurificação e ficar ciente dos próprios defeitos e limitações. Podemos, então, transformar os pontos cegos, revelando meticulosamente o processo através do qual esses aspectos ficaram reprimidos no inconsciente, assumindo assim uma identidade separada.

Quando adota o estado do ego limitado, você tem um propósito muito específico. Você entra nesse estado limitado e se manifesta nele visando a purificação e a unificação. *(PGP 208)*

A manifestação humana nos permite que focalizemos nossos defeitos e imperfeições de um modo que não é possível em outras formas ou níveis do ser. No estado unificado de consciência, além da forma humana, sabemos que nossos defeitos são apenas partículas de poeira no luminoso manto do Ser. Somente na vida humana é que nossos defeitos assumem dimensões suficientemente grandes para poderem ser examinados e totalmente transformados. Precisamos enfocar nossas dificuldades e limitações, vê-las "em pessoa", por assim dizer, para que elas recebam toda a nossa atenção e sejam bem recebidas na volta ao ser total.

Optamos por encarnar para conhecer intimamente a nossa condição humana. A tarefa de transformação é continuar optando por encarnar mais e mais partes de nós mesmos, expandir o que significa ser humano, corrigir os defeitos pela base. Enquanto estamos na forma humana, podemos ativar tanto a natureza superior como a inferior.

É possível ativar as capacidades do Eu superior ou Eu maior espiritual, ficar sintonizado e receptivo à sua voz sempre presente. Da mesma forma, é possível sintonizar-se e ficar receptivo aos aspectos negativos da personalidade que jazem profundamente enterrados e que também precisam ser abordados no caminho evolutivo. Esse caminho ensina a entrar em contato com essas camadas ocultas e dar-lhes o tratamento adequado. Algumas partes são mais desenvolvidas, outras, menos. Os aspectos mais desenvolvidos têm as condições e o instrumental necessários para explorar e fazer aflorar os outros aspectos menos desenvolvidos, que por enquanto ainda não se manifestaram, e unir-se a eles. *(PGP 208)*

Nossos aspectos desenvolvidos acolhem na consciência as partes não desenvolvidas e prontas para serem percebidas. Todos os seres humanos, por mais evoluídos que sejam, têm defeitos humanos. Ninguém está imune à cegueira e às limitações da condição humana. Por mais iluminados que sejamos sob alguns aspectos, há outros que permanecem não desenvolvidos enquanto estamos no estado humano. Os aspectos não desenvolvidos são trazidos à encarnação para serem purificados, e nossa tarefa espiritual é enfocar especificamente essas falhas, para poder transformá-las e integrá-las. Nossos sonhos muitas vezes revelam qual deve ser o próximo foco.

Um rapaz que iniciara há pouco tempo o caminho interior contou o seguinte sonho:
"Estou num grande santuário natural no campo — enorme, mas cercado — com um teto muito alto. Descubro que posso voar. Sou em parte um ser humano, em parte uma criatura com asas de réptil, pesadão e poderoso, mas também vulnerável e inseguro. Não sei o que tenho de fazer, mas tenho certeza de que preciso voar até o alto do recinto, o mais alto que puder. Ali, eu acredito, é onde devo construir o meu ninho.
Mas, para chegar lá, preciso passar por uma criatura adormecida que parece um dinossauro — um monte de carne cor de ferrugem. Quero me mover furtivamente

para não acordá-lo, porque sei que ele é primitivo, bronco, mau e cioso de seu território. No entanto, de alguma forma sei que terei de enfrentá-lo — não há espaço para passar ao largo. E ele não continuará dormindo quando eu passar."

O sonho convida o sonhador a construir o seu ninho no alto do seu santuário interior. No entanto, para chegar lá, o sonhador precisa incorporar o poder do seu eu primitivo e reivindicar sem reservas a besta inconsciente que bloqueia a passagem para as alturas.

Como no conto "A bela e a fera", só é possível redimir a besta interior por meio do amor e da aceitação. As "boas novas" do caminho descrito neste livro é que não existe nada escuro demais na psique humana a ponto de não poder ser transformado, desde que trazido à luz da consciência. O aspecto negativo encontrado dentro do eu pode ser acolhido, perdoado e libertado. A vitalidade essencial da energia negativa pode ser resgatada e integrada à consciência, para aumentar nossa quantidade total de energia disponível.

Todo defeito reconhecido, toda defesa desmantelada e toda dor sentida e liberada nos dão poderosas reservas novas de raciocínio e sentimento para criar uma vida voltada para novas direções positivas. Por outro lado, toda atitude negativa inconsciente, toda defesa mantida, toda dor negada tolhem a energia vital e limitam a consciência.

A maioria dos seres humanos esquece ou ignora completamente o fato de que o pior que há nelas é essencialmente poder criativo, fluxo e energia universais, que são muito desejáveis. ...Quando você corta a parte indesejável, ela não pode mudar, e fica estacionada e paralisada. (*PGP 184*)

O trabalho que fazemos com o eu imperfeito libera uma enorme quantidade de energia positiva, porque nada do que existe em nós é, em última análise, separado da unidade original.

Uma mulher idosa, cuja vida foi uma confusa mistura de envolvimentos neuróticos, teve este sonho: "Estou presa numa teia pegajosa de aranha que se enroscou pelo meu corpo todo. Sinto-me muito impotente até me virar e ver, bem ao lado, outra teia de aranha, de formação perfeita, onde cintilam gotas cristalinas de orvalho. A beleza dessa teia é de tirar o fôlego; não consigo desviar os olhos. Observo também que ela está ligada à teia que me prendeu e, a partir dali, a todas as vigas da casa onde estou. Isso me dá uma grande tranqüilidade."

Ela acordou sabendo que, mesmo que às vezes se sinta totalmente enrolada na teia pegajosa de suas neuroses, o material que a prende não é essencialmente diferente do material com que são tecidas as teias mais deslumbrantes. Ao reivindicar e liberar uma parte maior de seus aspectos neuróticos, ela vai liberar uma parte maior de sua essência divina.

A crise e a evolução espiritual da nossa espécie

Estamos num ponto crítico da evolução da espécie humana. O negativismo do eu inferior coletivo se expressa no potencial de poluição suicida do planeta e na capacidade de autodestruição pelas armas. A expressão do Eu superior, que deseja viver em amor e paz com os outros, mesmo com os que nos são mais próximos, ainda está muitíssimo atrasada. Em nenhuma outra época anterior a necessidade de crescimento espiritual, no indivíduo e na espécie, foi mais premente. Dela depende nossa sobrevivência no planeta. A evolução, inequívoca e urgentemente, exige a execução dessa tarefa.

Também estamos testemunhando o colapso de muitas certezas — na religião, na economia, na organização social e até na ciência. Surgem novos paradigmas. As mudanças não são apenas rápidas; elas estão se acelerando. Numa época de tal rapidez de mudança, a crise é inevitável.

Toda crise — tanto no plano pessoal como no âmbito da espécie e do globo — indica a necessidade de evolução espiritual.

> A crise é uma tentativa da natureza — da legitimidade natural e cósmica do universo — de efetuar a mudança. Qualquer tipo de crise é uma tentativa de desintegrar as antigas estruturas de equilíbrio que se baseiam em falsas conclusões e no negativismo. Ela abala os modos de vida arraigados e estacionados para tornar possível o surgimento do novo. Ela dilacera e dissolve, o que é momentaneamente doloroso, porém, sem isso, a transformação é inconcebível. *(PGP 183)*

A crise ajuda a deitar abaixo o antigo e a criar espaço para o novo. Na verdade, ela pode ser uma etapa do crescimento quando permitimos que suas lições e a turbulência que acarreta na nossa vida revele níveis mais profundos de distorções ocultas que demandam atenção e transformação. Quando encontramos o negativismo (ou pecado, ou neurose, ou limitação, ou ignorância) em nossa alma, podemos encará-lo como realmente é — uma defesa — e perder o medo que nos inspira.

> O negativismo e a paralisação internos que provocam a crise muitas vezes são inconscientes. A primeira parte de qualquer abordagem honesta do eu é tornar conscientes esses aspectos inconscientes. Deles decorrem erros de concepção, emoções, atitudes e padrões de comportamento negativos; para ocultá-los, criamos falsas aparências e defesas. *(PGP 183)*

O crescimento espiritual exige que encaremos o nosso lado negativo. Cada vez que adiamos esse confronto, a manifestação da crise e das dificuldades na vida exterior aumenta.

Harry era um veterano do Vietnã, agora na meia-idade, cuja vida de repente se tornou o palco de problemas, incluindo a hostilidade há muito reprimida contra a autoridade, que agora aflorava de modo inadequado no trabalho. Ele ao mesmo tempo criticava e temia a violência de seus sentimentos, e estava fortemente inclinado a negá-los.

Harry contou o seguinte sonho: "Estou à beira de um rio, quando aparece um guru. O rio, de repente, fica muito revolto, encapelado, passando uma idéia de perigo. Gesticulando, o guru me convida a pular no rio, mas eu respondo que não. O guru pula e nada elegantemente correnteza abaixo, durante cerca de 20 metros, vem à tona e me convida outra vez para pular. Mais uma vez eu me recuso. Subitamente, o rio seca, deixando à mostra o leito coberto de galhos que se transformam em cobras. O guru faz gestos para que eu pule e caminhe entre as cobras. Digo que não. Mais uma vez, o guru caminha bem no meio das cobras, sem problemas, e mais uma vez me convida a juntar-me a ele; recuso-me outra vez. A essa altura, as cobras começam a voltar-se e a vir na minha direção, e eu desperto."

Interpretação de Harry: durante toda a vida, procurei evitar assumir responsabilidades pelos meus sentimentos de violência. O sonho diz claramente que, quanto mais eu tentar evitar os sentimentos tumultuados, mais aumentará a crise. Quando eu estava no Vietnã pus minha violência para fora, de forma justificada. Mas agora preciso encará-la como uma parte de mim mesmo que já não me serve. Meu Eu superior está tentando me mostrar que é seguro pular no rio da minha própria violência interior, e eu resisto. Acho que preciso tomar a decisão de pular e fazer o trabalho interior antes que as coisas piorem!

Depois que Harry começou a fazer seriamente o Pathwork comigo, para revelar seus sentimentos violentos, ele teve o seguinte sonho:

"Estou nadando em um lago que também é uma espécie de instalação de pesquisas marítimas, onde existem muitos peixes. Vejo um grande peixe que acredito ser um barracuda e tenho medo; mas, ao me aproximar, perco o medo e tenho certeza de que ele não vai me fazer mal. Depois vejo um enorme peixe com dentes de tubarão bem na minha frente, maior que um tubarão, mas menor que uma baleia. Levo um susto e sinto muito medo. Mas percebo outra vez que, quanto mais perto eu chego, menos ameaçador o peixe parece ser. Relaxo e percebo que há muitos tipos de peixes nadando à minha volta, mas nenhum deles vai me morder. Dou um suspiro de alívio e mergulho mais fundo. Nado embaixo d'água e percebo que posso segurar a respiração por muito mais tempo do que pensava. Chego à outra margem do lago e entro numa espécie de sala de laboratório onde uma mulher me ajuda a voltar a respirar normalmente."

No laboratório do seu processo de trabalho pessoal comigo, Harry está acolhendo sua violência interior, mergulhando mais fundo no inconsciente e aprendendo a nadar com o que ele encontra lá.

O impulso da evolução

O crescimento espiritual — o crescimento rumo à unificação de todos os nossos aspectos desarmônicos — não é apenas uma exigência premente no nosso atual estágio de evolução. O crescimento espiritual é o sentido e o propósito da vida humana sobre a Terra. A tarefa de crescimento espiritual liga a humanidade a toda a vida existente no planeta, que encontra seu sentido na participação nos padrões de evolução, manifestando a Mente Cósmica em formas de complexidade e autopercepção cada vez maiores.

A condição humana é um estado de evolução acelerada, de constante vir a ser. O estado de natureza não humana, ao contrário, é de um "ser" mais simples, onde as forças da evolução andam devagar, ainda não tendo atingido o estágio de consciência ou livre-arbítrio. Na outra extremidade do espectro evolutivo, além da nossa consciência humana normal, estão seres de puro espírito que evoluíram além da dualidade da condição humana e existem em perfeita união e autopercepção, num estado de "ser consciente". A consciência humana não é nem a simples natureza nem o puro espírito. Em vez disso, estamos nos estágios intermediários da evolução, seres dotados de espírito e matéria, de autopercepção parcial e não completa, presos na incompletude inquieta e na divisão interior. Estamos em estado de desequilíbrio em busca do equilíbrio, de desunião e dualidade em evolução para a unidade.

Diferentemente da natureza não consciente, nós, seres humanos, temos a capacidade — embora temporária — de resistir à nossa própria evolução. Diferentemente de uma árvore, podemos recusar o crescimento. Podemos recusar-nos a sentir a força vital no nosso corpo, criando uma armadura muscular que deixa de fora o prazer e a dor, insensibilizando-nos para as realidades da vida física. Podemos recusar-nos a crescer emocionalmente e, assim, continuar reagindo à vida de modo inadequado e infantil. Podemos decidir não expandir a mente, e assim continuar pensando em conceitos limitadores que se esclerosam em preconceitos e pré-concepções. Podemos fechar-nos a tudo o que a vida tem a oferecer, e ficar vitimizados e inibidos, por nos agarrarmos a atitudes antigas e ultrapassadas. Podemos tentar enganar a vida, querendo receber mais do que estamos dispostos a dar.

Mais cedo ou mais tarde, porém, todas essas recusas a crescer ou a renunciar a velhas atitudes se voltam contra nós. Porque não se pode enganar a vida. Sempre que nos recusamos a crescer — do ponto de vista mental, emocional ou espiritual — nossa experiência de vida é proporcionalmente superficial e insatisfatória. Sempre que resistimos ao chamado da evolução para mais expansão e maior desenvolvimento pessoal, acabamos provocando mais dor e dificuldades para nós mesmos. É preciso continuar aprendendo, repetidamente, que nossa felicidade reside na escolha do caminho da evolução pessoal, apesar do medo.

O chamado da força vital para a evolução é um fato. Pode-se resistir a ele, mas não se pode negá-lo. O crescimento pessoal não é apenas desejável; é inevitável. Faz parte do inexorável impulso cósmico da evolução.

> Existe um grande impulso no universo manifestado onde você vive. Esse impulso precisa existir em todo ser humano. O impulso leva para a união — para a unificação, para a reunião dos fragmentos da consciência. ... O impulso se manifesta como uma força tremenda que leva todas as pessoas para a união interior e a união com os outros, tornando a separação dolorosa e vazia. ... A vida, o prazer, a unidade consigo e com os outros são as metas do plano cósmico de evolução. (*PGP 149*)

A força da evolução nos impele constantemente para o crescimento, para a abertura cada vez maior de áreas de nós mesmos, com a finalidade de criar maior consciência e mais unidade. Quando optamos conscientemente pelo engajamento na tarefa universal da evolução, por meio do nosso próprio crescimento espiritual, nossa vida se enche de sentido e de propósito, como alegres participantes do drama cósmico.

Exercícios do Capítulo 2:

1. Explore algumas de suas dualidades pessoais. Que partes de si mesmo ou da sua vida você rejeita ou julga serem: a. intoleráveis, b. inaceitáveis, ou c. indesejáveis? Imagine-se dando as boas-vindas na volta ao lar dessas partes rejeitadas de você ou da sua vida, como na história do filho pródigo, como o pastor com suas ovelhas desgarradas.

2. Que partes de si mesmo ou da sua vida você julga serem: a. toleráveis, b. aceitáveis, c. desejáveis? O que você poderia fazer para fortalecer a aceitação de si mesmo e da vida?

3. Descreva qualquer experiência que tenha tido com o eu "central", o centro unificado da vida que flui através de você.

4. Recapitule sua evolução espiritual. Que fatos ou pessoas serviram para incitá-lo a seguir o caminho interior? Escreva uma breve carta de agradecimento à pessoa ou fato que tenha servido para despertar você. Observe em especial as ocasiões em que as crises e dificuldades da vida constituíram o incentivo para o aprendizado espiritual e demonstre gratidão retroativa por esses fatos.

5. Recorde alguma crise passada da sua vida e veja se consegue agora resumir a lição que ela representou. Que dualidade interior ela serviu para esclarecer? Como a resolução da crise trouxe mais unidade à sua vida?

6. Assuma um compromisso consciente para com a sua evolução pessoal, incluindo um compromisso de trazer à consciência todos os aspectos não desenvolvidos da sua personalidade. Enuncie esse compromisso com suas próprias palavras e invente um ritual de compromisso, convidando (se viável) uma ou mais pessoas como testemunhas.

CAPÍTULO 3

O Desenvolvimento do Eu Observador

"Existe em você um eu real que não equivale nem aos seus aspectos negativos, nem à sua autocrítica inexorável, nem à máscara que cobre o mal. Encontrar esse eu real é o nosso objetivo."

— Palestra 189 do Guia do Pathwork — *"Auto-identificação determinada pelos estágios da consciência."*

A expansão de James: o microscópio e o estojo de primeiros socorros

Aos cinqüenta anos, James sabia quem era. Ou assim pensava. Vindo de um meio familiar pobre e tacanho, conseguiu, por esforço próprio, terminar a faculdade e trabalhar para levar uma vida culturalmente sofisticada e financeiramente bem-sucedida. Tinha rompido um casamento precoce e imaturo com uma mulher dependente e controladora, deixando a cargo dela a educação dos dois filhos do casal.

Na infância, James levava a sério o rígido catolicismo de sua família, tendo até se tornado um devotado coroinha. Ele nunca conseguiu entender as piadas que os outros meninos faziam em relação a não ir à missa ou a usar o nome do Senhor em vão. Para James, a possibilidade de danação eterna, por conseqüência desses pecados, era uma ameaça muito séria. Na adolescência, James se viu preso nas garras implacáveis de uma contradição entre a força da sexualidade, que começava a surgir, e as proibições da igreja. Ao mesmo tempo, ele questionava mentalmente as superstições de sua religião. Acabou rejeitando o catolicismo e transformando-se num ateu convicto.

No entanto, ele nunca parou de procurar respostas para as perguntas fundamentais sobre o significado da vida e da morte. No final da casa dos 20, James descobriu as religiões místicas orientais, que respondiam às dúvidas que ainda persistiam nele com as táticas de tirar a mente de cena. James, então, começou a praticar com dedicação o Zen-budismo e, depois de muitos anos de meditação, teve uma forte experiência de iluminação na qual o seu senso de separação, limitado pelo ego, dissolveu-se em um estado de consciência unitiva de percepção de Deus. Desde então, raramente foi vítima da ansiedade, além de perder totalmente o medo da morte. Na casa dos 30, James encontrou o Pathwork e fez um trabalho considerável para tentar obter mais consonância entre sua personalidade e seu despertar espiritual.

Ultimamente, porém, a vida de James começou a dar-lhe tédio. Embora gostasse de ser competente, independente e intelectualmente maduro, ele acreditava que tinha atingido todas as suas metas terrenas. Seu conhecimento espiritual dava-lhe a sensação de segurança, sendo raros os momentos de angústia pessoal. Razoavelmente satisfeito com a vida e os relacionamentos, James suplicava, semiconscientemente, por alguma coisa que o sacudisse e fizesse dele novamente uma pessoa totalmente dedicada ao caminho do crescimento espiritual.

A essa altura, Matthew, seu filho de vinte e cinco anos, foi visitá-lo. Os dois raramente se encontravam desde que James deixara a mulher, muitos anos atrás. Pai e filho nunca desfrutaram de intimidade. Embora gostasse de Matthew, James nunca sentiu um profundo amor por aquele menino meigo, que fora uma criança fisicamente frágil, sem demonstrar a agressividade ou o sucesso que teriam agradado ao pai. A ambivalência de James em relação ao filho também continha uma forte dose de culpa sobre sua própria inadequação como pai.

Pouco tempo depois de chegar, Matthew disse ao pai que era homossexual e tinha AIDS, doença que provavelmente o levaria à morte ainda naquele ano.

A notícia foi um choque, mas também provocou um entorpecimento emocional: James procurou observar em si mesmo os sentimentos que esperava ter depois de uma revelação tão trágica. No entanto, só conseguia perceber uma zona fria e endurecida em torno do seu coração, que deixava de fora qualquer sentimento.

James estimulou o filho a falar, e na semana seguinte Matthew começou a abrir-se cautelosamente, descrevendo primeiro a ansiedade que sentia em relação ao pai e o ressentimento que sentira na época em que James abandonou a família. Contou que a sensação de confinamento e restrição que sentira durante a fase de crescimento ao lado da mãe reapareceu quando, recentemente, voltara a morar com ela. Matthew admitiu seu pavor diante da morte, dizendo que, depois de rejeitar o catolicismo, não o substituíra por nenhuma outra perspectiva espiritual. Confessou que sua vida homossexual tinha sido quase sempre irregular e infeliz, furtiva e insatisfatória, até o ano anterior, quando encontrara e fora morar por algum tempo com um homem a quem amava profundamente. No entanto, quando Matthew recebeu o diagnóstico de AIDS, a tensão decorrente desse fato desfez o relacionamento e ele voltou a morar com a mãe.

James ouviu tudo quase sem demonstrar reação; o frio que cercava seu coração se solidificou numa insensibilidade gelada. Embora quisesse o bem do filho e não fizesse nenhum julgamento sobre a homossexualidade de Matthew, James não conseguia encontrar nada de reconfortante para dizer ao filho sobre a morte; não conseguiu dizer nenhuma palavra de consolo. Sua voz parecia perdida lá dentro, num poço gelado. Quando Matthew partiu, uma semana depois, para voltar a ficar sob os cuidados da mãe, o único sentimento que James conseguiu identificar foram pontadas da velha culpa em relação à sua fraca atuação como pai.

Depois, começaram os pesadelos. James acordou várias noites seguidas, tremendo e suando. Um dos sonhos: "Estou rodeado por enfermeiras ou talvez feiticeiras, mulheres assustadoras de enormes dimensões, todas vestidas de preto, que falam sem rodeios e me apontam dedos acusadores. Tenho certeza de que estou para ser morto por algum crime hediondo. Quando elas começam a vir na minha direção, magicamente surge na minha mão um microscópio. Olho através dele e todo o cenário do sonho muda; agora estou vendo a mim mesmo e às mulheres descomunais de uma longa distância, através do microscópio, como um cientista fazendo suas observações, investigando tranqüilamente um fenômeno natural."

Outro sonho: "Estou sem recursos e sozinho num campo frio e escuro, onde terei de passar a noite. De alguma forma, sei que ali existem vampiros que poderão vir e sugar o meu sangue. Desejo que apareça um amigo com um estojo de primeiros socorros."

Depois de várias semanas de pesadelos, James voltou a freqüentar regularmente as sessões do Pathwork, esperando encontrar os instrumentos que, conforme os sonhos sugeriam, poderiam ajudá-lo. Seu conselheiro recomendou que ele fizesse um diário, registrando todos os sonhos e sentimentos. Ao trabalhar com os sonhos, James entendeu que o microscópio do primeiro sonho representava o instrumento do cientista objetivo que existia nele, que o ajudara a não ser vencido pelas ameaçadoras mulheres do sonho. No segundo pesadelo, James desejara a presença de um amigo compassivo trazendo o "estojo de primeiros socorros", para ajudar a curá-lo. Estava claro, tanto para James como para o ajudante, que sentimentos profundos e antigos precisavam vir à tona nesse momento. Ambos sabiam que James precisava da clareza do cientista, com seu microscópio, e da compaixão de um amigo, com seu estojo de primeiros socorros, para ver e registrar o que estava acontecendo com ele, sem julgamentos nem medo. Com a ajuda do eu observador, James poderia dar as boas-vindas à crescente turbulência inconsciente como sinal de uma nova fase em seu trabalho espiritual. Em breve, ele teve um sonho sobre o estado da "casa interior":

"Estou numa casa que está caindo aos pedaços. Descendo as escadas, vejo cortinas caídas pelo chão, e em seguida parte da escadaria desmorona. Um jovem ri. O proprietário da casa diz: 'É duro. Você não imagina como lutei para conseguir esta casa. Durante anos comprei e vendi pequenos imóveis, sabendo que só conseguia um pequeno lucro em cada transação. Fui juntando o lucro para comprar esta casa, e agora ela está caindo aos pedaços. Nunca vou conseguir vendê-la pelo que ela realmente vale.'

Saio da casa com o proprietário e vários amigos dele. Percorremos ruas com muitas curvas e desvios, e faço um comentário sobre a dureza dessa viagem. Chegando a um bar, peço uma Bud*, mas o garçom ri e diz 'Isso é a única coisa que você não vai encontrar aqui'. Eu digo: 'Então me dê o que você tiver.' O garçom olha de soslaio, se inclina e responde: 'Tenho um monte de outras coisas para dar a você.' Não me sinto à vontade e saio sozinho do bar, andando a esmo pelas ruas desertas, sentindo-me completamente só."

Nos meses seguintes, James descobriu o medo de que a meticulosa estrutura do ego que ele tinha montado com grande esforço ao longo de muitos anos estava, como a casa do sonho, correndo o perigo de ruir e perder a utilidade. O fato de renunciar a algumas das defesas do ego significava sentir-se temporariamente perdido. Por trás do medo do garçom homossexual, ele descobriu seu anseio por um "Bud", um amigo fraternal. A competitividade de toda uma vida com outros homens começou a se desfazer e a se transformar no desejo de uma verdadeira amizade masculina.

James também descobriu dentro dele o menino que cresceu com a sensação de ser subjugado pela mãe moralista e pelas freiras que o rodearam durante doze anos em escolas católicas. Ao crescer, James ficou apavorado com a ameaça do inferno e danação por causa de seus impulsos sexuais. Mesmo agora, inconscientemente, ele temia que sua sexualidade o condenasse a ter "sangue mau". A ameaça do vampiro no sonho tem origem nesse antigo pavor, e estava relacionada com o medo inconsciente de que a AIDS do filho fosse um castigo pela sexualidade.

James sentiu a raiva contra o poder abusivo que aquelas mulheres católicas haviam exercido sobre ele, e depois recapitulou seus anos de vingança inconsciente, seu próprio vampiro representado por ele mesmo e que, por seu turno, se vingava, exercendo sua crueldade contra as mulheres que privavam da sua intimidade. Agora ele sentia a raiva verdadeira e adulta por ter fechado seu coração às mulheres, por medo de ser magoado ou controlado por elas.

Relembrou seus relacionamentos com os homens e percebeu que havia afastado muitos dos que tentaram ser amigos dele. James sentiu dentro de si o garotinho com medo do pai — um homem grande e atlético que constantemente ridicularizava a sensibilidade do menino. Ainda causavam dor as lembranças das caçadas de pombos

---

* Bud, contração de Budweiser, marca popular de cerveja nos Estados Unidos, e também termo familiar para menino ou homem, amigo, companheiro. (N.T.)

com o pai, que o mandava ir buscar as aves abatidas. Chorou ao lembrar a visão particularmente patética de uma pomba agonizante, ferida no peito e arfando os últimos suspiros, e ele, como um perdigueiro obediente, era cúmplice dessa matança. Até que um dia passou a recusar-se a ir à caça e adotou a máscara de desprezo e superioridade em relação ao pai e seus esportes. Mas agora James sentia a dor do distanciamento em relação ao pai, e sua angústia foi o estopim para sentir a dor provocada pela rejeição ao sensível Matthew.

A vida de James, agora, certamente não era mais entediante. Muita coisa estava acontecendo internamente à medida que ele abria as grandes salas ocultas da emocionalidade. James teve outro sonho sobre a casa interior: "Estou numa sala da casa em ruínas do sonho anterior, mas sei que existe uma sala maior atrás desta, uma sala que está em bom estado. Lá se desenrola outro tipo de atividade: há um grande número de homens, de todas as idades e tipos, conversando sobre um filme que vão fazer, e do qual querem que eu participe. Fico em dúvida."

O sonho ajudou-o a ver que, por trás da estrutura rígida, velha e caindo aos pedaços de sua máscara, havia na sua casa psíquica uma sala em bom estado com um grande "elenco de personagens", e ele estava sendo convidado a participar do drama interior ali encenado.

Nos sonhos e no trabalho pessoal, James estava se abrindo a muitos aspectos até então ocultos — seu medo dos homens e a concomitante vontade de aproximar-se deles, seus terrores da infância relacionados com a sexualidade, e sua culpa verdadeira de adulto. James estava entrando em terreno desconhecido que parecia mais feminino e vulnerável do que a força estóica masculina que já lhe era familiar.

Outro sonho: "Estou do lado de fora da porta da casa de minha irmã. Estive poucas vezes na casa dela e, mesmo assim, nunca entrei. Mas desta vez, no sonho, ela me convida a entrar e eu o faço, e essa atitude tem algo de sagrado, como se eu estivesse entrando numa igreja."

Esta é a nova sala da casa interior de James, a sala da sua natureza feminina antes negada, que agora finalmente se deixa conhecer. Logo depois dessa entrada espiritual, ele sonhou:

"Estou a caminho de um antigo local sagrado na América do Sul. No avião, uma mulher se aproxima de mim, dizendo que é a primeira aeromoça nativa do Peru. Não me sinto à vontade com ela e não sei o que dizer. No entanto, tenho a impressão de que fiz essa viagem para encontrá-la." Um dos propósitos centrais da recente confusão inconsciente de James foi revelada aqui: ele estava viajando para encontrar sua natureza feminina reprimida.

Nas sessões do Pathwork, ele continuou a explorar novos sentimentos e a encontrar muitas subpersonalidades que se impacientavam sob o comando da rígida e limitadora máscara do ego. Durante essa experiência caleidoscópica de mudança, James sempre manteve intacta uma parte de si mesmo capaz de acompanhar qualquer onda, permitir qualquer sentimento e admitir qualquer informação inconsciente. Essa parte era o seu eu observador, uma âncora espiritual no encapelado mar do crescimento. O bloco de gelo, que havia apenas alguns meses era a síntese de sua vida emocional, derreteu por completo.

A integração de uma parte maior de sua natureza até então oculta conferiu a James, em pouco tempo, uma nova capacidade de conversar com o filho sobre sen-

timentos. No final da vida de Matthew, James conseguiu chorar com ele, admitir seu arrependimento pelo tipo de pai que tinha sido e agradecer ao filho por ter feito parte da sua vida. A convivência com Matthew no leito do hospital durante os últimos dias de vida do rapaz fez com que James conseguisse, pela primeira vez, acariciar e consolar o rapaz, conversar ternamente com esse filho que ele conhecera tão pouco. A morte trágica e prematura desse rapaz delicado e homossexual ajudou o pai a resgatar sua própria delicadeza e avançar para a totalidade.

O desenvolvimento do eu observador

Todo ser humano, na realidade, é muitos seres. Como James, cada um de nós existe simultaneamente em muitos planos de consciência. Embora confuso, isto nos ajuda a entender as muitas contradições aparentes que coexistem dentro de nós. O James adulto queria sentir compaixão pelo filho. Mas a criança interior de James continuava paralisada pelo medo remanescente de ser ridicularizada por demonstrar sensibilidade emocional. O eu espiritual de James sabia que a morte é uma ilusão, mas sua mágoa cristalizada e o medo que o filho lhe inspirava tornaram-no incapaz de expressar o que outra parte dele sabia tão bem. O ego masculino fez um violento esforço, venceu desafios e construiu um forte senso de identidade; o eu sentimental feminino estava destruindo a rigidez daquela estrutura, para permitir que as águas do inconsciente fluíssem com mais liberdade. Nossos muitos eus interiores contradizem a idéia limitada de quem somos, e os diferentes planos muitas vezes contradizem um ao outro.

Essa complexidade interior pode ser comparada à existência no nosso íntimo de um "elenco de personagens", cada um com suas próprias opiniões, atitudes e sentimentos. Cada personagem mora num quarto separado da nossa casa psíquica, cada um habita uma realidade diferente. Poderíamos dizer, também, que cada um desses níveis de consciência existe numa freqüência diferente, que pode ser captada como os vários canais de um rádio. Quando estamos sintonizados com uma estação, podemos não ter ciência de que temos à disposição uma freqüência totalmente diferente, bastando girar ligeiramente o "dial" interior.

Quando tomamos conhecimento do elenco interior de personagens, ou das freqüências psíquicas interiores, precisamos aceitar em especial aquelas que parecem indesejáveis, incluindo a criança sensível e amedrontada e o adulto vingativo e hostil. Essas personagens vivem escondidas, como o nosso eu-sombra, que pode ser reprimido, porém nunca eliminado.

Mesmo que consigamos entender esses diferentes e contraditórios planos de existência coexistentes em nós, muitas vezes não percebemos que cada um deles é intrinsecamente criativo. Nossa vida é uma manifestação da soma total de todas as diferentes personagens ou planos de consciência que somos, independentemente de estarmos ou não cientes deles. O fato de trazer à consciência o mundo interior do nosso elenco pessoal de personagens nos permite entender como criamos a nossa vida.

O eu observador

Como começamos a viagem interior da autotransformação? Se temos de encontrar a criança ferida e liberar o ego negativo, tirar as máscara e transformar o eu inferior, quem executa o trabalho? Qual eu atua sobre esses outros eus?

Nossos aspectos já desenvolvidos assumem a tarefa de acolher na consciência e de transformar os outros aspectos. Os aspectos maduros se transformam nos "conselheiros" das partes não desenvolvidas. Todos os nossos eus conselheiros nos guiam na jornada evolutiva para a maturidade e a totalidade. Não precisamos da ajuda de mestres, de curadores, de terapeutas e de guias externos, mas precisamos lembrar que a meta também é despertar o mestre/curador interior que está sempre presente e pronto a nos guiar.

Mesmo se não nos sentirmos maduros, e mesmo se não conseguirmos entrar em contato com o mestre interior, todo mundo pode, com a prática, desenvolver um eu observador. O eu observador é composto das qualidades representadas pelos instrumentos que James descobriu no decorrer do seu trabalho pessoal — a objetividade e a imparcialidade (o microscópio do cientista) junto com o amor e a compaixão (o estojo de primeiros socorros do amigo) para com os nossos muitos outros eus. O observador fica "de fora", por assim dizer, dos nossos eus e da nossa vida, e observa o que é vivenciado. Ele assume uma perspectiva na qual pode se instalar psicologicamente e da qual pode ver o restante da vida. É um local com o qual podemos nos identificar enquanto aprendemos a observar e nomear outras partes do eu. **A capacidade de auto-observação objetiva e compassiva é, isoladamente, o atributo mais importante para o desenvolvimento para quem trilha o caminho espiritual.**

O observador objetivo é uma função positiva do ego. É um aspecto do Eu superior que podemos experimentar na realidade comum do ego. É uma testemunha benevolente com os processos internos e os fatos externos. Ela simplesmente anota, sem fazer julgamentos, o que quer que venha à superfície da consciência. Ela acolhe em particular as mensagens do inconsciente que nos trazem informações potencialmente novas a nosso respeito. Ela não discrimina entre o "bom" e o "mau" que afloram do seu interior, mas acolhe qualquer tipo de percepção.

Laura estava se mudando de uma cidade, onde era dançarina e professora de dança e desfrutava de alto conceito profissional, para o interior, onde levaria uma vida mais simples com o novo marido. Ela teve o seguinte sonho:

"Saio de uma sessão do Pathwork e vou ao estacionamento onde há três veículos estacionados, e sei que os três são meus. Um é um vistoso Cadillac branco, o segundo é uma moto preta Harley-Davidson e o outro é uma pequena caminhonete vermelha. Todo o meu patrimônio se resume nesses três veículos. Vários ladrões mascarados estão tentando roubar meus pertences dos veículos e eu começo a gritar com eles. 'Vocês não podem pegar isso; é meu!' Sei que alguns desses objetos não valem nada; na realidade, são coisas que eu provavelmente jogaria fora ao chegar a casa. Mas não quero que os ladrões fiquem com elas; sei que são minhas e estou decidida a manter sua posse. No fim, grito tanto que eles desistem do roubo e vão embora. Tenho a sensação de triunfar por ter reclamado tudo o que era meu."

Laura sentiu que os três veículos representavam aspectos dela mesma. O Cadillac branco era a máscara de dançarina profissional: refinada e elegante. A moto era a idéia que ela fazia do seu eu inferior negativo: empolgante mas perigoso. E a caminhonete vermelha era o Eu superior, que agora a conduzia para a vida no campo. Ela estava seguindo o coração, e não a auto-imagem idealizada. Ela achava que os ladrões mascarados eram as defesas (a máscara) que queriam negar outros aspectos da identidade dela. E ela se achou ótima por ter insistido que os três veículos e tudo que havia neles pertenciam a ela. O sonho consolidou a reivindicação de todos os aspectos dela — a máscara, o eu inferior e o Eu superior. O sonho também menciona de onde ela vem e para onde vai. No simbolismo da roda dos índios Plains, o branco é a cor do Norte, do esquecimento e da morte (da velha vida) e o vermelho é a cor do Leste, do nascimento e dos reinícios.

A Laura do sonho, que reivindica os três carros, é o eu que é capaz de identificar outros aspectos sem se identificar com nenhum deles. O eu observador também pode ser chamado de "testemunha imparcial", que tudo vê e tudo registra, sem distorcer nada. O observador fica postado na borda do vasto terreno de nossos eus interiores, prestando atenção a tudo o que aparece.

Podemos visualizar a imensidão do eu imaginando que somos um recipiente onde "flutuam", por assim dizer, aspectos da consciência universal que agora se expressam através de mim, e depois através de você, e em seguida através de alguém mais. Essa visualização pode ajudar-nos a adquirir um certo distanciamento do conteúdo particular do nosso recipiente pessoal de consciência.

Cada traço familiar à compreensão humana, cada atitude conhecida da criação, cada aspecto da personalidade é uma das muitas manifestações da consciência. Cada um deles que ainda não foi integrado ao todo precisa ser unificado, sintetizado, tornado parte do todo harmonioso. ... Você pode imaginar por um instante que muitos traços familiares a você, que você sempre associou a alguma pessoa, como existentes apenas através de uma pessoa, não são a pessoa *per se*, mas sim partículas da consciência global que flutuam livremente, sejam esses traços bons ou maus? Tome por exemplo o amor ou a maldade, a perseverança ou a preguiça. Tudo isso são partículas em suspensão da consciência global, que precisam ser incorporadas à personalidade manifesta. Somente assim ocorre a purificação, a harmonização, o enriquecimento da consciência manifesta, criando o processo evolucionário de unificação das partículas separadas da consciência. *(PGP 189)*

Essa compreensão de nós mesmos como "recipientes" de muitas partículas diferentes de consciência, algumas delas superficiais, negativas ou destrutivas, é especialmente útil para aprendermos a nos encarar com mais tolerância e distanciamento.

Podemos aprender a afastar nossa identidade de todos os fragmentos flutuantes de consciência e nos aproximar daquele que observa a todos. Isso pode ser comparado à identificação com um integrante da platéia que observa todo um elenco de personagens entrar e sair do palco interior. Ou, usando outra metáfora, nós nos tornamos o dono da casa que abre as portas dos vários quartos onde habitam as personagens internas.

As atitudes negativas e improdutivas em relação ao eu sempre têm origem na crença errada de que somos apenas alguma parte limitada ou negativa de nós mesmos, e não o todo. A ponte para chegar ao conhecimento da totalidade interior é o eu observador, aquela faceta nossa que aceita **o que quer que esteja** dentro de nós. À medida que aprendemos a nos identificar com o eu observador, adquirimos autoconfiança. A auto-aceitação total é o hábito com maior poder de cura que podemos adquirir no caminho espiritual.

Distorções da auto-observação

Quando começamos essa observação, tendemos a fazer julgamentos dualistas sobre o que vemos — julgando nossos eus e atributos como bons ou maus, fracos ou fortes, tolos ou profundos. Contudo, no momento em que nos julgamos, deixamos de observar: passamos a julgar. O processo de observação, nesse caso, precisa voltar a situar-se "atrás" do juiz, para podermos observar tranqüilamente esse autojulgamento. Se constatarmos que estamos ficando desanimados com o que observamos, é preciso "recuar" e observar o desânimo.

Muitas vezes assumimos uma postura de alarme ou desaprovação, ou até de desespero, quando descobrimos que estamos agindo ou sentindo de um modo não compatível com a auto-imagem idealizada. Mas nós não podemos mudar um comportamento cuja origem está nos nossos eus não desenvolvidos enquanto o comportamento e as atitudes subjacentes não forem levados à consciência. A autocondenação nos leva de volta ao repúdio dos nossos aspectos negativos que, dessa forma, nunca podem ser transformados.

A origem das distorções da auto-observação

Na maioria das vezes, os julgamentos negativos do que vemos em nós mesmos são as vozes internalizadas dos pais ou de figuras de autoridade da infância, ou de rígidos códigos de conduta culturais e religiosos. Esses julgamentos não são o verdadeiro eu observador, mas vêm da auto-imagem idealizada que incorporou padrões irrealistas de perfeccionismo, em relação aos quais constantemente nos comparamos. O primeiro passo da verdadeira auto-observação, portanto, é observar esse perfeccionismo. Sempre que cairmos no autojulgamento severo, precisamos recuar e, tolerantemente, observar também este processo.

Martha estava de mudança para um novo apartamento. Ela pegou no trabalho algumas caixas para as embalagens, e resolveu levar também as bolinhas de isopor para o caso de precisar embalar objetos frágeis. No entanto, ao chegar em casa percebeu que não iria precisar do isopor; ele estava tomando o espaço disponível para a embalagem, e agora seria preciso jogá-lo fora.

A essa altura, no entanto, ela ficou terrivelmente deprimida e quase não conseguiu continuar embalando suas coisas. Ao voltar-se para dentro, percebeu uma voz interior que a acusava: "Como você é burra! Como pôde achar que o isopor seria útil? Que idéia idiota!" A força dessa autocondenação pareceu a Martha absurda e cômica, mesmo que a dor sofrida fosse real.

Deixando de dar ouvidos a essa autocrítica debilitadora, ela percebeu que a voz era semelhante à de sua mãe, que constantemente a criticava na infância. Martha havia internalizado a voz da mãe, que agora usava para corroer sua própria auto-estima. Mesmo sem conseguir modificar imediatamente essa autodestrutividade interior, ela conseguiu se desvencilhar do juiz crítico e passar para o verdadeiro eu observador, que simplesmente observou o que se desenrolava no seu íntimo: mais uma edição da velha história da mãe crítica e da criança magoada.

Martha começou então um diálogo entre a mãe e a filha: a voz da criança soava como a da vítima, e a da adulta parecia a de alguém que estava "por cima". Subitamente, a parte vítima de Martha afirmou-se e disse que não ficaria quieta agüentando esse abuso por mais tempo; sua resistência resultou no abrandamento da crítica. Martha imediatamente se sentiu melhor e conseguiu retomar a tarefa de embalar suas coisas. Seu eu observador objetivo facilitou essa cura, atuando como ajudante benévolo e distanciado, enquanto Martha trabalhava com suas diferentes personagens internas.

As vozes do perfeccionismo, da insegurança e do menosprezo a si mesmo são as vozes parentais negativas que internalizamos com mais freqüência. A teoria da Gestalt chama essa voz de "manda-chuva" que sempre critica o "oprimido"; outras terapias dizem que essa é a voz do "pai" que critica o eu "criança". A exigência de perfeccionismo feita pelo juiz internalizado transforma até o erro mais simples e inocente numa catástrofe para nossa auto-estima.

Martha explorou mais a fundo sua voz crítica numa sessão do Pathwork e descobriu o segredo de sua sobrevivência: a crença de que "se magoa é porque é verdadeiro". Ela conferia mais credibilidade às suas vozes de autocrítica do que às de auto-elogio.

*Prosseguindo, ela percebeu o quanto, na infância, ansiava pela aprovação da mãe, acreditando que só estaria bem se conseguisse atingir os padrões perfeccionistas da mãe. Enquanto isso não acontecesse, ela seria privada do amor materno. Foi difícil aceitar que, na realidade, ela nunca seria amada pela mãe da forma como gostaria de ser, e que a falta de aceitação era, na verdade, problema **da mãe**. A necessidade de aceitação era real, embora insatisfeita. A verdade é que a mãe fora imperfeita nesse papel; e ela, uma filha imperfeita.*

Martha precisava abandonar a ilusão de que era a pessoa má e a mãe era a pessoa boa ou perfeita, cujo amor a menina só poderia merecer se algum dia fosse perfeita como a mãe exigia. Ela precisava aceitar que não fora bem-amada, que não fora aceita pelo que era, e que isso não era sua culpa. Simplesmente foi assim que aconteceu.

Martha soluçou amargamente pelo pesar de abrir mão da ilusão de que poderia, algum dia, ser amada pela mãe, desde que fosse perfeita. Depois, mais calma, chorou pela dor da menininha solitária que tantas vezes se imiscuía em seus pensamentos. Martha visualizou seu Eu superior como a boa mãe, "reformando" a menininha, abraçando-a e confortando-a, amando-a incondicionalmente, permitindo que ela errasse.

Precisamos ser capazes de identificar as vozes negativas autocríticas, mas aprendendo a não nos identificarmos **com** elas; elas são apenas uma parte do cenário interior, não mais "verdadeiras" do que qualquer outra faceta nossa.

Muitas pessoas têm conceitos errados sobre a autopercepção, do tipo "se magoa é porque é verdade" ou, o que é igualmente falso, "tudo o que magoa não pode ser verdadeiro". Na verdade, a percepção, em especial a percepção do eu inferior, pode ser dolorosa. No entanto, essa dor, simplesmente sentida, é temporária e purificante. E a consciência, em particular do Eu superior e dos estados unificados de ser, pode ser profundamente prazerosa. Por trás dos sentimentos temporários de dor e prazer que nos atravessam, a percepção é simplesmente um receptáculo vazio de toda a experiência de vida.

A auto-aceitação radical

Há vinte anos, testemunhei um exemplo dramático da postura da auto-observação benévola. Eu havia ingressado recentemente na comunidade do Pathwork e assistia às palestras do Guia dadas por Eva Pierrakos em Nova York, que também eram freqüentadas por uma mulher que chamarei Penny, cuja perna fora amputada por causa de um câncer. Alguns meses depois, quando o câncer entrou em estágio terminal, Eva perguntou a Penny o que ela sentia em relação à morte iminente. "É bom ou não morrer, Penny?" Penny respondeu simplesmente: "Nem bom nem ruim, Eva, apenas é." Este "apenas é" da morte tem sido o meu modelo da auto-aceitação radical de tudo que é observado dentro do eu em qualquer momento.

Eu acho que os ensinamentos do Pathwork podem exercer o mesmo papel em relação à nossa compreensão do negativo e do mal que outros ensinamentos espirituais recentemente popularizados exerceram em relação à nossa aceitação da morte. O mal, como a morte, apenas é. No plano dualista em que vivemos a maior parte do tempo, existem em nós energias benignas e maléficas. Mas nós negamos a nossa negatividade ainda mais enfaticamente do que negamos a morte. No fim das contas, não podemos acreditar que não iremos morrer. Mas podemos perpetuar a ilusão de que não cometemos nenhum mal. No entanto, viver nessa ilusão é tão prejudicial para a nossa saúde espiritual quanto negar a nossa mortalidade. Podemos aprender, com segurança, dar ensejo à percepção dos aspectos negativos e maus de nós mesmos com nobre auto-aceitação.

Nada do que existe dentro de nós é absolutamente inaceitável. Apenas é, seja lá o que for. O trabalho pessoal mais importante que efetuamos é alinhar nossa atitude com a auto-observação honesta e compassiva.

> Como será diferente a atitude para consigo mesmo quando você perceber que cabe às entidades humanas apresentar aspectos negativos com a finalidade de integrá-los e sintetizá-los! Isso permite veracidade sem desesperança. Que dignidade você adquire quando considera que assume uma importante tarefa em prol da evolução. Quando você vem para esta vida, traz consigo aspectos negativos específicos com o objetivo de transformá-los. ... Todo ser humano executa uma tarefa enorme dentro da escala universal de evolução. (*PGP 189*)

A impaciência e as exigências para que o ego mude são sempre contraproducentes. O autojulgamento cria uma atitude de rebeldia contra um superego rígido. No entanto, se enxergamos claramente (sem ilusão) e compassivamente (sem complacência), podemos optar por mudar os aspectos negativos. É muito mais provável querermos mudar se pudermos simples e benevolentemente avaliar quem e o que estamos expressando em qualquer momento, sabendo que isso não é tudo que somos.

Se você visar o crescimento e não a perfeição, viverá no agora. Você dispensará os valores sobrepostos e encontrará os seus próprios valores. Dispensará as simulações e imposições. Isso leva à individualidade e afasta da alienação de si mesmo. Tudo isso conduzirá você a um estado de identificação com o seu verdadeiro eu, ancorando-o no seu eu verdadeiro, em vez de ficar agarrado às camadas periféricas. (*PGP 97*)

Dois aspectos do eu observador: verdade e amor

A prática da auto-observação honesta dá uma lição sobre **verdade** e **amor**: podemos aprender a **honestidade total para com o eu** combinada com a **aceitação total do eu**.

Aprender a ser honesto consigo mesmo, a não se esquivar de nada que seja detectado nos pensamentos e sentimentos ocultos, bem como no comportamento, é o mesmo que aprender a viver sendo verdadeiro consigo mesmo. Ao fortalecer a capacidade de sermos verdadeiros com nós mesmos, também fortalecemos a capacidade de sermos verdadeiros com os outros e de tomar o partido da verdade em assuntos de ordem mundial.

Aprender a aceitar a si mesmo, a perdoar e a ter compaixão por todos os pensamentos e ações ocultos, e por cada ação, por mais que aparentemente sejam inaceitáveis, é o mesmo que aprender a viver em amor. Ao fortalecer a capacidade de aceitar e de perdoar a nós mesmos, e não a rejeitar, julgar ou fazer comparações com os outros, também fortalecemos a capacidade de amar os outros. Podemos aprender a amar os outros incondicionalmente, sem cegueira, complacência nem dependência, mas unicamente depois de sermos capazes de amar a nós mesmos.

O aprendizado dos valores universais do **amor** e da **verdade** precisa começar com a prática de atitudes de absoluta sinceridade e aceitação incondicional de nós mesmos. Quando aprendemos a nos identificar com o eu observador, e não com qualquer aspecto distorcido de pensamento ou sentimento, podemos aprender a acolher tudo o que encontramos na vida como parte do nosso crescimento espiritual.

Verdade: atitudes construtivas

Ser verdadeiro com o eu significa acolher na consciência o material inconsciente, mesmo quando esse material aparece sob a forma de sonhos assustadores, de pensamentos negativos ou de sentimentos desagradáveis. Cada ato que traz o material inconsciente, ou apenas vagamente consciente, para a luz plena da percepção intensifica a evolução da consciência, a passagem da ignorância para a percepção, da limitação para a totalidade, da desunião para a união.

As emoções negativas inconscientes e o pensamento limitado inconsciente são poderosas forças criadoras do universo. No plano pessoal, nossos pensamentos não analisados em relação ao sexo oposto sabotam os esforços conscientes para estabelecer um relacionamento íntimo com um parceiro. No plano social, nossos preconceitos não analisados ou racionalizados em relação às pessoas de outras raças, culturas ou religiões são uma fonte permanente de relações negativas entre as pessoas. Enquanto esse negativismo for racionalizado ou negado, seus resultados são criados inconscientemente. E depois ainda nos surpreendemos com os resultados, por exemplo, um casamento que fracassa ou um mundo em guerra. Esses resultados negativos só podem ser evitados caso se permita que a negatividade se torne consciente.

A princípio isso pode parecer assustador. A revelação de pensamentos e sentimentos negativos antes não reconhecidos, e a percepção de que esse negativismo gera de fato uma experiência de vida desagradável, cria freqüentemente a aversão ao processo e a vontade de reprimir o material. No entanto, a repressão impossibilita a ligação de causa e efeito essencial para o crescimento da responsabilidade pessoal e da consciência espiritual. **A consciência é sempre um estado mais desejável que a ignorância,** mesmo que o conteúdo percebido nem sempre seja agradável. A realidade é preferível à ilusão, por mais dolorosa que a realidade possa, temporariamente, aparentar ser.

Gradativamente, aprendemos a diferenciar a auto-observação sincera, incluindo o discernimento sobre nós mesmos, e a autocrítica acerba ou punitiva. Esta última sempre dá uma sensação má e provoca culpa desnecessária e falsa, que tolda a mente, enquanto a verdade, mesmo a verdade dolorosa, é esclarecedora.

Amor: atitudes construtivas

Para desenvolver uma auto-aceitação autêntica, precisamos em primeiro lugar confrontar algumas atitudes comuns que se apresentam sob a máscara do amor. Autocomplacência, negação e racionalização não são amor de verdade; apenas nos afastam das verdades desagradáveis. Acreditamos erroneamente que, não olhando para o eu inferior, estamos sendo gentis conosco (ou com os outros), ressaltando o lado positivo, ou desenvolvendo a auto-estima. Embora seja preciso ficar atento para confrontar nosso negativismo (e o dos outros) na ocasião oportuna, o fato de negá-lo ou racionalizá-lo não tem origem no amor. Tem origem no medo do eu inferior.

A rejeição do nosso negativismo só serve para alimentar esse medo de nós mesmos e, conseqüentemente, para minar a auto-estima. Nós rejeitamos ou racionalizamos o eu inferior por medo de que ele seja a síntese de tudo o que somos. Em cada um de nós **existe** um medo fundamental de sermos, em essência, maus, sem salvação, ou indignos de amor. Temos que a visão do nosso desespero ou da nossa maldade resulte na nossa destruição. **Essa mais profunda ilusão da personalidade humana precisa ser enfrentada.** Ao enfrentarmos nosso negativismo e percebermos que ele não condensa tudo o que realmente somos, a aparente necessidade de rejeitar ou fugir também desaparece gradualmente.

O meio de perder o medo de nós mesmos é o reconhecimento gradativo de que não somos nenhuma das "personalidades" interiores, incluindo a máscara e o eu inferior. Gradativamente, deslocamos a identificação dos aspectos observados do eu para o observador que identifica esses aspectos. Passamos a ser o mapeador, e não o mapeado. Passamos a ser percepção, e não aquilo que percebemos.

Tornar-se um auto-observador amoroso é comparável a tornar-se um bom pai ou mãe de nós mesmos. Lentamente, aprendemos a nos amar incondicionalmente, amar em especial aquelas facetas nossas que são infantis, fracas ou imaturas. O bom pai reconhece os pontos fortes do filho e ajuda-o a desenvolver os pontos fracos. O bom pai aceita o filho por inteiro, incluindo os sentimentos negativos, mesmo que o pai também imponha limites à manifestação dos aspectos negativos por parte da criança e ajude-a aprender a expressar-se adequadamente. O pai ensina que o negativismo não é a natureza essencial do filho mas, ao fazê-lo, não nega esses aspectos nem é conivente com eles. Nossas facetas negativas podem ser encaradas como a criança imatura que habita em nós e precisa receber atenção e amor para "crescer" e expressar-se de forma madura.

Creio que quando conseguirmos amar todos os nossos eus teremos cumprido a promessa contida no Salmo 23: "Embora eu caminhe pelo vale da sombra da morte, não temerei mal algum, pois tu estás comigo." O "tu" do salmista é um ser de amor incondicional que pode estar ao nosso lado mesmo quando enfrentamos o medo, a morte e o mal. Esse "tu", embora possa significar Deus ou Cristo ou qualquer ser angelical percebido como exterior ao eu, também pode ser experimentado dentro do eu. Podemos perceber essa presença como o nosso eu superior, o companheiro de nossa alma, o eu-Deus interior. Quando proporcionamos a nós mesmos essa companhia espiritual, somos capazes de enfrentar qualquer coisa.

Quando aceitamos bondosamente e amamos nossos aspectos imaturos, damos a eles aquilo de que mais precisam para crescer. "Durante toda a nossa vida, estivemos à espera de ouvir as palavras 'eu te amo' ditas pela nossa própria voz."[1] Quando praticamos o amor em vez da negação, proporcionamos a nós mesmos espaço para expandir. Criamos um amplo anfiteatro para a aceitação do que quer que seja experimentado dentro de nós. Nessas circunstâncias, os aspectos negativos, dolorosos ou indesejáveis, não precisam se esconder. Longe da luz do nosso amor, eles permanecem na invisibilidade. Quando colocados sob a luz do amor e da verdade, eles podem crescer.

Ao desenvolver as atitudes positivas de verdade e auto-aceitação, construímos uma ponte que leva ao Eu maior dentro de nós. O observador objetivo começa como uma função do ego, enquanto disciplinamos uma parte nossa para ficar de fora e observar. No entanto, à medida que amadurece a nossa capacidade de sermos verdadeiros e amorosos para conosco, tornamo-nos mais e mais identificados com aquele eu verdadeiro e amoroso que é a nossa expressão pessoal dessas forças divinas do universo. Chegamos ao ponto de nos identificar com o Eu superior, que observa e transforma tudo o mais que somos.

> Na medida em que o eu consciente usa o seu conhecimento já existente da verdade, sua força já existente de exercer a sua boa vontade, a sua capacidade já existente de... **escolher a atitude em relação ao problema,** nessa exata medida a consciência se expande e se torna cada vez mais infiltrada pela consciência espiritual. **A consciência espiritual não pode manifestar-se quando a consciência já existente não está plenamente engajada no processo de auto-observação.** (*PGP 189*)

---

1. *Healing into Life and Death,* Stephen Levine, Doubleday, 1987.

Auto-identificação

O fato de aprendermos a nos identificar com o eu observador objetivo e a nos desidentificar com os muitos aspectos diferentes de nós mesmos gera liberdade interior.

Através do reconhecimento de alguns aspectos do eu até então rejeitados, ocorre uma mudança de identificação nítida, embora sutil. Antes desse reconhecimento, você era cego aos aspectos destrutivos, uma indicação de sua crença de que eles eram você. Por conseguinte, você não poderia permitir-se fazer esse reconhecimento. ... Mas, no momento em que você admite o que fora até então inaceitável, você deixa de *ser* o inaceitável, e em vez disso se identifica com o que existe em você que é capaz do reconhecimento. ... Identificar-se com as facetas feias e identificá-las são situações totalmente diferentes. **No momento em que as identifica, você deixa de se identificar com elas.** É por isso que é tão libertador reconhecer o pior que há na personalidade, depois de vencer a resistência sempre presente. ... No momento em que você identifica, nomeia, afirma, articula, observa os aspectos destrutivos, é aquele que identifica, nomeia, afirma, articula e observa que é o eu com o qual você pode se identificar, verdadeira, segura e realisticamente. Esse eu conta com muitas opções, possibilidades e escolhas. Portanto, você já não precisa perseguir a si mesmo com tanta impiedade e ódio. Parece não haver outra saída senão odiar a si mesmo, enquanto você perde a oportunidade de efetuar esse importantíssimo processo de identificação com aquilo que, no seu íntimo, é capaz de observar, afirmar, nomear, escolher, determinar, enfrentar, lidar, reconhecer, sem o autojulgamento arrasador. *(PGP 189)*

Kathy tinha inúmeras dúvidas a respeito de seu casamento. Às vezes, tinha vontade de se separar do marido, pois ficara muito impaciente com ele. Ele parecia muito pouco desenvolvido do ponto de vista espiritual e emocional. Em outras ocasiões, ela acreditava que era a culpada, por não ser generosa e bloquear o amor. Ela se forçava a mudar, mas o único resultado era descobrir que sua resistência em dar vazão aos sentimentos para com o marido era maior do que nunca.

Quando eu pedi a Kathy para procurar um eu que pudesse aceitar todas essas contradições e ambivalências, ela visualizou um vale cheio de espirais de névoa que se moviam em diversas direções e obscureciam a visão do chão do vale. Em seguida, ela imaginou que estava sentada no alto de uma das montanhas, olhando benevolamente para o vale de sua confusão interior, observando as névoas e calmamente esperando que se desfizessem.

Em seguida, a visualização de Kathy mudou, e as montanhas que formavam um vale deram lugar a quatro paredes que constituíam a prisão em que se encontrava. Uma das paredes, segundo ela, era a barreira da consciência que despertava. Ela não conseguia recuar até a época em que era inconsciente de si; estava impedida de atingir a "inocência" do inconsciente. A parede oposta era a resistência e o medo que tinha sobre o futuro do seu relacionamento. Ela descobriu que podia "sentar-se" no teto da prisão e estudar com cuidado as paredes da inconsciência passada e da resistência ao futuro. Ao contemplar as paredes da prisão interior, ela conseguiu atenuar o desvario de sua ambivalência frenética e até mesmo atingir um certo grau de auto-aceitação.

O fato de sabermos que não somos os nossos defeitos ajuda-nos a sermos gentis, compassivos e também não-defensivos. Se ficarmos defensivos ou constrangidos em relação aos nossos defeitos, o observador terá de retroceder mais um pouco e simplesmente observar compassivamente essas atitudes de defensividade ou constrangimento. Continuamos a "recuar para além de nós mesmos", por assim dizer, até encontrarmos um local onde possamos ficar em serena auto-aceitação. Por mais desolados que estejamos a nosso próprio respeito, podemos aprender a mudar o enfoque e retomar a identificação com o espaçoso anfiteatro de percepção amorosa que é capaz de aceitação.

A identificação com o eu observador é um meio de ensinar a todos os outros eus negativos temporários que eles não são a nossa verdadeira identidade.

> Você aprende o que o observa, e não o que está sendo observado. Assim, por mais indesejável que seja qualquer aspecto em particular, torna-se perfeitamente possível lidar com ele, aceitá-lo, explorá-lo, trabalhar com ele, e deixar de temê-lo. A capacidade de observar e julgar, de observar e avaliar e, finalmente, de optar pela melhor atitude possível sobre o que fazer com o que foi observado — este é o verdadeiro poder do verdadeiro eu, da forma como já existe neste exato momento. Liberdade, libertação, o conhecimento do si, a descoberta do eu são os primeiros passos para concretizar a consciência maior, a consciência universal e divina que existe em você.
> (*PGP 189*)

Instrumentos para desenvolver o eu observador: meditação e recapitulação diária

É preciso ter disciplina para desenvolver o eu observador, objetivo e compassivo. Voltar a mente para dentro e observar o que quer que lá exista exige prática. As disciplinas espirituais mais úteis nesse sentido são a meditação e a recapitulação diária.

Apenas alguns minutos de meditação diária, quando descontraímos a mente exterior e agitada e nos sintonizamos com nossos eus mais profundos, trazem um tremendo benefício físico, emocional e espiritual. A meditação pode nos levar a qualquer plano do ser interior. Podemos ouvir as vozes da criança interior e do eu inferior, além de entrar em contato com o Eu superior. Podemos usá-la para reeducar os aspectos imaturos e liberar tensões. E podemos, em momentos de graça divina, entrar em contato com a sede da percepção unificada.

A primeira tarefa da meditação é acalmar a agitação da mente tagarela do ego exterior, cheia de preocupações sobre o passado e o futuro, e descobrir a serena presença que pode nos observar naquele momento. Assim, reservamos algum tempo todo dia para ficar sozinhos e num local tranqüilo, num estado de descontração porém alerta, em postura simétrica, com as costas eretas, os pés apoiados no chão. Reservamos um tempo para nos sintonizar com o interior, livres das distrações externas, para ficar centrados. Considero muito úteis as práticas descritas a seguir.

1) *Meditação com respiração*: Fixe toda a sua atenção na respiração, na inspiração e na expiração, conforme ela acontece, momento a momento. A respiração é a convergência entre os processos voluntários e involuntários; é onde se dissolve a fronteira entre o "interior" e o "exterior"; por conseguinte, é um poderoso ponto de encontro

da mente e do corpo, do eu separado e do Tudo. Ao fixar-se na respiração, observe e esqueça todos os outros pensamentos, propiciando assim a unilateralização gradual da atenção no momento, a percepção presente de cada respiração à medida que acontece. Não tente mudar nada; apenas se concentre em ficar consciente da respiração como ela é. Você pode contar cada expiração, até 10, e depois, reiniciar, ou simplesmente concentrar-se em algum ponto do corpo — narinas, peito ou abdômen — onde vai observar cada inspiração e expiração. Observar a respiração como ela é no momento faz com que a percepção passe gradualmente dos conteúdos da consciência para o eu observador.[2]

2) *Meditação atenta*: Outra prática de centralização é ver você mesmo no limiar da mente pensante. Pense em você como uma sentinela na margem da mente, observe todos os pensamentos, sentimentos ou sensações no momento em que surgirem. Observe e deixe passar, sem se prender a nada que aparecer. Focalize continuamente a percepção da sentinela, aquela que faz a observação. O resultado é uma gradual desaceleração do corpo-mente, de modo que no fim você consegue prestar atenção a cada uma das experiências interiores diferenciadas e deixá-las passar, sem julgar nem se prender. Também não tente mudar nada; fique apenas ciente do **que é.**

Essas duas práticas de centralização fortalecem a identificação com o eu observador objetivo e compassivo. Depois de adquirir a capacidade de se identificar com o observador, você pode usar o período de meditação para trabalhar com os eus imaturos e ouvir a orientação dos eus iluminados.

No Capítulo 10 vamos falar sobre o uso da meditação para ajudar a transformar o eu inferior, mediante uma conversa interior entre o eu positivo, o eu inferior e a vida superior. O Capítulo 11 apresenta uma visualização para criar uma vida mais positiva e satisfatória. No entanto, essas tarefas complexas só devem ser empreendidas depois de ter acalmado a mente exterior e conseguido a identificação com o eu observador.

3) *Prece*: É fácil inserir a prece em períodos de meditação tranqüila. A prece vem do desejo espontâneo da personalidade de procurar alinhar-se com algum poder ou espírito superior, ou obter dele proteção e orientação. A prece, naturalmente, pode assumir várias formas — desde a expressão inocente de um desejo sincero até um ritual complexo e elaborado de evocação. À proporção que nossa evolução espiritual avança, a prece evolui do simples pedido a um poder superior, encarado como exterior ao nosso eu, a um meio de enunciar nossos pedidos bem no fundo da substância criativa de nossa alma, evocando ao mesmo tempo a ajuda dos poderes universais.

Como a meditação, a prece é um meio para entregar o pequeno ego às grandes energias da vida. Mas enquanto a meditação é mais receptiva e tranqüila, a prece visa algum objetivo num envolvimento mais ativo com a divindade. Para mim, a prece

---

2. *Mindfulness in Plain English,* do Venerável Henepola Gunaratana, constitui uma excelente introdução à respiração e à meditação atenta.

definitiva para alinhar o ego e o propósito individuais com o desígnio maior de Deus é "seja feita não a minha, mas a Tua vontade".

Recapitulação diária

Depois da meditação diária e da prece, a recapitulação diária é a mais importante prática espiritual para intensificar a autopercepção. Reservamos um tempo todos os dias para revisar a vida interior e exterior desse dia. A melhor forma de fazer isso é manter um diário escrito, mas o tempo passado em serena contemplação do dia também é proveitoso. A manutenção de um diário sempre é um bom meio de conseguir uma autopercepção focalizada. Podemos incluir nesse diário sonhos, orientação por escrito e reflexão sobre nós mesmos.

A disciplina da recapitulação diária, no entanto, vai além de um simples registro dos fatos externos (ou internos) do dia. É uma prática específica que intensifica a nossa capacidade de identificação com o eu observador e de trabalho com os outros eus.

O procedimento é o seguinte: deixe que os fatos do dia passem diante de você, e **observe especificamente qualquer incidente que tenha provocado em você um sentimento ou uma reação desagradável.** Tome nota desses fatos e somente deles, sabendo que eles são as pistas dos estados interiores que deram origem a essas manifestações.

Toda experiência negativa é um convite para um olhar mais aprofundado e para a descoberta das lições do dia. Ao fazer a recapitulação diária, aprendemos a ficar atentos para a nossa forma real de reação, de modo que esses pensamentos/sentimentos não tenham oportunidade de se acumular no inconsciente. Aprendemos a "limpar a nossa ficha" todos os dias, executando assim uma espécie de higiene emocional, tão importante para o bem-estar espiritual como a higiene física é para o corpo.

Ao fazer a recapitulação diária, fortalecemos o desejo pela verdade, na medida em que nos damos permissão para experimentar e observar tudo o que foi realmente pensado e sentido, e não o que achamos que deveríamos ter feito, sentido ou pensado. Quando encontramos resistência, observamos esse fato, assim como faríamos com qualquer outro aspecto de nós mesmos. A recapitulação diária impede que enganemos a nós mesmos, evita a falsa aparência e a repressão — ingredientes da perturbação e da confusão mentais.

> Se você seguir esse procedimento durante um certo período, e não apenas uma ou duas vezes, mas com constância, verá que depois de algum tempo começa a delinear-se um padrão nítido. A princípio, esses incidentes [nos quais você sente desarmonia] parecerão totalmente desconexos e isolados. *(PGP 17)*
>
> [Mas, depois de algum tempo], você descobrirá que certos tipos de incidentes se repetem. Surge, então, um padrão que fornece pistas sobre a sua configuração interior. Se alguma coisa se repetir constantemente, trata-se de uma importante pista para a sua alma. *(PGP 28)*

Depois de começarmos a ver o padrão da nossa experiência, podemos começar a procurar mais fundo no nosso íntimo a origem desse padrão. Perguntamos: "Quem é a pessoa dentro de mim que reage dessa forma?" E então podemos trabalhar com os diferentes eus que surgem, travando um diálogo entre aquela parte que precisa de cura e o Eu superior que pode conduzir a cura. Depois de um certo tempo, estabelecemos um horário habitual para lidar com os eus que aparecem durante o dia.

Fazemos muito trabalho por conta própria, mediante as práticas da meditação diária, da prece e da recapitulação diária. Devo acrescentar, no entanto, que qualquer pessoa que siga conscientemente o caminho espiritual também precisa, às vezes, de um auxiliar externo para ajudá-la no trabalho de transformação. Todos nós somos cegos a aspectos que possuímos e que só os outros conseguem perceber com nitidez. E precisamos da segurança e do apoio de outros seres humanos que testemunham a nossa dor e reconhecem a nossa luta. Precisamos de outros seres humanos que reflitam o "tu" do nosso eu observador, capazes de ficar ao nosso lado enquanto enfrentamos nossas dores e distorções.

O nosso desenvolvimento espiritual será grandemente facilitado pela prática espiritual regular, mas essa disciplina não pode ser forçada. A prática espiritual diária é, na minha opinião, uma necessidade real dos seres humanos que procuram tornar-se mais conscientes. Contudo, a disciplina espiritual precisa evoluir de modo lento e natural, em geral ao longo de anos depois da prática inicial esporádica. O desenvolvimento de uma prática espiritual não deve se transformar em mais um porrete usado pelo nosso perfeccionismo para nos massacrar. ("Está vendo como você é horrível? Você não está se empenhando nem meditando o bastante", ou alguma coisa do gênero.)

O ego é necessário para estabelecer a autodisciplina, mas ele sozinho não dá conta da tarefa. A evocação das energias do Eu superior pode facilitar o processo. A prática da auto-observação se desintegra em pouco tempo se for forçada e desagradável. Se sentirmos uma necessidade real de entender a nós mesmos, a experiência da disciplina espiritual suscitará sentimentos de prazer e sucesso. Quando meditamos porque é bom, e trabalhamos em nós mesmos porque realmente conhecemos o alívio proporcionado pela verdade, e não pela ignorância a nosso próprio respeito, então a nossa prática está bem fundada num alicerce firme.

Jody tinha desenvolvido sua prática espiritual logo que ingressou no Pathwork, mas ultimamente estava deixando de lado a meditação diária porque sua vida exterior se tornara muito mais agitada e ocupada. Ela meditava com menos freqüência e unicamente quando se sentia particularmente fora de centro. Em uma sessão comigo, Jody falou de uma tensão interior que sentia, nas palavras dela, "por estar presa nas garras do dia", pressionada pelas solicitações da vida exterior. Incentivada por mim, Jody retomou a prática da meditação diária e notou que sua tensão diminuía. A vida dela começou a correr com mais tranqüilidade. O fato de dar à meditação um lugar central na vida, disse Jody, "parecia encaixar o centro de um velho disco de 45 rotações que, caso contrário, não fazia outra coisa senão girar desajeitadamente no prato".

No caminho espiritual do autoconhecimento, encontraremos muitos estados e níveis de consciência dentro do eu. Podemos ter pensamentos a que não estamos acostumados — pensamentos mais elevados, ou mais loucos, ou mais maldosos do que jamais poderíamos imaginar. Podemos sentir sentimentos que jamais teríamos julgado possíveis — agonia insuportável ou êxtase inesperado. O caminho espiritual exige de nós a abertura aos múltiplos eus, a travessia constante para o centro do eu, para o estado unificado de consciência. A prática da auto-observação é a ponte que leva dos eus comuns espalhados ao núcleo do nosso eu unificado.

Exercícios do Capítulo 3:

1. Escolha uma questão de certa importância na sua vida atual. Identifique duas personagens do "elenco interior", de preferência que tenham pontos de vista contrários sobre a questão em pauta. Descreva primeiro sucintamente essas duas personagens e seus respectivos pontos de vista. Em seguida, crie um diálogo por escrito entre as duas personagens que se contrapõem em relação à questão. Explore a fundo o ponto de vista de cada uma e veja se consegue aprender mais sobre seus próprios conflitos ou ambivalências nessa área.

2. Pratique a recapitulação diária por escrito durante cinco dias, resumindo pelo menos uma ocasião do dia em que você teve pensamentos ou sentimentos desarmoniosos. No fim dos cinco dias, veja se encontra os denominadores comuns dessas experiências.

3. Pratique a meditação diária, no mínimo dez minutos todos os dias, durante cinco dias. Anote quando foi feita, e resuma a experiência de cada dia. Você pode usar as práticas centralizadoras expostas neste capítulo, mas diga claramente que tipo você usou — seguir a respiração ou ficar no limiar da mente observando pensamentos/sentimentos/sensações.

4. Pratique a identificação com o eu observador objetivo durante um ato diário rotineiro, como escovar os dentes, durante cinco dias. Nessas ocasiões, observe seus atos externos e a experiência interna. Escreva sobre essas experiências.

CAPÍTULO 4

O Acolhimento da Criança, do Ego Adulto e dos Eus Transpessoais

"Somente quando você toma posse plenamente do seu eu exterior, do seu ego, é que você pode prescindir dele e alcançar o seu eu verdadeiro."

Palestra 132 do Guia do Pathwork — *"A função do ego no relacionamento com o eu real."*

Bobbi, Barbara e a avó: a descoberta da criança interior e da mulher sábia interior

Barbara estava lutando contra o câncer havia cinco anos. Primeiro, ela teve um dos seios removido, e depois uma extensa área dos nódulos linfáticos. Agora o câncer havia atingido o fígado, e deram-lhe menos de seis meses de vida. Ela iniciou um retiro de sete dias para fazer um programa intensivo em Sevenoaks, comigo e com Donovan, seu conselheiro, num esforço para penetrar mais fundo nas raízes de sua doença e preparar-se espiritualmente para o que viesse pela frente. Ela queria viver, mas o bom senso lhe dizia que talvez não lhe restasse muito tempo.

Barbara já veio para o Pathwork com uma perspectiva espiritual bem desenvolvida — uma mistura do judaísmo de sua cultura, de suas capacidades psíquicas e de um profundo respeito pelos ensinamentos da natureza, de acordo com a interpretação dos índios norte-americanos. Separou-se do marido, o que para ela representou uma angustiosa perda emocional, um pouco antes de o câncer se manifestar.

No começo do curso intensivo, Barbara escreveu no diário:

"O ar do outono cheira tão bem! Estou sentada no banco de madeira no círculo formado por sete carvalhos sagrados, de frente para as montanhas. Cheiro de folhas e mato quebradiços, insetos e bolotas velhas. Um cheiro doce, que não é o aroma de flores da primavera e do outono; é o cheiro da terra em decomposição e da matéria se transformando em terra. Observo como as folhas marrons do carvalho caem com muita suavidade e graça, levadas pelo sopro do vento, até a mãe terra que as aguarda. Penso nos pedaços que se desprenderam de mim através dos anos, como os brotos e galhos de uma árvore. Ainda não quero me desprender totalmente. Mas espero que, quando isso acontecer, eu caia com a mesma naturalidade e graça de uma folha cujo tempo já se foi. Meu corpo se transformará no pó que vai nutrir a terra de cálcio e minerais. E, então, meu espírito subirá nas asas das águias, voando alto sobre esta terra."

Barbara estava ciente de sua mulher sábia interior, que aceitava o lugar natural da morte e da perda no ciclo da vida. Ao mesmo tempo, seu ego adulto não queria morrer, e a criança interior estava atemorizada por nunca poder ter a chance de crescer. Bobbi, a criança interior de Barbara, ainda estava imobilizada, jamais tendo conseguido se recuperar dos traumas da infância. No curso intensivo, Barbara usou o ego adulto para invocar Bobbi e conversar com ela, tão ferida pelas perdas sofridas. E usou o ego para invocar o eu espiritual, que veio na forma de uma antiga Avó da Terra. Essa mulher sábia era capaz de tranqüilizar e consolar a criança Bobbi e a adulta Barbara, ambas apavoradas diante da perspectiva da morte. Os três eus estavam presentes no trabalho dela.

No começo, Barbara trabalhou com os assuntos emocionais inacabados relativos ao pai, que se matou com um tiro quando Bobbi tinha apenas quatro anos de idade. Na pele da criança, ela escreveu no diário:

"Querido papai. Como seria bom se você estivesse vivo. Mas talvez nesse caso meu amor por você também se acabasse como o da mamãe acabou, virando alguma coisa prejudicial e má.

"Eu nunca teria deixado de amar você, papai! NUNCA!! Podia acontecer o que fosse. Eu não daria ouvidos a mamãe. Nunca darei ouvidos a mamãe. Ela mente para

mim. Ela mente para mim porque convém a ela, e eu nunca vou ouvi-la. Nunca vou acreditar nela. Ela é fria e dura e assexuada e odeia os homens e nunca vou ouvir o que ela diz. Nunca serei desse jeito com você. Eu amo você. Nós dois somos parecidos. Doces e cordiais e sexy *e brincalhões. Vamos ficar juntos, desse jeito, para sempre, está bem? Vamos fugir e brincar, não vamos crescer nunca."*

Nas sessões com Donovan e comigo, Barbara gradualmente foi regredindo mais e mais até chegar à menininha interior. Às vezes Donovan e eu fazíamos o papel de pai e mãe dela, e agüentávamos a necessidade que ela sentia de descarregar a raiva e a mágoa que haviam sobrado da infância. Gritando, ela dava vazão à raiva contra a mãe e, soluçando, expressava a dor pela perda do pai.

O pai de Barbara fora um homem perturbado, infantil e irresponsável, incapaz de manter-se em algum emprego ou sustentar a família. Ele se considerava fracassado muito antes de acabar se matando. No diário, Barbara descreveu parte do trabalho conosco:

"Donovan me abraçou e foi meu pai durante um longo tempo. Disse-me que estou bem e que, seja o que for que me aconteça, eu estarei bem e que ele, meu conselheiro, está contente porque eu entrei na vida dele; como meu pai, ficou muito contente quando eu nasci. Meu pai. Meu amado, triste, louco, doce, cordial, perdido, descontrolado, confuso, amoroso pai.

Donovan, como meu pai, disse que o meu amor foi a única alegria que ele teve na vida, mas mesmo que eu pudesse ter e dar todo o amor do mundo a ele, não poderia tê-lo mantido vivo, porque uma pessoa não pode dar amor suficiente a alguém que não sabe recebê-lo. Donovan/papai disse: "Não consigo dar certo nem no trabalho nem com as mulheres. Eu amo você. Você é a coisa mais alegre e doce da minha vida, porém meus problemas são tão profundos que me esmagam, estou confuso e descontrolado e vou precisar partir, mas a culpa não é sua." Isso parecia dirigido para mim. Substitua 'mulheres' por 'homens'.

O único adulto homem por quem jamais senti algo da intensidade ou tipo semelhante ao amor arrebatado e impetuoso que eu tinha por meu pai foi meu marido. Talvez seja por isso que a dissolução do nosso relacionamento foi tão difícil e despropositadamente dolorosa.

Eu sinto novamente esse amor por Donovan. Sinto medo por ele. Sinto medo de que a profunda experiência recíproca deste momento represente algum tipo de perigo para ele. Meu 'destino' atrairá malefícios para ele. Ele poderia... não sei dizer. Mas não quero colocar os pensamentos em palavras e tornar os fatos mais importantes do que são. Mas estou com muito medo."

O pai de Barbara fazia freqüentes ameaças de ir embora, muito antes de se suicidar, e ela estava sentindo outra vez o medo de que Donovan pudesse partir, e envergonhava-se por pensar que poderia ser a culpada. Também sentia o terror que experimentou depois da morte do pai, quando a mãe ficou arrasada e incapaz de cuidar dela adequadamente. Barbara redescobriu a mágoa e a raiva associadas à lembrança de que a mãe destruíra todos os pertences do pai imediatamente depois da sua morte, incluindo uma carta que o pai escrevera a Bobbi logo antes do suicídio.

"Senti a enorme perda de nunca ter visto a carta que meu pai me escreveu. O que era? Por mais simples ou profundas que fossem as palavras... e a traição de minha mãe, que foi para a cama após a morte dele, destruindo qualquer vestígio do *marido. Ela era tão egocêntrica, tão absorta no drama de suas próprias dificuldades. Como eu a odiava!*

Contei a Donovan, pela primeira vez, que minha mãe havia queimado a última carta do meu pai endereçada a mim. Donovan começou a chorar sem constrangimento, o que me comoveu profundamente. O choro dele era um tributo à magnitude da minha perda na infância. A contração e a fraqueza nas costas — aquele assustador e conhecido tipo de dor do câncer — desapareceram desde a sessão desta manhã. Creio que desapareceram por causa da mão quente de Donovan nas minhas costas no local exato — enquanto eu vivenciava e liberava a raiva e a mágoa da minha criança desnorteada e ferida."

Esmurrando travesseiros e torcendo o "pescoço" de toalhas, Barbara descarregou grande parte de sua raiva infantil pelo pai, por ter se matado, e pela mãe, por ter tido um colapso depois da morte dele e por ter menosprezado a relação da filha com o pai. O trabalho que se seguiu foi ajudar o ego adulto dela a entender as experiências, principalmente a intensidade do impacto da morte do pai sobre a criança interior. O suicídio ocorreu exatamente quando Bobbi estava no estágio de desenvolvimento em que surgem nas meninas sentimentos sexuais e amorosos em relação ao pai, exatamente quando ela rejeita a dependência total da mãe, e muito antes de ela conseguir ver qualquer um dos dois como pessoas reais. Nessa época, ele ainda era o pai perfeito, e a mãe era a vilã.

Em seguida, Barbara desceu até a mente de sua criança e descobriu as generalizações simples e as falsas conclusões tão típicas do raciocínio infantil: **"Se acontecem coisas ruins comigo, eu devo ser má."** A mente inconsciente da criança acreditava que a morte do pai deveria ter sido um castigo pela maldade dela; provavelmente, ela estava sendo castigada por amar o pai e rejeitar a mãe. Essa falsa conclusão, por sua vez, levou ao seguinte: **"Como mereço o castigo, eu mesma vou me punir. Se eu me punir primeiro, talvez Deus não o faça."** O sofrimento provocado pelo câncer, e particularmente pelo terrível tratamento de quimioterapia, sempre lhe pareceram uma forma de autopunição, uma expiação por alguma coisa que ela desconhecia. Agora a mente adulta podia lançar um olhar profundo para a irracionalidade das conclusões infantis e começar a questioná-las e a ter compaixão pela criança perturbada que tinha uma compreensão tão errônea e dolorosa e sofria com a autopunição tão exagerada.

À medida que a sua mente adulta começou a entender melhor as distorções da pequena Bobbi, Barbara desceu ainda mais fundo na criança interior e descobriu o seguinte:

"Sou exatamente igual a ele. Detesto mamãe e quero que ela morra. Ele deveria ter matado a ela, e não a si mesmo. Aí nós poderíamos sair juntos, eu e meu pai, e deixar aquela mulher fria e má. Mas ele não a matou. Portanto, se eu crescer e me tornar mulher, vou ter de matá-la, porque ela o matou, matou o espírito dele, e ele não quis viver mais. Portanto é melhor eu me matar, senão vou matar minha mãe.

As mulheres são frias e más e fazem com que os homens se matem; portanto, é melhor eu me matar antes de me tornar uma mulher como minha mãe. Meu marido me deixou. Deve ter sido culpa minha. Eu era fria, exigente e crítica e por isso ele começou a beber. Certa noite, ele sofreu um acidente de carro e poderia ter morrido, e a culpada poderia ter sido eu. Tornei-me uma mulher igual à mamãe; ela fez papai morrer, e eu feri o meu marido. Estou fazendo a mesma coisa que ela. Estou matando. Então, é melhor me matar depressa para não precisar matar ninguém mais."

Barbara foi dormir depois de escrever esse trecho, mas acordou no meio da noite, assustada, e escreveu:

"Alguma coisa vem me pegar à noite.
Ninguém mais ouve ou vê o que é.
Eles não vão acreditar em mim.
Pode ser eu."

A menininha estava falando, deixando que a Barbara adulta conhecesse o medo que tinha de seu demônio, de sua destrutividade, de seu assassino interior. Em seguida, a voz da criança de quatro anos falou de novo, revelando mais pensamentos negativos ocultos que abrigava desde o trauma do suicídio do pai:

"Já acabou.
Ainda bem que já acabou.
Eu queria que os dois estivessem mortos.
Queria que todo mundo morresse.
Quem vai cuidar de mim?
Eu queria morrer também."

E, em seguida, novamente a clara revelação do que a parte destrutiva de Barbara estava fazendo com ela, e por quê:

"Estamos fazendo isso porque, se ficarmos fora de controle, vamos matar alguém. Portanto, estamos deixando esse câncer ficar descontrolado do lado de dentro para não ficarmos descontrolados do lado de fora."

Barbara chegou a uma das raízes do seu câncer: o medo de seu próprio assassino, que ela voltara contra si mesma. Depois, nessa mesma noite, a criança falou de novo, conversando com a Avó, a guardiã da jornada de sua alma:

"Dói, vovó. Não quero que me machuque mais."

Ela pediu para ouvir a voz da Avó, que respondeu:

"Sim, minha filha. A dor psíquica e mesmo física que você deu a si mesma para expiar a culpa oculta e o medo da sua maldade pode parar agora. Você não precisa mais se punir nem recusar amar a si mesma. Você já sofreu mais que o bastante. Pode deixar de se magoar. Você é amada por Deus exatamente como é. Você está totalmente perdoada, e sempre esteve. O assassino de que você tinha tanto medo não é tão mau quanto você temia. Era uma resposta infantil natural à dor real de sua infância. Você pode ver agora sua infantilidade inocente. Não precisa mais ter medo. Você está segura e livre e é extremamente amada."

Refletindo mais tarde sobre a descoberta da criança destrutiva, Barbara percebeu que se sentia mais forte do que jamais se sentira na vida. Ela escreveu posteriormente sobre essa percepção, da perspectiva do ego-eu adulto inteligente:

"Eu me sentia impotente por não reconhecer o meu eu inferior — o meu assassino inconsciente. Ao assumir o meu assassino, o poder dele ficou bloqueado num local escuro, onde ele estava me matando lentamente. Ah! Que alegria tê-lo como aliado, tomar posse da energia dele. Agora, conheço os seus pensamentos secretos, assassinos, e posso reivindicar o poder do meu ódio sem colocar em prática a autopunição."

Quase no fim do curso intensivo, Barbara escreveu como o seu eu adulto:

"Muito bem, menininha, vou tomar conta de você. Vou tentar cuidar de você da *melhor e mais amorosa forma que puder, reconhecendo que sou imperfeita. Posso morrer de câncer, mas não vou me matar de câncer. Vou me amar — amar todos os meus eus!*

Se ficarmos juntos — os eus superiores e inferiores — vamos conseguir chegar algum dia ao Deus e à Deusa de que todos somos parte. Nossa escuridão é apenas a dor do conhecimento parcial. Portanto, vamos recorrer às energias da terra para limpar e curar. A águia voará mesmo depois do pôr-do-sol, mesmo depois que nossa avó terra exalar esse aroma doce e penetrante."

Barbara também começou a fazer as pazes com a mãe.

"Posso ver agora que minha mãe está evoluindo para uma tentativa mais sincera de cuidar de mim desinteressadamente, e que um amor doce e delicado está nascendo, um amor dela por mim como eu sou agora. E a minha tarefa atual é confiar e aceitar o que vem dela, deixá-la ser generosa com a minha necessidade atual, deixá-la ser, pois a dor dela sem dúvida foi tão grande quanto a minha. Agora eu posso sentir compaixão por ela. E também podemos chorar juntas o nosso passado doloroso. Mas ele já acabou.

Minha mãe não vai me colocar na cama, meu pai não vai me pegar no colo, mas os meus conselheiros fizeram as duas coisas; eles foram meus pais durante este curto espaço de tempo, e também foram eles mesmos. Agora, estou partindo para ser pai e mãe de mim mesma, para tomar conta de mim. Neste período, eu fui a pequena Bobbi, o eu infantil superior e inferior, e ao mesmo tempo eu, a culta Barbara. E, como sempre, a Avó também estava presente.

Portanto, um viva para nós, todos nós, tão presentes nesses poucos e preciosos dias. Viva!"

O curso intensivo de Barbara terminou com um ritual no círculo de cura de Sevenoaks. No centro do círculo foram colocados retratos do eu criança e do eu adulto dela, junto com uma pena de águia, simbolizando o espírito dela. Foram invocados os poderes dos pontos cardeais para curar e fortalecer o corpo e a alma de Barbara.

Barbara viveu um ano mais do que o previsto, sentindo muito pouca dor. Esse foi um período bem gasto com aprofundamento espiritual. Durante seus últimos meses de vida, a mãe ocupou-se em cuidar delicadamente de Barbara, e o amor entre mãe e filha extravasou com doçura. No final da vida, o espírito de Barbara fazia freqüentes viagens "fora do corpo", e ela passou a maior parte desse tempo com a Avó. A consciência do ego não sabia que o corpo estava morrendo, mas ela falou muitas vezes que estava com a Avó, via as montanhas, voava alto com as águias. Depois de morrer, as cinzas dela foram espalhadas debaixo dos sete carvalhos e no nosso círculo de cura.

O acolhimento da criança, do ego adulto e dos eus transpessoais

Como Barbara, cada um de nós precisa encontrar sua criança interior e cuidar dela. Também como Barbara, podemos invocar nossas avós e avôs espirituais, nossos anjos da guarda, mestres ou guias, que chegam até nós num ponto além do nível da personalidade comum do ego adulto.

Na jornada interior, descobrimos muitos eus diferentes. Nós precisamos de mapas para classificar as muitas espécies de consciência que compõem a nossa totalidade.

Os mapas da consciência

Neste livro, vamos apresentar dois mapas de consciência para a psique humana individual que constituem guias confiáveis para o trabalho espiritual de transformação pessoal. Cada jornada individual atravessa terrenos interiores diferentes e, portanto, produz um mapa único de experiências. É só a efetiva realização da jornada que dá a você a possibilidade de confirmar a validade dos mapas aqui apresentados e adaptá-los às suas necessidades. Contudo, o fato de contar com um mapa do território encontrado por inúmeros outros exploradores indicará a você alguns marcos e fronteiras para se orientar na paisagem interior.

O principal mapa apresentado neste livro é o dos três eus: o eu-máscara, o eu inferior e o Eu superior. A máscara, que será discutida em detalhes no Capítulo 6, é um falso eu exterior, que assumimos para o mundo ver, a pessoa que achamos que devemos ser. A máscara equivale grosseiramente ao conceito junguiano da *persona*. Oculto pela máscara, encontramos o eu inferior, o aspecto negativo da *sombra* junguiana, um reservatório de energia escura e normalmente inconsciente, formado por todas as nossas distorções e conceitos errôneos. O eu inferior e sua transformação serão abordados especificamente nos Capítulos 7, 9 e 10.

O eu-máscara é reativo; é criado como reação ao impacto dos outros sobre nós. O eu inferior, ao contrário, é um centro ativo, espontâneo e inato de destrutividade, que se origina na escolha há muito esquecida que fizemos de separar-nos do nosso coração e da totalidade da criação, de Deus. No nosso núcleo, ou centro, está o Eu superior (que Jung chamava de *Self* ou *Selbst*), um reservatório de energia vital positiva e espontânea, que é o nosso verdadeiro eu. Como será discutido nos Capítulos 8 e 11, o Eu superior tem à sua disposição uma vitalidade ilimitada para criar experiências positivas de vida.

A máscara e o eu inferior são acréscimos ou defesas, que nos impedem de conhecer nossa verdadeira identidade como emanações de Deus. No entanto, a máscara e o eu inferior também são muito reais no plano humano. A divisão da consciência nesses três eus — máscara, eu inferior e Eu superior — ocupa um lugar central para os princípios, os processos e as práticas do caminho do eu sem defesas. A jornada espiritual começa com a penetração da máscara, avançando através da exposição e transformação do eu inferior, e chegando a conhecer e a ancorar-se no Eu superior. Nesse caminho, conhecemos o Deus interior e nos defrontamos, com honestidade e amorosidade, com as obstruções a Deus, na forma da máscara e do eu inferior.

Apresentamos a seguir um diagrama dos três eus, no qual a máscara está representada como a identidade "exterior", e abaixo dela o eu inferior, que defende nossa identidade central, o Eu superior. No centro está Deus.

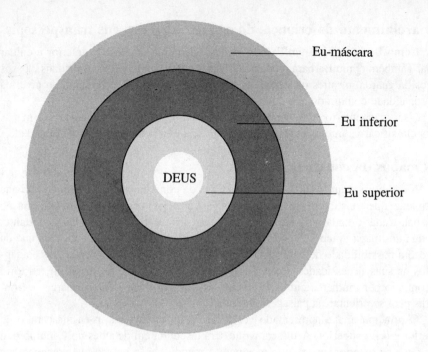

Um segundo mapa da psique humana é apresentado neste capítulo e mencionado durante toda a parte restante deste livro. É um mapa de quatro estágios da evolução espiritual dos seres humanos, que também são quatro meios diferentes de experimentar e conhecer o mundo. Embora representem quatro estágios sucessivos de desenvolvimento espiritual, eles também coexistem na nossa psique como: 1) a criança interior ou consciência primitiva, 2) o adulto ou a consciência do ego, 3) a alma ou o plano transpessoal, que contém a história kármica da jornada de nossa alma e é também uma expressão da consciência coletiva e arquetípica de toda a humanidade e 4) o nível unificado, que é sinônimo de consciência cósmica. O trabalho interior a ser feito é diferente em cada um desses estágios de desenvolvimento.

O mapa dos três eus se articula com o mapa dos estágios de desenvolvimento da criança, do ego adulto, da alma transpessoal e da consciência unitiva. A máscara, o eu inferior e o Eu superior se expressam tanto no nível da criança como do ego. A máscara desaparece no nível transpessoal, mas o eu inferior continua a se expressar nesse plano. No entanto, o lado escuro da nossa natureza desaparece no nível unitivo, que está além da dualidade e, portanto, além do conflito entre o eu inferior e o Eu superior dentro de nós.[1]

Um resumo do exposto acima está no quadro da página seguinte.

Este livro delineia o trabalho a ser feito em cada um dos estágios e com cada um

---

[1]. Embora esses mapas da consciência tenham sido extraídos dos ensinamentos do Guia do Pathwork, meu raciocínio de base foi influenciado pelos livros de Ken Wilber, em especial *The Spectrum of Consciousness* (*O Espectro da Consciência*, publicado pela Editora Cultrix, São Paulo, 1990.) e *No Boundary* (*A Consciência sem Fronteiras*, publicado pela Editora Cul-

dos três eus. O caminho espiritual é o processo pelo qual mudamos a identificação (quem acreditamos ser) para a coluna do Eu superior. Começamos no plano do ego, mudando nossa identidade para o ego positivo, através do fortalecimento da capacidade de auto-observação objetiva e compassiva. Em seguida, lançamos a âncora do eu em aspectos mais e mais profundos do Eu superior, incluindo a criança interior espontânea e criativa, e o pai/mãe ou professor interior amoroso e sábio. A partir da nossa base segura de identificação com o Eu superior, incorporamos então os outros aspectos de quem somos — nossos eus-identidades fragmentados e defensivos que existem nas colunas da máscara e do eu inferior. Trazemos esses aspectos desenvolvidos para a consciência e os integramos no grande anfiteatro da consciência representado pelo Eu superior. Dessa forma, trazemos para casa pedaços espalhados de nós mesmos, criando assim mais e mais unidade manifesta na nossa vida. Também continuamos descobrindo a percepção da nossa realidade mais profunda, como se já vivendo em unidade e totalidade, em união com Deus.

Não tente entender tudo isso de uma só vez; vá assimilando esses conceitos à medida que percorrermos os estágios do caminho nos próximos capítulos. Tudo ficará claro!

O eu criança

No íntimo de todos nós vive uma criança. Na realidade, temos muitas crianças interiores, que correspondem aos diferentes níveis de desenvolvimento pelos quais passamos na vida. Para a cura pessoal, são particularmente importantes as crianças interiores cujo desenvolvimento emocional ficou travado em algum estágio, devido à negligência, à invasão ou a algum trauma. Quando o desenvolvimento emocional é incompleto, o adulto manifesta as questões não resolvidas da infância até dar atenção consciente a elas. A consciência das crianças interiores pode ser revivida pelo adulto, com a finalidade de curá-las.

Para o bebê dentro de nós, sumamente dependente de seus guardiães, a necessidade de ser cuidado, de receber amor e conforto era uma questão de vida ou morte. Quando essas necessidades não foram devidamente supridas, a criança interior continua tentando fazer com que outras pessoas tomem conta dela ou, alternativamente, recusa-se a sentir a necessidade de receber cuidados, muito tempo depois do término da infância física. A exigência de gratificação imediata é uma necessidade real para o bebê; no adulto, não é nem adequada nem viável. Somente quando nos permitimos sentir o pleno impacto de ter nossas primeiras necessidades satisfeitas, e a imensidão da dor dessa insatisfação, é que podemos começar a dispensar cuidados paternos ao nosso bebê e dar-lhe condições de crescer e amadurecer, ingressando no estado adulto que supre suas próprias necessidades.

---

trix, São Paulo, 1991.), e seus livros mais recentes citados em *Grace and Grit*. Todos eles fazem úteis distinções entre os diferentes níveis de consciência. Suspeito que os três níveis evolutivos da consciência do Guia do Pathwork — criança/primitivo, ego adulto e eu universal ou alma — também tenham uma correspondência bastante aproximada com o que Wilber chama de estágios pré-racional, racional e pós-racional na auto-identificação evolutiva. Ele e outros também denominaram esses níveis pré-pessoal, pessoal e transpessoal, ou pré-consciente, consciente e supraconsciente. Eu chamo a esses três níveis de "criança", "ego adulto" e "transpessoal" apenas porque considero esses termos mais simples e claros.

MAPA DA PSIQUE HUMANA

Estágio de desenvolvimento e tarefa:	OS TRÊS EUS		
	Eu-Máscara	Eu Inferior	Eu Superior
Eu criança *Reeducar a criança interior para tornar-se um adulto autônomo*	Comportamento infantil falso em reação às expectativas dos outros, tentando evitar a verdade para não ficar vulnerável. Submissão ou rebeldia em reação à autoridade dos pais projetada nos outros.	Criança egoísta, voluntariosa, que quer tudo a seu jeito. Criança negativa, magoada, que se defende para não sentir dor e decepção. Criança supersticiosa e sem autonomia.	Criança espontânea, amorosa e criativa, em contato com o espírito. Criança aberta e sem defesas, capaz de sentir e ser vulnerável. Criança aberta à realidade espiritual, sem idéias preconcebidas.
Ego adulto *Fortalecer o ego-mente positivo; alinhar-se com o eu espiritual*	Auto-imagem idealizada, que mostramos ao mundo e queremos acreditar que corresponde ao que somos. Exigências perfeccionistas feitas à situação e aos outros. Personagens defensivas da Máscara; distorção de um atributo divino; submissão (amor), agressão (poder) ou retraimento (serenidade).	Defeitos de personalidade. Ego egoísta, que deseja ser o senhor de todos os seus domínios. Alternativamente, ego fraco e dependente, que não assume responsabilidades nem reivindica o que é seu por merecimento.	Boas qualidades da personalidade. Vontade positiva do ego, a serviço do eu. Faz escolhas positivas. Observa e aceita todos os aspectos do eu. Buscar ter disciplina espiritual e segue até o fim a orientação recebida. Orgulho, obstinação e medo (aspectos do eu inferior em todos os níveis). Força pessoal: amor, poder ou serenidade.
Alma/nível transpessoal *Curar a alma pessoal e coletiva; entregar-se a Deus*	Não há mais máscara.	*Alma pessoal:* Direção negativa da alma, visando perpetuar a dualidade. Evolução negativa da alma pessoal, distorções kármicas. *Alma coletiva:* Arquétipos negativos e impulsos demoníacos. Ligação com o poder negativo e com a separação (mal).	*Alma pessoal:* Direção positiva da alma, visando a unificação. Dons da alma pessoal e desejo de servir. *Alma coletiva:* Arquétipos positivos e essências angélicas. Entrega aos guias interiores e a Deus.
Nível unitivo ESTAR EM DEUS	Não há mais máscara.	Não existem mais impulsos de separação; não existe mais eu inferior.	Presença criativa; amor e verdade; ESTAR AQUI AGORA.

Obs.: No final deste livro — nas páginas 250-251 — incluí uma versão ampliada deste mapa, intitulada "Passos do Caminho Espiritual", que contém um resumo do trabalho a ser feito em cada estágio e a postura do ajudante na relação de assistência em cada estágio.

A criança interior na fase dos primeiros passos precisava afirmar sua independência e começar a controlar seus mecanismos físicos. Se nossa necessidade de diferenciação foi frustrada, a criança interior continua temendo ser invadida pelos outros, e inconscientemente afirma seu direito à individuação, o que pode sabotar as tentativas de proximidade com adultos. A única forma de encontrar o equilíbrio certo entre a separação e a união, na idade adulta, é reviver a raiva infantil que surge quando a necessidade natural de adquirir independência dos pais é contida.

Uma parte da nossa psique fica congelada em qualquer ponto do processo de desenvolvimento, da infância até a adolescência, quando a experiência é demasiadamente insegura, traumática ou ameaçadora para ser plenamente sentida e liberada nessa ocasião. Esse distúrbio pode ter origem em necessidades físicas e emocionais não satisfeitas do bebê, na falta de apoio para as tentativas de diferenciação da criança de um ou dois anos, ou na invasão de limites e integridade pessoal numa fase posterior do desenvolvimento. A criança normalmente não tem perspectiva para saber que o que acontece com ela não está certo; a criança se adapta ao ambiente em que é criada e reprime o desgosto ou o protesto. Se ela sabe que o que acontece com ela é incorreto, mas ninguém fala sobre a situação, a solidão em si pode tornar-se intolerável, e a situação negativa que precipitou os acontecimentos pode ficar proporcionalmente reprimida.

Mais tarde, contudo, num exame minucioso do comportamento adulto, podemos ver claramente que determinados estágios do nosso processo de desenvolvimento foram perturbados ou ficaram incompletos. Nesse caso, podemos voltar à mente e aos sentimentos da criança que ainda vive em nós e concluir o processo de crescimento. Barbara, cuja história introduz este capítulo, encontrou sua criança interior e deixou-a falar. Sua Bobbi interior falou, como seria de esperar, com voz infantil. A Barbara adulta, junto com seus ajudantes, ouviu de uma forma que ninguém havia ouvido quando ela era uma criança intensamente desolada pelo suicídio do pai. O próprio fato de ser ouvida ajudou a criança a superar seus sentimentos assassinos secretos, que ela julgava tão severamente e punia tão dolorosamente.

No Capítulo 5, prosseguiremos a discussão sobre o processo de trabalho com a criança interior, mas neste capítulo vamos discutir a mente infantil em geral, mesmo sabendo que há enormes diferenças entre um bebê e uma criança de 10 anos. Não obstante, do ponto de vista do desenvolvimento, ambos ainda estão suprindo suas necessidades de dependência e lentamente abrindo mão dessa dependência. Ambos ainda se encontram em diferentes graus de fusão com o ambiente, tornando-se pouco a pouco pessoas separadas e individualizadas.

A mente indiferenciada da criança

A criança em nós não tem apenas as características da criança que fomos um dia, mas também as qualidades universais de todas as crianças. O eu infantil é espontâneo, criativo, brincalhão, sensível, reativo emocional e fisicamente, e cheio de prazer, deslumbramento e amor. Essas são as qualidades do Eu superior da criança. Mas a criança também é egocêntrica, exigente, dependente, irresponsável, não discriminativa, caótica, imatura e supersticiosa. Essas são as qualidades do eu inferior da criança.

A criança, ao nascer, ainda não possui um ego. Sem o ego, é possível perceber com muita clareza a mensagem do eu real. Mas sem o ego, o significado dessa mensagem pode ser distorcido. A criança sente o anseio pela perfeição extrema, o poder extremo, o prazer extremo. Mas no ego desenvolvido esses desejos não são apenas ilusórios, são também egoístas e destrutivos. (*PGP 132*).

A criança conhece, naturalmente, o potencial ilimitado do mundo invisível do espírito, do qual ela veio ainda há pouco. Mas essas mensagens são distorcidas pelas exigências que faz de ser gratificada imediatamente, pelo que está fora, sem precisar criar essa satisfação de dentro.

A mentalidade da criança assemelha-se à do primitivo ou à da mente coletiva.[2] Ela é, em grande parte, inconsciente, e opera a partir de reações automáticas ou instintivas, e não a partir de escolhas conscientes ou de auto-reflexão. Vive primordialmente nos planos físico e emocional, e vive totalmente no presente. A criança só conhece a sua própria experiência e faz generalizações sobre a natureza do mundo com base na perspectiva limitada do seu mundo pessoal. (No Capítulo 5, exploramos mais a fundo o modo como as generalizações que fazemos na infância matizam e até definem a nossa experiência atual da realidade.)

A consciência da criança funde-se com o ambiente — a família, a tribo, a natureza. Devido a essa fusão, a criança tem ilusões de onipotência. Antes de perceber seu estado de separação limitada, ela acredita que pode fazer qualquer coisa, e não conhece nem teme a morte. Seu senso de mortalidade começa com a percepção de que existe como corpo e ego separados. Na idade adulta, temermos a criança interior devido às energias poderosas e espontâneas nela presentes, e que inconscientemente controlam grande parte de nossas ações como adultos.

E temermos a nossa criança interior porque os impulsos primitivos e as ações dela não têm origem apenas no Eu superior, mas também no eu inferior. A idéia primitiva da criancinha sobre o "bom" é o que parece bom naquele momento; "mau" é a frustração da gratificação imediata. A mente da criança pré-egóica não faz juízos morais independentes e pode ter dificuldade para entender o que está fazendo errado quando uma determinada ação é classificada como "má". Ela vive conforme os ditames dos costumes da família e/ou da tribo, mas ainda não desenvolveu uma sensibilidade moral individual.

A criança é capaz de praticar um ato de rematado egoísmo imediatamente depois de ter um gesto de generosidade espontânea, sem nenhum senso de contradição interior. Minha filha Pamela sempre adorou seu gato Butterscotch e, no entanto, quando

---

2. Quero deixar claro que a associação do estado mental da criança e do primitivo não implica que os povos indígenas ou primitivos raciocinem apenas com a mente infantil. Trata-se de um **tipo** de raciocínio ou percepção — o aspecto infantil ou não-desenvolvido de todos os povos. Todas as culturas humanas, com efeito, têm elementos dos três aspectos — a mente infantil, a mente do ego e a mente transpessoal. Em muitas culturas indígenas, contudo, o ego ou a mente discriminativa é a menos desenvolvida. Os aspectos da superstição infantil e da maturidade espiritual são expressos mais plenamente. Como nossa cultura ocidental típica, ao contrário, dá demasiada ênfase ao desenvolvimento da mente do ego diferenciado, pode-se encontrar o equilíbrio necessário na abertura dos ocidentais aos ensinamentos espirituais das culturas indígenas.

tinha seis anos de idade, cortou os bigodes dele sem a menor hesitação porque naquele momento o gato representava para ela nada mais do que as suas bonecas Barbie, cujo cabelo ela cortava regularmente. A intuição sensível a respeito de uma pessoa amada pode seguir-se a uma crueldade bárbara em relação a outra pessoa (ou até em relação à mesma), momentaneamente percebida como "inimiga". A percepção moral duradoura dos outros depende do desenvolvimento de um ego saudável e da compreensão de que somos diferenciados, embora relacionados com os outros.

A criança ainda não é diferenciada nem tem responsabilidade pessoal nas relações com os outros. Podemos ver o eu criança operando em nós, adultos, sempre que, inconscientemente, transformamos nossos parceiros, ou as pessoas que detêm autoridade, em figuras "parentais", de quem exigimos e esperamos amor perfeito ou apoio emocional incessante. O adulto, incapaz de praticar o dar e receber e a equanimidade essencial necessária no relacionamento entre dois adultos, continua seguindo o roteiro esquecido da infância. A necessidade de regras e de hierarquia estritas é outra indicação da mente infantil em busca de um mundo mais simples onde as mães e os pais, ou os líderes tribais, assumem a responsabilidade e definem o que é certo.

Com relação a Deus, a criança ou o primitivo em nós é supersticioso. Fazemos de Deus uma figura de autoridade externa, que recompensa ou pune o nosso comportamento, de forma semelhante à expectativa que tínhamos em relação a nossos pais. Na mentalidade da criança, todas as correntes internas, psicológicas e espirituais, são projetadas no exterior, e o mundo é povoado de demônios e de anjos, de bons e maus espíritos, que recebem os agradecimentos ou a culpa, conforme a experiência da criança. A criança transforma o mundo invisível em coisas e seres visíveis e palpáveis, e essa é uma das facetas que amamos nelas.

Mas a criança não entende que muitos dos seus seres fantásticos são projeções que têm origem no eu. Sempre que acreditamos em nossas próprias superstições, estamos raciocinando como crianças. Fazemos tudo isso como tentativas secretas de fechar acordos com Deus, de fazer "sacrifícios" para conseguir o que queremos, ou, se não for isso, comportamo-nos para com o divino como se ele fosse um "grande pai" no céu.

O caminho espiritual exige que revelemos a criança interior negativa e não desenvolvida — em relação ao eu, aos outros, a Deus — para nos ajudar a amadurecer os aspectos não desenvolvidos. Se quisermos de fato nos abrir à comunicação com a criança interior, ela falará conosco e revelará onde estamos bloqueados. Precisamos ser como pais da nossa criança interior, incentivando-a a crescer, a tornar-se responsável por si mesma e independente.

O eu criança, no aspecto positivo, dá acesso às nossas energias criativas e espontâneas. O eu criança é o nosso elo com a sabedoria mais profunda das culturas primitivas, conforme mostra o seguinte trecho:

Um homem de certa idade, que trabalhava como consultor organizacional, teve o seguinte sonho durante um acampamento de três dias nas terras de Sevenoaks:

"Estou incumbido de conduzir um grupo de desenvolvimento organizacional, mas as coisas vão mal. Um menino se levanta e me diz: 'Não está acontecendo nada de novo aqui. Tudo o que acontece aqui já acontecia há 2.500 anos.' Penso: 'Ele está certo. A maior parte da dinâmica do grupo na realidade são quesitos não resolvidos sobre decepções que essas pessoas tiveram com suas mães e pais, e a maioria das

divisões do grupo tem que ver com lealdades tribais e problemas de território. No fim das contas, o desenvolvimento organizacional não tem nada de moderno!'

O menino, em seguida, me leva para fora da sala, para o porão da casa. Do porão passamos para uma caverna e continuamos descendo. No fim, ele me leva a uma sala cerimonial tenuemente iluminada e aponta para um objeto semi-enterrado. Vou até lá e começo a desenterrá-lo. É uma grande roda de pedra, e percebo nela quatro grupos de marcas de mão, cada um para um dos quatro raios da roda, correspondendo aos quatro pontos cardeais da Roda da Cura. Um conjunto tem as marcas da mão de uma criança."

O sonhador foi levado a uma exploração mais profunda de sua criança interior e das ligações com seu eu mais primitivo, com a profunda sabedoria interior primitiva que jaz por baixo do verniz de civilização. Ao descobrir uma parte maior da criança interior e da sabedoria "nativa", ele sentiu que seria também levado a ser o porta-voz de suas novas descobertas. *

A exploração da criança que existe em nós pode abrir-nos às energias mais profundas dos níveis universal e transpessoal de experiência.

O ego adulto

Dentro de cada um de nós também vive um ego adulto, o eu com o qual normalmente nos identificamos. O ego é capaz de optar e concretizar suas escolhas; é capaz de suportar a frustração e trabalhar com afinco para atingir uma meta futura. O ego permite que sejamos autônomos, responsáveis, organizados e independentes, para negociar com sucesso no mundo material/humano como uma entidade diferenciada. Mas o ego também é calculista, materialista, excessivamente mental, enclausurado nas rígidas fronteiras do estreito interesse pessoal. Em si mesmo, o ego é incapaz de gerar prazer, alegria, criatividade ou amor. Ele precisa ser capaz de se soltar no eu maior para sentir a corrente espontânea da força vital. No entanto, primeiro é preciso que a criança abra mão das exigências de gratificação imediata e desenvolva um ego capaz de aceitar as limitações da vida humana.

> Você precisa aceitar suas limitações como ser humano para poder perceber que tem uma fonte ilimitada de poder à sua disposição. Você precisa aceitar as suas imperfeições, bem como as imperfeições da vida, para poder sentir que a perfeição absoluta é o seu destino final. Mas você só pode compreender isso depois de ter eliminado a distorção infantil desse conhecimento. Você precisa aprender a deixar para trás o desejo do prazer supremo e se satisfazer com o prazer limitado, antes de perceber que o prazer absoluto é o seu destino final. Ser capaz de se contentar com menos significa aceitar a realidade da limitação dessa dimensão. Para tanto, as faculdades do ego são necessárias. Somente quando o ego lida adequadamente com a esfera em que a personalidade, o corpo, vive agora, você pode entender a fundo as suas verdadeiras faculdades, seus potenciais e possibilidades. (*PGP 132*)

---

* A associação feita pelo sonhador gira em torno da palavra inglesa *spokes*, que significa "raio de roda". *Spokesperson* significa "porta-voz". (N.T.)

Enquanto não são aceitas, as limitações da esfera humana não podem ser transcendidas. Enquanto não for suficientemente desenvolvido, o ego não pode ser liberado. Essas afirmações podem parecer contradições, mas são passos essenciais do caminho espiritual. "Somente quando o ego é saudável e forte podemos saber que ele não é a resposta final, a dimensão final do ser." (*PGP 132*)

Aspectos positivos e negativos do ego

Como acontece com o eu criança, o estado do ego adulto é formado de aspectos positivos e negativos, de consciência e energia que derivam dos eus superior e inferior. Quando nos perdemos na crença de que o ego é tudo o que existe, nossas fronteiras se enrijecem e se instala uma separação negativa. Nossa percepção se restringe às aparências externas, àquilo que nos separa dos outros, e não àquilo que nos une a eles. Isto leva à competitividade, à inveja, à autopromoção, ao orgulho, à obstinação. O ego, pelo lado negativo, promove uma idéia exagerada do eu diferenciado, uma visão hostil dos outros. Quando nos identificamos exclusivamente com o ego adulto, entramos no mundo paranóico do "eu" contra "eles".

Os aspectos positivos do ego, por outro lado, incluem todas as capacidades volitivas que permitem fazer escolhas positivas e cumprir os compromissos, diferenciar-se dos outros, aceitar a frustração e ter discernimento. O ego positivo tem a capacidade da auto-observação objetiva e do aumento da autopercepção. Também tem a capacidade de fazer ligações entre o passado, o presente e o futuro, e de entender a operação de causa e efeito na vida pessoal e na história humana coletiva. Ao afastar-se do mundo indiferenciado do aqui e agora do eu criança, o ego adulto pode estender sua percepção para trás e para a frente no tempo e estabelecer laços de empatia com os outros, que são percebidos como seres distintos e separados, e não como extensões dele mesmo. Essas capacidades são as pontes para o Eu superior transpessoal.

Em si mesmo, o ego não é bom nem mau. A diferenciação do eu individual em relação à família e à cultura não passa de um estágio necessário do desenvolvimento humano. Cabe à entidade em crescimento desenvolver um senso diferenciado do eu, criar suas fronteiras e aceitar suas limitações. O potencial espiritual do ego depende inteiramente do aspecto mais profundo do eu com o qual ele aprende a se alinhar — o Eu superior ou o inferior. Se estiver alinhada com o Eu superior, a função do ego terá flexibilidade para executar seu trabalho quando adequado, sair de cena e permitir que as energias espirituais extravasem quando isso for possível.

> O ego precisa saber que é apenas um servo do ser inferior maior. Sua principal função é, deliberadamente, procurar entrar em contato com o eu maior. Ele precisa conhecer o seu lugar. Precisa saber que sua força, possibilidade e função são a busca do contato com o Eu superior, a tomada de decisões por ele, e a solicitação de sua ajuda para estabelecer contato permanente com ele. (*PGP 158*)

O ego em relação aos outros

O ego é muito mais consciente e auto-reflexivo do que o eu criança, sendo capaz de responsabilidade por si mesmo e de autocontrole voluntário. Esses atributos tornam-no capaz de interações maduras.

Ao amadurecer, a pessoa terá desenvolvido o senso de eu. Quanto mais ciente de si, por paradoxal que isso possa parecer, tanto mais preocupada com os outros ela se torna. Basta pensar nessa grande verdade espiritual, meus amigos: a falta de senso do eu significa o autocentramento. O pleno senso do eu significa a preocupação com os outros e a equanimidade na avaliação das vantagens e desvantagens dos outros e de si mesmo. Não significa a aniquilação do eu em benefício dos outros, numa forma distorcida de martírio. Mas implica, isto sim, o senso de justiça que dá a capacidade de privar-se de uma vantagem desde que ela crie dor indevida ou coloque alguém injustamente em desvantagem.

Assim, num dos lados do espectro está o bebê que não tem nenhum ego, nenhum senso de individualidade, nenhuma percepção de si mesmo, mas tem um total autocentramento e completa dependência de seres mais fortes. No outro lado do espectro está a pessoa madura, com senso de individualidade e consciência de si mesma, que vai além do princípio do prazer e da dor. Isso resulta em senso social, responsabilidade, preocupação, compreensão e sentimentos em relação aos outros, de modo que essa pessoa forma um todo harmonioso com os que a rodeiam, com propósitos e interesses mútuos. Ela é livre e independente, o que não deve ser confundido com onipotência. Ela não ordena, nem recebe ordens. Ao contrário, existe entre ela e seus semelhantes uma saudável interdependência. (*PGP 120*)

A individualidade autônoma e responsável é um pré-requisito da reciprocidade saudável. Sem um ego diferenciado, a pessoa recria relacionamentos da infância, tende a escolher parceiros que representem um dos pais, e a conformar-se indevidamente com as expectativas dos outros, em vez de se expor e tomar o partido do seu eu. As famílias complicadas e os relacionamentos onde a dependência é exagerada constituem sempre um sinal de insuficiência na diferenciação do ego.

Por outro lado, se o ego for rigidamente autônomo, pode ser muito difícil para a pessoa entregar-se ao amor ou aceitar o fato de que precisa dos outros, admitir quando está errada ou ter a flexibilidade exigida pelo relacionamento.

O ego em relação a Deus

O ego puro é ateu e materialista. O ego suspeita de tudo o que não é passível de compreensão pela mente racional ou que não é visível com os olhos físicos. Essa espécie de ateísmo é, ao menos parcialmente, uma rejeição da supersticiosa imagem de Deus da mente infantil.

Este último estágio de ateísmo, embora errôneo em si mesmo, é uma indicação de um estágio de desenvolvimento que já superou a crença supersticiosa em Deus. Essa crença nasce predominantemente do medo, do escapismo, do raciocínio amoldado aos desejos e da negação da responsabilidade pessoal. O segundo estágio de crescimento espiritual — o ateísmo — muitas vezes é um período de transição necessário para que haja mais realismo e autenticidade na experiência e na relação com Deus. Durante esse estágio de ateísmo são cultivadas as faculdades da autoconfiança, de máxima importância para o crescimento pessoal. Não defendo o ateísmo, assim como não defendo a crença infantil em Deus. Ambos são estágios. Em cada estágio a alma aprende alguma coisa importante. (*PGP 105*)

Quando pela primeira vez somos nós mesmos, fora das malhas da infância e da cultura, ficamos sozinhos. Desse ponto de vista e nesse estágio, somos confrontados com a nossa solidão. Nascemos sozinhos e morreremos sozinhos. Nosso destino está em nossas mãos. Ninguém nos salvará, e a única perdição que nos importa é a nossa.

Evidentemente, o perigo da perspectiva materialista é que ela nos faz prisioneiros da crença de que isso é tudo o que existe. Quando os mundos invisíveis e a mais profunda realidade do espírito são negados, o eu vive num deserto árido, sem as águas vivificadoras do mistério, do maravilhamento e do espírito.

A necessidade de um ego saudável

Não precisamos de um ego saudável apenas para negociar eficazmente no mundo humano, com senso de autonomia e poder pessoal. Também precisamos de um ego forte para realizar o trabalho do caminho espiritual.

O salto para o eu espiritual exige muita preparação interior. A criança negativa e autocentrada e o ego esclerosado e negativo, sendo ambos aspectos do eu inferior, precisam ser reeducados e realinhados para que a entrega à espiritualidade seja fundamentada e duradoura.

Esse processo de reeducação exige um forte ego positivo. Precisamos ser capazes de integrar os conteúdos do inconsciente, incluindo os pensamentos e sentimentos da infância, os arquétipos culturais e de massas, as marcas kármicas e nossos impulsos primitivos e espontâneos. O ego precisa ser suficientemente forte para não ser permanentemente derrotado pelas expressões desses muitos eus. A força discriminativa do ego é necessária para incentivar ativamente determinados aspectos do eu e transformar outros. Dessa forma, o ego precisa ter foco, disciplina e abertura.

O ego saudável sabe que existe algo profundo, muito maior que ele, dentro do eu.

> Expandir a consciência da mente limitada representa uma tremenda dificuldade. Porque você pode contar, ao menos no início da busca, apenas com essa mesma mente limitada. Assim, essa mente limitada precisa transcender a si mesma para poder perceber seu poder e seu alcance ilimitados. O caminho, portanto, exige constantemente que a mente vença a distância entre suas próprias limitações, cogitando novas possibilidades, dando espaço a outras alternativas para o eu, a vida, a expressão do eu na vida. (*PGP 193*)

O ego fraco não pode fazer as escolhas que o crescimento espiritual exige. O ego precisa ser constantemente escorado e ter seu valor reafirmado; portanto, tem dificuldade para se superar. Quando um ego de estrutura fraca mergulha no lago do inconsciente, ele pode ser arrastado e ficar flutuando num mar de outras realidades antes de adquirir o senso de sua realidade diferenciada e separada. Na ausência de uma definição nítida do eu exterior, as poderosas energias do inconsciente podem destroçar a personalidade frágil.

Dessa forma, o trabalho espiritual precisa concentrar-se primeiro no desenvolvimento do funcionamento positivo do ego.

Donald recebeu uma pequena herança que conseguiu esticar vivendo frugalmente. Depois de formar-se na faculdade, durante anos ganhou apenas o suficiente para a subsistência. Fazia uso constante de maconha e de outras drogas para descontrair e ter ocasionais percepções espirituais.

Agora ele estava pronto para um trabalho mais sério consigo mesmo e no mundo. Donald percebeu que a força de seu ego — para um trabalho direcionado e constante, e para manter a força de vontade, que jamais fora grande — estava ainda menor devido ao uso constante da maconha. Assim, ele iniciou um programa de recuperação e depois começou a trabalhar como jornalista, emprego de que realmente gostava, mas que lhe rendia um salário muito baixo. Depois de um ano de trabalho, percebeu que estava na hora de pedir um aumento, e ficou apreensivo com essa perspectiva. Teve o seguinte sonho:

"*Estou numa cidade do nordeste. Não tenho dinheiro para ir para casa, na Virginia. Encontro um sujeito muito dissimulado que tenta levar meu dinheiro com trapaças. Depois, aparece um estudante, obviamente rico, e o trapaceiro começa a intimidá-lo para conseguir uma esmola. Depois, o trapaceiro desaparece com o dinheiro do estudante.*

Fujo com o trapaceiro e paramos num bairro residencial; entramos em uma casa. Decido ir para a Virginia e o trapaceiro diz que vai me mostrar um atalho para a rodovia. Mas quando chegamos lá, vejo que a rampa de acesso à rodovia está suspensa no ar; não é possível passar de onde estamos para a rodovia. Portanto, volto para casa.

O trapaceiro vai embora, para se embebedar. Nesse momento, chega o estudante. Descubro que a casa onde estamos pertence a ele. Explico tudo o que aconteceu e o estudante acredita em mim. Juntos, descobrimos parte do dinheiro roubado, que estava enterrado debaixo de algumas plantas do jardim.

O ladrão volta. Explico a ele que aquela é a casa do estudante e que agora precisamos conversar com ele. Começo explicando a cada um deles o que aconteceu em termos kármicos. Para o estudante, digo que ele precisa dessa lição para aprender a se defender. Ele entende. Estou com mais medo de falar com o trapaceiro, mas digo que a lição dele é mudar de vida. A princípio ele parece ficar zangado, mas depois faz um aceno de cabeça, sem dizer nada, numa concordância tácita. Fica claro que a minha tarefa é servir de mediador e instruir os dois."

Donald estudou as personagens do sonho. Identificou-se, com a maior facilidade, com o estudante roubado, pois julgava uma exploração o baixo salário que recebia em seu emprego. Estava na hora de se defender e afirmar seu valor no trabalho, em vez de se esconder por trás da herança.

Como o trapaceiro, Donald viu que ainda era um viciado — não mais viciado em maconha, mas talvez mais dependente da herança, que era um impedimento para abrir seu caminho no mundo. Assim, no sonho, ele foi incapaz de percorrer a estrada que levava para casa porque a rampa de acesso era muito "alta", sem ligação com o chão e solta no ar.

Antes de poder chegar à estrada que levava para casa, ele precisou ser o árbitro desses seus dois lados — o estudante e o trapaceiro. A responsabilidade do ego adulto de Donald estava claramente definida: ajudar essas partes dele a crescerem. Ele estava esperançoso de que o trabalho interior fosse bem-sucedido, pois o monte de dinheiro encontrado no jardim parecia ser um bom presságio de seu potencial profissional.

Algumas pessoas tentam fazer do ego fraco uma virtude espiritual, mas isso é uma fuga que só pode gerar mais fraqueza. Tudo o que conduz à abundância precisa ter origem na abundância. Enquanto o ego é fraco, carecemos de algumas das faculdades de raciocínio; carecemos de discriminação, iniciativa ou persistência. Sem todas essas qualidades, não temos a disciplina nem a tenacidade necessárias para o crescimento espiritual. No sonho acima, Donald afirma sua necessidade de permanecer forte no confronto com as partes dele mesmo que não querem crescer.

Ao contrário dos que desvalorizam o ego, existem outros para quem o ego forte equivale à realização pessoal. Mas um ego forte nunca é suficiente para nos dar felicidade.

A felicidade, o prazer, o amor e a paz interior são o resultado do aproveitamento dos recursos do ser interior espontâneo e mais profundo. Quando você se identifica exclusivamente com o ego, com o eu externo consciente e voluntarioso, você fica totalmente desequilibrado e sua vida fica vazia de substância e de significado... Nesse caso, há uma busca, muitas vezes frenética, de prazeres substitutos, que são superficiais e deixam você exausto e insatisfeito. O ego não pode gerar sentimentos profundos, nem uma vida profundamente saborosa e agradável. Tampouco pode gerar a sabedoria profunda e criativa. (*PGP 158*)

Um ego verdadeiramente saudável, portanto, é aquele que nem é grande e forte demais (superativo, supercontrolador, rígido, orgulhoso ou obstinado) nem pequeno e fraco demais (passivo, impotente, irresoluto, envergonhado, incapaz de agir). Forte e flexível, o ego saudável é aberto à mudança e a novas idéias. Acima de tudo, o ego saudável é cônscio de si mesmo como um mero fragmento da consciência dentro do todo, e portanto capaz de conservar a humildade. "Quando o ego se torna forte o suficiente para assumir o risco de confiar em outras faculdades que não a sua limitada consciência, ele encontra uma nova segurança até então não imaginada." (*PGP 152*)

Alma/nível transpessoal

A alma não está limitada pelo tempo nem pelo espaço. Ela não morre, porque não nasce. Ela existe eternamente e está disponível em todos os lugares. Enquanto o espírito de Deus se manifesta de forma diferente em cada alma, dependendo do condicionamento pessoal e cultural, sua essência é idêntica à da força vital eterna que permeia o Universo.

A experiência da alma ou do nível transpessoal do eu transcende e abala o "recipiente" do eu criado pelo ego. Nossa experiência do eu espalha-se, por assim dizer, e passa a abranger uma parte cada vez maior de quem somos. Quando nos abrimos a esse nível, deixamos as fronteiras conhecidas da encarnação atual e da personalidade, esta manifestação no tempo e no espaço, e sentimos a nós mesmos como um todo maior, mais profundo, mais abrangente.

Podemos sentir as vidas passadas e, nesse caso, saber que somos uma alma eterna, que atravessou muitas vidas reunindo sabedoria na busca de uma totalidade cada vez maior. Podemos entrar numa realidade xamânica, nos mundos ocultos da natureza, que existem nos planos interiores e com os quais podemos entrar em contato na realidade não habitual. Podemos vir a conhecer nossa essência angelical, como seres de luz, ou aspectos de Deus que se manifestam na Terra para executar tarefas específicas. Ou podemos entrar em contato com os arquétipos universais — a mulher ou mãe sábia, o sábio ou rei —, e saber que também existimos nesse nível do inconsciente coletivo presente em todas as culturas humanas. Podemos sentir nossos guias e gurus interiores, que atuam além das fronteiras normais da interação humana.

Barbara, cuja história abriu este capítulo, tinha contato freqüente com uma importante guia pessoal que ela sentia como Avó da Terra. No processo que culminou com sua morte, ela esteve freqüentemente com a Avó, que lhe ensinou a voar com as águias. A seguir, apresento uma experiência minha, que aconteceu numa ocasião em que o ensinamento de que eu precisava sobre a morte talvez não pudesse alcançar-me de nenhuma outra maneira.

Sou uma pessoa impressionável. Embora sensata e competente no mundo do ego adulto normal, tenho facilidade para entrar em outras realidades. Quando criança, eu me identificava com as personagens de muitas das histórias que lia. Tinha acesso às vidas passadas. Esta pode ser uma vantagem maravilhosa, pois consigo entrar rapidamente no "universo" de outra pessoa, mas também pode ser uma desvantagem, pois às vezes me perco na realidade do outro.

Os filmes são desafios especiais. Ao entrar na realidade ficcional de um bom filme, eu suspendo a descrença, meu ego se solta e "flutua" enquanto o filme dura. Depois, levo algum tempo para "voltar" ao senso habitual do eu. De vez em quando, antes de voltar, visito alguma outra realidade ou aspecto do meu inconsciente. Esse estado alterado muitas vezes é útil para esclarecer algum aspecto oculto de mim mesma a que eu não poderia ter acesso no estudo do ego normal.

Certa noite, em meados dos anos 70, depois de assistir ao filme **O Céu pode esperar***, minha consciência se expandiu de forma extraordinária. O filme é uma comédia ligeira sobre uma pessoa que morre "por engano", e depois entra em vários corpos até encontrar o corpo certo. Ao sair do cinema com meu marido Donovan, comecei a ter estranhas sensações na parte de trás da cabeça e do pescoço. Prestando atenção a essas sensações, senti que algo me puxava para trás e para fora do corpo.*

Na rua com Donovan, subitamente me vi cerca de um metro atrás e trinta centímetros acima do meu corpo físico. Fui inundada pela mais intensa sensação de paz e bem-estar que já experimentei. Nesse momento eu soube que era eterna, incapaz de algum dia deixar de existir. Eu era apenas, e seria para sempre, este ser que agora sinto que sou. O máximo que consegui transmitir em palavras a meu marido foi: "Você sabe quem sou, Donovan? Você sabe quem é? Somos devotados anjos de Deus. Isto é o que somos de fato! E não podemos morrer porque nunca nascemos; nós apenas somos."

Ao atravessar a rua em direção ao estacionamento onde estava o nosso carro, tive um impulso de jogar meu corpo na frente de um veículo em trânsito. Como eu sentia o corpo como um fantoche inanimado pendendo acima e atrás de mim, eu estava totalmente confiante de que o fato de viver ou morrer não faria a mínima diferença para a existência do meu eu real, aquilo que agora eu sabia que era. Mas eu também sabia mais do que isso; não cabia a mim destruir este corpo, pois entendi que fui chamada a habitar o plano terreno com a finalidade de me purificar e de servir a Deus. Seria uma atitude arrogante e egoísta de minha parte destruir o corpo, por mais irrelevante que a minha verdadeira identidade me parecesse naquele momento.

Quando Donovan e eu chegamos ao carro, eu estava começando a voltar, por dentro, ao meu eu mais limitado. Senti e ouvi um suave chiado quando me estabeleci outra vez no corpo.

"Trata-se da morte", eu ficava repetindo: "É tão importante nós entendermos a morte. Não é isso o que as pessoas temem; isso é apenas uma passagem de uma identidade menor para outra maior. Precisamos entender isso. Acho que eu tive essa experiência para poder entender melhor e ajudar melhor os outros. Que dádiva!"

Fiquei quieta e pensativa durante o trajeto para casa. Durante algum tempo, consegui sentir a identidade "maior" atrás de mim, e depois a percepção dela também se desvaneceu gradualmente, e eu era outra vez apenas Susan, de volta ao meu corpo normal e à consciência do ego.

Só mais tarde é que percebi como foi oportuna a ocorrência dessa experiência na minha vida. Ela aconteceu logo depois que minha mestra espiritual, Eva Pierrakos, ficou doente de câncer, e antes de ela morrer. Mesmo nessa época eu sabia que, para fazer esse trabalho com outra pessoa, eu precisaria ter confiança de que a morte, incluindo a de Eva, não era o fim. Mais tarde, naturalmente, atravessei um período de profundo pesar e desespero depois que ela morreu; mas o conhecimento adquirido nessa experiência fora do corpo foi o meu sustentáculo.

Na época em que trabalhei com "Barbara", cuja história inicia este capítulo, eu sabia que o trabalho de autopurificação é a cura da alma que vive além de qualquer período de vida em particular. A morte iminente de alguém não é um impedimento para que se faça o trabalho; só lhe acrescenta urgência.

O suave chiado de energia que senti ao voltar ao corpo foi a súbita contração da minha consciência voltando para o "recipiente" ego/corpo. Podemos sentir muitas vezes uma coisa semelhante quando acordamos de um sonho no qual houve uma expansão para uma consciência diferente e mais ampla. E o contrário acontece muitas vezes quando adormecemos, e sentimos como se escorregássemos para fora do recipiente do ego e entrássemos em outras dimensões da realidade.

Aspectos positivos e negativos do nível transpessoal

No nível transpessoal, nossa expansão ultrapassa o ego e alcança os seres maiores que éramos antes do nascimento e que seremos outra vez após a morte. Podemos abrir um canal de ligação com outras entidades espirituais ou energias que existem além da nossa realidade comum de todo dia. Podemos entrar nessas outras realidades através da meditação e de outras práticas espirituais, e saber que nós e a realidade somos muito mais do que pensávamos.

No entanto, o nível transpessoal ainda existe em dualidade. Nele podemos entrar em contato com níveis que são maus, ignorantes, distorcidos, assim como nos planos da criança e do ego. O eu inferior é composto dos impulsos da criança imatura, do ego negativo e das distorções do nível transpessoal.

A experiência dos arquétipos e das capacidades psíquicas existentes no nível transpessoal é particularmente sedutora, porque entramos em contato com poderosas energias espirituais. Mas as entidades espirituais também têm o seu lado sombrio; elas podem ou não estar alinhadas com uma intenção ética. O "glamour" e o poder espiritual do contato nesse nível não deve nos desviar da tarefa da transformação pessoal e do serviço a Deus.

Ao aprofundar o trabalho pessoal voltado para nossas distorções, adquirimos inevitavelmente mais poder espiritual. Isso traz consigo uma responsabilidade maior: a de lidar bem com esse poder. Vamos sofrer tentações. Podemos entrar em contato com o arquétipo do praticante da magia negra, que usa o poder espiritual para engrandecimento pessoal. Ou, ao expandir a capacidade de afetar os outros por meio do amor, podemos precisar examinar a distorção do uso do amor como meio de controle dos outros. Podemos contatar o arquétipo da mãe que devora os filhos. Se a nossa intenção continuar alinhada com o crescimento espiritual, o contato e a transformação dos arquétipos negativos que existem em nós pode ser um nível muito poderoso do nosso trabalho.

Certa vez, fiz um importante trabalho com minhas vidas passadas, entrando na vida de um homem africano de uma época muito antiga, quando eu era dotada de extraordinários dons xamânicos. A facilidade que eu tinha para entrar na consciência dos outros e efetuar mudanças na energia deles teve como resultado algumas curas extraordinárias, que me deram bastante renome. No entanto, acabei abusando desses dons e usando-os para seduzir mulheres com o intuito de destruir meus concorrentes masculinos. Finalmente, fui expulso da tribo e pouco tempo depois morri em angustioso isolamento. O contato com essa vida dentro de mim tornou-me extremamente cautelosa em relação à possibilidade de abuso do poder espiritual e aumentou meu compromisso no sentido de usar os dons que estou despertando unicamente a serviço de todos os meus irmãos e irmãs da família humana.

Nós ansiamos pelo contato com o nível transpessoal de nós; essas experiências são acompanhadas de enorme exaltação e vivacidade. Podemos nos abrir para ouvir em nós a voz de Deus, que pode ser sentida como a de Cristo ou a do nosso anjo da guarda, da Deusa ou de nossos guias espirituais, ou simplesmente como aquela "voz baixinha". No entanto, no decorrer desse processo, também podemos correr o risco de ouvir as vozes de entidades desencarnadas não evoluídas, incluindo os poderes do mal, às vezes chamado Satã, que podem fazer mau uso da ligação conosco. Assim, é sempre essencial avaliar qualquer experiência de contato com seres espirituais, para ter certeza de que as mensagens são verdadeiras, amorosas e estão a serviço da humanidade e do bem superior. Devemos nos acautelar, em especial contra as mensagens que lisonjeiam ou contêm promessas. As mensagens que nos desafiam a olhar mais a fundo dentro de nós mesmos costumam indicar que a orientação é verdadeira. Ao contatar entidades espirituais, precisamos fazer a escolha de alinhar o nosso ego e a nossa vontade com o divino, com o serviço a Deus.

Podemos nos iludir com relação ao nível a que estamos tendo acesso. A evolução para o estado unitivo só é confiável e fundamentada se trabalharmos ativamente e nos comprometermos a transformar o eu inferior, a força da separação, quer ela se manifeste por meio da criança interior, do ego ou dos níveis transpessoais.

Diferença entre a alma, os níveis transpessoais e outros níveis

Quando estamos atentos para a realidade da nossa alma, vivemos com um senso do eu grandemente expandido. E ficamos abertos para todos os níveis inconscientes que habitam em nós, sabendo que cada um deles manifesta um "pedaço" de quem somos. Sabemos que somos inteiramente responsáveis pela criação da nossa própria vida, mas também entendemos a autocriação no contexto maior da aceitação do nosso karma pessoal e coletivo. A compreensão de si mesmo vai mais longe do que pode ser entendido pelo ego e avança pelo território do verdadeiro conhecimento interior.

A experiência dos níveis transpessoais do eu é um abandono a processos involuntários e a sentimentos espontâneos, mas com maior percepção e capacidade de discriminação do que o eu criança possui. Depois de fazer um rigoroso exame para eliminar o negativismo, reconhecemos quais são os momentos apropriados para a entrega ao fluxo divino. Podemos voltar para as fronteiras do ego, e voltaremos quando necessário.

Em relação aos outros, podemos atenuar as fronteiras do eu, por meio da profunda empatia e compaixão pelo outro, abandonando-nos à experiência da comunhão interior. Esse conhecimento íntimo do outro difere da experiência de fusão da criança, que carece de uma percepção madura de si mesma como um ser diferenciado. Ainda diferentemente da criança, o eu transpessoal é capaz de nutrir a outros, e assim vai além tanto da necessidade de ser nutrido, presente na criança, como da tarefa autonutridora do ego.

Em relação a Deus, o eu transpessoal conhece a realidade dos mundos invisíveis, tanto interiores como exteriores. Nesse estágio, sabemos que a matéria, uma realidade exterior, não passa de um reflexo ou de uma criação do mundo interior do espírito. Como a criança, sentimos o invisível; diferentemente dela, não personificamos simplesmente o invisível, mas também sabemos que ele é subjetivo, interior e essencialmente informe. Deus não é crucificado, mas percebido como vivo dentro de nós e de toda a vida.

O nível unificado

O nível unificado de experiência do eu é sinônimo da experiência da Consciência Cósmica. Na percepção da absoluta Unidade de toda a vida, desaparecem todas as distinções entre eus separados, e até entre almas ou diferentes arquétipos ou tipos de anjos, na experiência do ser que está por trás de tudo. Dentro do que normalmente pensamos como o eu está a experiência totalmente além do eu. Como nesse nível não existe dualidade, não existe "eu" nem "não eu". Este nível é sentido como bom e verdadeiro, mas não da mesma espécie de bondade ou verdade que tem seu oposto na dualidade.

> A genuína experiência de Deus é **ser**. Deus não é percebido como atuação — punindo, ou recompensando, ou guiando por determinados caminhos. Você percebe que Deus é. (*PGP 105*)

No estado de sentimento cósmico você sente a proximidade da presença de Deus no seu íntimo... Essa manifestação é experimentada como a sua realidade e estado eternos, e como a sua verdadeira identidade. (*PGP 200*)

O nível unificado é a experiência da base do ser, o estado de consciência cósmica, uma percepção de que toda a vida é na verdade uma só, de que realmente não existe separação. Tudo é uma gigantesca pulsação de energia-consciência. Tudo é Deus.

Entrega

As aberturas para o eu transpessoal e para o nível unificado vêm através da graça; nenhuma quantidade de autodisciplina ou de prática espiritual é capaz de garantir essa experiência. No entanto, podemos praticar o abandono à experiência do momento presente sem o julgamento e a discriminação da mente do ego que nos separa do restante da vida. Quando o ego tem confiança suficiente para negociar as limitações de tempo e espaço que a encarnação nos impõe, podemos descontrair o suficiente para deixar que o ser maior apareça.

Essa entrega pode acontecer no relaxamento profundo, em momentos de êxtase criativo, na prece ou na meditação, na dança, na união sexual, ou mesmo na profunda dor ou pesar, desde que não nos apartemos da experiência. Sempre que estamos profundamente abertos à manifestação da realidade interior, podemos ser abençoados com a recompensa da entrega. Atingir essa fonte de renovação eterna e aprender gradualmente a viver a partir dela é a meta de todo caminho espiritual.

A coexistência dos estágios

Todos os estágios da criança interior, do ego adulto, do eu transpessoal e do nível unitivo coexistem em qualquer pessoa adulta, com ou sem o seu conhecimento. O processo de crescimento espiritual envolve aprender a firmar o Eu superior e ao mesmo tempo aceitar honesta e amorosamente os outros aspectos da psique. Por exemplo, podemos invocar os arquétipos transpessoais da Mãe Divina ou do Pai Divino para ajudar o ego adulto a amar a criança interior ferida. Ou podemos ativar o ego positivo para refrear e limitar a criança interior negativa que deseja manifestar seus sentimentos destrutivos. Em outro momento, o eu positivo da criança pode precisar ensinar o ego supercontrolador a brincar e a se divertir. A criança ferida muitas vezes fica reprimida até desenvolvermos um ego adulto suficientemente forte para conseguir enfrentar as mágoas reprimidas e as resultantes concepções errôneas da infância.

Quando o ego é suficientemente saudável e flexível, ele tem a força necessária para se soltar na corrente universal de amor e prazer que vão além do ego. O ego saudável muitas vezes é o "negociador" que nos permite fazer contato e integrar experiências tanto da criança interior quanto do nível transpessoal, nos seus aspectos positivos e negativos. Nosso despertar gradual nos dá acesso a todos os diferentes eus.

O crescimento espiritual jamais é plano ou linear; ao contrário, ele constantemente forma espirais voltadas para dentro, espirais que circulam repetidas vezes os muitos eus interiores em níveis cada vez mais profundos de exploração e integração. Nossa criança interior revelará alguma fase de desenvolvimento onde a nossa energia ficou bloqueada e que requer a nossa atenção. Da mesma forma, o ego revelará sua imaturidade nas manifestações de fraqueza ou de rigidez. Sempre que nos deparamos com a interrupção do desenvolvimento, o enfrentamento da verdade a nosso respeito é o primeiro passo da cura. Nossas fraquezas não são nada de que devamos nos envergonhar; elas nos mostram a finalidade da encarnação. Estamos aqui para descobrir nossas deficiências e amadurecer para nos tornarmos seres mais capazes de amor e de verdade.

O paradoxo da evolução espiritual

Paradoxalmente, a evolução é o impulso para a diferenciação como para a união. Nosso processo pessoal de individuação nos traz simultaneamente um senso maior da nossa identidade diferenciada e uma maior identificação com a totalidade da vida.

O impulso evolutivo para a diferenciação pode ser visto no crescimento gradual da individualidade e da complexidade, à medida que a vida sobe na escala evolutiva. Como humanos, estamos sendo constantemente desafiados a nos diferenciar, a sair da identificação exagerada e regressiva com a família, a tribo, a nação. Precisamos ser capazes de questionar as opiniões massificadas que fascinam a nossa consciência e, em vez disso, encontrar nossa verdade pessoal. Precisamos estar dispostos a defender nossa verdade sozinhos. Nosso principal instrumento de diferenciação é a função do ego.

O impulso evolutivo também leva à união. Se uma pessoa trabalha constantemente contra seus semelhantes, ela trabalha a favor da extinção. Toda a vida é essencialmente um só tecido, uma teia de energias intrincadamente entrelaçadas. O distúrbio em qualquer parte desse tecido afeta a todos nós. Quando compreendemos que toda a vida é uma só essência, embora sua expressão seja diversa, chegamos perto da realidade da evolução.

A força que impulsiona o processo pessoal de evolução é a força de um ego pessoal suficientemente forte para ser capaz de, voluntariamente, renunciar à separação e unificar-se com a corrente cósmica da Força Vital que pulsa por nosso intermédio e, inversamente, permitir que a inteligência Universal se expresse por nosso intermédio de uma maneira focalizada, eficaz e bem integrada. Na medida em que livramos nossa personalidade da obstrução, tornamo-nos agentes de transformação, canais para a vinda da energia espiritual ao planeta. Tornamo-nos co-criadores da prazerosa tarefa de espiritualizar a matéria e materializar o espírito.

Exercícios do Capítulo 4:

1. Pense em algum aspecto difícil da sua vida atual. Peça para ouvir a voz da criança interior com relação a essa dificuldade. Fique aberto para qualquer coisa que ouvir. Também pode ser mais fácil ver a criança interior. Imagine um retrato claro e concreto dela — o que a criança está vestindo, onde está, se está ou não sozinha, qual a expressão do seu rosto. Você também pode ter um senso cinestésico da criança em alguma parte do seu corpo. Da forma que puder, sintonize-se com a criança interior. Em seguida, deixe que a sua parte adulta se torne o observador objetivo e compassivo, para você poder ouvir a criança. Depois, como criança, expresse sem reservas seus pensamentos e sentimentos sobre a área em que você, como adulto, está com proble-

mas. Expresse-se livremente, por mais que os pensamentos e sentimentos da criança interior pareçam loucos, imaturos ou destrutivos.

2. Comece um diálogo entre o ego positivo adulto e a criança interior. O ego positivo (incluindo a capacidade de auto-observação objetiva e compassiva) pode ser comparado a um bom pai/mãe, carinhoso mas confrontador, ajudando a criança a amadurecer em qualquer área em que ainda não esteja desenvolvida. Escreva esse diálogo.

3. Conscientize-se de alguma desarmonia sobre a qual você tenha escrito na recapitulação diária. Deixe vir à consciência as eventuais vozes internas negativas — o ego cínico, a criança rebelde ou o que for. Registre o que eles dizem, prestando atenção com objetividade. Em seguida, use o ego positivo para iniciar uma conversa com eles.

4. Ainda concentrando-se na mesma desarmonia, invoque o nível transpessoal do eu superior e peça orientação, instruções ou bênçãos. Ouça as mensagens da criança imatura e/ou do ego adulto negativo. Em seguida, você pode iniciar uma conversa tripartite, deixando um falar com o outro: 1) o Eu superior transpessoal, 2) o ego adulto (positivo e negativo), 3) o eu criança (positivo e negativo). O ego positivo é o mediador, ou o encarregado de manter a clareza das personagens interiores.

CAPÍTULO 5

Como Recriamos o Passado no Presente

"A criança tira certas conclusões erradas sobre a
vida, que penetram no inconsciente e depois
moldam a vida do adulto."

— Parafraseado da Palestra 38 do Guia do Pathwork — *"Imagens."*

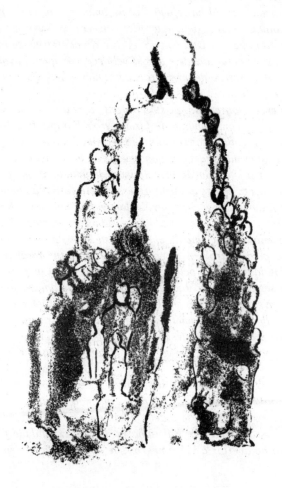

Bill e Joanne: desfazendo os nós sexuais do relacionamento

"Queremos ajuda para a nossa vida sexual", declarou Bill, falando em seu nome e no de sua mulher Joanne, na primeira sessão do curso intensivo de uma semana para casais. *"Nós nos amamos, mas nosso interesse em expressar o amor sexualmente caiu muito nos últimos anos, e queremos redespertá-lo"*, completou Joanne.

Bill e Joanne tinham em comum um padrão sexual que era a causa de muitos problemas e frustração nos dez anos em que estavam casados. Bill iniciava a relação sexual, muitas vezes com desejo intenso. Em determinado momento, Joanne ficava assustada com a intensidade da energia masculina que a assoberbava e dizia a Bill que estava com medo, pedindo que ele a confortasse amorosamente. Embora Bill às vezes tentasse atender ao pedido dela, sua energia sexual diminuía e ele, sentindo-se derrotado, se afastava. Muitas vezes, nessas ocasiões, Joanne se sentia mal e tentava excitar de novo o marido. Isso às vezes funcionava, e a relação sexual ia até o fim, mas sem a intensidade inicial. Na maioria das vezes, Bill demonstrava resistência e mau humor, deixando Joanne frustrada.

Tanto Bill como Joanne saíam dessas tentativas de intimidade física com a sensação de frustração e derrota. Depois de ambos terem extravasado a raiva e de culpar o outro pelo marasmo sexual da relação, começamos a explorar a parte que cabia a cada um pelo bloqueio da sexualidade. Eles começaram a ver que ambos estavam seguindo um padrão que consistia em não correr riscos, retrair-se e culpar, em vez de sentir o medo, a vulnerabilidade e a possível decepção que estavam por baixo da superfície. No final da sessão de uma tarde, perguntei: *"Será que vocês dois querem de fato resolver o problema?"*

Depois de pensar sobre essa questão durante a noite, os dois vieram à sessão seguinte anunciando o compromisso de fazer o trabalho que fosse necessário para revelar ao outro seus sentimentos sexuais. Bill reconheceu que ficava facilmente frustrado quando a mulher não reagia imediatamente às suas iniciativas amorosas; esse padrão era anterior à sua relação com Joanne. Joanne também conseguiu admitir que se sentia facilmente ameaçada pela agressividade sexual de qualquer homem, e se sentia melhor quando estava no controle, tomando a iniciativa. Ambos percebiam a vontade de exercer o controle e o medo de se submeter ao outro. Tinha raízes mais fundas ainda o medo inconsciente da energia sexual involuntária, um pavor que intensificava a luta pelo controle. A disposição deles em considerar a hipótese de assumir responsabilidade pessoal pelos padrões sexuais abriu as portas para a cura.

Nas sessões seguintes, tanto Joanne como Bill trouxeram um significativo material de sonhos. Um sonho de Joanne: *"Estou com Bill no porão da casa onde morava na adolescência e onde tive as primeiras experiências sexuais com garotos. No sonho, encontro um escorpião e tento entregá-lo a Bill, porque o bicho me dá medo. Mas Bill não quer pegar o escorpião. Em vez disso, ele aperta contra o peito uma aranha; uma viúva-negra."*

Joanne viu o escorpião como a sua natureza sexual apaixonada, que ela não assume, atribuindo a Bill a intensidade erótica que não admite em si mesma. Mas o sonho deixa claro que o escorpião é dela, e não dele. O sonho também revela que, inconscientemente, ela sabia que Bill tinha medo da sexualidade feminina, representada pelo fato de apertar a viúva-negra, que mata o macho depois do acasalamento. Joanne, então, conseguiu perceber melhor seu medo da força vital sexual e deixou de racionalizar o fato como medo da sexualidade do parceiro. O vislumbre dos medos de Bill atenuaram os sentimentos dela em relação ao marido.

O sonho de Bill: "Estou na casa de minha mãe e urino na fenda entre as páginas de um livro aberto. Sei que isso vai deixar minha mãe furiosa e, para apaziguá-la, corto a ponta do meu cigarro." Pela primeira vez, Bill teve um vislumbre mais profundo de que ele mesmo estava cortando a intensidade de suas sensações sexuais em cumprimento de uma penitência, há muito tempo esquecida, associada à mãe.

O sonho revela o mundo reprimido da criança interior dele. Durante algum tempo, na meninice, ele acreditou que o sexo acontecia quando um garoto urinava em uma menina, na "fenda" dela, e que essa era uma coisa má. Bill sempre viu a mãe como uma autoridade moral severa, que fazia sermões ao menino condenando o sexo, embora ela mesma fosse muito sedutora com o filho; Bill odiava o moralismo e a hipocrisia dela. Na adolescência e na juventude, ele se rebelou, tornando-se desafiadoramente sexual. No entanto, através do sonho, Bill viu que também se julgava "mau", e que capitulou diante da mãe numa espécie de autocastração.

Em seguida, perguntei a Bill e a Joanne: "Vocês estão dispostos a assumir responsabilidade total pela satisfação sexual de cada um no relacionamento?" A essa altura Bill já conseguia ver que sua dificuldade em manter o interesse depois de ser rejeitado por Joanne tinha origem na profunda ambivalência dele em relação à sexualidade. Fosse qual fosse a origem, a solução viria pela abertura ao material reprimido dentro dele, e não por qualquer mudança por parte de Joanne. Joanne também sabia que o medo que sentia da própria energia sexual e da intensa masculinidade de Bill era uma questão antiga que só poderia ser confrontada em sua própria psique. Ao assumir mais responsabilidade por si mesma, ela deixou de passar para Bill a ansiedade e a necessidade de reafirmação, e abriu mão da exigência de que ele fizesse tudo do modo exatamente certo.

O compromisso assumido por Bill e Joanne — a disposição de resolver a dificuldade entre eles e a disposição de assumir responsabilidade individual por essa solução, mediante o auto-exame profundo até a raiz dos problemas — constituiu a base do sucesso desse caso.

Esse compromisso não é fácil; a tentação de culpar os outros é muito pronunciada nos casais. Neste casal, como na maioria dos casais, a dificuldade de um tinha correspondência exata com a do outro. Enquanto Bill esperava ser rejeitado sexualmente, a temerosa reação de Joanne dava a ele a oportunidade de continuar sofrendo a rejeição. Enquanto Joanne esperava ser agredida sexualmente e julgar insegura a receptividade, a premência sexual inicial de Bill e a dificuldade em tranqüilizá-la amorosamente davam a ela a oportunidade de continuar sentindo medo da sexualidade. Eles estavam esperançosos de que a escolha de cada um deles como parceiro estava baseada no desejo de obter uma profunda cura pessoal no campo sexual.

Nós criamos um ritual no qual os dois, simbolicamente, retiravam um do outro a farpa da culpa e da dependência. Eles fizeram um compromisso recíproco de assumir responsabilidade pela própria cura sexual e perdoar o parceiro. O amor dos dois começou a fluir durante o ritual, à medida que cada um começou a ver o outro como amigo e companheiro, e não como causa de insatisfação. Agora, o trabalho poderia começar a sério.

Joanne explorou suas associações com o porão do sonho. Lembrava-se dele como um local perigoso, onde sua sexualidade com os jovens companheiros poderia fugir ao controle. A família de Joanne era muito reprimida sexualmente; ela se lembrava de uma atmosfera de medo, de advertências veladas para não perder o controle nem se deixar ferir pelos garotos, que só queriam sexo com as meninas. Ela dialogava com travesseiros representando os pais, protestando e sentindo a dor da ansiedade crônica da família. Mais tarde, ela falou como uma mãe sexualmente esclarecida com a adolescente Joanne que ela foi um dia, e reeducou a criança interior para uma nova e segura realidade sobre sexo, em substituição aos antigos conceitos de medo.

Bill trabalhou sua intensa ambivalência em relação ao sexo. Como menino católico, estudou com freiras que ressaltavam a maldade do sexo e, até a adolescência, tentou com muito afinco ficar à altura dos padrões irrealistas de pureza e bondade. Quando, na adolescência, o ímpeto sexual veio à tona, ele cedeu, mas aceitando apenas o autojulgamento negativo que tornava impossível para ele associar o sexo, que era "mau", com o amor, que era "bom". Mais tarde, devido à intensa atividade hormonal na adolescência, ele abandonou o desejo de vir a conhecer e amar uma garota; em vez disso, às escondidas e com sentimento de culpa, tentou viver o roteiro da conquista sexual sem amor com qualquer garota que acedesse a seus desejos. Durante o trabalho no curso intensivo para casais, Bill sentiu imensa culpa e pesar pelo tratamento inadequado que dispensara às meninas e mulheres, e por ter negado seu próprio desejo de amar.

Bill lembrou-se de um sonho que teve quando estava no colegial, logo depois de ter começado a fumar: "Estou andando pelo pátio da frente, a caminho de casa, e levo um cigarro aceso. A meio caminho da porta da frente eu me dou conta de que não quero que minha mãe me veja fumando; começo a esmigalhar o cigarro e enfio uma parte na boca. Começo a mastigar, inclusive pedaços que ainda estão acesos. Solto baforadas de fumaça e um calor intenso queima a minha boca, enquanto tento desesperadamente fazer a fumaça desaparecer." A semelhança da imagem desse sonho com o anterior, quando ele corta o cigarro, deixou claro para Bill que ele era o responsável por cortar a sua paixão, o seu cigarro. E mais uma vez Bill entendeu que esperava que a mulher, inicialmente a mãe e as freiras católicas, rejeitassem sua paixão sexual.

Tanto Joanne como Bill trouxeram à tona acontecimentos fundamentais ocorridos com o genitor do sexo oposto que haviam consolidado suas concepções errôneas sobre o sexo.

Bill voltou à infância através de outro sonho: "Estou numa rua de Nova York olhando as mulheres que passam e sinto-me sexualmente atraído por várias delas. Perto dali, há uma faixa retangular de asfalto fresco. Piso nele e afundo até a plataforma do metrô. Na plataforma, meus dentes começam a ficar esquisitos; três dentes ficam moles e caem na palma da minha mão." Bill viu outra vez que no inconsciente (o metrô) ele estava se punindo pelos pensamentos sexuais através da perda dos dentes, da "mordida", da potência.

Isso levou Bill a reviver um acontecimento que contribuiu para sua formação, na idade de sete anos. Em pequeno, ele fora muito ligado à mãe, apesar também de sentir enorme medo dela. Ele lembrou: "Estou correndo pela cozinha, com a turbulência habitual; talvez tenha batido a porta da cozinha ao entrar e sair. Minha mãe, que está trabalhando na cozinha, tenta fazer com que eu fique mais quieto, mas eu continuo irrequieto como qualquer criança. Mas depois, enquanto estou correndo em direção à pia, onde está minha mãe, ela grita comigo e levanta alguma coisa bem acima da minha cabeça, talvez uma faca. Eu me desvio rapidamente, numa reação exagerada, e bato a cabeça, com força, na pia de porcelana branca. Quebro dois dentes permanentes da frente." Lembrando esse fato traumático, Bill conclui que, inconscientemente, havia "sacrificado" os dentes para apaziguar a mãe, que se sentia incomodada pela sua vivacidade. Exatamente da mesma forma, Bill havia "sacrificado" sua sexualidade em relação a Joanne, com quem a intimidade amorosa despertava medos semelhantes aos que havia sentido na presença da mãe.

Esta foi uma experiência fundamental de auto-repressão como reação à rejeição percebida na mãe, um padrão que ele passou a reproduzir desde essa época. Bill conversou com a criança interior e orou pela ajuda do Eu superior para reavivar a espontaneidade e aprofundar a confiança na natureza sexual concedida por Deus.

O trabalho de Joanne no seu porão interior levou-a a reviver um evento formativo que ocorreu com o seu pai, quando ela estava passando as férias do verão em casa, antes da faculdade e antes de iniciar a vida sexual. Nesse ano o pai contraíra câncer e tinha sido submetido a uma série de procedimentos cirúrgicos. No decorrer das cirurgias e da doença, ele tomava anestésicos e acabou ficando dependente deles. Seu desempenho no trabalho foi afetado, e seu chefe sugeriu uma aposentadoria antecipada. O pai sabia que precisava fazer alguma coisa. Assim, durante um fim de semana em que a mãe e as outras filhas estavam na praia, e Joanne estava sozinha em casa com o pai, ele anunciou que pretendia interromper toda a medicação naquele fim de semana, e precisava da ajuda dela para passar pela fase de abstinência abrupta.

Joanne não estava totalmente inteirada da dependência do pai em relação aos remédios e ficou arrasada com essa declaração. Ao reviver o momento quando o pai anunciou essa decisão, na mesa da cozinha, Joanne tremeu e chorou, gritou seus medos e mostrou como se sentiu inadequada por ter de atender às necessidades do pai aos dezessete anos de idade. Só então ela pôde perceber toda a intensidade da necessidade de um adulto que era jogada em cima dela. Joanne lembrou como ele vomitou e ficou deprimido naquele fim de semana, e como ela ficou tensa, esforçando-se ao máximo para dar apoio ao pai e preparar as refeições dele, negando por dentro que estivesse aterrorizada. Embora não houvesse nenhuma conotação sexual na atitude do pai para com Joanne, ela desconfiava que sua sexualidade adolescente se misturou ao medo dessa necessidade adulta. Para Joanne, o momento em que a premência e a intensidade do pai se voltaram para ela foi o que ela estava reproduzindo na relação sexual com Bill. Agora ela teve uma oportunidade de sentir o medo na sua origem. Sentiu o terror e a violência do pedido inadequado dele — um grau de conforto e apoio que ela não tinha maturidade para dar. Ela também sentiu o amor e a saudade do pai, incluindo o desejo de poder ter sido capaz de cuidar dele.

O eu adolescente de Joanne não era grande o bastante para conter a intensidade do pai, nem para permitir que ela tivesse reações autênticas, e dessa forma ela se cindiu internamente, mas ficou recriando esses sentimentos com Bill até conseguir localizar sua origem. No fim, Joanne conseguiu livrar-se do medo que a dominou aos dezessete anos. Ela percebeu que agora era uma pessoa crescida, com uma ca-

pacidade muito maior de receber os sentimentos e os desejos de um homem. Já não precisava ficar empacada na reprodução de um velho medo.

O amor e o respeito entre Bill e Joanne aprofundou-se enormemente enquanto um observava a luta do outro para resgatar a expressão sexual segura e vibrante. Eles já não estavam tão presos à projeção do genitor do sexo oposto no parceiro, e isso trouxe uma enorme clareza à percepção que um tinha do outro. A vida sexual do casal se transformou num momento de ternura em preparação para a ligação mais profunda, prosseguindo devagar e com sensibilidade, dando tempo para a expressão dos sentimentos a cada momento.

Como recriamos o passado no presente

A evolução espiritual é o processo de gradual expansão e integração de nossa experiência no que significa ser humano. Como adultos, passamos a maior parte do tempo com uma idéia muito limitada de quem somos. Nossa mente é estreita; nossa energia é contida e compactada, ou difusa e sem foco. Nossa experiência de vida é restrita. Para avançar além das limitações da nossa experiência precisamos, em primeiro lugar, saber como nos limitamos. Para poder escapar da nossa prisão, precisamos, primeiro, ver claramente o que ela é e como foi construída.

O bebê, ao nascer, é um sistema totalmente aberto, com livre fluxo de respiração, que reage ao mundo sem defesas. O eu diferenciado ainda não se formou, embora haja, desde o nascimento, certas predisposições e tendências inerentes. No decorrer do nascimento, da fase de bebê e da infância temos experiências que parecem nos ensinar que determinados aspectos nossos e da vida são inseguros, errados e dolorosos e, com base nesse aprendizado negativo, interrompemos o fluxo pleno da vida através do nosso corpo.

Vindo do nível da alma, entramos na encarnação com um plano para enfrentar e resolver determinadas questões neste período de vida. Desse ponto de vista, os pais e as circunstâncias difíceis da infância são as condições que nós mesmos providenciamos para pôr em destaque as áreas de dificuldade, com o intuito de trazê-las para o primeiro plano na infância e, mais tarde, enfrentá-las e transformá-las.

Durante nossos primeiros anos, instintivamente rechaçamos o lado negativo das inevitáveis dualidades da vida. Recuamos diante das dores e decepções da infância, e concluímos que determinadas partes de nós mesmos e/ou determinados tipos de sentimentos são inaceitáveis. Dessa forma, negamos partes da nossa experiência, limitando assim a idéia de quem somos e do que podemos manejar. As "amassaduras" ou distorções preexistentes na alma tornam-se manifestas na primeira infância.

Bill e Joanne trabalharam no curso intensivo de casais para descobrir o que, individual e coletivamente, tinha empobrecido seu relacionamento sexual adulto, por medo, na tentativa de evitar a dor dos traumas não resolvidos da infância.

Na infância, depois de sofrer algumas decepções, tentamos afastar a dor futura, fazendo determinadas generalizações sobre a vida, extraindo conclusões baseadas na nossa experiência particular e em nossas interações com nossos pais. Por exemplo, com base no comportamento da mãe, reforçado pelo das freiras católicas, Bill concluiu que dar vazão plena à energia sexual resultaria na rejeição por parte das mulheres. Joanne, com base na experiência da adolescência com o pai, concluiu que a sexualidade masculina era arrasadora, superior às suas forças. Ambos, inconscientemente, concluíram que o sexo é perigoso, e que era mais seguro evitá-lo ou fazer dele uma atividade morna.

Essas conclusões, baseadas em experiências infelizes da infância e da adolescência, foram para o inconsciente e se tornaram as lentes através das quais eles viam a sexualidade e que, então, condicionaram suas experiências. Sempre que a sexualidade masculina positiva de Bill não era bem recebida pela mulher, isso confirmava a sua expectativa de rejeição, e dava a ele a sensação da derrota. Com o tempo, ele passou a arriscar menos e a sentir-se rejeitado mais vezes, o que confirmou sua conclusão errada. De forma semelhante, Joanne esperava ser subjugada e, assim, se o homem não era perfeitamente amoroso e tranqüilizador nas preliminares, ela logo ficava assustada. Com o tempo, o medo dela se manifestava com mais rapidez, confirmando assim a conclusão errada de que a sexualidade masculina não merecia confiança. As expectativas negativas dos dois criaram experiências negativas; e as experiências negativas, por sua vez, confirmaram as expectativas negativas.

Todos nós, inconscientemente, impomos ao mundo exterior nossas idéias limitadas a respeito da maneira como achamos que a vida funciona e como esperamos ser tratados, em grande parte com base na maneira como fomos tratados pelos nossos pais na primeira infância. Na maioria das vezes, nossas expectativas são confirmadas pela experiência, pois a realidade criada interiormente é muito persuasiva. Tendemos a ignorar o que não se enquadra, e somos atraídos por tudo aquilo que se enquadra nas nossas pré-concepções. Além disso, nossas reações e comportamentos defensivos, criados para respaldar as expectativas, normalmente garantem o resultado esperado. Assim, nossa realidade limitada se torna auto-reforçadora, um círculo vicioso. Esperamos uma determinada resposta negativa da vida e nos comportamos de acordo com essa expectativa. Quando a resposta esperada se concretiza, ela reforça a nossa conclusão errada inicial.

Como nossa autolimitação foi criada por nós, normalmente como reação à dor e às limitações infantis impostas pelos pais e pela família, o processo de resgate de todos os nossos eus precisa passar pela volta à infância. Ao sentir as mágoas da infância, fortalecemos a capacidade adulta de acolher os opostos — os aspectos bons e maus de nossos pais, os aspectos bons e maus da criança interior, a dor e os prazeres sentidos por nosso eu-criança aberto e sem defesas. E descobrimos que temos agora uma capacidade muito maior de tolerar sentimentos e percepções que teriam parecido intoleráveis ao frágil eu-criança. Aprendemos a reviver aquilo que não foi integralmente sentido, ou foi negado, ou aquilo de que nos apartamos. Nesse processo, trazemos à tona as crenças e idéias limitadoras e negativas que temos sobre a vida e aprendemos a substituí-las por atitudes expansivas, positivas, abertas. Isso, por sua vez, gera um círculo virtuoso de expectativas positivas, concretizadas pelas experiências positivas, reforçando nosso otimismo e abertura em relação à vida.

Quando eliminamos nossas limitações pessoais, nossa expansão causa impacto sobre todos os que nos rodeiam, como a onda que se espalha em círculos cada vez maiores pela água. Sempre que qualquer um de nós dá o salto da expansão de suas fronteiras pessoais, aprofundando o seu senso de segurança interior, abrangendo uma parte maior da vida, toda a humanidade se expande. Assim avança o processo evolutivo da espécie.

Definição de imagem

No Pathwork, damos o nome de "imagens" às nossas crenças falsas e limitadoras sobre a vida. Essa crença errônea cria no corpo uma energia presa, que resulta em emoções contraídas e atitudes defensivas que sustentam ainda mais a concepção errônea. Assim, as imagens definem e limitam a nossa realidade. As imagens passam a ser uma venda ou um par de óculos escuros que inibem e delimitam a visão e a experiência que temos da vida, impedindo-nos de abarcar a vida diretamente e na sua totalidade.

O Guia usa a palavra "imagem" porque essa falsa idéia sobre a vida é algo sobreposto à pura experiência da vida, uma "figura" pela qual vemos a vida. Além do mais, essa figura sobreposta é algo que pode ser visto no nível espiritual. Do ponto de vista espiritual privilegiado, os pensamentos e as emoções são "coisas" que podem ser vistas. Uma imagem é uma configuração compacta de pensamentos e emoções que se tornaram uma massa rígida na substância da alma, um lugar grudado na energia do nosso corpo/mente, que nos deixa cegos para uma percepção clara da realidade.

> Nós, espíritos, vemos todo o processo do pensamento como uma forma espiritual — ou uma imagem. Pensamentos, sentimentos e atitudes não ligados a essa imagem fluem harmoniosamente com as forças e correntes divinas, adaptando-se espontaneamente à necessidade imediata, sujeitos a mudar, de acordo com as necessidades atuais. Todos esses pensamentos e sentimentos são flutuantes, dinâmicos e descontraídos; são flexíveis. No entanto, as formas de pensamento e sentimentos que emanam de crenças falsas ou de imagens são estáticas e congestionadas. Elas não se amoldam às diferentes circunstâncias. Assim, geram desordem e desarmonia. Eu poderia dizer que se cria um curto-circuito. É assim que **nós** vemos a questão. A forma como vocês vêem e sentem é a infelicidade, a ansiedade e a perplexidade diante de muitas coisas aparentemente inexplicáveis da vida de cada um. O fato de não poderem mudar o que desejam mudar, ou de que determinados acontecimentos da vida parecem repetir-se regularmente, são dois exemplos. *(PGP 38)*

A origem das imagens

A imagem nasce da crença dualista de que alguns aspectos da vida são inseguros e que é preciso defender-se deles. A criança que um dia fomos passou por uma decepção e uma dor específicas e fez uma generalização sobre a vida com base nessa experiência peculiar. Por exemplo, Bill constatou, na fase vulnerável da infância, que sua sexualidade exuberante mexia com a mãe e, ao mesmo tempo, era asperamente julgada por ela. Nessa época, ele não contava com a força do ego para sentir o choque e a dor da rejeição até o fim, e em vez disso reprimiu a reação e voltou-a contra si mesmo.

A criança não tem nada com que comparar sua experiência; ela conhece apenas a realidade de sua família. Assim, é natural que conclua que a vida deve ser assim para todo mundo. Bill concluiu que sua sexualidade era inaceitável, não apenas para sua mãe, naquele caso; para tentar entender essa experiência, estendeu a todas as mulheres a expectativa de ter sua sexualidade rejeitada. A criança, depois, vai mais longe e conclui que deve reagir de determinada forma para impedir a dor futura. Bill, inconscientemente, concluiu que, se refreasse os sentimentos sexuais, não precisaria sentir a dor de ser rejeitado pelas mulheres.

A princípio, é um grande choque descobrir como o "pensamento" imaturo da infância continua dominando uma parte tão grande da nossa mente e do nosso comportamento na idade adulta. Mas também é muito esclarecedor ver que nossas dificuldades atuais muitas vezes têm raízes na lógica infantil inconsciente. Uma vez revelado esse raciocínio infantil, temos uma oportunidade para desfazer o padrão. Enquanto isso, continuamos inconscientemente encenando o padrão inexorável da recriação da experiência da infância na vida adulta.

Um ciclista, nascido e criado em Ohio, teve um sonho em que viajava de bicicleta. Estava atravessando o interior do Estado de Virginia, onde mora, mas não conseguia chegar a seu destino. Quando finalmente pegou o mapa para verificar sua localização, descobriu que estivera seguindo um mapa de Ohio, não de Virginia! O sonhador acordou sabendo que ainda estava seguindo o mapa da vida que criara na infância, e não o mapa que seria adequado à sua vida como adulto.

A origem das imagens no nível da alma

Muitas imagens têm origem na infância da vida presente, período de intensificação e permanente vulnerabilidade da alma. Mas com mais freqüência as imagens preexistem na alma da pessoa antes da encarnação. No caso das imagens preexistentes, as experiências da vida atual durante a infância normalmente se consolidam ou levam a conclusões erradas ou a "amassaduras" mais profundas da alma, que atuam como ímãs para determinados tipos de experiência negativa na infância. O trabalho com vidas passadas às vezes revela a origem dessas imagens mais profundas. Contudo, como a alma encarna precisamente para manifestar as distorções, a maior parte do deslindamento de nossas imagens pode ser efetuado por meio de uma profunda exploração das questões apresentadas nesta vida.

Cada um de nós reage às experiências negativas da infância de modo muito diferente, de acordo com a predisposição da alma. Algumas experiências infantis realmente colocam em risco o bem-estar físico, mental ou emocional da criança. Mas muitas situações que não têm essas características são percebidas como tais devido a amassaduras preexistentes da alma da criança. Um fato como o divórcio dos pais pode ser sentido como muito mais devastador do que de fato é.

Embora a maior parte de nosso trabalho tenha relação com o deslindamento das imagens conforme aparecem nesta vida, a perspectiva da origem profunda de algumas imagens na alma muitas vezes nos ajuda a entender sua influência peculiar sobre as nossas emoções. E se conseguimos, de fato, entrar em contato com o material específico de outras vidas, isso pode injetar vitalidade e conferir profundidade ao esforço atual. Naturalmente, todas as imagens que não eliminamos nesta vida serão transportadas para outra vida.

Tipos de imagens

A criança pensa em termos absolutos e gerais. Essas conclusões ajudam-na a tentar entender e, portanto, são uma forma de defesa para ela não ser arrasada pelas experiências dolorosas. O adulto, com um ego mais forte, é capaz de abrir-se às suposições inconscientes sobre a vida e investigar mais minuciosamente essas generalizações. Ele pode procurar localizar as experiências pessoais verdadeiras e específicas que deram origem às imagens. E depois, com seu ego mais forte, pode reviver e assimilar a dor não sentida da infância que está por trás da falsa generalização.

As imagens podem ser simples generalizações. Com base nas experiências tidas com um pai cruel, concluímos: "Todos os homens são cruéis." Com base nas muitas brigas familiares por causa de dinheiro, concluímos: "O dinheiro só traz problemas."

Sempre que fazemos generalizações, em especial em relação a alguém com quem mantemos um relacionamento íntimo, do tipo "Os homens sempre" — ou "Os homens nunca" — ou ainda "Você sempre" — ou "Você nunca" —, estamos no território das imagens da nossa infância, e não estamos reagindo de fato à situação atual. Estamos vendo o presente através das generalizações feitas com base em experiências infelizes do passado, que usamos para nos defender da dor da situação atual.

Outra conclusão errada assume esta forma: "**Como** (os homens/as mulheres/as autoridades/etc.) **são** ____, **logo** eu devo me comportar de tal e tal modo." Baseamos nossas reações emocionais atuais numa conclusão do passado distante.

Nossas imagens também assumem a forma de falsas ligações de causa e efeito: "**Se** — (houver algum estímulo), **então** — (esperamos um determinado resultado)." "Se eu me comportar de determinada forma, mamãe vai me castigar. Portanto, é perigoso expressar essa parte de mim." No fim das contas, a parte que foi considerada inaceitável vai para o inconsciente e é rejeitada pela criança. Somente o adulto pode voltar e corrigir a conclusão errada de causa e efeito a que a criança chegou, afirmando que, se mamãe me castigou por eu ter me expressado de determinada forma, isso não significa que essa parte de mim seja inaceitável.

A criança vive num mundo instintivamente dualista, no qual as coisas e as pessoas, as atitudes e os sentimentos são bons ou maus, corretos ou incorretos. As imagens sempre reforçam crenças dualistas em termos de "ou isto ou aquilo". Por exemplo, se a mãe nos castiga de uma forma que consideramos injusta, concluímos que "eu sou bom e mamãe é má" ou, o que é mais provável, "eu sou mau e mamãe é boa". Somente o adulto que somos agora pode corrigir essas conclusões e mudar o raciocínio para "tanto isto como aquilo". "Tanto mamãe como eu estamos corretos. Mamãe tinha razão em reagir ao que fiz, mas a reação foi muito exagerada devido a problemas dela que não foram resolvidos."

O "raciocínio" envolvido no processo de criação de imagens não é racional, mas tem uma lógica emocional própria. Precisamos entrar na cabeça da criança interior para entender como essas falsas crenças se consolidam como base de nossas reações emocionais aos outros, mesmo que nossa inteligência adulta nos diga que essas conclusões, racionalmente, não têm sentido.

Muitas vezes nos envergonhamos da criança que vive em nós. Podemos já não lembrar dos processos de raciocínio infantis, e podemos ter esquecido há muito tempo as experiências ou impressões que levaram a essas conclusões erradas. Mas a sensação de vergonha permanece. Precisamos "perceber que o sentimento de culpa nada mais é do que a rejeição do estado em que você se encontra neste momento, indicando que você não está disposto a aceitar a si mesmo como é agora". *(PGP 40)* Todo crescimento começa com a aceitação do que é verdadeiro agora a nosso respeito, incluindo nossas emoções e nossos comportamentos irracionais e limitadores, e as imagens subjacentes que determinam essa forma desorientada e travada de reagir à vida.

Mais exemplos de imagens em funcionamento

Um garoto brinca feliz na neve e fica ao relento mais tempo do que deveria, contraindo mais tarde uma pneumonia. A mente da criança poderia extrair uma lição correta: "Se eu ficar no frio por muito tempo, corro o risco de ficar doente." Essa seria uma conclusão razoável a ser tirada da experiência.

No entanto, a conclusão pode ir mais longe: "Se eu ficar no frio, vou ficar doente. O tempo frio dá medo. É muito mais seguro brincar dentro de casa." Ou, se a experiência encontra uma amassadura da alma preexistente sobre o medo da existência física, ela pode alojar-se num ponto ainda mais profundo da psique: "Não posso confiar no meu corpo porque ele fica doente." Ou: "Não posso confiar nos espaços ao ar livre porque me fazem ficar doente." Essas conclusões podem resultar no retraimento do corpo ou da natureza. Se a criança foi deixada ao relento por um genitor negligente, as conclusões podem ser ainda mais sérias: "Mamãe me deixa ficar doente; portanto, as mulheres não merecem confiança." A profundidade atingida pela experiência depende tanto do tipo de pais como da predisposição da criança.

Beatrice, uma bonita jovem, tinha uma carreira absorvente, bons amigos e muitos interesses. Depois de um casamento prematuro e mal-sucedido, ela não conseguia encontrar o homem "certo" para outro relacionamento. A princípio, atribuiu o fato à escassez de homens disponíveis da idade dela, mas acabou começando a procurar dentro de si as causas da insatisfação. Na recapitulação diária, ela observou suas reações com os homens e descobriu um padrão constante: ela tinha medo de ser rejeitada pelos homens que considerava desejáveis, e desprezava aqueles que a admiravam.

Beatrice e eu começamos a procurar as imagens que jaziam por baixo desse padrão. Aparentemente, a premissa inconsciente era a seguinte: "Qualquer homem que valha a pena vai me rejeitar; só os homens indesejáveis me amam." E mais ainda: "Se eu quiser evitar a rejeição, não posso demonstrar que desejo um homem; preciso dar a impressão de ser fria e distante. Somente então terei chance de atrair alguém."

Beatrice investigou como essas imagens, enraizadas no raciocínio inconsciente infantil, colocaram em movimento um círculo vicioso. Quando ela estava perto de homens desejáveis, previa a rejeição e ficava ansiosa, desconfiada e medrosa. Ela encobria a insegurança e o desejo com uma aparência de altivez, distanciamento e arrogância. Naturalmente, esse comportamento gerava uma rejeição verdadeira por parte dos homens, confirmando, assim, a convicção inicial de que ela seria rejeitada por todos os homens que valiam a pena.

Beatrice lembrou que, como filha única, teve pouca experiência de companheirismo íntimo com meninos. O pai era severo e autoritário: criticava muito, elogiava pouco e incentivava pouco a filha. Ela cresceu com a impressão de que perderia o amor dele se não o agradasse e obedecesse. Inconscientemente, se ressentia, mas também amava e admirava o pai; sentia-se protegida pela força dele e desejava muito merecer sua aprovação. Esse clima marcou profundamente sua alma, consolidando uma imagem de que todos os homens fortes e desejáveis, como o pai, iriam desaprová-la. Ela também fez uma equivalência inconsciente entre os homens que a rejeitavam e os homens desejáveis.

A mãe era amorosa e tolerante, porém era incapaz de proteger Beatrice dos rigores do pai. De fato, a mãe também ficava intimidada diante do marido, sendo, assim, não-afirmativa e submissa.

Assim, Beatrice desenvolveu uma tendência inconsciente para ver todos os parceiros potenciais como fortes, rejeitadores e desejáveis, como o pai, ou amorosos, fracos e muito manobráveis, como a mãe. Portanto, Beatrice ficava insatisfeita com todos os homens que conhecia.

A compulsão para recriar as mágoas da infância

As dificuldades de Beatrice e a história de Bill e Joanne ilustram outro aspecto da atuação das imagens da infância nos relacionamentos íntimos: inconscientemente, desejamos e escolhemos os parceiros que nos lembram, embora de forma sutil, o genitor ou genitores cujo amor inexistente ainda desejamos. Depois tentamos forçar os parceiros a nos dar e compensar o que não conseguimos quando jovens. É como se tivéssemos sofrido uma derrota e quiséssemos "ganhar" desta vez.

> Enquanto você está ciente do anseio que tem pelo amor perfeito de seus pais, e das mágoas e ressentimentos que sofreu, **você está condenado a tentar remediar a situação mais tarde.** Você tenta reproduzir a situação da infância para poder corrigi-la. Essa compulsão inconsciente é um fator muito forte, mas normalmente está muito afastado da compreensão consciente. ...
>
> Todo esse procedimento é absolutamente destrutivo. Em primeiro lugar, a derrota é ilusória. Portanto, sua possibilidade de vitória também é ilusória. Além disso, é ilusório que, por mais triste que a falta de amor tenha sido na sua infância, ela represente a tragédia que o seu subconsciente ainda sente. A única tragédia reside no fato de que você obstrui a felicidade futura ao continuar a reproduzir a situação, e depois tentar dominá-la. *(PGP 73)*

Assim, Beatrice continuava a atrair homens que lembravam seu pai (autoritários e fortes) e depois tentava "forçá-los" a serem amorosos e gentis. No entanto, ao tentar ser desejável aos olhos desses homens, inconscientemente ela imita o pai, cujo distanciamento e inacessibilidade ela associa com a vantagem. O distanciamento dela, como é claro, não convida ao calor e à afeição que ela tanto deseja.

Desde que Beatrice entenda as imagens infantis sobre os homens, e desde que veja o padrão da tentativa de recriar a situação da infância para forçar um desfecho diferente, a natureza ilusória dos esforços dela fica clara, e ela pode começar a fazer escolhas diferentes.

Sob a compulsão negativa de recriar as mágoas da infância existe também um propósito mais elevado. Mais cedo ou mais tarde, nos defrontaremos com o nosso padrão e seremos capazes de assumir responsabilidade por ele. Quando Bill e Joanne se dispuseram a encarar as dificuldades sexuais como problemas deles mesmos, e procurar na infância as origens desses padrões, eles conseguiram, pela primeira vez, mudar o que até essa ocasião assemelhava-se à porta trancada de uma prisão, da qual apenas o outro parceiro tinha a chave. Como recriamos a vida atual em reação a mágoas passadas, mais cedo ou mais tarde vamos procurar a causa final em nós mesmos.

Como descobrir uma imagem

A prática regular da recapitulação diária das experiências desarmônicas acaba mostrando o denominador comum desses fatos. Em cada padrão de insatisfação, quando parecemos estar encalhados e incapazes de mudar, existe uma imagem em funcionamento dentro de nós. Sempre que parecemos atrair determinado tipo de acontecimentos ou pessoas que são uniformemente problemáticas ou insatisfatórias, existe uma imagem dominando o nosso comportamento.

Os denominadores comuns desses padrões sempre apontam o caminho de algumas idéias falsas que acalentamos, em geral inconscientemente. Essas idéias precisam ser cristalizadas em expressões claras e precisas, por mais irracionais que pareçam. Essas expressões podem começar com generalizações como estas: "Todos os homens são —", "O amor é —", ou "O trabalho é — ". Outras falsas conclusões sobre causa e efeito são do tipo: "**Se** —, **então** algo terrível acontecerá." Nossas imagens muitas vezes nos convencem de que as situações dolorosas, ou apenas desagradáveis, são na realidade questões de vida ou morte. Sempre que nos sentimos ameaçados, caímos nas defesas que respaldam uma concepção errada de que a nossa vida, sob algum aspecto, está em jogo. Precisamos aprender a enunciar essas falsas concepções em palavras precisas — o que, exatamente, acreditamos estar em jogo. Colocar a imagem em palavras claras desnuda a sua irracionalidade e diminui o poder que ela exerce sobre nós.

Muitas vezes podemos perceber uma imagem em ação depois de uma experiência ou relacionamento particularmente desagradáveis, quando sentimos um tipo especial e amargo de "satisfação": "Era isso o que eu esperava o tempo todo" ou "Eu sempre soube que os homens/mulheres são sádicos", ou "As crianças só trazem dissabores", ou "As pessoas não merecem confiança", e assim por diante. Nossa decepção corrobora uma opinião negativa, e a confirmação traz uma espécie de vitória distorcida.

Cada vez que vislumbramos nossas pré-concepções negativas interiores, também temos a oportunidade de ver como essas imagens moldam a nossa realidade. Fixamos padrões irrealistas para ensejar a possibilidade da decepção esperada? Acreditamos que nossas necessidades não serão supridas, e por isso nem pedimos o que queremos? Presumimos que não somos merecedores, e por isso não criamos abundância?

É comum termos maior afinidade com a decepção e o fracasso do que com a felicidade e o sucesso. A imagem de não merecer a satisfação atrai a experiência negativa que confirma as expectativas, levando a um círculo vicioso de derrota auto-imposta.

Quando nos sentimos particularmente desanimados a respeito de alguma situação pessoal, podemos ter certeza de que uma imagem profundamente arraigada está operando. Essa imagem pode passar de geração a geração em uma determinada família, sendo assim particularmente difícil eliminá-la numa única vida. Toda família perpetua determinadas ilusões comuns a todos os seus membros; o fato de trazer esses equívocos à consciência diminui bastante seu poder sobre nós.

Além das falsas crenças familiares, todos nós compartilhamos imagens culturais e próprias do momento histórico, bem como imagens comuns a toda a humanidade, que o Guia chama de imagens "de massa". A principal imagem de massa da humanidade é a crença fundamental na separação e na superioridade da nossa espécie em relação ao restante da teia da vida.

A vergonha indica uma imagem

Um indicador primário de uma imagem é um senso difuso de vergonha de nós mesmos, uma sensação de que não temos valor ou merecimento. Uma vergonha específica vive na criança interior de todos nós, e deriva da época em que descobrimos, chocados, que nossos pais e o nosso mundo não eram perfeitos. A criança tem uma grande necessidade de acreditar que seus pais são perfeitos, já que eles são tudo o que a separa do caos ou da morte. Quando a criança descobre que não é amada perfeitamente ou é até maltratada, ela supõe que a culpa deve ser sua, porque normalmente não conhece a intimidade de outras famílias para fazer uma comparação. A criança, então, fica profundamente envergonhada da sua característica, seja qual for, que merece — como ela erradamente acredita — ser castigada ou abandonada. Na época em que a criança em crescimento entende que os pais e outros adultos são imperfeitos e têm problemas, a vergonha já criou profundas raízes, a auto-estima já foi danificada.

Sabemos agora que esse processo ocorre em casos de abuso infantil. A criança geralmente é incapaz de perceber a verdadeira origem do comportamento destrutivo das pessoas, que também são seus protetores e guardiães, e portanto conclui que é a culpada pelo mal que lhe é feito, seja ele qual for. Criando defesas para não ser magoada outra vez, e abrigando uma vergonha secreta cada vez maior, a criança acha muito difícil expor a verdade.

Assim, todo o processo — a descoberta de alguma coisa errada na família, a crença de ser a causa desse mal, concomitantemente com a generalização de que as pessoas não merecem confiança, e a criação de defesa contra as mágoas e indignidades sofridas — tudo isso vai para o inconsciente. Como a planta que é constantemente mantida no escuro, grande parte da personalidade não pode crescer. A luz da percepção precisa penetrar no medo, no ressentimento e na vergonha da criança, com o intuito de revelar as imagens que foram reprimidas na mente inconsciente. Precisamos estar dispostos a encarar a verdade sobre o tratamento errado que dispensamos às crianças, inclusive os defeitos de nossos pais, sem ter de erradicar o bem que também pode estar presente.

Como adultos, os sentimentos de vergonha ou de decepção decorrentes de situações atuais podem nos levar de volta aos traumas ocultos da infância. Os sentimentos atuais são equivalentes aos infantis. Se sentirmos integralmente a dor atual, ela nos levará outra vez às experiências iniciais, formadoras. Podemos aprender a nos perguntar a que fato do passado podemos estar reagindo quando descobrimos um padrão negativo persistente ou uma profunda vergonha interior. Toda vez que "descobrimos" as imperfeições dos parceiros, dos chefes ou da própria vida, reexperimentamos o choque inicial da infância. Toda vez que sentimos vergonha ou nos culpamos pelas falhas dos outros, podemos ter certeza de que estamos reagindo com base numa imagem da infância.

Trazendo à consciência as decepções originais, podemos enfrentar a realidade da imperfeição de nossos pais e passar conscientemente pela inevitável dor, raiva e ressentimento que fazem parte da experiência humana universal. Enquanto não dermos esse passo deliberadamente, vamos continuar tentando forçar os outros a serem nossos "pais perfeitos" nas situações da vida adulta — e sofreremos uma série de decepções. Na verdade, ninguém é perfeito, ninguém nos ama perfeitamente, e é assim que as coisas são. Não é nossa culpa, e não podemos fazer nada para forçar os outros a serem mais perfeitos. Todos são imperfeitos. E todos são perdoáveis.

A imagem principal ou as divisões da alma

Acabamos descobrindo que, depois de fazer aflorar nossos falsos conceitos numa grande diversidade de áreas, como relações amorosas, amizade, trabalho, diversão, sexualidade e criatividade, nossas imagens têm determinados denominadores comuns. Nosso trabalho gira em torno de determinadas questões, e podemos começar a identificá-las como nossas imagens principais. As imagens principais definem as questões da nossa personalidade central ou cisões dualistas primárias da alma. Continuaremos encontrando as mesmas distorções ao avançar cada vez mais na espiral do crescimento espiritual.

A imagem principal normalmente é alguma falsa conclusão sobre a natureza da própria vida e sobre quem somos na vida, do tipo "a vida é insegura e nunca vou me sentir seguro", ou "a vida é uma batalha e preciso ficar armado e pronto para o ataque; caso contrário, serei destruído", ou "a vida sempre decepciona; por isso nunca vou tentar realizar os meus sonhos", e assim por diante.[1]

Nossa imagem principal é a nossa maneira básica de nos separarmos da totalidade da vida. A vida, em sua essência, é um fluxo interligado de energia e consciência; mas quando rejeitamos alguma de suas experiências, separamo-nos da unidade desse fluxo. A forma como nos separamos, o que consideramos perigoso ou inaceitável na vida, define a cisão de nossa alma ou imagem principal.

A imagem principal é o núcleo do plano de vida de nossa alma para esta encarnação — quais as divisões dualistas que esperamos e prevemos transformar desta vez. Às vezes, podemos descobrir isso observando o tipo de pais e circunstâncias que escolhemos, da perspectiva da alma. Esta é uma pergunta proveitosa: como as cisões da nossa alma estão representadas na nossa escolha desses pais em particular?

A imagem fundamental de Beatrice, cuja história foi apresentada no começo deste capítulo, era que a vulnerabilidade, a necessidade e a feminilidade eram inaceitáveis. A escolha de sua alma de uma mãe fraca trouxe à tona o seu desprezo pelo feminino,

---

1. Nossas imagens principais correspondem à crença subjacente à estrutura particular do nosso caráter. Ver *Core Energetics* (*Energética da Essência*) de John Pierrakos e os capítulos 12 e 13 de *Hands of Light* (*Mãos de Luz,* publicado pela Editora Pensamento, São Paulo, 1990.) de Barbara Brennan. *A Summary of Character Structures*, de Susan Thesenga e Alan Hill, pode ser encomendado ao Sevenoaks Pathwork Center.

e a escolha de um pai distante confirmou sua auto-rejeição como mulher. Ela se defendeu da vulnerabilidade imitando o distanciamento do pai.

Bill, cuja história deu início a este capítulo, tinha uma imagem fundamental de que a sexualidade e a agressividade — aspectos essenciais de sua condição masculina — eram vergonhosas e inaceitáveis. Isso foi confirmado pela mãe, incapaz de aceitar a sexualidade do filho e impor limites adequados para a sua expressão. Bill defendeu-se da rejeição contendo sua verdadeira potência masculina no mundo. A imagem principal de Joanne era a de que a receptividade era perigosa e iria aniquilá-la; para compensar, ela se tornou controladora.

Nossa imagem principal inclui as falsas concepções fundamentais que temos sobre a vida e sobre nós mesmos, junto com as emoções e defesas resultantes, que sustentam essas falsas crenças. A imagem fundamental é o pino de segurança da estrutura da nossa personalidade, ou o padrão principal das defesas da personalidade. É o ponto nuclear de nossas atitudes erradas e de nossas dualidades peculiares. Depois que revelamos a imagem principal, já não precisamos levar as defesas tão a sério, nem persistir tão categoricamente nas nossas opiniões sobre a realidade.

Nesse momento, dispomos da chave para abrir a prisão da nossa consciência limitada. Sendo ou não capazes, em qualquer momento dado, de transcender nossas limitações, não podemos, desse momento em diante, levar tão a sério nossas crenças negativas e nossas ansiedades, e a vida fica mais leve e mais alegre.

Como desfazer as imagens e os resultantes círculos viciosos

O primeiro passo para desfazer uma imagem é abrir a mente à possibilidade de que o modo como vivemos individualmente a vida não é o único, nem o certo, mas sim um modo derivado de nossa história particular. Nós, e portanto a nossa experiência de vida, poderíamos ser diferentes. Poderíamos questionar as falsas conclusões que tiramos sobre a vida, que criam nossas experiências de vida negativas. Poderíamos nos abrir à realidade mais profunda que já vive em nós e que é livre de nossas limitações auto-impostas.

> Os pensamentos e os processos de pensamentos dirigidos para um canal errado afetam todos os outros níveis da vontade, dos sentimentos e da expressão física. Eles sempre criam círculos viciosos. Esses círculos viciosos são uma armadilha que prende você, colocando-o numa situação que parece sem saída. Mas, no momento em que se rompe esse círculo vicioso, você fica livre da armadilha.

> Portanto, é imperativo ver claramente, entender e renunciar a esses componentes de atitude e comportamento que criam os círculos viciosos. Isso sempre significa mudar pela base um conceito, um processo de raciocínio, um enfoque da realidade. A falsa concepção precisa ser reconhecida como tal: "Por que ela é falsa? Como existe e de que forma leva ao círculo vicioso? Como opera o círculo vicioso? Qual é o conceito verdadeiro correspondente? Como o fato de viver de acordo com ele levaria a um mundo totalmente aberto, a uma seqüência benéfica de auto-expressão criativa? Tudo isso precisa ser claramente percebido, entendido, conscientizado e, finalmente, experimentado no nível emocional.

É somente pela experiência emocional que o falso conceito pode ser substituído pelo verdadeiro. Somente então a verdade cria raízes na psique e abre novos canais de funcionamento, de comportamento espontâneo — ao contrário do comportamento baseado em reflexos condicionados — e de expressão criativa dos sentimentos. *(PGP 193)*

À proporção que descobrimos os denominadores comuns de nossas experiências negativas de vida, somos levados à descoberta das generalizações subjacentes, e ainda não conscientes, que mantemos acerca de muitos aspectos da vida. Quando encontramos essas generalizações, nós a traduzimos em palavras como "as mulheres são —". Quando descobrimos nossas opiniões específicas sobre causa e efeito, nós as traduzimos em palavras tais como "se —, então —". Em seguida, procuramos os denominadores comuns de nossas opiniões para poder divisar a imagem principal, que pode ser expressa em palavras como "A vida é insegura porque —" ou "Não sou digno de amor porque —". Podemos, então, ver como nossas principais defesas se formaram para sustentar essas crenças.

As origens na infância, ou ocasionalmente até na vida passada, precisam ser exploradas e as emoções originais precisam ser revividas. Quando nos permitimos sentir a dor de que fugimos quando pequenos, ela já não nos inspira aquele terror antigo. Podemos ampliar a nossa idéia do que é seguro vivenciá-la, lembrando que agora temos os recursos do ego adulto para tolerar os sentimentos que ameaçaram arrasar o ego ainda não formado da criança interior. Ao enfrentar esses sentimentos dolorosos e negativos, já não precisamos das generalizações errôneas, que introduzimos à força na vida para evitar a dor.

Como causa e ao mesmo tempo efeito da nossa disposição para encarar as mágoas da infância, está a capacidade de enfrentar os sentimentos atuais. Se não combatermos o lado doloroso ou atemorizante da vida, podemos esquecer as defesas que consomem tanta energia e impedem uma experiência direta da vida, com o coração aberto.

Em qualquer estágio do trabalho com as nossas imagens, a influência delas sobre o inconsciente pode ser imediatamente diminuída por meio da disposição em assumir a responsabilidade pela vida. Mesmo que não saibamos exatamente o que causa a desarmonia ou infelicidade, o fato de assumir a responsabilidade pela infelicidade separa as peças do quebra-cabeça interior do qual talvez ainda não estejamos cientes. Ele nos liberta da sensação de vitimização que é, em parte, a origem de todas as imagens. Na infância, sentimo-nos verdadeiramente impotentes e, portanto, procuramos controlar o ambiente da melhor forma possível, tirando conclusões das experiências que, conforme esperamos, nos tornariam invulneráveis à dor no futuro. Mas, na vida adulta, só nos sentiremos vitimizados pela vida enquanto acreditarmos nisso. Ao assumir responsabilidade por nós mesmos, já não precisamos recriar constantemente a sensação infantil de total desamparo.

Outro importante passo na cura das imagens vem depois que expomos por inteiro essa falsa crença. Nesse momento, ativamos a verdade, imprimindo na substância da alma os conceitos verdadeiros. Quando descobrimos um falso conceito como "o sexo é perigoso", podemos afirmar uma nova realidade: "Com meu marido, a quem amo e em quem confio, o sexo é seguro; é uma expressão agradável da nossa intimidade." Substituímos a inverdade da imagem fechada pela verdade do universo aberto e benéfico. Essas afirmações só podem deixar marcas profundas na alma depois de termos feito o trabalho de identificação e rejeição das falsas concepções.

Através de todo o processo, ativamos o Eu superior pela prece e pela meditação — pedindo para viver em verdade e sintonizados com o amor.

Um passo significativo no processo de renúncia à imagem é cair no vazio do não saber. Como a imagem foi um esforço de nosso eu criança para entender o mundo, tirando uma falsa conclusão e, dessa forma, tentando controlar a vida, principalmente seus aspectos dolorosos, durante o processo de liberação da imagem precisamos cair temporariamente no estado de desconhecimento, antes de abandonar a falsa conclusão. O Pathwork chama esse processo de queda no "abismo da ilusão", e essa é exatamente a sensação que provoca. Quando abandonamos o arrimo da imagem e as respectivas defesas, temos medo de cair no abismo; mas no fim da queda sempre no encontramos em solo mais saudável e mais verdadeiro.

Harriet, cuja história foi iniciada no Capítulo 1, sofreu a morte do pai quando tinha apenas seis anos de idade, e encarava a vida como se fosse uma estrada terrivelmente acidentada, cheia de buracos. Não havia trechos suaves. Muitas vezes, Harriet assumia uma postura servil no trato com outras pessoas, por medo dos perigos que, segundo ela, rondavam em todos os cantos, principalmente nos relacionamentos mais íntimos. Harriet sabia que sua imagem fundamental sobre a insegurança da vida se formara na época da morte do pai, quando a mãe ficou impossibilitada de cuidar dela com regularidade.

Harriet passou grande parte da vida na busca nostálgica de pais substitutos que pudessem devolver-lhe a segurança dos primeiros anos. Mas não conseguiu formar um relacionamento firme, devido ao terror de ser abandonada por um homem. Em vez disso, criou relacionamentos de fantasia com homens que não estavam disponíveis.

Ela se sentia pronta para abandonar esse padrão, pronta para substituir a falsa segurança da nostalgia pelo verdadeiro alicerce da segurança interior. Mas também sabia que precisaria enfrentar outra vez o temido esquecimento inerente à tragédia familiar. Numa visualização prolongada, ela imaginou-se chegando ao fim da estrada aconchegante e inocente dos seus primeiros seis anos de infância, olhando para além da extremidade, onde tudo caía no vazio. Na visualização, Harriet finalmente pulou no abismo. Inesperadamente, viu que descia flutuando, como se estivesse amparada por braços angelicais, mesmo que ondas de dor dilacerassem o seu corpo. Ela gritou de medo e, depois, deixou-se flutuar outra vez, descendo suavemente, até atingir uma nova estrada, muito além do idílico caminho da infância.

Durante vários dias depois, Harriet sentiu-se vazia, convivendo com a perda da segurança de sua fantasia e com negativismo subjacente sobre os perigos da vida. A vida agora era nova e desnorteante, mas também animadora e cheia de promessas. Levaria um bom tempo para aprender a caminhar na nova estrada.

O vazio e mesmo a depressão temporária que sentimos ao abandonar uma imagem é a crise que deriva do abandono de uma falsa crença que parecia tornar compreensível a nossa vida. A imagem cria uma "falsa unidade" entre a crença e a experiência, que nos dá uma espécie de segurança porque parece tornar a vida coerente e as experiências, conhecidas. Mas trata-se de um sistema fechado, um círculo vicioso conhecido, do qual somos prisioneiros. Viciados nos padrões negativos, somos semelhantes à criança maltratada que se apega à mãe abusiva, mesmo quando alguma mulher bondosa aparece para levá-la a um ambiente mais benéfico. O crescimento espiritual exige que deixemos para trás o conjunto de crenças conhecidas para dar lugar a uma verdade maior.

Livrar-se de alguma coisa sempre corresponde a um período de vulnerabilidade, às vezes acompanhado por desorientação e depressão, e precisa ser enfrentado com tolerante auto-aceitação. A sensação de vazio é um passo necessário do processo. Uma unidade nova e mais profunda, baseada na nossa entrega ao amor e à verdade, surge lentamente e não pode ser forçada, mas surge com certeza e merece confiança.

O círculo virtuoso

Assim como a imagem cria um círculo fechado de experiência negativa auto-reforçadora, a atitude de verdade e abertura cria um círculo de constante expansão de experiências benéficas e de crença.

A alma humana, bem no fundo, contém toda a sabedoria, toda a verdade. Mas as conclusões erradas, ou imagens, encobrem tudo. Ao torná-las conscientes, do ponto de vista emocional e intelectual, você atinge finalmente a meta de desenvolvimento da voz interior de sabedoria, que o guia de acordo com a consciência divina, de acordo com o seu plano pessoal. *(PGP 50)*

Tudo na vida caminha em círculos: o dia e a noite se alternam; a Lua cresce e decresce; as estações do ano transformam-se interminavelmente na estação seguinte; todas as formas de vida nascem, crescem e morrem, e novas formas de vida nascem a seguir.

O caminho espiritual também avança em círculos que criam uma espiral de crescimento de profundidade cada vez maior: desfazemos as imagens e aprendemos novas formas de ser; em seguida vamos mais fundo e vemos os erros em nossos procedimentos atuais, e dissolvemos esses bloqueios. Enfrentando uma determinada questão, trabalhamos algum aspecto numa volta da espiral: posteriormente, voltamos a enfrentar a mesma questão num nível mais profundo ou mais sutil de manifestação na nossa vida. Trabalhamos até, finalmente, desfazermos a imagem em seu ponto nuclear na alma.

Aprendemos gradualmente a viver a vida sem expectativas. O desdobramento de cada momento real nos satisfaz. À medida que aprendemos a olhar a vida com gratidão pelo que nos foi dado, com prontidão para nos abrir à verdade e ao amor com confiança, a vida retribui com muitas surpresas generosas. Aprendemos que dar e receber são a mesma coisa. Assim, nos tornamos um com o círculo da vida, recebendo a inspiração e devolvendo a expiração que nos anima a todos.

Exercícios do Capítulo 5:

1. Faça uma recapitulação diária dos acontecimentos desarmônicos de alguma esfera da sua vida, por ex., relacionamentos com o sexo oposto, relacionamentos com o mesmo sexo, ou sua vida profissional. Encontre denominadores comuns aos problemas dessa esfera, e a partir daí comece a deduzir as suas imagens, da seguinte forma:

a. Procure e anote as falsas concepções que operam nessa área. Elas podem ser expressas assim:

"Os homens são _____." (Termine esta frase com qualquer número de complementos que vierem espontaneamente à sua cabeça.)

ou: "As mulheres são _____."

ou: "O trabalho é _____."

Em seguida, escreva as falsas conclusões que você tirou sobre si mesmo. Por ex., "Como os homens são _____, eu preciso ser/agir _____ em relação a eles."

Depois, escreva o falso encadeamento de causa e efeito que você criou para si mesmo. Por ex. "Seu eu agir de determinada maneira, então _____." e "Se eu não agir dessa maneira (ou agir da forma oposta), então _____"

b. Reconstitua o círculo vicioso resultante de uma das imagens e as respectivas conclusões. Descubra como você cria aparentes "justificativas" para a imagem, "provas" de que a sua idéia limitada é verdadeira.

2. Explore a imagem fundamental, em torno da qual se aglomeram outras imagens, procurando o denominador comum das imagens que você estudou no Exercício 1. Com isto será mais fácil completar as frases sobre mais de um assunto. A imagem principal normalmente aparece ao completar uma frase como:

"A vida é perigosa e não merece confiança porque _____. Portanto preciso me defender através de _____.

ou: "Não sou digno de amor porque _____. Portanto, espero ser tratado _____".

3. Explore a imagem principal da perspectiva da alma. Pense em seus pais, na situação da infância, e principalmente nos traumas infantis, como se você os tivesse escolhido para ilustrar as distorções básicas de sua alma.

a. Como os seus pais representam as distorções básicas presentes em você sobre o masculino e o feminino?

b. Como os seus pais representam a sua cisão no modo de enfocar a vida? Um deles representa uma "conclusão" sobre a vida, a maneira de abordá-la e defender-se dela, e o outro representa outra conclusão e generalização?

c. O que, nas circunstâncias da sua infância, parecia representar a imagem principal, a sua visão básica negativa da vida?

d. Houve algum fato ou trauma particular que pareceu consolidar uma generalização negativa sobre a vida? Você consegue lembrar o momento exato ou a situação em que tirou essa falsa conclusão sobre a vida?

4. a. Volte às imagens expostas no Exercício 1. Escreva uma afirmação da verdade nessa área em particular, para substituir a falsa concepção. Medite sobre essa afirmação

e convide o Eu superior a trabalhar com as vozes interiores que desejam atrair você outra vez para as velhas falsas crenças.

b. Anote as afirmações que contradizem a imagem principal descoberta nos Exercícios 2 e 3. Essas afirmações podem ser assim: "A vida é segura" e "Eu sou digno de amor exatamente como sou." Medite sobre essas afirmações, e imprima na alma a possibilidade de viver a realidade dessa nova maneira.

CAPÍTULO 6

A Compreensão do Eu-Máscara

"Quando você reúne coragem para tornar-se o seu eu real, ele pode
parecer muito menor que o eu idealizado,
mas você vai descobrir que ele é muito maior."

— Palestra 83 do Guia do Pathwork — *"A auto-imagem idealizada."*

A máscara de Connie: abrindo mão da auto-imagem idealizada

Connie veio para um fim de semana para uma programação de introdução ao Pathwork em plena crise espiritual. Era uma devotada episcopaliana atuante em juntas e comitês da igreja; era autora de um livro dirigido às mulheres, sobre a forma de viver a vida centrada em Cristo. Connie era uma esposa devotada, mãe de quatro filhos e tinha dado muito de si ao outros, pois sentia que era necessário servir de todas as formas, como esposa cristã, mãe e líder religiosa. Mas agora se sentia dividida, exaurida, esgotada. Sofrera um colapso de energia e uma queda de desempenho nas muitas funções que exercia. Triste e deprimida, quase desesperada, ela começara recentemente a freqüentar retiros religiosos e seminários em busca de renovação espiritual.

Alta e com excesso de peso, Connie era um mulherão cujo porte intimidador dava a idéia de que ela carregava o peso do mundo nas costas. Mas apesar do corpanzil e da vontade forte, ela revelou aos poucos o tremendo vazio que sentia por dentro. Sua máscara de boa esposa e mãe cristã estava ameaçando extinguir a chama interior, e ela se sentia terrivelmente sobrecarregada pelas próprias expectativas e pelas exigências dos outros. Quanto mais falava do quanto os outros exigiam dela, mais zangada ficava, até ficar claro que sua maior carga era a raiva reprimida.

Connie precisou de muito incentivo para se expressar, mas finalmente conseguiu colocar para fora parte da raiva que sentia. Gritou e esbravejou pela sala, fazendo tremer as tábuas do assoalho com suas passadas enérgicas. Culpou seus pais e culpou a igreja; vociferou contra o marido e contra Deus. Quando se acalmou por uns instantes, comentou: "Meu Deus, eu assumi as expectativas de todo mundo. Tentei conquistar a aprovação de todo mundo, sendo tão horrivelmente perfeita o tempo todo. Minha bondade está me sufocando!"

Para ajudar Connie a "tirar das costas" todas as expectativas de perfeição e devoção, fizemos com que ela se sentasse no chão e amontoamos almofadas em seus ombros, cada uma representando uma das muitas solicitações que ela aceitara ou assumira voluntariamente. Então ela começou a arremessar alegremente as almofadas, jogando cada uma o mais longe que podia.

Depois, quando todas as cargas metafóricas foram jogadas longe, ela ficou quieta por um momento, antes de levantar-se outra vez. "Sabem, na verdade eu estou simplesmente furiosa por ter desempenhado esse papel durante todo o tempo. Estou tão zangada que acho que neste momento eu poderia matar alguém. Ou talvez eu devesse me matar por ser tão burra." Eu a incentivei a trazer à tona a raiva assassina, a expressar sua fúria. Outra vez ela começou a pisar duro e a gritar, sem se importar com a lógica do que dizia, mas apenas dando vazão à energia de sua fúria mortal.

No meio de uma reflexão, Connie se deteve. "Meu Deus, sou uma destruidora. Na verdade, estou sentindo que poderia matar qualquer pessoa que estivesse por perto. Isso é terrível. Devo ser uma pessoa horrível!" O grupo garantiu que o comportamento dela não era terrível. Dar vazão a esses sentimentos num ambiente seguro e de apoio era, de fato, muito mais saudável do que sua recente depressão e disfunção, através das quais ela estava encobrindo uma destrutividade em relação a si mesma e à família. A exaustão e o colapso haviam sido uma mensagem — hostil e geradora de culpa — de que ela já tinha servido aos outros por tempo demais. O negativismo *passivo inconsciente teria sido muito mais destrutivo para qualquer pessoa, incluindo ela própria, do que a expressão ativa da raiva no contexto seguro do grupo. Asseguramos que ela estava liberando a força vital por meio da vontade de mostrar a raiva. Quando Connie deixou cair a máscara da "bondade" necessária, começou a se dar conta de um novo reservatório de autêntica energia, por não mais negar a fúria que abrigava. Somente pela abertura a esses sentimentos reais ela poderia encontrar o caminho de volta ao eu real, à fonte interior inexaurível.*

"Ah, então a minha exaustão estava encobrindo essa raiva. Esse sentimento terrível estava comigo o tempo todo?! Mesmo assim, será que isso não faz de mim uma pessoa horrível?"

"Não; apenas faz de você uma pessoa mais real", expliquei. "Essa sua máscara da cristã perfeitamente amorosa estava condenada a cair mais cedo ou mais tarde. Ela era formada por expectativas irrealistas, e o preço que você pagou para manter a máscara no lugar estava exaurindo a sua energia. Agora, em vez de ser a mártir cristã vitimizada, estamos vendo o poder do seu eu real!"

Depois desse diálogo, Connie mergulhou de novo na expressão vívida da raiva. Seu corpanzil tremia da cabeça aos pés e ela começou a gostar das pulsações de energia que a moviam. O poder que emanava dela era glorioso. Sugeri que todos ficassem de pé e acompanhassem Connie. Ela, então, liderou o grupo numa poderosa expressão de pura energia agressiva. Enquanto Connie tremia e batia os pés no chão, conduzindo os outros, a pesada expressão taciturna que ela exibia começou a dar lugar a um novo e alegre esplendor.

Em seguida, incentivei Connie a transformar a energia agressiva em dança, celebrando a força primitiva e a energia criativa que Deus, naquele momento, injetava nela e em todos nós com tamanha intensidade. Em breve, todo o grupo vibrava ao ritmo da dança primitiva de Connie em homenagem à força da vida. Todos nós sentimos a pura energia liberada ao darmos vazão à temida raiva. O efeito foi estimulante para todos os presentes, e agradecemos a Connie por ter-nos conduzido nessa dança.

Quando a dança terminou, Connie refletiu sobre o seu recém-descoberto poder e percebeu que sua raiva não devia ser temida como "anticristã", mas poderia ser bem recebida como um caminho que desembocava no poder e na energia. Tendo tido um vislumbre do potencial de liderança e cura dos outros que possuía, Connie terminou o trabalho com o compromisso de resgatar sua energia, cuidar melhor de si mesma e usar o poder que tinha para respeitar seus sentimentos, confiando que eles a levariam ao serviço de Deus — sincero, e não ressentido.

A compreensão do eu-máscara

O eu-máscara é a camada exterior da personalidade, o eu com o qual nos identificamos superficialmente, a face que mostramos ao mundo. É o eu que achamos que deveríamos ser, ou que gostaríamos de ser, com base em imagens mentais idealizadas. Connie tentou ficar à altura da imagem idealizada da "mulher cristã boa e amorosa", uma identidade forçada que reprimiu enormes partes de sua personalidade. A falsa aparência da máscara nos aparta da realidade de tudo o que somos o tempo todo.

Todos nós fomos fisicamente feridos na infância; fomos vistos e amados imperfeitamente. A máscara é o eu que construímos para esconder a criança vulnerável e ferida que fomos um dia. Ao colocar um falso eu entre os outros e a nossa vulnerabilidade interior, procuramos impedir o contato próximo demais com os outros, que poderia nos expor outra vez à possibilidade de sermos feridos, como na infância. É o nosso modo de tentar controlar a vida.

Criada como reação à dor e à rejeição, a máscara se destina a tentar agradar, afastar ou controlar outras pessoas. Quando estamos no eu-máscara, nossa atenção se volta para a forma como vamos reagir aos outros, e assim cortamos a ligação com a fonte interior. O eu-máscara nos separa da energia do eu real e espontâneo, tanto negativo como positivo. Quando estamos no eu-máscara, culpamos os outros pelas nossas desgraças, em vez de assumirmos a responsabilidade pelo que sentimos. Assim, a máscara produz a crença na nossa vitimização, o falso conceito de que outra pessoa é responsável pela nossa felicidade ou infelicidade.

Por baixo da máscara está o eu inferior — a fonte de negativismo e destrutividade dentro de nós. Nossa negatividade é a verdadeira causa da nossa infelicidade. O eu inferior normalmente é inconsciente, no todo ou em parte, porque é difícil admitir a negatividade. Na infância, fizeram-nos sentir vergonha do eu inferior, e tínhamos medo de que a honestidade sobre os sentimentos negativos provocasse a rejeição por parte de nossos pais. Dessa forma, encobrimos esses sentimentos com uma máscara que, conforme esperávamos, seria a garantia de receber amor.

A máscara tem certa semelhança com o fariseu da época de Cristo — uma exibição de falsa bondade, poder ou respeitabilidade. Cristo sentia uma atração muito maior pelos pecadores, em quem percebia a autenticidade. As imperfeições deles não eram nem negadas nem justificadas; seus defeitos e sua dor eram muito mais visíveis e, assim, seu coração era mais acessível. Cristo sabia que é preciso reconhecer o eu inferior, ou o pecador, antes de ser possível transformar seu potencial criativo. Nosso Eu superior, nossa consciência de Cristo, também aprenderá a acolher o "pecador" interior, depois de tirar a máscara hipócrita do fariseu.

O Eu superior é um local dentro de nós onde a corrente da energia vital universal flui livremente. O Eu superior é a nossa verdadeira natureza como expressões individualizadas de Deus. No entanto, na esfera humana, as camadas que escondem o Eu superior — as camadas da máscara e do eu inferior — também são verdadeiras e precisam ser penetradas em primeiro lugar.

> A doença emocional de uma pessoa significa sempre, de uma forma ou outra, que foi criado um eu-máscara. A pessoa não percebe que está vivendo uma mentira. Ela construiu uma camada de irrealidade que nada tem a ver com seu ser real; assim, ela não é fiel à sua verdadeira personalidade. Ser fiel a si mesmo não quer dizer que você deva ceder ao eu inferior, e sim que deve estar ciente dele. ... Por baixo das camadas do eu inferior vive o Eu superior, a realidade última e absoluta que você algum dia alcançará. E, para alcançá-la, é preciso em primeiro lugar encarar o eu inferior, a sua realidade temporária, em vez de encobri-la, porque isso resulta em impor uma distância ainda maior entre você e a Realidade Absoluta, ou Eu superior. Para encarar o Eu superior, você precisa destruir as falsas aparências do eu-máscara. (*PGP 14*)

Abaixo está um diagrama dos três eus e uma relação dos principais aspectos de cada um:

Na realidade, a delimitação das três camadas não é tão nítida como na ilustração acima. Se virmos a circunferência exterior do círculo como a fronteira exterior da personalidade, onde ela encontra o mundo, o quadro real dos três eus poderia ser semelhante a este:

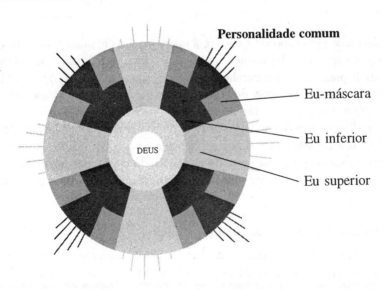

Essa figura mostra a realidade que existe em toda personalidade, onde há locais em que o Eu superior brilha, e outros em que o eu inferior não foi encoberto, e a negatividade não diluída pode ser vista na superfície. Em outros lugares ainda, tanto o eu inferior como o Eu superior estão mascarados. A máscara e o eu inferior podem estar presentes em maior ou menor extensão do que o mostrado, conforme o grau de purificação da alma.

Podemos perguntar que aspecto teria uma personalidade evoluída. Minha idéia é que seria algo assim:

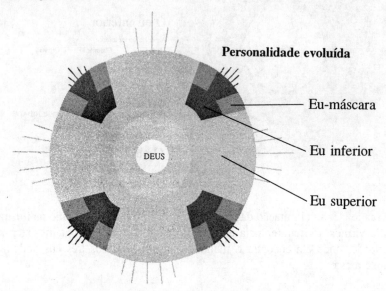

Na figura da personalidade evoluída, a maior parte da máscara foi eliminada, a maior parte do eu inferior foi liberada e as áreas restantes da máscara e do eu inferior estão mais impregnadas de consciência (portanto, são menos densas). No entanto, enquanto a personalidade existe, ou seja, enquanto ainda estamos na encarnação humana, os três aspectos do eu estão até certo ponto presentes. Aprendemos a deslocar a auto-identificação para o centro do Eu superior, aprendemos a saber quem realmente somos e a canalizar essa energia para o exterior a serviço dos outros. Mas também aprendemos a não negar o que resta da máscara e do eu inferior, sempre que eles aparecem. Aprendemos a acolher bondosamente na consciência todos os aspectos que ainda precisam de cura.

A máscara e a jornada da transformação

Na jornada da transformação, a máscara é a primeira camada da personalidade que precisa ser penetrada, aceita e liberada. No entanto, o fato de que precisamos nos entender primeiro com a máscara não significa que seja possível descartá-la facilmente ou de uma vez por todas. Continuamos a ter uma máscara até estarmos prontos para revelar o nosso eu inferior e assumir responsabilidade por ele, e simultaneamente sermos capazes de nos identificar com o Eu superior. Somente então as defesas da máscara deixam de ser necessárias. Neste ínterim, como acontece com todas as outras limitações humanas, nossa tarefa se resume em identificar o eu-máscara, sem nos culpar nem nos botar para baixo.

A jornada de transformação exige que penetremos constantemente nos três eus, um depois do outro — máscara, eu inferior e Eu superior — e em cada um dos diferentes níveis de desenvolvimento da consciência. A forma de interseção dos três eus e dos diferentes níveis da consciência — criança, ego adulto, alma/transpessoal e consciência unificada — está delineada no gráfico da página 78 do Capítulo 4.

Normalmente, começamos trabalhando a personalidade do ego adulto — aprendendo a tirar a máscara do ego e a ser mais autênticos, a fortalecer o ego positivo, e a entender e liberar o ego negativo — antes de passarmos a trabalhar a criança interior, e depois descer até a alma ou consciência universal. Precisamos ter uma sólida identificação com o observador objetivo e compassivo do ego-eu positivo, para podermos explorar os recessos mais profundos da criança interior ferida ou do nível transpessoal.

Contudo, o caminho interior tem o seu próprio ritmo confiável, que alterna o trabalho em diferentes níveis com diferentes eus. A certa altura, talvez seja preciso entrar em contato com o nível da alma do Eu superior, ou ouvir os guias espirituais, para ter a força, a dignidade e a coragem de prosseguir nessa exploração. Em outro ponto, podemos entrar fundo nas distorções do eu inferior criança. E depois podemos ser novamente levados a outro aspecto do ego-máscara, que precisa ser investigado. Esta é uma viagem permanente, uma espiral cada vez mais profunda de autopercepção.

O que é a máscara?

A máscara deriva de nossas tentativas, muitas vezes frenéticas e sempre condenadas ao fracasso, de nos equipararmos a um ideal "perfeito", a uma auto-imagem idealizada. O esforço que fazemos para nos encaixar no quadro perfeito de quem pensamos que deveríamos ser nos mantém agitados e distantes da paz da auto-aceitação. O perfeccionismo é o principal obstáculo à felicidade, impedindo-nos de relaxar e de aceitar as imperfeições do aqui e agora.

> Quanto mais você aceitar a imperfeição, mais alegria você dará e receberá. A capacidade de sentir alegria e felicidade depende da capacidade de aceitar a imperfeição, não apenas intelectualmente, mas também emocionalmente. ... Um passo importante é admitir que você não gosta das imperfeições presentes em si mesmo e na sua vida, que você **não** as aceita. Somente quando você tem plena consciência do quanto ressente a imperfeição é que poderá começar a aceitá-la. E somente quando você aceita a imperfeição é que poderá levar uma vida alegre e desfrutar dos relacionamentos, todos eles necessariamente imperfeitos. (*PGP 97*)

Precisamos trabalhar muito tempo para nos aceitar como somos, e aceitar os outros como são. O primeiro passo é determinar claramente nossa resistência à auto-aceitação: até certo ponto, cada um de nós acha que não é exatamente como é. Assim, criamos um falso eu. Mas o investimento de energia na criação e manutenção dessa auto-imagem idealizada é semelhante a construir um robô em vez de viver a vida do ser humano. Cambaleando sobre pernas de pau, muito acima do eu real, o eu-máscara mantém-se artificialmente no lugar, à custa de um grande esforço da alma.

É por isso que o eu-máscara sempre é a primeira parte nossa que entra em colapso durante uma crise. As crises muitas vezes trazem consigo o sentimento de perda de identidade; de fato, a crise freqüentemente é o modo que a natureza tem de nos ajudar a descer do pedestal desconjuntado que criamos no esforço de ser quem não somos. As crises agitam a matéria paralisada da alma, presa na versão idealizada de nós mesmos, e nos força a assumir uma identidade humana mais verdadeira, mais profunda, mais natural e mais vulnerável. Ao aprendermos a assumir uma parte maior da realidade, conforme se manifesta a cada momento, não entramos em colapso porque não há lugar algum para ir além daquele onde já estamos.

Viver cada momento com auto-aceitação é o antídoto da máscara. Mas isto não significa que não devamos ter ideais ou vontade de nos aprimorar. No entanto, ter ideais é muito diferente de ter uma auto-imagem idealizada.

O desejo autêntico de se aprimorar tem, como premissa básica, a personalidade tal com ela é agora. A partir daí, nenhuma descoberta das deficiências em relação às metas legítimas de aperfeiçoamento é capaz de provocar um estado de depressão, ansiedade e culpa. Ao contrário, é um fenômeno que o fortalece. Você não precisa exagerar a "maldade" da tendência em pauta; nem precisa defender-se dela com a desculpa de que a culpa é dos outros, da vida ou do destino. Você adquire uma visão objetiva de si mesmo a esse respeito, e essa visão é liberadora. Você assume plena responsabilidade pela atitude falha, disposto a arcar com as conseqüências. Assumir a responsabilidade pelas próprias falhas é a forma mais clara de dizer: "Eu não sou o meu eu idealizado." (*PGP 83*)

Muitas vezes, conseguimos descobrir a máscara com a seguinte pergunta: "Que impressão eu quero criar, e por quê?" Se a motivação é criar uma aparência que não corresponde exatamente à verdade interior daquele momento, podemos saber que estamos vestindo a máscara.

Quando fazemos julgamentos apressados de nós mesmos e dos outros, ou quando ficamos dissimulados, com medo de nos expor, sabemos que a máscara está presente. Se freqüentemente sentimos vergonha, ansiedade ou culpa porque deixamos de cumprir os padrões que impomos a nós mesmos, podemos ter certeza de que a máscara está funcionando. Sempre que vivemos unicamente na máscara, a vida parece vazia e sem sentido.

A origem da auto-imagem idealizada

A máscara tem raízes no dilema da dualidade humana. Toda vida humana contém dor e prazer, decepção e satisfação, infelicidade e felicidade. Como bebês e crianças, éramos extremamente vulneráveis à experiência da decepção, da rejeição e da incompreensão — verdadeira ou imaginária. Procurar meios de escapar dessas dores e proteger-se contra futuras mágoas é uma reação humana instintiva.

A experiência mais dolorosa para a criança é ser rejeitada pelos pais ou ser invisível para eles. Pode ser uma rejeição específica e dura, ou uma atitude prolongada e persistente de não amar e não ver os filhos. Também pode ser apenas um castigo, um distanciamento temporário. Pode ainda ser uma situação que, na realidade, pouco ou nada tem a ver com a criança, como o divórcio, por exemplo. Mas a criança sempre se culpa pela rejeição, punição ou retraimento dos pais. Ela presume que o genitor "vai embora" devido à "maldade" dela. A criança, então, tenta desesperadamente negar ou reprimir qualquer coisa nela que pareça ter contribuído para a recusa do amor ou da preocupação dos pais.

A criança leva mais longe essa falsa concepção de que a aprovação dos pais é crucial para a sua sobrevivência. Assim, ela acaba acreditando que é mais seguro negar tudo aquilo que existe nela e que pareça provocar a rejeição e desaprovação dos pais. A criança, então, assume um papel que, segundo espera, lhe trará a desejada aprovação ou, pelo menos, a invulnerabilidade. A auto-imagem idealizada passa dessa forma a ser a pseudo-solução do problema da suposta "maldade".

Nenhum adulto, e por conseguinte nenhum pai, é capaz do amor perfeito. Portanto, sempre existe um fundo de verdade no sentimento de rejeição da criança. Mas a infelicidade e a falta de segurança e auto-estima que a criança sente nunca pode ser medida objetivamente. A predisposição, ou karma herdado, da criança, desempenha um importante papel. O que uma personalidade pode ser capaz de agüentar muito bem na relação com os pais pode ser arrasador para outro temperamento.

Às vezes, podemos realmente relembrar o momento em que concluímos que havia alguma coisa intolerável no nosso ambiente, algo doloroso demais para ser sentido. Decidimos, dali em diante, negar nossos sentimentos reais. Essa decisão, renovada e ampliada muitas vezes no decorrer da vida, consolida a construção da máscara.

Elizabeth lembrava-se do momento em que decidiu fechar o coração e adotar a máscara da eterna poderosa e detentora do controle.

Na infância, ela adorava seu pai romântico, mas sempre sentiu um medo paralisante pela mãe, uma mulher fria, eficiente, cumpridora de seus deveres. Além disso, a mãe bloqueara a relação plena e terna que Elizabeth gostaria de ter com o pai. A menina também sentia um ressentimento reprimido porque o pai não havia lutado com firmeza para manter a relação com a filha, deixando, ao contrário, que a esposa controlasse sua interação com Elizabeth. A menina havia suportado conscientemente essa dor durante toda a infância.

No início da adolescência, Elizabeth se apaixonou por Andrew, seu vizinho. Os dois davam longos e românticos passeios, conversando sobre tudo, abrindo totalmente o coração. Eram jovens, inocentes, apaixonados. Quando a família do rapaz mudou-se para o subúrbio de uma cidade distante, Elizabeth e Andrew mantiveram correspondência constante durante um ano; não puderam se visitar, mas conservaram os sentimentos recíprocos.

No ano seguinte, Elizabeth mudou-se para perto da cidade onde Andrew morava, para cursar a faculdade. Freqüentemente desorientada e saudosa de casa, Elizabeth desejava intensamente a atenção de Andrew, e certo dia decidiu visitá-lo sem avisar com antecedência. O resultado foi desastroso. A mãe de Andrew atendeu à porta de forma hostil: "Você não é bem-vinda aqui. Não esperávamos a sua visita. Como você aparece aqui sem avisar?" Calado, em segundo plano, Andrew estava evidentemente dominado pela mãe e foi incapaz de ir em socorro de Elizabeth. Esta partiu imediatamente e passou a noite chorando — sentindo não apenas a dor da rejeição e da separação de Andrew, mas também o forte eco da relação frustrada com o pai.

Assim, ela reviveu, com mais intensidade do que nunca, a dor da rejeição original.

Nessa noite, tomou um decisão: "Nunca mais!" Nunca mais seria vulnerável dessa forma a um homem, nunca mais precisaria tanto de alguém.

Quando Andrew foi visitá-la duas semanas depois, Elizabeth já havia vestido sua máscara. Já não estava apaixonada por Andrew. Já estava namorando outro homem, com quem acabou se casando. Ela havia começado uma vida de relacionamentos calculados, cuja meta eram o poder e o controle em todas as situações. Passou a ter compostura — uma mulher de sociedade, sofisticada, artística, competente e auto-suficiente. Nem no casamento nem em nenhuma outra relação posterior ela arriscou de fato seus sentimentos. Depois de construir uma máscara de aristocrática invulnerabilidade, Elizabeth perdeu de vista suas origens e passou a acreditar que ela era, de fato, a máscara.

Só muito mais tarde ela se deu conta de que essa auto-imagem era muito parecida com sua mãe — fria e calculista, controlando, sem deixar que a vida e os sentimentos fluíssem naturalmente. E levou um período ainda maior para perceber o enorme preço que pagara ao trocar seus sentimentos espontâneos de cordialidade, amor e até de dor pela meia-vida de uma fachada imobilizada.

A ligação entre uma imagem e a máscara

A imagem é uma falsa conclusão ou generalização sobre a vida. A auto-imagem idealizada (ou máscara) é uma falsa fachada, ou tentativa de mostrar um quadro genérico perfeito do que achamos que deveríamos ser. Tanto a imagem como a máscara são decorrentes da tentativa de evitar, no futuro, determinadas mágoas reais e específicas do passado. Assim, os sentimentos reais do presente, e as pessoas e circunstâncias específicas e reais do presente, são substituídas por um retrato genérico e irreal da realidade, derivado das conclusões ou generalizações baseadas no passado. Quando estamos presos às imagens, vivemos as idéias sobre o passado, e não a realidade do presente.

A máscara é a defesa que criamos em reação à imagem principal ou conclusão negativa principal sobre a vida. A imagem principal de Elizabeth era que o fato de expressar carência, amor e vulnerabilidade gerava uma dor intolerável. Isto levou diretamente à máscara — auto-imagens idealizadas de poder e retraimento — que poderia ser traduzida como "preciso fingir que sou sempre forte, distante e independente, para que ninguém saiba que preciso ou quero alguém". A imagem é a tentativa de a criança entender uma situação de amor imperfeito por parte dos pais. E a máscara é uma falsa solução ao problema de prevenir futuras dores e rejeições por causa da imperfeição dos pais. A máscara é uma tentativa de se tornar invulnerável para evitar ser ferido.

Muitas vezes, como no caso de Elizabeth, a máscara também segue o modelo do genitor que demonstrou menos aceitação, pois, inconscientemente, isso também é igualado ao que é mais desejável. Como a criança desejava mais o genitor que lhe deu menos amor, ela associa as qualidades desse genitor a algo desejável.

A imagem básica que está por trás da criação de qualquer máscara é uma falsa crença: "Não sou aceitável/desejável/digno de amor do jeito como sou." Como se acredita que o eu natural é inaceitável, cria-se uma máscara, na esperança de que **ela conquiste** a aceitação e o amor há tanto tempo desejados ou, pelo menos, ajude a evitar a rejeição e a dor. Embora a auto-imagem idealizada muitas vezes seja formada por aspectos reais e positivos da personalidade, sua finalidade de encobrir o eu real é tão falsa quanto a idéia errônea de que somos inerentemente indignos de amor. Precisamos questionar essa opinião negativa sobre o eu muitas e muitas vezes. E precisamos correr os riscos associados ao eu real na realidade presente, em vez de representar as generalizações baseadas em material do passado.

No caso de Elizabeth, ela acreditava que a necessidade que tinha do apoio de uma mulher não era aceitável, e portanto criou uma auto-imagem idealizada que negava essa necessidade real. O resultado, para ela como para todos nós, foi a inanição emocional. Como os verdadeiros sentimentos e necessidades não são reconhecidos, é possível que eles nunca sejam satisfeitos. Como o eu real não é aceito nem expresso, pode ser que ele nunca atraia o amor e o respeito dos outros.

A defesa

Os seres humanos, como os animais, são dotados de um sistema natural de defesa que cumpre bem suas finalidades diante do perigo imediato. Quando a sobrevivência física está ameaçada, nosso corpo libera adrenalina, que amplia os sentidos e focaliza a nossa atenção na origem do perigo. O pensamento fica restrito a estratégias de fuga da situação daquele momento — a chamada reação do tipo "lutar ou fugir" — e as emoções se limitam a medo ou raiva, como defesas adicionais. Até mesmo o nosso espírito se encolhe, pois todos os recursos de que dispomos são canalizados para a sobrevivência do corpo, e não para a ligação com o espírito. Diante do perigo físico imediato, todas essas respostas são adequadas e nos ajudam a lidar com a ameaça real.

Diferentemente dos animais selvagens, os seres humanos tendem a estender e perverter essa capacidade natural de defesa. Além de tentarmos lutar contra a realidade da dor física e da inevitabilidade da morte física, também tentamos nos defender da dor emocional, dos golpes sofridos pelo ego e também pelo corpo. Em vez de reservar a reação de defesa, totalmente natural, apenas para situações de autêntico perigo físico, invocamos as defesas sempre que a ameaça se dirige contra a auto-estima. Uma observação ligeiramente crítica, uma acolhida fria por parte de um amigo ou até uma opinião contrária podem ativar nossas defesas e nos preparar para fugir ou lutar. Nossa mente se tranca, as emoções se estreitam e uma quantidade excessiva de adrenalina é liberada, envenenando o corpo, porque de fato não há necessidade de uma reação física dramática.

Mas quem ou o que está realmente em perigo? Nosso eu real, espiritual, jamais pode ser ameaçado, pois é imortal. Nosso bem-estar físico não é ameaçado por palavras ou opiniões, por mais hostis que sejam. A ameaça que percebemos, portanto, se dirige contra o ego, ao qual estamos tão ligados como estamos ligados ao corpo. O elemento mais facilmente ameaçado é a máscara do ego, uma frágil identidade que se assenta na idéia de quem pensamos que deveríamos ser. Alguma coisa ameaça nos deixar expostos, tornar-nos outra vez vulneráveis a mágoas esquecidas, e destruir a versão idealizada, limitada e instável de nós mesmos.

Quando você é mais ou menos permanentemente defensivo, devido à idéia errônea de que qualquer mágoa ou frustração, qualquer crítica, qualquer rejeição é um perigo contra o qual você precisa se precaver, você limita o alcance dos seus sentimentos, o potencial do seu amor e da sua criatividade, a capacidade de se aventurar na vida e de se comunicar com os outros, de amar e compreender, de sentir e se expressar. Em resumo, a vida espiritual fica seriamente prejudicada...

Sempre que você está na defensiva, sua meta primordial não pode ser a verdade. Quando se trata de perigos reais, esse perigo real é a verdade do momento. Mas quando se trata de perigos irreais, a verdade está em alguma outra parte. ... Nesse momento, torna-se sutilmente mais importante para você provar que o outro está errado ou não tem justificativa, e que você está certo, em vez de encontrar os elementos de verdade em tudo o que chega até você. Conseqüentemente, no estado defensivo, você se afasta da verdade, de si mesmo e da vida. ... Tudo isso se deve a um conceito totalmente equivocado de perfeccionismo, segundo o qual o valor e a aceitabilidade que você tem estão em jogo devido à sua imperfeição.

Se as pessoas sondassem seu íntimo para encontrar e eliminar esse muro de defesa, muitas atribuições poderiam ser evitadas. O fato de ter uma máscara que precisa ser defendida gera o medo constante de ser inadequado. O sentimento ou o medo da inadequação é, em si mesmo, muito mais doloroso do que a simples dor sentida quando alguém diz ou faz alguma coisa que magoa você, ou questiona o seu modo de ver as coisas, ou não corresponde aos seus desejos. ... Solte-se e aceite tudo o que venha a você. Encare o que vem tranqüilamente, tendo como objetivo principal não se afastar, mas sim procurar e encontrar a verdade. (*PGP 101*)

Reações secundárias de defesa

Quando temos medo ou vergonha de nossos sentimentos, empenhamo-nos em negá-los e encobri-los, e assim criamos defesas. No entanto, cada vez que um sentimento é negado e uma defesa é criada, surgem reações secundárias, e assim vamos mais longe na negação dos sentimentos e na perpetuação das defesas. Inicialmente, na infância, sentimos medo ou raiva. Depois, quando esses sentimentos foram considerados inaceitáveis, nós os rejeitamos. Ficamos com medo do nosso medo, e com raiva da nossa raiva.

O sentimento negado se agrava e, assim, se multiplica. O medo negado cria o medo do medo, e depois o medo de sentir medo do medo, e assim por diante. A raiva negada cria a raiva de ficar com raiva. Depois, quando isso é negado, a pessoa fica com mais raiva ainda por ser incapaz de aceitar a raiva, e por aí vai. A frustração em si é tolerável quando você entra totalmente nela. Mas quando você fica frustrado porque "não deveria" ficar frustrado e, depois, fica ainda mais frustrado por negar esse fato, a dor se prolonga indefinidamente. A compreensão desse processo aponta para a necessidade de sentir diretamente, por mais indesejáveis que esses sentimentos possam ser. Se você aumentar a dor porque nega o fato de sentir dor, essa dor secundária se torna amarga, deformada, insuportável.

Se você aceitar e **sentir** a dor, automaticamente tem início um processo de dissolução. Muitas pessoas já tiveram a experiência dessa verdade muitas vezes no seu Pathwork. Assim, quando você sentir medo do seu medo, mas conseguir entrar no próprio medo, este rapidamente dará lugar a outro sentimento negado. O sentimento negado — seja ele qual for — será mais fácil de suportar do que o medo do sentimento e de sua subseqüente negação. Ao lutar contra seus sentimentos, ao defender-se deles, cria-se toda uma camada extra de experiência, que é isolada do núcleo e, portanto, **artificial e mais dolorosa do que aquilo que inicialmente era combatido.** (*PGP 190*)

Uma das principais razões das nossas defesas reativas é o fato de que muitas pessoas, inconscientemente, ainda identificam a si mesmas como crianças e aos outros como adultos — figuras parentais — cuja rejeição pode significar um desastre, mas cuja proteção é necessária para a sobrevivência.

No processo de crescimento pessoal, precisamos optar por encarar, sentir e liberar as mágoas da infância. Aprendemos aos poucos que **somos** os adultos e que **não existem mais mamães e papais.** Como adultos, agora somos capazes de assimilar as mágoas da vida sem nos sentirmos aniquilados. Agora, ninguém pode magoar-nos do jeito como aconteceu na infância, e ninguém pode nos dispensar os cuidados de que precisávamos na infância.

À medida que nossas atitudes amadurecem, diminui a nossa fixação pelo perfeccionismo. Aprendemos a encarar o confronto ou a crítica dos outros como um retorno valioso, que podemos avaliar objetivamente, ou como uma agressividade sem fundamento, que podemos presenciar sem nos deixar atingir por ela. A dor de não ser visto, embora nunca seja agradável, não precisa arrasar nossa auto-estima. Se ficarmos arrasados, podemos estar certos de que existe alguma parte de nós ainda agarrada à identidade da infância e que, assim, revive a dor daquele período. Precisamos ter paciência conosco, lembrando que crescer e amadurecer emocional e espiritualmente não é um processo rápido nem fácil.

A máscara e a recriação das mágoas da infância

Enquanto o adulto revive e libera as mágoas originais da infância que deram origem à máscara, essas mágoas permanecem sedimentadas na personalidade e continuam a ser reencenadas na realidade atual. Se acreditarmos que, sendo nós mesmos, vamos ser rejeitados ou desaprovados, é exatamente isso que vai acontecer nos nossos relacionamentos. Atraímos pessoas que nos desaprovam ou rejeitam, confirmando dessa forma nossos piores medos.

Como o comportamento não autêntico da máscara provoca inquietação instintiva nos outros, estes muitas vezes a evitam. A rejeição da máscara, no entanto, em vez de nos convencer a sermos mais reais, na maioria das vezes reforça a falsa necessidade de aperfeiçoar a máscara, para evitar para sempre a dor da rejeição. Dessa forma, criamos mais falsidade e tensão no esforço intenso de atingir uma idealização ainda maior. Começa a funcionar um círculo vicioso, não apenas nas interações com os outros, mas também no nosso íntimo. Internalizamos a voz do "chefão" que exige de nós mais perfeição. Essa é a voz do "pai", do superego tirano e moralista, que constantemente censura e castiga a criança interior sitiada. A alienação de si mesmo aprofunda-se progressivamente à medida que aumentamos as paliçadas depois de cada fracasso inevitável.

Quando Elizabeth, aos quarenta anos, começou a trabalhar consigo e com sua máscara de poder e competência, ela estava ciente de suas defesas contra a abertura do coração. Além disso, sabia que a máscara defensiva havia recriado a rejeição ou a aparente rejeição dos outros. Durante anos, o marido dela, Max, tentou vencer o muro da aparente frieza da esposa, mas acabou desistindo. Ela sofreu agudamente com o distanciamento dele, pois por trás da máscara aristocrática Elizabeth sabia que ainda era carente, insegura e vulnerável.

Ela queria reconquistar o afeto do marido, mas sabia que isso implicava correr um risco ainda maior. Para ela, o círculo vicioso estava claro: na medida em que ela o deixava de fora, ele lhe negava calor e carinho, e na medida em que ela interpretava essa atitude como rejeição, entrincheirava-se ainda mais em sua frieza defensiva.

Assim, o eu idealizado (ou máscara) efetivamente cria um sentimento muito maior de fracasso e decepção, perda de auto-estima e dolorosa rejeição do que o sentimento que foi criado para combater.

Três tipos de máscara

A pseudo-solução da máscara baseia-se normalmente numa distorção de um dos três princípios divinos do **amor,** do **poder** ou da **serenidade.** No estado unificado, esses princípios operam em harmonia. No entanto, por estarmos muito mergulhados na dualidade e na ignorância, tendemos a ver esses princípios em oposição entre si. Inconscientemente, escolhemos **um** desses atributos divinos como o nosso objetivo, para parecermos perfeitos — perfeitamente amorosos, ou absolutamente poderosos, ou completamente serenos.

No entanto, como estamos tentando criar uma perfeição impenetrável e invulnerável, como defesa contra as imperfeições vulneráveis da vida humana, esses atributos ficam distorcidos. O amor se transforma em dependência e submissão, o poder se transforma em controle e agressão e a serenidade se transforma em retraimento. No estado distorcido, esses atributos efetivamente são contraditórios entre si.

1) A máscara do amor

A máscara do amor é uma tentativa de obter o amor dos outros por meio de uma aparência constante de amorosidade. A personalidade fica submissa, dependente, apaziguadora e apagada, na esperança de garantir, de controlar ou de comprar o amor e a aprovação dos outros. A falsa crença desse eu-máscara é que ele precisa ser amado a qualquer custo; sendo assim, a personalidade é deliberadamente tornada mais fraca, mais desamparada ou subserviente do que realmente é. Imagina-se, nesse caso, que a segurança e a auto-estima dependem da obtenção e manutenção do amor e da aprovação dos outros.

> A necessidade de um amor protetor é válida até certo ponto para a criança, mas, se for mantida na idade adulta, essa atitude deixa de ser válida. Como essa pessoa não cultiva a faculdade da responsabilidade pessoal e da independência, sua necessidade de amor e sua dependência podem efetivamente torná-la indefesa. Ela usa toda a sua força psíquica para ficar à altura do ideal de si mesma, de modo a forçar os outros a

ceder às suas necessidades. Ela cede aos outros; conseqüentemente, os outros devem ceder a ela. A impotência é a sua arma. *(PGP 84)*

Esse eu-máscara cede às exigências reais ou imaginadas dos outros para conseguir a aprovação, a simpatia, a ajuda e o amor delas. Ele pode usar a subserviência como arma para gerar sentimento de culpa nos outros a fim de obrigá-los a proteger e tomar conta dele. Pode, também, usar a máscara da virtude para sentir-se superior e desprezar os outros. Todas essas, naturalmente, são formas distorcidas de tentar suprir as necessidades de reconhecimento do valor.

A pessoa que usa a máscara do amor pode achar que o mundo está cheio de protetores benévolos ("papais" e "mamães"), cuja proteção ela tenta conseguir. Pode, também, ser um idealista desiludido, que vê a si mesmo como uma das poucas pessoas boas que sobraram neste mundo insensível. A máscara do amor sempre projeta a imagem de "bom" ou "simpático". Muitas vezes, esse fenômeno é acompanhado de um expressivo traço de superioridade moral, de se achar melhor que os outros. Ele é fraco e carente, ou é um sujeito simpático, mas os valentões do mundo se aproveitam dele.

O efeito dessa mutilação inconsciente sobre a personalidade é um profundo ressentimento e amargura. Os outros levam a culpa pela falta de realização, e o ressentimento oculto em relação aos outros cria uma dupla ocultação. Para permanecer "fiel" à auto-imagem idealizada, uma pessoa desse tipo precisa reprimir o ressentimento e a amargura, junto com as imperfeições (e forças) originais. A máscara do amor, nesse caso, implica uma dupla culpa. À culpa pelos defeitos verdadeiros soma-se a culpa por fingir ser mais amoroso ou simpático do que na realidade é. Um ambiente interior desse tipo não pode gerar amor autêntico, que só pode florescer numa atmosfera aberta, espontânea, sem culpa. Para reconquistar a capacidade de amar verdadeiramente, a pessoa precisa admitir seus sentimentos negativos, incluindo o ressentimento e a amargura, e aprender a assumir a responsabilidade por suas necessidades e limitações.

Connie, cuja história introduziu este capítulo, empenhou-se em ser perfeita como mãe amorosa e mulher cristã. Para enquadrar-se nas expectativas da auto-imagem idealizada, ela reprimiu o ressentimento e dispôs-se a sofrer em silêncio. Muitas vezes deixou de lado as próprias necessidades para atender à dos outros, com a finalidade de conquistar amor e respeito. Estava tentando ser tudo o que imaginava que os outros queriam que ela fosse. É claro que isso nunca funcionou, e ela acabou precisando descarregar o ressentimento acumulado, além de aprender a pedir claramente o que queria.

2) A máscara do poder

A máscara do poder é uma tentativa de exercer controle sobre a vida e sobre os outros, parecendo sempre totalmente independente, agressivo, competente e dominador. Através da falsa redução da vida a uma luta pelo domínio, a máscara do poder é uma tentativa de fugir da vulnerabilidade sentida na infância. A segurança e a auto-estima dependem da vitória em todas as situações e da libertação das necessidades e fraquezas humana. O impulso do poder é idealizado, e o amor e o contato são rechaçados.

A negação das necessidades reais de calor, conforto, afeto, cuidado e comunicação resulta numa atividade frenética, na incapacidade de descontrair e aceitar a vida e o eu como são. Incapaz de admitir erros ou fraquezas, a máscara do poder é obsessivamente competitiva e busca a vitória. Ela tende para uma visão pessimista e cínica da natureza humana, o que justifica a sua idealização do egoísmo e da dominação. Também atribui muito valor ao autocontrole, mas pode manifestar os sentimentos negativos, usando a justificativa de que essa é a forma adequada de agir no mundo. E muitas vezes essa máscara é atormentada pela sensação oculta de vergonha e fracasso, precisamente porque é impossível superar todo mundo em todos os aspectos, ou vencer e dominar universalmente. A compensação que ela encontra é esforçar-se por ter um domínio ainda maior e atribuir aos outros a culpa pelos seus fracassos.

Elizabeth, cuja história foi apresentada neste capítulo, começou a perceber o preço terrível que pagara pela aparente invulnerabilidade quando explorou sua máscara do poder. Ela tinha cortado sua ligação com os sentimentos e sentia-se isolada dos outros. A meticulosa honestidade consigo mesma significa aprender a expor todos os sentimentos, principalmente os de vulnerabilidade. Embora fosse difícil, ela começou a dizer ao marido toda vez que se sentia magoada e toda vez que se sentia carente.

A primeira tentação foi dramatizar todos os sentimentos, exagerando-os tanto que Max, o marido, era obrigado a reagir. Mas depois ela percebeu que o exagero era outro meio de tentar controlar os outros, de fazê-los cumprir suas ordens, e não uma expressão honesta de seus sentimentos, em nome apenas da honestidade. Foi preciso que ela aceitasse o fato de que é impossível garantir que os outros satisfaçam nossas necessidades para que ela começasse a se expor às inevitáveis decepções da vida, das quais se defendera com a máscara do poder.

Enquanto Elizabeth trabalhou com suas imagens, ela foi capaz de sentir com mais intensidade as mágoas passadas, o medo da rejeição e suas necessidades reais. Ela viu como havia sido desleal ao amor pelo pai; viu a necessidade que sentira da mãe; viu como negara sua própria suavidade e feminilidade. Aprendeu que poderia arriscar-se a ser mais vulnerável com o marido, o qual, por sua vez, também se tornou mais vulnerável, colocando assim em movimento um círculo benigno de amor entre os dois. É claro que todas essas mudanças não aconteceram do dia para a noite, nem sem muito sofrimento e esforço. Mas o crescimento em direção à realidade, e para longe da dependência da auto-imagem idealizada e das falsas crenças que a sustentam, é constante e certo, e tem seu próprio impulso positivo.

3) A máscara da serenidade

A máscara da serenidade é uma tentativa de fugir das dificuldades e vulnerabilidades da vida humana parecendo ser sempre totalmente sereno e distanciado. De fato, o que a pessoa realmente persegue é a distorção da serenidade, que significa retraimento, indiferença, fuga à vida, não envolvimento, distanciamento mundano e cético ou falso distanciamento espiritual.

Com muita freqüência esta é a pseudo-solução escolhida porque a criança é incapaz de fazer funcionar as máscaras do "amor" ou do "poder". Não tendo possibilidade de conquistar o amor desejado através da submissão, ou a auto-afirmação desejada através da agressão, a criança se retrai totalmente ante os problemas internos e externos. Por trás desse recolhimento, ela continua dilacerada e insegura, acreditando que nem a auto-afirmação nem o amor estão a seu alcance. Mas tudo isso é efetivamente negado através da tentativa de retirar-se para um ponto privilegiado, acima da tempestade interior.

A falsa concepção da máscara da serenidade é que os problemas desaparecem desde que sejam negados. Acredita-se que a segurança e a auto-estima são conseguidas colocando-se acima das dificuldades, sendo "frio" e não se deixando afetar pela vida. A pessoa que usa a máscara da serenidade idealiza a altivez e o distanciamento e pode sentir desprezo pelos esforços dos "simples mortais". O efeito dessa negação tão maciça sobre a personalidade é o embotamento e o desespero secreto, comumente encoberto por uma visão cínica da vida ou por uma espiritualidade sem fundamento. A força vital fica bloqueada e a energia flui lentamente. A capacidade de se dedicar a um trabalho significativo ou a uma realização satisfatória freqüentemente é prejudicada.

Harriet, cuja história começou no Capítulo 1, havia paralisado sua identidade aos seis anos de idade quando o pai morreu. Retraiu-se da vida e colocou uma máscara de serenidade, fingindo que nada a afetava. Sempre que quaisquer sentimentos — bons ou maus — se avizinhavam, a sentinela interna forçava-a a voltar para dentro das muralhas do medo, para que não precisasse enfrentar o abalo emocional sofrido na infância.

Ela se tornou muito tranqüila, uma boa aluna, mas não comunicativa. O retraimento de toda uma vida tornara sua vida cinzenta, deixando de fora todos os sentimentos mais fortes. Não havia a luz do sol, mas tampouco havia escuridão. Ela sabia que, para resgatar a vida, precisaria tirar a máscara da serenidade e começar a falar sobre seus sentimentos e aceitá-los.

A máscara do retraimento provoca uma eliminação quase total das emoções. Existe tão pouca confiança nos sentimentos do eu real que se pode suportar apenas um pequeno grau de envolvimento com a vida e com os outros. Muitas vezes a pessoa se retira para o mundo intelectual ou para vida espiritual interior. Diferentemente das máscaras do amor ou do poder, onde os sentimentos freqüentemente são exagerados ou manipulados para servir a um propósito ou criar uma impressão nos outros, a máscara da serenidade tem sentimentos que continuam intactos e não distorcidos, mas estão ocultos, e só afloram com uma grande estimulação. A transformação da máscara da serenidade é um processo gradual de colocar em risco o eu real, de começar a sair na chuva para se molhar.

4) A máscara combinada

Às vezes, as máscaras do amor, do poder e da serenidade se misturam numa só pessoa, causando uma enorme confusão interior, pois elas visam metas e idealizações contraditórias. Sempre que a máscara do amor finge ser todo-amorosa e nega a força e a independência, a máscara do poder nega a necessidade do amor, pretendendo ser todo-poderosa. Como prefere estar "acima de tudo", a máscara da serenidade não entra na luta pelo amor nem na batalha pelo domínio, desprezando as duas posturas. Embora as máscaras do amor e do poder caminhem em direções diferentes, elas são igualmente falsas, rígidas, irrealistas e irrealizáveis. Tampouco a combinação das máscaras chega mais perto da realidade.

Muitas pessoas têm, com efeito, ideais de personalidade contraditórios. A vida delas pode ser compartimentalizada, de modo que a máscara do poder domina a vida no mundo dos negócios, por exemplo, enquanto a máscara do amor faz o mesmo nas relações íntimas, ou vice-versa. A mulher que desempenha um papel submisso e dependente com os homens pode ser morbidamente competitiva na relação com outras mulheres. Ou o homem pode ser submisso com as mulheres, mas dominador com outros homens. Essa máscara combinada sempre acrescenta a confusão à falsidade do nível da máscara da personalidade.

> Mesmo que fosse possível jamais falhar, ou amar a todos, ou ser totalmente independentes dos outros, isto fica ainda mais impossível quando os ditames da auto-imagem idealizada de uma pessoa exigem simultaneamente que ela ame ou seja amada por todo mundo, e conquiste e seja invulnerável a essas pessoas. Essa auto-imagem idealizada pode simultaneamente exigir que uma pessoa seja sempre altruísta, para receber amor; seja sempre egoísta para obter poder; e seja totalmente indiferente e distanciada de todas as emoções humanas para não ser perturbada. Você pode fazer uma idéia do conflito dessa alma? Como ela deve ser dilacerada! Tudo o que uma pessoa dessas faz é errado e gera culpa, vergonha, inadequação e, por conseguinte, frustração e desprezo por si mesma. (*PGP 84*)

A transformação do eu-máscara

A máscara está condenada a falhar e a criar mais sofrimento do que foi concebida para prever, porque se baseia na falsa concepção essencial de que podemos evitar as imperfeições, as decepções e as rejeições características do plano humano. Quando reconhecemos que isso é inevitável, e concordamos em sentir nossas dores, defeitos e lutas humanas, começamos a diminuir a ligação que temos com a máscara.

Para transformar a máscara é preciso prantear a morte do eu idealizado, percebendo que esse falso eu está de fato morto. Precisamos nos desprender dessa versão inerte, não vital de nós mesmos, para nos tornarmos quem realmente somos. Desafivelar a máscara também exige que revivamos as mágoas da infância que lhe deram origem.

> Como você consegue reviver as mágoas de tanto tempo atrás? Tome como exemplo um problema atual. Separe dele todas as camadas sobrepostas representadas pelas suas reações. A primeira camada, a que está mais acessível, é a da racionalização, a de "provar" que os outros, ou as situações, são falhos, e não são os mais íntimos conflitos que fazem com que você adote a atitude errada diante do problema real do momento. A camada seguinte pode ser raiva, ressentimento, ansiedade, frustração. Por baixo de todas essas reações, você encontrará a mágoa de não ser amado. Quando você sente a dor de não ser amado no problema atual, ela serve para redespertar a mágoa da criança.

Com relação à mágoa atual, pense no passado; tente reavaliar a situação que existia com seus pais — o que eles lhe deram, o que você de fato sentia a respeito deles. Você ficará ciente de que, sob muitos aspectos, você carecia de algo que nunca percebeu claramente antes — você não queria ver. Você verá que isso deve ter provocado mágoa na infância, mas você pode ter esquecido a dor no nível consciente. Entretanto, ela não está absolutamente esquecida. **A mágoa do problema atual é exatamente a mesma mágoa.** ... Depois de sincronizar essas duas dores e perceber que elas são uma só coisa, o passo seguinte é muito mais fácil. Examinando o padrão repetitivo dos seus diversos problemas, você aprenderá a determinar as semelhanças que existem entre os seus pais e as pessoas que, no presente, estão provocando mágoa ou sofrimento em você. Ao perceber as semelhanças e ao sentir, ao mesmo tempo, a dor de agora e a dor do passado, você começará lentamente a entender como recriou a dor da infância com base na noção equivocada de que precisava escolher uma situação atual, num esforço mal dirigido para "conquistar" amor numa situação na qual, na infância, você se sentiu "derrotado". (*PGP 73*)

Quando Marcie iniciou um relacionamento sério com um homem, achava a princípio que o modo quase fanático como cuidava das necessidades do namorado eram românticas e naturais. Somente depois de exercer durante dois meses o papel da auxiliar perfeita foi que ela começou a perceber que estava ressentida porque não recebia dele o mesmo nível de atenções.

Ela estava despertando para o fato de que estava usando com esse homem a máscara do amor da "boa moça", devido à crença inconsciente de que só seria amada se o apaziguasse, o colocasse em primeiro lugar e atendesse aos desejos dele. E começou a perceber que não estava cuidando muito bem de si mesma, ficando à espera de que ele adivinhasse as necessidades dela, mesmo sem expressá-las.

Ao começar a trabalhar na máscara do amor, teve a impressão de que a máscara parecia uma bala puxa-puxa — doce e grudenta, colada a ela e colando a tudo o que ela tocava. Percebeu, então, que a máscara fora criada numa etapa muito precoce da sua vida, como imitação da mãe e da pessoa que, conforme acreditava, a mãe queria que ela fosse. Aprendeu a nunca dizer "não", a ser sempre alegre, a dar um jeito em tudo o que pudesse causar ansiedade em alguém, a controlar-se o mais possível e a nunca permitir-se ter sentimentos de medo, de raiva ou de incompetência. Esperava-se que ela mantivesse a compostura, ficasse quieta e servisse aos outros. A mãe lhe disse certa vez: "Sua função é me ajudar; você precisa me ajudar a manter as coisas sob controle." Ao perceber que sua máscara de amor estava cheia de sentimentos falsos, Marcie começou a enjoar dela.

Numa sessão do Pathwork, ela externalizou a máscara, colocando-a sobre uma almofada e conversando com ela: "Quero me livrar de você. Você está me sufocando." No entanto, ela voltou imediatamente a sentir atração pelo "puxa-puxa", enredando-se na sua pegajosidade.

No papel da máscara, ela retorquiu: "Como você pode dizer tamanha maldade? Sou a sua melhor amiga. Comigo você está segura. Enquanto for doce, você não será ferida por ninguém, como aconteceu quando você era criança. É melhor você me ouvir e continuar jogando o jogo do amor." A natureza doce e cativante da máscara seduzia Marcie, e parecia inútil lutar pela liberdade.

Marcie, então, perguntou ao Eu superior, simbolizado por outra almofada, o que fazer. Sentada na almofada do Eu superior, as palavras vieram de chofre. "Coma a máscara", disse o Eu superior; "esse material pegajoso é um remédio. Se você comer, assimilar, ingerir, ele se dissolverá e se transformará na sua essência, que é puro açúcar, e com ele você poderá se refazer." A visualização e a conversa ajudaram Marcie a aceitar e incorporar melhor a máscara. Ela percebeu que a sua essência continha os mesmos ingredientes do Eu superior. Ela era de fato uma pessoa amorosa e atenciosa e, desde que conseguisse se libertar do medo de não ser amada — que mantinha a máscara no lugar — poderia resgatar sua verdadeira doçura.

A máscara como distorção do Eu superior

A máscara é sempre uma distorção de autênticas qualidades do Eu superior da pessoa. Aproveitamos pontos fortes que realmente existem em nós — amor, poder ou serenidade — para criar uma imitação que afasta as pessoas da intensa vulnerabilidade do verdadeiro Eu superior. Por medo da vulnerabilidade, usamos para nos "proteger" o eu inferior e a máscara.

As verdadeiras qualidades do Eu superior são, então, distorcidas pelo eu inferior, tornando-se uma "imitação" do Eu superior, na esperança de que nos tornem invulneráveis e aceitáveis pelos outros. O medo do eu inferior distorce a verdadeira capacidade de amar e a transforma em submissão e dependência (a máscara do amor). A vontade do pequeno ego do eu inferior distorce o verdadeiro poder e o transforma em agressão e controle (a máscara do poder). O orgulho do eu inferior, que procura ficar acima da mediocridade do ser humano, distorce a serenidade e transforma-a em distanciamento e retraimento (a máscara da serenidade).

O medo de que o nosso verdadeiro eu seja inaceitável é a razão primordial da criação da máscara. Contudo, aprendemos que a máscara — por ser falsa e, portanto, sem atrativos — na verdade provoca exatamente a rejeição que mais tememos, recriando assim as mágoas originais da infância. Quando somos apanhados nesse círculo vicioso, a rejeição nos faz redobrar o esforço de aperfeiçoar a máscara, o que provoca ainda mais rejeição, e assim por diante. O principal antídoto para a máscara é aprender a nos aceitarmos e nos amarmos como somos; nesse caso, podemos finalmente perder o medo de não sermos amados e aceitos pelos outros. E, então, as autênticas qualidades do Eu superior podem ser resgatadas na forma original. Quando irradiamos nosso verdadeiro Eu superior, descobrimos que exercemos atração sobre os outros, colocando em movimento um círculo virtuoso que reforça o nosso verdadeiro eu.

1) Depois que Connie conseguiu tirar a máscara de submissão da "cristã perfeita" e admitir a raiva e a vontade de poder, ela também conseguiu resgatar sua grande e generosa capacidade de amar os outros e de cuidar deles. Ela só precisava parar de cooptar essa energia para a construção da máscara da mártir, um estado em que tendia a cuidar dos outros com a intenção de ser vista como "boa", superior, e/ou a forçar os outros a prestar atenção nela.

2) Por trás da máscara de poder, Elizabeth era uma pessoa de grande capacidade e competência nas questões da vida material. A sofisticação, o bom gosto e a competência eram qualidades que ela de fato possuía e que poderiam ser cultivadas, desde que não fossem usadas a serviço da obstinação, como meio de tentar controlar os outros. Aos poucos ela aprendeu a separar a competência da dureza, o bom gosto do desprezo pela inferioridade dos outros. E, então, seu autêntico gosto artístico e sua competência profissional passaram a lhe valer de verdade, sem atrapalhar a sua possibilidade de desfrutar da intimidade dos outros.

3) Por trás da máscara de serenidade, a capacidade de distanciamento passou a atuar a favor de Harriet, quando ela começou a trabalhar seriamente suas emoções. Quando as ondas de sentimento ficavam ameaçadoras demais, ela se retirava para o alto de sua muralha interior, o que lhe permitia observar o que sentia com objetividade e compassividade. Aos poucos, ela aprendeu a ampliar os muros que cercavam o conceito de si própria, de modo que sua identidade passou a abranger todos os sentimentos antes negados. Sua capacidade de se distanciar serenamente passou a integrar sua força espiritual, em vez de ser uma defesa contra o fato de ser totalmente humana.

Quando penetramos na máscara, ficamos diante do Eu superior e do eu inferior. Quando paramos de tentar evitar nossos defeitos ou nossa grandeza, nosso mal ou nossa verdadeira bondade, podemos ter uma visão mais precisa de quem somos. A auto-aceitação honesta constitui a base do autêntico respeito por si mesmo, que substitui a falsa auto-estima assentada na auto-imagem idealizada.

Quando reúne coragem para tornar-se o seu eu real, ele pode parecer muito menor do que o eu idealizado, mas você vai descobrir que ele é muito maior. E, então, você sentirá a paz de estar à vontade consigo mesmo. Você terá segurança. Você funcionará como um ser humano inteiro. Você terá eliminado o chicote de ferro de um feitor a quem é impossível obedecer. Você saberá o que realmente significam a paz e a segurança. Você deixará de procurá-las através de falsos meios. (*PGP 83*)

Exercícios do Capítulo 6:

1. Nomeie e explore cinco exigências perfeccionistas que faz a si mesmo. De onde vêm essas exigências? Ao fazer essas exigências, a quem você está tentando agradar, ou pelo menos impedir que magoe ou rejeite você? Essas exigências se enquadram no que a sua mãe ou o seu pai exigiam de você? Que exigências, na sua opinião, são de cunho social?

2. Escolha um problema ou uma desarmonia da sua vida atual, talvez alguma coisa que você esteja explorando nas recapitulações diárias. Escreva um diálogo entre o seu superego "chefão", perfeccionista, e o seu eu humano imperfeito sobre esse problema. Depois, escreva o que você aprendeu sobre as suas exigências de perfeccionismo. Qual parece ser a origem dele? Qual você imagina ser a função dele?

3. Em cinco dias de recapitulação diária, observe episódios de aparecimento da máscara ou da auto-imagem idealizada na sua interação com os outros. Observe também as reações que você tem quando o eu idealizado se sente ameaçado ao mostrar-se ou ser invadido pelos outros. Observe a vulnerabilidade que você sente nesses momentos.

4. Determine qual é a sua máscara predominante — amor, poder ou serenidade. Respalde a sua avaliação examinando exemplos da sua vida.

5. Veja como a sua máscara primordial é uma pseudo-solução ao problema da dor da infância. Relacione a imagem principal (principal falso conceito sobre a vida) com a sua máscara.

6. Consulte a citação da Palestra 73 nas páginas 134/5. Faça o exercício ali apresentado, que começa em "Tome um problema atual", Reduza-o até chegar ao sentimento básico de não ser amado. Você poderá ver, então, como a mágoa original da infância com seus pais é igual ou semelhante ao sentimento atual de não ser amado.

CAPÍTULO 7

Como Enfrentar o Eu Inferior

"A manifestação do mal não é algo intrinsecamente
diferente da pura consciência e energia. Ela apenas
mudou as suas características."

— Palestra 197 do Guia do Pathwork — *"Energia e consciência distorcidas: o mal."*

Os fantasmas de Albert: encontro com o eu inferior

Albert amava as mulheres. Pelo menos sempre estava apaixonado por uma, e às vezes por mais de uma. Aos 46 anos de idade, ele ainda se considerava um romântico galante. Desde as brincadeiras sexuais da infância com sua prima preferida, até a mais recente tentação — uma bonita cliente de seu consultório de psicoterapia — as mulheres tinham sido de suma importância na vida de Albert.

Mas seu primeiro amor foi sua mãe, a quem ele sempre chamou de Anna. Anna, que tinha apenas dezesseis anos de idade quando Albert nasceu, nunca agiu como mãe. Quem cuidou de Albert na infância foi a avó, enquanto a relação de Anna com ele era mais parecida com a de uma irmã mais velha, carente e neurótica. O pai de Albert era muito mais velho e alcoólatra — uma figura distante. Portanto, quando tinha algum problema, Anna freqüentemente procurava o filho, e cobria-o de abraços e beijos. Olhando para trás, Albert desconfiava que poderia ter havido um intercâmbio sexual entre ele e a mãe; lembrava de ter tido fortes fantasias sexuais com Anna durante a adolescência.

Mas Albert não veio ao Pathwork por causa de sua obsessão por mulheres. Recentemente, estava vendo estranhas "assombrações", a presença de espíritos escuros e ameaçadores que o visitavam, principalmente à noite. Sentindo-se amedrontado e inseguro, Albert estava tendo pensamentos suicidas. Ele supunha que as assombrações fossem projeções, mas tinha medo de chegar perto de sua própria escuridão interior. Fora criado na cultura rural do sul dos Estados Unidos, onde as superstições do ocultismo misturam-se ao fundamentalismo cristão, e agora descobria que era mais simpático do que julgava às crenças de sua jovem mãe em fantasmas e maldições. Os espíritos escuros que o rodeavam sem dúvida lhe pareciam reais; ele sabia que precisava de uma perspectiva espiritual para exorcizar essas presenças malignas.

Logo depois de participar de um retiro do Pathwork para fazer um trabalho pessoal intensivo conduzido por mim, Albert despertou certa noite com uma horrível ansiedade visceral. Começou a recordar, espontaneamente, interações sexuais muito precoces com a mãe. Sentia-se minúsculo, e Anna era imensa. Seus grandes seios e sua presença estimulante enchiam-no de sentimentos contraditórios: vergonha e animação, terror e alvoroço, repugnância e fascínio. Albert se encolheu debaixo das cobertas até que, por fim, seu estômago sossegou e ele pegou no sono, sentindo-se muito jovem e vulnerável.

Nas sessões subseqüentes, Albert continuou relembrando a ligação sexual com a mãe, recuando até seus primeiros anos de vida. Lembrou quando Anna lhe dava banho e tocava o seu sexo; quando ela se enroscava nele na cama e lhe oferecia os seios. Albert conseguiu sentir outra vez a respiração ofegante e a excitação dela.

Durante a regressão a essas cenas incestuosas, Albert gritava para Anna: "O que você está fazendo, mamãe?... Onde está você? Mamãe, eu estou com medo, volte." Esses gritos traduziam a agonia de suas memórias; Albert tremia de medo. Quando parou de tremer, sentiu vergonha — uma vergonha intensa e sincera que o fez esquivar-se ao contato. Parado e silente, ele começou a perceber como ficara excitado com a própria sexualidade para com a mãe, e como essa intensa relação havia provocado nele a sensação de ser especial.

Nessa noite, Albert sentiu a presença dos espíritos sombrios. Rezei com ele e, depois, sugeri que ele falasse com as presenças.

Ele perguntou: "Quem são vocês e o que querem de mim?"

Albert sentiu primeiro a presença de sua avó, vestida de preto, como de hábito, chamando-o com gestos a juntar-se a ela na morte. "Morra agora", convidou ela, "e você nunca mais precisará encarar as coisas terríveis que fez."

"Não quero morrer", respondeu Albert. "Quero enfrentar as coisas terríveis, sejam quais forem." Subitamente, o fantasma da avó pareceu sumir.

Mas outra presença surgiu, mais ameaçadora e acusadora que a primeira. Pedi que Albert identificasse o fantasma, e ele informou: "É meu pai." O pai de Albert havia se matado há muitos anos. O pai-fantasma transmitiu ao filho uma mensagem tão horripilante, que durante algum tempo Albert só conseguia tremer, incapaz de falar. Depois começou a rezar em voz alta pela ajuda de Cristo, e as preces dele e a minha presença tranqüilizadora o acalmaram o bastante para que ele relatasse a mensagem do "pai": "Você é mau e merece ser morto." A princípio, Albert não teve forças para discordar. "Sim, eu sei", respondeu sem pensar, começando a tremer de novo. "Fiz coisas com ela que não deveria ter feito — coisas más, muito más."

Nesse momento eu interferi naquele tom de voz suave que se usa com crianças: "Lembre-se, Albert, foi sua mãe quem começou esses jogos. A responsável foi ela. Você não passava de um garotinho que queria agradar mamãe e fazer o que ela pedia."

Enrodilhado e tremendo no sofá, Albert sussurrou: "Mas você não entende, não entende!"

"O que eu não entendo, Albert?"

Num fio de voz quase inaudível, Albert respondeu: "Eu gostava. Eu gostava das brincadeiras, da excitação. Eu gostava de ser especial." Com a voz arrastada, Albert sussurrou: "Meu pai..."

"Sim?", perguntei, num tom tranqüilizador, "o que tem o seu pai? O que você sentia por ele?"

"Eu era o número um. Eu era melhor que meu pai. Eu não queria que ele ficasse com ela. Queria que ele fosse embora. Queria que ele morresse!"

Albert começou a tossir, a chorar e a apertar o estômago. Tomado de ansiedade, ele se revirava no sofá, arfando e soltando soluços engasgados. Acabou se tranqüilizando o bastante para poder sussurrar: "Agora eu sei. A minha maldade o matou."

"Ah, estou vendo", respondi mansamente, "você acha que matou seu pai por causa das coisas erradas que fez com sua mãe, das brincadeiras com ela, de que você gostava e que o levaram a essa situação. E você acha que tudo isso faz de você uma pessoa tão má que mereça ser morta?"

Assentindo nervosamente com a cabeça, Albert indicou que era isso mesmo que ele acreditava em relação à criança aterrorizada que vivia no seu íntimo. "Agora nós podemos entender por que o pequeno Albert estava tão mal consigo mesmo que queria morrer", expliquei. "Agora sabemos por que os fantasmas da sua avó e do seu pai vieram visitar você. Eles vieram mostrar o que você pensa sobre a sua maldade. Vamos ver o que eles têm a dizer agora que você já ouviu o que temia ouvir a seu próprio respeito."

Endireitando-se no sofá e segurando minha mão, Albert convidou os fantasmas e falar-lhe de novo. Mas agora os fantasmas já não eram tão escuros. Ele sentiu, em vez disso, a presença benévola da avó, calorosa e maternal. Ela se fundiu com a presença clemente de Cristo, leve e reconfortante. Insisti para que Albert conversasse com essa nova presença semelhante a Cristo.

"Estou me sentindo tão mau, não mau como um menino, mas mau de verdade. Eu queria de fato substituir meu pai e ser especial para minha mãe. Não fui uma simples vítima dela. Participei da neurose dela, mesmo sendo criança. Quero saber se isso pode ser perdoado. Quero saber como ser perdoado."

Albert e eu, sentados lado a lado, sentimos então uma serenidade que aumentava cada vez mais. A sala parecia estar cheia da luz da presença de Cristo, um cálido brilho profundamente reconfortante. Sintonizando-me com esse sentimento de amor universal e incondicional, senti que meu coração se abria para a tranqüilidade e a fé. Albert interpretou em voz alta a mensagem que ouviu dessa presença:

"Tudo é perdoável, tudo já está perdoado. Nada é tão escuro, mesmo na parte mais desesperada de sua alma, que não possa ser bem-vindo na consciência. E a consciência é redenção. Tudo está bem; tudo continuará bem."

Como enfrentar o eu inferior

Embora nem todos se defrontem com manifestações tão dramáticas do eu inferior como os fantasmas de Albert, a maioria das pessoas é, em algum ponto da vida, presa do poder dos fantasmas e demônios inconscientes. Todos nós temos segredos vergonhosos, crenças infantis na nossa "maldade". E todos nós temos culpa adulta e verdadeira pelos pecados cometidos por ação ou omissão. Todos nós temos momentos em que fazemos, pensamos ou sentimos coisas que sabemos que são maldosas ou até mórbidas. Normalmente, estamos desligados da fonte do mal dentro de nós, e muitas vezes somos tentados a não assumir ou a justificar nosso negativismo.

Mais cedo ou mais tarde, porém, somos levados a reconhecer que nós mesmos somos a origem das nódoas escuras que mancham o nosso mundo; a escuridão emana de nós. O mal vive em todo ser humano na forma que o Pathwork chama de eu inferior. O momento em que admitimos o nosso eu inferior é um momento sagrado que assinala um ponto decisivo na nossa cura espiritual. Recolhemos as projeções malévolas e hostis que fazíamos sobre os outros e, com simplicidade e humildade, acolhemos a escuridão como pertencente a nós. "Sim", dizemos, "você pertence a mim. Aceito você como minha." Nosso orgulho cede, nosso coração se abre. Quando conscientemente acolhemos o mal que vive dentro de nós, essa aceitação honesta corta pela raiz a infelicidade, que é a nossa separação espiritual em relação a Deus.

Como Albert, achamos difícil acreditar que podemos ter um eu inferior e, mesmo assim, sermos dignos de amor, que podemos ser tanto bons como maus. Também como Albert, preferimos viver inconscientemente o roteiro do eu inferior como uma forma de defesa para não sentir as profundas mágoas da nossa infância imperfeita, a inevitável dor da nossa vida adulta e o desespero existencial de nossa separação em relação a Deus. Também gostaríamos de estar acima da nossa intensa vulnerabilidade, de controlar a vida e os outros, de nos esquivar de sentir o desamparo primitivo e existencial. Mesmo não tendo sido submetidos ao abuso explícito, como Albert, todos nós abrigamos sentimentos de vitimização que usamos para justificar o nosso lado negativo. Resistimos à visão pura e simples da nossa própria maldade, a chamá-la pelo nome correto.

O que é o eu inferior?

O eu inferior é o centro criador de nossas atitudes e sentimentos negativos, que se voltam contra nós mesmos e contra os outros, e que decorrem de nossa separação egocêntrica em relação à totalidade da vida. É a nossa defesa contra a dor, a nossa insensibilidade ao sentimento, o nosso desligamento de nós e dos outros. E é o negativismo que manifestamos como resultado dessa insensibilidade.

Nós projetamos nos outros a imagem do "inimigo", o que nos permite tratá-los tão mal, forçando-os a desempenhar um papel em nossos melodramas ocultos, em vez de respeitar a integridade que Deus lhes concedeu. O eu inferior deriva da falsa crença de que o nosso corpo/mente separado pode viver uma vida à parte do tecido constituído por todos os outros seres vivos, e do qual somos, na verdade, apenas um fio entrelaçado aos demais. A essência do eu inferior é a intenção negativa de ficar ao largo da totalidade da vida, e depois tornar grandiosa essa separação.

O eu inferior se manifesta em diferentes níveis de consciência. No nível do ego, temos determinadas falhas crônicas de personalidade — por exemplo, competitividade, tendência à maledicência, tendência à crítica. No nível da criança interior, temos falsos conceitos e negatividade defensiva resultante das mágoas da infância. Ao sondar mais fundo, encontramos inclinações negativas da alma — para a vingança, a amargura ou o desespero, por exemplo — que se manifestam por meio de arraigados problemas da vida. Esses são aspectos do eu inferior que trazemos conosco para a encarnação atual, com a finalidade de purificá-los. Mais fundo ainda, o eu inferior se manifesta como o nosso apego coletivo ao controle e à separação. Em última análise, o eu inferior é tudo aquilo que em nós impede o fluxo livre e focalizado da energia divina — do amor e da verdade — através do nosso ser.

Todo ser humano que vive na dualidade do plano terrestre resiste, em alguma medida, à entrega total a Deus. Resistimos à identificação plena com a nossa essência divina, com o fluxo de energia divina que é nossa verdadeira natureza. A escolha da identificação com a resistência e com o ego separado cria a nossa capacidade para o mal.

O que é o mal?

No "Pai-nosso", pedimos que Deus "nos livre do mal". A interpretação comum dada a essa frase é que devemos voltar as costas ao mal, abstendo-nos de todas as suas manifestações. O resultado lamentável é que acabamos nos livrando da **percepção** do mal em nós mesmos e no mundo que criamos. Ao negar o mal em nós mesmos, nós o empurramos para baixo, onde ele cresce como um câncer nos recessos do inconsciente. Somente quando o enfrentamos diretamente, trazendo-o para a luz da consciência, é que essa energia pode retomar sua verdadeira natureza original. Somente pelo esforço em aumentar a autoconsciência é que podemos realmente nos livrar do mal que criou raízes no inconsciente. Chegou a hora, no processo evolutivo, de enfrentar o eu inferior e, por meio da integração dessa percepção, resgatar tanto a nossa verdadeira humildade, como parte do todo da vida, como o nosso verdadeiro poder, como expressão individualizada da força vital universal.

Costumamos reservar a palavra "mal" para uma negatividade que é extrema, e/ou que corresponde a uma opção consciente. Embora seja possível fazer distinções morais entre os diversos graus de maldade, existe mesmo assim uma linha contínua entre as ações de um assassino genocida, como Hitler, e a separação egoísta de cada um de nós que escolhe inconscientemente alinhar-se com a negatividade e o medo, em vez de render-se ao amor e à verdade. A cegueira e a morbidez de Hitler tinham raízes nas mesmas forças negativas que existem em todo ser humano.

Quando reprimimos a percepção da nossa capacidade para o mal, mantemos essa divisão interior. O Guia explica:

> Não existe reciprocidade entre você e você mesmo se você rejeitar o mal que possui. Ao rejeitar o mal, você ignora e nega a energia criadora original e vital que o mal contém. Essa energia precisa ser tornada acessível, para que você se torne completo. A energia só pode ser transformada quando você está ciente de sua forma distorcida. Se você rejeita sua atual manifestação distorcida, como será capaz de transformá-la? Por conseguinte, você permanece dividido interiormente, e quando isso não é consciente, a divisão se reflete nos seus relacionamentos com as outras pessoas, ou na falta desses relacionamentos. Por piores e mais inaceitáveis que sejam quaisquer traços peculiares a você, por mais indesejáveis e destrutivos que sejam, a energia e a substância que os compõem é a força vital. *(PGP 185)*

O eu inferior é o lado escuro da força vital, quer se manifeste como Hitler ou como um ato insignificante de irreflexão de uma personalidade que, sob outros aspectos, é evoluída. Contudo, o eu inferior também é uma energia essencial, poderosa e criativa. Quando reprimimos a percepção dessa nossa parte, acabamos reprimindo também grande parte da nossa criatividade e vitalidade. Todas as pessoas apresentam distorções de sexualidade e agressividade. Quanto mais medo tivermos dessas distorções, mais iremos limitar a energia disponível para essas auto-expressões vitais. Todo mundo cria experiências de vida negativas a partir dos impulsos inconscientes do eu inferior. Quanto mais negarmos o poder de criação negativa do nosso eu inferior, mais fracos nos sentiremos na vida, e mais tenderemos a culpar os outros ou o destino pelos nossos infortúnios.

O eu inferior tem o poder de criar todo o sofrimento e todo o negativismo por que passamos na vida. Trata-se de uma força poderosa e criativa. Quando enfrentamos e reconhecemos todo o seu poder destrutivo dentro de nós, podemos resgatar o poder criativo para voltar nossa vida para direções mais positivas.

A negação do eu inferior

A negação do eu inferior nos seres humanos é um impulso pelo menos tão forte quanto a negação da morte; às vezes é ainda mais forte. Existem pessoas que preferem o suicídio a ter de enfrentar fatos verdadeiros, embora negativos, a seu respeito, fatos que vêm a público e representam uma ameaça para sua reputação e auto-estima. Muitas vezes sentimos que o valor que atribuímos a nós mesmos depende tanto de sermos "bons" — ou pelos menos de darmos essa impressão aos outros — quanto do reconhecimento de que a nossa maldade é equivalente à aniquilação.

O preço a pagar por reconhecer e aceitar o aspecto destrutivo e mau do eu parece ser muito alto. **Parece**. Na realidade não é. Ao contrário, o preço da negação é enorme. ... Na medida em que o mal é devidamente encarado, você se aceita, gosta de si mesmo, sente mais energia, e amor e prazer mais profundos. *(PGP 184)*

Ao aprofundar nosso compromisso para com o caminho espiritual, adquirimos apreço pela verdade e a compreensão de que, embora temporariamente dolorosa, a honestidade é sempre melhor do que o auto-elogio ou a negação. A mais importante ferramenta para criar tolerância ao nosso lado negativo é o desenvolvimento do eu observador objetivo e compassivo, um aspecto do Eu superior. Quando damos o verdadeiro nome às coisas, sem negação, deixamos de nos identificar com aquilo que é nomeado e passamos a ser aquele que nomeia. Nós nos transformamos no observador, não no que está sendo observado; transformamo-nos em percepção, não no conteúdo da percepção. Essa gradual mudança de identificação permite diminuir a ligação com o eu inferior e sentir menos vergonha dele, e consolida o nosso ancoramento no Eu superior.

Mas a necessidade de trabalhar com o eu inferior não desaparece quando aumentamos nossa identificação com o Eu superior. De fato, quanto mais forte for a nossa experiência do Eu superior, mais importante se torna a purificação do eu inferior.

Muitas práticas espirituais fazem verdadeiramente aflorar o eu real, superior, mas deixam intactos os aspectos não desenvolvidos da consciência. Muitas entidades têm um anseio tão intenso por concretizar sua natureza inerente, divina, que se esquecem de que, enquanto estão no corpo, sua função é cumprir uma missão no plano universal. Essa missão é a purificação e o crescimento da "matéria cósmica" não desenvolvida. *(PGP 193)*

Três aspectos do eu inferior: orgulho, obstinação e medo

Orgulho, obstinação e medo são o cerne do eu inferior. Cada uma dessas atitudes é uma forma diferente de negação que, portanto, são ainda mais perigosas para a alma do que formas mais visíveis do mal. O orgulho diz que somos melhores do que os outros; portanto, temos o direito de nos sentirmos importantes e especiais. O medo diz que precisamos nos proteger; portanto, tudo o que achamos que devemos fazer para nos defender é justificável. A obstinação diz que precisamos conseguir o que queremos quando queremos, justificando assim o nosso egoísmo.

Onde existe orgulho, onde existe obstinação, onde existe medo, existe necessariamente um estado de contração. A estrutura do ego torna-se estanque e rígida. A obstinação diz "eu, eu, eu", o pequeno eu, o eu que se interessa apenas pela personalidade do ego consciente e exterior, e que desconsidera, ignora e rejeita totalmente a consciência maior, a consciência universal, da qual vocês são uma expressão. A menos que a pessoa total se una a essa consciência maior que transcende o ego, torna-se imperativo agarrar-se ao ego. O ego não seria tão enfatizado se não existisse a falsa crença de que o eu é aniquilado desde que o ego não seja o único regente da vida humana. Portanto, quando vocês se identificam exclusivamente com o ego, não podem identificar-se com a consciência maior nem com os sentimentos do corpo, pois ambos caminham lado a lado. Se vocês se identificarem com o ego, criarão uma estrutura do ego estanque que diz, na realidade: "É o mundo do meu ego que conta. É tudo o que existe para mim; portanto, não posso abrir mão de nada; caso contrário deixarei de existir." *(PGP 177)*

A atitude do orgulho diz: "Sou melhor que os outros", ou "Insisto em ser a minha imagem idealizada e não o meu eu real imperfeito". O orgulho nos mantém acima da condição humana e nos seduz constantemente graças ao medo de que, se não ficarmos "acima" de nós mesmos, mergulharemos na insuportável falta de valor. O orgulho é a principal faceta do pequeno ego-eu separado que acredita que, para sobreviver, precisa ficar acima dos outros e ser considerado especial.

Numa dramática declaração sobre a natureza do orgulho na condição humana, o Guia diz: "Aquele que sente menos a humilhação do outro do que a sua própria humilhação ainda tem muito orgulho." *(PGP 30)*. A importância que atribuímos a nós mesmos do ponto de vista pessoal, racial, étnico ou sexual muitas vezes serve de justificativa para a crueldade e a superioridade para com os outros. Os antídotos do orgulho são um auto-exame honesto e uma humilde auto-aceitação, dos quais deriva a verdadeira auto-estima.

O orgulho diz: "Sou melhor que você." Isto significa separação, significa a habilidade de conquistar vantagens pessoais, significa tudo o que se opõe ao estado do amor. Da mesma forma, o orgulho também se manifesta como "Sou pior que os outros, não tenho valor, sou imprestável. Mas preciso esconder esse fato; portanto, preciso fingir que sou mais". Naturalmente, esses pensamentos não são enunciados, mas não podem ser totalmente inconscientes. Esse orgulho distorcido, ao contrário da dignidade saudável, está sempre comparando e medindo o eu com os outros e, assim, está perpetuando uma ilusão. Pois disso não pode resultar nenhuma avaliação verdadeira. É inútil e interminável a perseguição de uma meta ilusória que deixa a personalidade não só exausta, mas também mais e mais frustrada. O abismo entre o eu e os outros se alarga infindavelmente, o amor se torna menos possível e o prazer, mais distante. Não importa se vocês realmente acreditam que são mais que os outros, ou apenas fingem que são para encobrir a sensação de inutilidade: é tudo a mesma coisa. Isso não pode gerar amor. *(PGP 177)*

A atitude da obstinação diz: "Eu quero o que quero quando quero." A obstinação é diferente do livre-arbítrio, que é simplesmente a capacidade que a entidade tem de escolher, de dirigir, de ativar. A obstinação ocorre quando o livre-arbítrio é usado a serviço do pequeno eu, da consciência limitada do ego, visando controlar os outros e a vida. Como temos livre-arbítrio, temos a opção, a cada momento, de ficar do lado da nossa obstinação limitada ou do lado da vontade de Deus.

Podemos aprender a reconhecer a obstinação observando os momentos em que somos impacientes, exigentes, inflexíveis e tensos. A obstinação pode ou não ser consciente. Na maioria dos casos, ela já não se manifesta tão abertamente como na infância, no primitivo ou no criminoso. Mas mesmo assim atua na nossa insistência em impor a nossa vontade, por mais justificada ou racionalizada que possa ser a exigência.

A atitude do medo diz: "Eu não confio"; e muitas vezes também diz: "Se eu não sou especial, ou não consigo impor a minha vontade, algo terrível acontecerá." O medo, a um só tempo, apóia as atitudes de orgulho e da obstinação e resulta dessas atitudes. O medo nos confina às estreitas fronteiras do pequeno ego.

> O medo não confia em ninguém. Portanto, o eu que tem medo não consegue se soltar. O prazer é inatingível para a personalidade que está presa ao ego, à obstinação, ao orgulho, ao medo, que está presa às criações negativas, presa à luta interior que nega a própria negatividade. Por conseguinte, ela não conhece a natureza de seu próprio sofrimento. O eu nega sua responsabilidade pelo sofrimento e pela carência, e torna os outros responsáveis pela carência, o que, por sua vez, dá origem a ressentimentos, amargura, raiva, provocação. A confusão resultante é um tormento para a alma.
> *(PGP 177)*

A atitude do medo muitas vezes faz com que justifiquemos pensamentos e atos negativos que nunca encaramos, porque estamos perdidos na desorientação provocada pelo medo. Precisamos trazer à tona a atitude do medo e entender nossa recusa em confiar.

Quando fazemos aflorar as defesas do orgulho, da obstinação e do medo, elas perdem seu poder destrutivo. Permitimos que o nosso auto-observador objetivo e compassivo identifique essas atitudes, sem justificativas nem desculpas, mas também sem julgamentos. Por mais provocadora que possa ser uma situação externa, aprendemos a assumir a responsabilidade por nossas reações negativas.

Meu pai me telefonou esta manhã. Senti um breve lampejo de hostilidade; eu queria que ele morresse para herdar o dinheiro dele.
Ah... aqui estão a minha obstinação e a minha cobiça.

Meu marido bebeu muito a noite passada. Ele consegue ser tão rude! Sou tão superior a ele espiritualmente!
Ah... aqui está o meu orgulho.

Minha filha quer mais um vestido de festa. Não vou dar de jeito nenhum. Ela já teve mais namorados do que eu na idade dela, e ela não merece.
Ah... aqui está a minha competitividade.

Eu queria que meu marido dissesse mais vezes que me ama. Sinto-me sozinha e a culpa é dele.
Ah... aqui está o meu jogo de vítima mascarando minhas exigências e minha obstinação.

Não acredito que minha filha vá agir corretamente. Seria melhor impor-lhe regras mais rígidas.
Ah... aqui estão o meu medo e a minha vontade de controlar.

O que o eu inferior não é

A raiva, por si mesmo, não é um aspecto do eu inferior. A raiva é uma emoção humana natural. É uma campainha de alarme da nossa psique, que avisa que algo vai mal dentro de nós ou no ambiente. A raiva nos ajuda a agir, a mexer, a mudar. Sem ela, poderíamos ficar inertes em situações que não são saudáveis. Sem ela, careceríamos da vontade de nos defender e defender as pessoas que são maltratadas.

Se a raiva for assumida como um sentimento que vem claramente do eu, ela não precisa ser destrutiva. **É sempre mais saudável sentir a raiva do que reprimi-la.** A raiva reprimida sempre se manifesta de outra forma indireta e, inevitavelmente, mais negativa. A raiva somente se torna uma expressão do eu inferior quando é usada para ferir ou destruir.

Janet se pautava por padrões muito elevados no seu papel de mãe: ser razoável, amorosa e justa e, acima de tudo, não impor seus problemas aos quatro filhos. Ela mantinha essa auto-imagem idealizada a maior parte do tempo, mas sentia a maternidade como uma terrível carga e, de vez em quando, dava vazão a acessos irracionais e inexplicáveis de raiva, que mais tarde provocavam um enorme sentimento de culpa.

Num grupo do Pathwork, Janet expressou a frustração que sentia por não estar à altura de seus altos ideais. Sugeri que talvez ela precisasse sentir o ressentimento pela carga criada pela auto-imagem idealizada. Janet concordou em participar de um psicodrama. Todos nós a acusamos e formulamos as exigências que ela mesma constantemente se fazia. Quando ela ficou ressentida com todos nós, percebeu que também estava zangada com as incessantes solicitações dos filhos. Na verdade, estava furiosa com eles — um sentimento que jamais reconhecera antes. Investiguei mais fundo para ver o que estava por trás da recusa dela em sentir raiva na hora, quando esta poderia ser a reação adequada à atitude dos filhos.

"Tenho medo", sussurrou ela, "tenho medo de ter vontade de matá-los, se sentir a raiva conscientemente." Aqui estava o pensamento do eu inferior que ela vinha tentando esconder de si mesma, reprimindo a raiva. Incentivei Janet a permitir o pensamento proibido e, na segurança do grupo, onde ninguém sairia machucado, desenvolver esse pensamento. Dessa vez, ela disse em voz alta e clara: "Quero matá-los." Depois, ela fez uma visualização completa da matança dos quatro filhos — fê-los andar até uma plataforma onde havia um imenso caldeirão de óleo fervente. Ela se viu mergulhando cada um deles no caldeirão e observando-os morrer.

Essa visualização deixou-a muito abalada, mas também muito aliviada. Finalmente, ela havia colocado para fora seu pior segredo, seu homicídio oculto, o oposto da máscara da "mãe perfeita." Ela já não precisava mais carregar o fardo da falsa culpa que, na realidade, era uma distorção do orgulho, fingindo ser melhor do que ela às vezes se sentia por dentro.

Nessa noite, Janet teve o seguinte sonho: "Entro numa casa que havia sido dirigida por uma madrasta muito moralista e rígida, agora morta. Vou até o sótão e lá encontro uma velha canastra. Dentro dela está uma menininha que, por ser 'má', havia sido castigada pela madrasta: comprimida na canastra, ela deveria ficar ali até morrer. Solto a menina, que fica muito agradecida e imediatamente vai para fora e começa a brincar e a correr. Fico muito feliz."

Janet achou que a "madrastra" representava as exigências idealizadas da máscara. E a "menininha" era a sua própria energia espontânea, incluindo a sua raiva natural, que tinham sido tão reprimidas no seu íntimo que estavam quase mortas. Agora que o "segredo" do seu homicídio fora revelado, ela estava livre, a "menina malvada" podia correr e brincar à vontade e ela podia resgatar sua energia vital. Esse trabalho permitiu que Janet aceitasse a raiva com menos julgamento rigoroso e com mais consciência.

O sentimento de raiva sempre é útil, porque é a simples verdade emocional do momento, podendo, assim, levar-nos a um ponto mais profundo do nosso íntimo. A expressão da raiva, contudo, precisa ser consciente: o modo, o momento e a pessoa envolvida precisam ser levados em conta. Num contexto de trabalho pessoal, em sessões de aconselhamento individual ou de grupo, podemos sentir e expressar totalmente a raiva. Fora de um contexto desses, precisamos determinar se é conveniente e como é conveniente expressar a raiva, o que vai depender principalmente do grau de confiança e de disposição em explorar os sentimentos que existam na relação com a pessoa com a qual estamos zangados.

Se não existir intimidade e acharmos que o outro não é capaz de ouvir o que temos a dizer, talvez seja melhor não expressar absolutamente a raiva, ou fazê-lo apenas de modo controlado, ou como um protesto específico calculado para não culpar nem humilhar o outro. Em qualquer caso, precisamos investigar nossa raiva, de preferência de alguma perspectiva objetiva externa, para, no fim, ver se precisamos tomar alguma providência sobre a situação que nos incomoda.

A concordância em expressar a raiva aberta e diretamente é vital para qualquer relacionamento que tenha por objetivo a verdadeira intimidade. Numa situação dessas, a simples frase "Estou com raiva de você" muitas vezes desanuvia o ambiente. Com isso se inicia um processo de assumir responsabilidade pela própria raiva, falar sobre o que lhe deu origem, e depois se esforçar para descobrir se a sua origem foi realmente uma ofensa atual por parte do outro ou a reativação de uma mágoa anterior, ou uma combinação das duas coisas.

A raiva do eu inferior

A simples expressão "Eu estou com raiva" é muito mais saudável do que as alternativas comuns expressas verbalmente, ou com mais freqüência sentidas em silêncio, tais como "Odeio você", "Você é isto e aquilo, veja o que fez comigo" ou "Vou dar o troco". Ódio, culpa, sensação de ser dono da verdade e vingança são infinitamente mais prejudiciais aos relacionamentos do que a simples admissão da raiva.

A raiva só é uma expressão do eu inferior quando sua intenção se transforma da simples auto-afirmação para o desejo de ferir, castigar ou destruir. A raiva que é expressa com violência ou que fermenta e se transforma em ódio ou desejo de vingança é sempre uma expressão do eu inferior. Se a raiva não for expressa depois de se acumularem muitas mágoas e ressentimentos, quase sempre ela é prejudicial e desperta o desejo de vingança. Esse tipo de raiva pode ser sentido proveitosamente no ambiente seguro do aconselhamento espiritual ou da terapia. Nessas condições, podemos conscientemente ir mais fundo na exploração dos sentimentos negativos, para obter pistas sobre suas mais remotas origens.

Precisamos entender, contudo, que a metodização total da expressão da raiva é um objetivo irreal. Até a pessoa com mais consciência espiritual às vezes tem explosões de raiva que vem se acumulando há muito tempo ou que é semiconsciente. Uma explosão dessas pode nos alertar para os modos pelos quais as máscaras do amor ou da serenidade ainda podem estar ativas como defesas contra a nossa negatividade. Nossa tarefa, nesses casos, é sempre a mesma: aceitar e perdoar a nós mesmos e a nossos defeitos, e depois prosseguir na pesquisa das origens.

A revelação do eu inferior

O eu inferior, para a maioria das pessoas, é um terreno perigoso, excitante e assustador. É ao mesmo tempo repulsivo e atraente. Mesmo achando a violência repugnante, ela nos fascina. As vendas de jornais e a audiência dos filmes e programas de televisão violentos dependem, em grande parte, do nosso fascínio por aqueles que colocam para fora o eu inferior, quando reconhecemos o potencial secreto de maldade que existe em cada um de nós. Sabemos, instintivamente, que o eu inferior contém energia vital, e nos sentimos atraídos pelos crimes e crueldades, reais e ficcionais, praticados por outras pessoas em nosso lugar. Existe um potencial positivo na nossa atração por esse tipo de entretenimento, pois podemos usar o nosso fascínio pelo mal como pista a seguir para a nossa "terra do eu inferior".

Para achar outras pistas, precisamos examinar o nosso comportamento. Algumas pessoas manifestam-se verbalmente com estranhos quando se julgam agredidas. As outras normalmente só se manifestam no comportamento com pessoas íntimas: costumamos ser mais cruéis com aqueles que nos são mais próximos. Sentimo-nos feridos ou ameaçados e revidamos ou nos retraímos. Quando nosso comportamento é contido, pode ser que nossos pensamentos estejam impregnados de hostilidade. Ou ainda podemos projetar nossos piores pensamentos nos outros, imaginando que eles nos são hostis, quando na realidade o contrário é o verdadeiro.

O eu inferior opera na nossa vida através das imagens que distorcem a realidade e justificam o nosso lado negativo. As defesas do orgulho, da obstinação e do medo nos mantêm presos a uma autodefinição estreitamente egoísta que racionaliza ainda mais o nosso desligamento em relação às outras pessoas.

Mesmo quando não estamos cientes da forma de operação do eu inferior na nossa vida exterior, os sonhos quase sempre revelam o nosso lado sombrio.

Um homem que tinha trabalhado como taxista numa grande cidade sonhou o seguinte: "Estou no bairro do meretrício de uma grande cidade qualquer. Para qualquer lado que olho vejo pessoas desesperadas: drogados, traficantes, prostitutas, proxenetas. Está começando a ficar perigoso e quero sair dali. No entanto, toda rua onde vou é um beco sem saída. Finalmente, enquanto estou com o carro parado num farol, duas prostitutas pulam para dentro dele. Elas me dizem que vão me mostrar a saída. Continuo a dirigir por ruas ainda mais imundas, cheias de tipos do baixo mundo, enquanto as duas começam a me contar a história de suas vidas. Mesmo no sonho, percebo que estou na 'terra do eu inferior' e que, provavelmente, não vou conseguir sair enquanto não ouvir a história delas até o fim."

Além disso, sempre podemos lançar luz sobre o eu inferior examinando nosso comportamento sexual e nossas fantasias sexuais secretas. Quase todo mundo tem alguma fantasia sexual na qual a sexualidade está divorciada do amor, e que envolve a degradação ou o domínio de outras pessoas, ou por parte de outras pessoas. Se essas fantasias fossem examinadas meticulosamente, revelariam todas as nossas principais distorções. Albert, cuja história deu início a este capítulo, era constantemente atraído por mulheres "proibidas", tanto na vida real como na fantasia. Dessa forma, ele recriava o tabu original do incesto, levado pela ligação de sua energia sexual com a situação negativa original.

> Muitas vezes, acontece que o ser humano só funciona, do ponto de vista erótico e/ou sexual, na presença de medo ou dor... Cada um de vocês, pelo menos até certo ponto, verá que a sua resposta erótica acontece apenas quando existe, no mínimo, um ligeiro elemento de rejeição, de medo, de incerteza, de insegurança ou de dor. *(PGP 119)*

Vamos examinar em mais pormenores a associação entre sexualidade e o eu inferior no Capítulo 9, onde exploramos a ligação da força do prazer com as situações de vida negativas.

O poder criador do eu inferior

Enquanto o "território do eu inferior" permanece como território inexplorado, ele parece aterrorizante e impossível de dominar. Temos medo de que o ego-eu, com o qual normalmente nos identificamos, se perca nas moitas de nossas distorções. Temos medo dos monstros do inconsciente negativo que espreitam nas florestas dessas terras desconhecidas.

No entanto, como o mal é uma parte intrínseca da natureza humana, se quisermos seguir o caminho da verdade, não temos outra alternativa senão penetrar nos sombrios mistérios da nossa natureza. Caso contrário, viveremos na superfície da vida, na máscara da negação.

Precisamos lembrar sempre que o mal não é uma força separada no Universo. No plano comum e dualista, o mal pode parecer uma força igual e oposta ao bem. Na realidade, o mal é apenas uma distorção da única grande força criativa do universo. Localizar e acolher o mal é a única forma de redirecionar essa "corrente de energia" à sua origem pura.

> Quando o mal é entendido como um fluxo de energia intrinsecamente divino, temporariamente distorcido em função de determinadas idéias erradas, de conceitos e imperfeições, ele já não é rejeitado na sua essência. *(PGP 184)*

A transformação do eu inferior é essencialmente a liberação da massa feia e endurecida de matéria da alma na sua essência original maleável. Assim como a matéria sólida, por meio da aplicação de determinados processos físicos, se transforma em energia gasosa, o eu inferior — através da aplicação das práticas espirituais da investigação, da aceitação, da confissão e do perdão — se transforma em energia divina. A crueldade sexual se transforma em exuberância sexual. A agressividade hostil transforma-se em afirmação positiva. O marasmo passivo se transforma em aceitação descontraída. E assim por diante. A cada transformação, abrimo-nos a uma quantidade cada vez maior de energia benéfica, conquistando a vitalidade desimpedida do eu sem defesas.

A integração da nossa própria escuridão torna a vida mais real e interessante. No sonho a seguir, uma jovem mulher que tinha combatido seus impulsos suicidas reconhece a sombra autodestrutiva como uma figura amiga:

"Estou sentada com minha mãe em um cinema, logo antes do filme começar. Vamos ver uma comédia ligeira, medíocre. Nas fileiras da frente do cinema vejo um homem negro ameaçador, embora atraente, e começo a descer para vê-lo. Minha mãe me repreende porque o filme está para começar, e acrescenta uma calamitosa advertência sobre alguma coisa má que vai acontecer se eu a deixar. Amedrontada, mesmo assim vou ver o homem.

Ao me aproximar do negro, ele me olha sedutoramente e fico com medo de me perder diante do seu poder. Mas, quanto mais me aproximo, menos medo sinto. Finalmente, sento-me perto dele e pego na sua mão. Olhamo-nos nos olhos e parecemos nos fundir por um instante — sinto-me mais forte e mais firme do que jamais fui. Nesse momento, sei que não vou voltar para perto de minha mãe, e que na verdade o filme que vai passar é sério, empolgante e do tipo que muda a vida."[1]

A sonhadora resumiu: "Minha mãe é como o meu eu idealizado, que finge que não tenho um lado sombra. Eu a deixo para enfrentar a minha natureza escura e com isso fico mais forte. O filme da minha vida passa a ser muito mais real."

As origens do eu inferior

Em qualquer encarnação, o eu inferior é ativado pelas experiências negativas da infância, principalmente com os pais. Tanto o eu inferior como a máscara passam a existir através da tentativa da alma de resistir ou esquivar-se à experiência dolorosa, que é inerente à dualidade da condição humana. Quando deparamos com uma situação dolorosa, sentimos involuntariamente medo e expressamos pesar ou reagimos com raiva. Esses são sentimentos naturais; ainda não são o eu inferior.

No entanto, muitas vezes, nem a expressão de pesar nem a expressão de raiva são aceitas pelos nossos pais. Portanto, precisamos reprimir os sentimentos espontâneos. E em seguida tentamos descobrir um meio mais aceitável de agir, que possa evitar a dor futura. Assim, construímos a máscara e estancamos os sentimentos naturais. No fim, tornamo-nos insensíveis ao que realmente sentimos. E juramos — muitas

---

1. Este sonho de uma mulher branca, no qual o eu-sombra é representado por um homem negro, é um exemplo do simbolismo cultural subjacente ao racismo. O eu inferior rejeitado é projetado no "outro", seja ele negro, judeu ou membro de qualquer outro grupo, o que dá à máscara, o nosso fariseu, uma desculpa para oprimir outros seres humanos. Resgatar nossas projeções, como fez esta sonhadora, é a solução para o racismo pessoal e coletivo.

vezes sem ter consciência disso — ferir os outros em vingança, freqüentemente usando como arma a nossa própria desgraça.

A criança que se sente ferida, rejeitada, impotentemente exposta à dor e à privação, muitas vezes encontra no embotamento dos sentimentos a única proteção contra o sofrimento. Muitas vezes, é bem verdade que se trata de um útil recurso protetor. Além disso, quando a criança sente emoções contraditórias e conflitantes em sua psique, ela não é capaz de lidar com essa situação, e fica insensível. Em algumas circunstâncias, isso pode ser uma espécie de salvação para ela. Mas quando a insensibilidade se mantém muito depois de as circunstâncias mudarem, e quando a personalidade já não é uma criança impotente, este é o início do mal.

O entorpecimento e a insensibilidade em relação à própria dor e aos conflitos internos transformam-se em entorpecimento e insensibilidade em relação aos outros. ... Isso permite que a pessoa presencie o sofrimento alheio sem sentir desconforto nem dor na consciência. Grande parte da maldade do mundo é provocada por esse estado de alma. A indiferença passiva pode não ser tão ativamente má quanto a crueldade praticada, mas a longo prazo é tão prejudicial quanto ela.

....

O estágio seguinte é o de infligir crueldade ativamente. Isso ocorre devido ao medo dos outros, de quem se esperam atos dessa natureza, ou devido à incapacidade de lidar com a raiva reprimida, ou devido a um sutil processo de fortalecimento do recurso protetor do embotamento. Vocês verão que uma pessoa assim pode, ocasionalmente e quase conscientemente, ficar à beira de uma decisão: "Ou eu deixo que os meus sentimentos se voltem para a participação com o outro, ou, para recusar esse forte influxo de sentimentos calorosos, eu me comporto exatamente da maneira oposta." No momento seguinte, o raciocínio se foi, a decisão consciente é esquecida, e o que permanece é uma força que impele para a prática de atos cruéis. ... Isto, por sua vez, intensifica o processo de embotamento, impossibilitando o influxo de sentimentos positivos espontâneos e, também, afastando o medo e a culpa. Ao infligir dor aos outros, a pessoa elimina, ao mesmo tempo, sua própria capacidade de sentir. Conseqüentemente, esse é um meio mais poderoso de chegar ao entorpecimento.

Em todos esses casos, pode-se ver a repetição de um quadro: todo dano, toda destrutividade, todo o mal resultam da negação dos sentimentos do eu real espontâneo.
(PGP 134)

Na infância, éramos intensamente vulneráveis e desamparados. Quando sentíamos as emoções do eu real, espontâneas, porém dolorosas, aprendíamos a estancá-las, porque acreditávamos que elas eram intoleráveis. É por isso que o fato de abrir-se agora àquela dor da infância, há tanto tempo reprimida, é uma parte tão importante da cura do eu inferior. Quando somos capazes de sentir a nossa dor, podemos nos abrir ao sofrimento dos outros. Portanto, há muito menos probabilidade de sermos cruéis com eles.

O eu inferior inato da criança

Além do mal reativo resultante de mágoas específicas sofridas na infância, todos nós já nascemos com um eu inferior. Podemos considerá-lo como uma capacidade inata dos seres humanos de serem destrutivamente egocêntricos, cruéis e possessivos. Essa distorção universal surge pela primeira vez quando começa o processo de diferenciação da criança. Se as necessidades reais do bebê forem supridas, normalmente isso acontece por volta dos dois anos de idade.

Nessa ocasião, a criança começa, pela primeira vez, a diferenciar-se dos pais e a exercer um poder diferenciado. O eu inferior se mostra sob a forma de exigências descabidas no sentido de ser constantemente o centro das atenções, de ter todas as necessidades imediatamente atendidas e de tentar controlar sempre os outros e o ambiente.

O Guia do Pathwork dá a isso o nome de "imagem de massa da auto-importância", que é a expressão humana universal do eu inferior. A imagem de massa é que o valor que atribuo a mim mesmo depende do fato de eu ser especial e obter aprovação e guloseimas dos outros. Embora esse estágio de narcisismo dependente e auto-importância exigente seja natural no desenvolvimento do ego da criança, se ele não for recebido com amor e bom humor, essa distorção humana universal prolongar-se-á até a idade adulta.

> Nós, no nosso mundo, podemos ouvir os gritos estridentes da alma de vocês para chamar a atenção... Quando nos aproximamos do plano de vocês, todas as almas emitem esse chamado alto e clamoroso, inaudível para os ouvidos de vocês. Mas imaginem como é barulhento para nós. *(PGP 57)*

Como a maioria das almas não supera o egoísmo infantil, para os espíritos mais evoluídos que visitam a nossa esfera o mundo todo soa como uma classe descontrolada da pré-escola!

Se for plenamente encarada na infância, a auto-importância típica dessa fase de desenvolvimento evolui para uma auto-afirmação saudável, junto com o reconhecimento de limites. Quando os pais impõem limites realistas e adequados, a criança aprende que o universo não existe apenas para cuidar de todos os seus desejos passageiros. É precisamente ao passar por essa frustração que a criança aprende a diferenciar-se do ambiente. Toda criança resiste aos limites impostos pelos pais e expressa seu descontentamento e sua frustração sobre esses limites. Ela instintivamente reage com fúria, ódio e desejo de vingança. Os pais saudáveis podem receber essas reações com firmeza e serenidade, sem levar muito a sério a auto-importância da criança. No entanto, se as reações espontâneas do eu inferior infantil forem fortemente reprimidas pelos pais, elas irão para o inconsciente, onde permanecem não resolvidas, manifestando-se em épocas posteriores da vida.

A criança precisa que seu egoísmo seja aceito e que sua necessidade real de ser autônoma e poderosa seja incentivada. Mas também precisa de limites claros para sua conduta e de pais dispostos a identificar o comportamento negativo sem assumir uma postura crítica, mesmo quando a criança afirma seus sentimentos e sua energia. Dessa forma, ela pode começar a aprender a atitude adequada em relação ao eu inferior — aceitação e perdão, mas sem justificar a manifestação. Ela pode aprender a distinguir suas verdadeiras necessidades das exigências exageradas. E pode começar a aprender a identificar seu lado negativo pelo que é, sem justificá-lo nem ceder a ele.

No entanto, as atitudes distorcidas dos pais em relação a seus próprios eus inferiores se refletem nos filhos. Se os pais rejeitam o eu inferior, a criança também reprimirá seu natural egoísmo e hostilidade, e não aceitará a responsabilidade pelo lado negativo. Se os pais cedem ao lado negativo ou deixam de confrontar o eu inferior da criança, esta manifestará a negatividade sem se sentir responsável pelo seu comportamento.

Quer o lado negativo seja reprimido ou consentido, a criança tentará entorpecer a dor da culpa real que acompanha a percepção do eu inferior. E tentará criar um molde que seja aceitável às expectativas conscientes ou inconscientes dos pais, pois ela acredita que isso a poupará da dor futura. Assim se forma a máscara e assim se obscurece a consciência do eu inferior.

Quando reprimido, o eu inferior vai para o inconsciente e irrompe em época posterior, principalmente nos períodos de *stress* ou de crise. Nessa manifestação, a dor acumulada e não sentida da culpa afasta ainda mais a pessoa de si mesma e da possibilidade de transformação. Na idade adulta, as origens infantis do eu inferior estão esquecidas. Aí, então, o ódio, o egoísmo, o desejo de vingança são racionalizados em função de fatos externos, reduzindo a capacidade de arcar com a responsabilidade pelo próprio eu inferior. Essa é a forma de perpetuação do mal.

O karma e o eu inferior

Também podemos encarar a origem do eu inferior do ponto de vista mais amplo da jornada da alma. Dessa perspectiva, cada encarnação não passa de um trecho de uma viagem da alma através de muitas vidas. O eu inferior, aqui, é visto como uma criação cumulativa, resultante de todas as escolas negativas feitas em todas as vidas que vivemos sobre a Terra. Cada vez que preferimos o medo, a vingança ou a insensibilidade ao amor, à coragem e à ligação, estratificamos um pedaço de nossa alma. Essa energia vital contraída é o eu inferior da alma. Nós a carregamos em cada vida como uma bagagem compacta, para, no fim, enfrentá-la e liberá-la. O eu inferior da alma só pode ser descontraído e iluminado quando se sente a dor das escolhas negativas feitas e se fazem outras escolhas mais positivas. O antiquíssimo ritual da confissão e do perdão serve para transformar o eu inferior no âmbito da alma.

Dessa perspectiva, escolhemos nossos pais e as primeiras situações pelas quais passamos na vida com a finalidade de ativar as "amassaduras da alma", ou questões não resolvidas, transportadas de encarnações precedentes. Determinados tipos de dor ou de rejeição da infância têm ressonância em nossa alma e recriamos a situação que viemos enfrentar e sanar. Isso ajuda a explicar por que filhos dos mesmos pais muitas vezes têm reações tão diferentes ao mesmo contexto familiar. Cada filho tem um karma diferente ou distorções inerentes que são ativadas na infância, e cada um deles tem uma tarefa diferente em relação aos pais.

Uma vez trazidas à superfície as fraquezas e distorções da nossa alma, por meio das experiências formadoras da infância, temos a oportunidade de reconhecer e transformar nossas falhas crônicas. Nosso espírito nos guia e nosso Eu superior planeja o ambiente da infância para que nossos defeitos possam se manifestar, assumir forma concreta e, da mesma forma, nossos pontos fortes possam ser postos à prova e aprimorados.

A compreensão de que determinadas defesas negativas estão instaladas na alma devido a experiências de vidas passadas alarga nossa visão acerca dos problemas da vida atual.

Eleanor estava explorando sua resistência interna ao relacionamento, sua recusa em abrir-se com os outros. Às vezes dava a impressão de ser uma verdadeira restrição física, uma incapacidade de falar. Mesmo depois de ter decidido revelar algum aspecto vulnerável de si mesma, ela não conseguia encontrar as palavras. Sentia-se prisioneira do medo do que poderia resultar se fosse verdadeira e aberta com os outros.

Durante uma meditação dirigida, ela se viu em uma masmorra. Conseguia ver e sentir o cheiro das paredes frias e viscosas de pedra verde-acinzentada, uma minúscula janela gradeada muito além de seu alcance, e um banco de madeira preso por correntes à parede. Ela se viu sentada nesse banco, vestida com uma bata medieval comprida. Sabia que era alguém importante, talvez uma duquesa, levada à cela da masmorra por ser uma ameaça aos poderes dominantes. O carcereiro parecia ser um homem gentil e solícito, vestido com uma roupa marrom grosseira tendo uma corda amarrada na cintura, e demonstrava ter pena dela. Mas Eleanor não queria compaixão. Pensou: "Eles acham que o fato de me colocarem aqui me incomoda, mas não é verdade. **Eu não ligo.** *Eles não têm como me atingir; nada do que eles possam fazer me atinge. Esta é a minha vitória.* **A minha vitória é não ligar. Eles nunca vão saber o quanto estou ferida."**

O quadro do seu orgulhoso isolamento e resistência à vulnerabilidade nessa vida medieval tinha uma dramática semelhança com a situação atual de Eleanor, que se sentia prisioneira de suas próprias defesas. Ela ficou muito aliviada depois de reviver essa antiga cena, que retratava com tanta clareza a dificuldade atual. Começou a trabalhar ativamente com a personagem interior da duquesa aprisionada e de sua opção, naquela vida, pelo orgulho e pelo isolamento. No fim, Eleanor deixou-se tomar pela dor e pela impotência; dali por diante, a prisão de suas rígidas defesas começou a ruir.

Trazemos para cada vida as questões e as imagens que refletem as nossas distorções. O começo da nossa vida com os pais cristaliza essas imagens, para podermos vê-las claramente. Quando esses problemas "antigos" são reencenados em vidas posteriores, podemos começar a solucioná-los. Ao longo do caminho, aprendemos como determinadas atitudes geram inexoravelmente determinados resultados: a separação provoca o isolamento, o amor gera a harmonia, a dependência provoca a desilusão, a responsabilidade pessoal gera a auto-estima, e assim por diante. Essas leis do karma operam na nossa vida atual, e também no intervalo de tempo que cobre muitas vidas.

A origem do mal

Num nível ainda mais profundo, a origem do eu inferior na psique individual é sinônimo da questão da origem do mal na humanidade.

O Guia do Pathwork vê os seres humanos como parte de uma matéria cósmica criada quando uma parte de Deus decidiu separar-se do restante. A auto-identificação com essa separação levou essa parte de Deus à dualidade e ao mal. Estamos numa jornada de autodescoberta para o reencontro consciente com Deus, com a nossa verdadeira essência. Diferentemente do restante da natureza, somos dotados de livre-arbítrio, que nos permite a escolha do egocentrismo e a crença na separação.

Nosso eu inferior nos faria permanecer orgulhosamente separados, enquanto nosso Eu superior anseia pela humilde religação, reencontro e retomada de nossa identificação com o todo da criação. Esse anseio nos leva à jornada de muitas vidas, até que todos os pedaços da consciência humana que se cindiram em qualquer época decidam, por livre-arbítrio, voltar ao estado unitivo.

O Guia costuma usar mitos e metáforas personalizados da cristandade ocidental para descrever o processo universal de separação e retorno. Mas ocasionalmente usa uma linguagem mais abstrata, que reflete o misticismo oriental. Para cada pessoa, a cosmologia que tem mais ressonância com a experiência pessoal constitui o modelo mais proveitoso. Em última análise, a atenção à nossa experiência da natureza limitada do negativismo e à expansividade da nossa essência divina são muito mais importantes que qualquer conjunto de crenças.

O mito cristão

A história cristã da separação original em relação a Deus é a história de Lúcifer, o mais categorizado anjo de Deus depois de Cristo, que decidiu separar-se do seu Pai e Criador. Em sua rebelião, Lúcifer tornou-se Satã, identificado com sua separação, com seu orgulho, com sua obstinação. Embora acreditasse que, dessa forma, havia criado seu o próprio "reino", Satã está sujeito às leis essenciais do Universo de Deus.

O mal de Satã não é uma força igual e oposta ao poder de Deus, pois Deus criou Satã e deu-lhe o livre-arbítrio. Satã está limitado pelas leis de causa e efeito, o que significa que, mais cedo ou mais tarde, ele sofre as conseqüências das escolhas negativas que faz. É esse sofrimento que finalmente desperta Satã para a realidade da dor engendrada pela separação, para que ele possa tomar uma decisão diferente.

O oposto de Satã é Cristo. Assim como Cristo personifica a luz eterna do divino, Satã personifica a escuridão do mal. Todas as dualidades da nossa realidade humana resultam dessa divisão original entre Satã e Cristo, entre trevas e luz, entre o mal e o bem. Deus é o princípio unificador, o pai de tudo. E dentro de cada ser humano coexistem três "personagens". No plano dualista, somos tanto Cristo (o Eu superior universal) como Satã (o eu inferior universal); a batalha entre nossos impulsos positivos e negativos. Mas, por baixo de tudo, também somos Deus, o princípio unitivo que transcende a dualidade.

"O pecado original" significa, na verdade, as imperfeições inerentes à natureza humana, como resultado da opção pela separação da nossa consciência da consciência de Deus. A percepção do pecado original é simplesmente a percepção da nossa alienação em relação ao todo. Mas isso **não** é a nossa identidade mais básica. Nossa natureza mais antiga é a divindade; as distorções vieram depois. O mito de Adão e Eva, que decidiram desobedecer a Deus e seguir Satã, com a conseqüente expulsão do jardim primordial do Éden, é uma maneira de personificar a decisão original de abandonar a consciência unitiva.

A encarnação de Cristo como Jesus assinala o ponto de virada na evolução da nossa capacidade de realinhamento com o propósito de Deus — de saber que já estamos perdoados e somos totalmente amados, a despeito da realidade do eu inferior, das ações da nossa consciência parcial e defeituosa do ego. Como Jesus Cristo nos mostrou o caminho para o reencontro com Deus, somos capazes de decidir conscientemente participar do plano de salvação. Mas, no decorrer do processo, precisamos lutar diariamente para escolher entre o modo de Cristo, da reunião consciente com Deus, ou o modo de Satã, do egocentrismo e da separação de Deus.[2]

Perspectivas não-cristãs

A mesma história da unidade original, de separação e reencontro, pode ser contada em termos não-cristãos, não-personificados, mais compatíveis com a cosmologia budista.

> Imaginem, meus amigos, uma consciência, um estado de ser onde existe apenas contentamento e poder infinito — literalmente infinito — de criar com a consciência e por meio da consciência individual. A consciência pensa e deseja e, notem, o que é pensado e desejado, é. A vida e a luz podem abranger cada vez mais possibilidades. Somente na existência do ego humano o pensamento e a vontade são aparentemente separados do ato e da forma.
>
> Como as possibilidades são infinitas, a consciência também pode explorar a si mesma, confinando-se, fragmentando-se — para "ver o que acontece", por assim dizer. Ela experimenta a si mesma contraindo-se em vez de se expandir. Em vez de desdobrar-se, ela experimenta a sensação de se recolher; em vez de explorar mais luz, ela quer ver como é sentir e experimentar a escuridão.
>
> Pode haver uma fascinação especial e um aspecto de aventura no simples fato de testar a limitação e a fragmentação da consciência, de ver qual a sensação provocada pela escuridão, pela não-percepção do todo. Ela começa então a assumir um poder próprio. Pois tudo o que é criado tem um investimento de energia, e essa energia se perpetua sozinha. Adquire um *momentum* próprio. Em algum ponto, a consciência que durante tanto tempo criou esses canais e caminhos não pode inverter o curso. Fica perdida no seu próprio *momentum*, perdendo a noção do que fazer para voltar atrás.
>
> No nível mais profundo, a consciência sabe que não existe nenhum perigo real, pois qualquer que seja o sofrimento de vocês, seres humanos, ele é realmente, em última análise, ilusório. Depois de encontrarem a verdadeira identidade, vocês saberão disso. É tudo um jogo, um fascínio, um experimento, depois do qual é possível, e finalmente acontece, reconquistar o estado real de ser. *(PGP 175)*

Essa visão do drama cósmico da separação e reunião não fala em mal, mas vê o ser humano como parte daquela consciência que se separou do todo. Sugere que

---

2. A alegoria cristã é relatada pelo Guia nas Palestras 19-22, cujos títulos são "Jesus Cristo", "Deus, a criação", "A queda" e "Salvação".

decidimos explorar a separação, ou o mal, simplesmente porque esta é uma escolha possível. Todas as escolhas possíveis serão feitas algum dia, para que a totalidade da criação possa ser explorada conscientemente.

Tanto as perspectivas religiosas ocidentais como orientais podem ser distorcidas. A ênfase oriental no nível benigno e unitivo da realidade pode ser distorcido na negação do mal no plano humano. O drama cristão da luta entre Cristo e Satã, entre o bem e o mal, pode ser exagerado numa negação da nossa integridade e divindade subjacentes.

A perspectiva do Pathwork

O Pathwork é, simultaneamente, oriental e ocidental, uma síntese das tradições místicas do Oriente e do Ocidente, que enfatiza a experiência direta do eu e de Deus. A vida humana é encarada como uma escola de purificação da alma, que atravessa várias encarnações em que cria e posteriormente elimina o karma — o resultado de nossas auto-identificações negativas e limitadas —, e aprende a tornar a unir-se à essência divina.

O mal se origina na disposição complacente de Deus de permitir que aspectos de sua totalidade se encarnem separadamente e explorem essa identidade separada. Os fragmentos cindidos tornam-se mais e mais autoconscientes de sua condição limitada e, como conseqüência, todos nós, livremente, optamos novamente pela união.

A realidade do mal, tal como se manifesta nesse plano de desenvolvimento, precisa ser aceita por todas as pessoas, para que possam aprender a lidar com ela e, assim, a superá-la efetivamente. O mal precisa ser encarado e vencido primeiramente dentro do eu. Somente então pode-se lidar com o mal fora do eu. ... A consciência humana se encontra num estado de desenvolvimento no qual existem tanto o puro e o distorcido, o bom e o mau, Cristo e o demônio. Cabe a cada ser humano, no longo caminho da evolução — vida após vida — purificar a alma e vencer o mal. *(PGP 197)*

Não é importante a cosmologia ou a explicação da origem do mal a ser aceita. E não importa se você acredita em reencarnação, ou num plano evolutivo de salvação, ou em qualquer outra coisa. O que é importante é aprender a olhar para dentro, encarar o eu com honestidade e compaixão. É assim que aprendemos a enfrentar o nosso mal, sabendo que ele não é a realidade final, e sim uma divindade distorcida.

No episódio dos "fantasmas de Albert", narrado no início deste capítulo, contei como, numa experiência pessoal intensiva em Sevenoaks, Albert encontrou a temida "maldade" do seu menino preso numa teia incestuosa tecida pela mãe imatura e neurótica. Ele sentiu vergonha e culpa. O envolvimento sexual com a mãe foi enfrentado e perdoado de forma mais completa do que jamais havia sido em sua vida.

O passo seguinte era examinar plenamente os padrões negativos do homem adulto que, sem entender por quê, dispensava um tratamento inapropriado às mulheres, tentando desforrar-se do trauma central de sua infância. Albert precisava agora colocar ordem na sua interminável sucessão de casos amorosos e descobrir como poderia ter um relacionamento sério em vez dos jogos de poder sexual a que estava acostumado.

Com o tempo, Albert veio a perceber que sua atração por parceiras "proibidas" derivava da antiga excitação do relacionamento tabu com a mãe. Toda vez que o relacionamento com alguma mulher se tornava "aceitável", como o casamento, ele perdia o interesse.

Quando Albert explorou mais a fundo a relação incestuosa com a mãe, percebeu que, além de sentir vergonha e um desejo secreto, ele também tinha muita raiva dela. Ela, na verdade, o tratava muito mal, e a raiva dele era justificada. Mesmo assim, era difícil para Albert ficar zangado com Anna, mesmo na fantasia. Em vez disso, ele manifestava essa raiva na hostilidade com outras mulheres. Apaixonava-se, mas nunca entregava de fato o coração nem assumia um verdadeiro compromisso. Usava seus conhecimentos de psicologia para sentir-se superior, para intimidar e controlar as mulheres.

Albert agora precisava enfrentar a verdadeira culpa adulta pelo seu comportamento negativo com as mulheres, admitir seu próprio poder sombrio — sua crueldade e sua intimidação — para sentir o medo e a vulnerabilidade que suas atitudes visavam proteger, e buscar uma nova fonte de poder na capacidade de amar e não no desejo de se vingar.

Albert contou um sonho: "Estou no quarto da frente da casa de minha infância, amedrontado e sozinho. Preciso desesperadamente de alguém para cuidar de mim e me proteger. Ouço alguém entrando pela porta dos fundos, que está quebrada e eu deixei aberta. A princípio penso que é um homem, mas não é um homem de fato; é uma sombra escura e densa, como o desenho de uma sombra de uma velha história em quadrinhos. A sombra agora espreita nos quartos do fundo da casa, e fala comigo daquela distância. Diz que veio para me proteger, para ser o pai que não tenho. Mas eu não acredito nela. Acho que talvez seja o demônio, e acordo assustado por tê-la deixado entrar em minha casa."

Quando Albert começou a analisar esse sonho, sentiu as nuvens negras que o perseguiam anteriormente. Sugeri que rezássemos. Invocamos a presença de Cristo e pedimos a ajuda dele para que Albert chegasse ao centro da escuridão e encontrasse o que o estava perseguindo. Enquanto esperávamos, novamente se tornou visível uma energia escura rodeando o rosto de Albert.

Sugeri que ele falasse como a personagem "sombra" de seu sonho. Albert começou: "Sou a sua escuridão. Entrei pela porta dos fundos, o coração partido da sua infância despedaçada. Você me chamou para protegê-lo, e agora você é meu. Vou assustar você e fazer com que me obedeça. Meu alvo é a vingança e o ódio. Jamais vou desistir. Vou possuir e destruir todas as mulheres que puder."

Enquanto ia falando, o rosto de Albert mudou. Seu sorriso costumeiro foi substituído por um olhar de soslaio; seus ombros ficaram tensos e arqueados; o rosto se contraiu. O poder sombrio se revelava no corpo de Albert.

"Sinta o seu corpo agora, Albert", sugeri. "Você consegue sentir o demônio dentro de você?"

Os ombros de Albert afundaram de repente e o rosto se descontraiu. "Consigo sentir", ele respondeu, "mas eu o rejeito."

Continuei incentivando: "Esta é uma oportunidade maravilhosa, Albert. Você agora tem a chance de encontrar o demônio que o persegue há anos. Esta é a escuridão que escolheu para se defender da dor da infância. Mas agora você poder fazer *uma opção diferente. Se rejeitar o demônio, ele irá outra vez para o inconsciente. Se você o aceitar, poderá transformá-lo."*

Albert demonstrava incerteza. "Não sei que benefício poderá vir daí. Não tenho muita fé neste momento. Não quero fazer isso. Estou com medo."

Eu me inclinei e segurei as mãos de Albert. "Sinta as minhas mãos, sinta a minha fé, Albert", insisti. "Lembre-se que Cristo está conosco para ajudar você a ir em direção ao que lhe mete medo. Vá, Albert, vá encontrar a escuridão. Esse é o lugar onde há muito tempo você decidiu vingar-se do amor. É um grande passo o fato de você agora enxergar com tanta clareza."

"É difícil", retorquiu ele, "aceitar que esse demônio seja realmente eu, que eu o tenha escolhido. Mas eu sei que ele é a causa de toda a minha angústia. Acho melhor conhecê-lo melhor se eu quiser me livrar dele. É difícil saber que ele sou eu e, no entanto, acreditar que eu não sou totalmente mau e sem salvação."

"Você não é totalmente mau, Albert", observei. "Lembre-se de que todo ser humano é ao mesmo tempo mau e bom. E lembre-se de que em Cristo você está perdoado. Sua maldade não passa de um estado temporário, uma parte da sua humanidade, uma tentativa mal dirigida de proteger-se da dor da sua infância terrivelmente solitária. Quando enfrentar esse demônio, você poderá transformá-lo. O que você está fazendo agora é um trabalho sagrado, um trabalho de herói. Você é capaz de fazê-lo, Albert", eu lhe assegurei. "Você pode enfrentar a sua sombra."

Antes de eu terminar de falar, Albert já havia soltado minhas mãos e sua postura começou a se firmar. Endireitou os ombros e contraiu o rosto. "Jamais serei ferido outra vez", disse ele, em tom de desafio. "Daqui por diante, quem manda sou eu. Vou fazer todo o necessário para colocar essas vagabundas no lugar delas. Meu é o poder e a glória. Não vou dividi-los com ninguém."

"É isso, Albert", eu disse tranqüilamente, "este é o eu inferior."

Albert me olhou com desdém e desprezo. Retribuí a dureza do seu olhar com amor e aceitação. Olhei fundo nos olhos dele, fui além do ódio do medo e atingi sua vulnerabilidade oculta. Lentamente, o olhar de Albert se suavizou, seu corpo se descontraiu e ele começou a chorar.

Exercícios do Capítulo 7:

Em todos estes exercícios, lembre-se de invocar a presença de um observador objetivo e benigno, que seja capaz de registrar todos os aspectos do seu eu com verdade e compaixão, com amor tolerante pelo eu. Depois de terminar de escrever a Parte I, que ajuda a enfrentar alguma parte do eu inferior, faça a Parte II, na qual se pergunta se você pode se conscientizar da pura energia que existe por trás do eu inferior. Você pode escrever a Parte II ou completá-la por meio de uma meditação silenciosa.

1. Parte I: Anote vários sonhos que você teve que incluam personagens do eu inferior ou algum aspecto da sua "terra do eu inferior". Você também pode encontrar essas personagens nas suas fantasias ou em filmes ou fatos da vida real — personagens más que exerçam alguma atração sobre você. Faça uma descrição completa de uma ou mais dessas personagens. Em seguida, invente um diálogo entre o seu ego-eu normal e essa(s) personagem(ns) explorando mais a fundo: Quem são vocês? Como ficaram assim? O que vocês querem? O que querem de verdade?

Parte II: Ao escolher uma personagem do eu inferior, veja se consegue separar a negatividade da expressão "pura" de poder, ou carisma, ou sexualidade, que você acha atraente nessa personagem. Que parte sua, distorcida nessa personagem do eu inferior, você poderia reivindicar mais na sua forma pura? Através de uma afirmação, reivindique o desejo de ficar com a energia e deixar de lado as distorções.

2. Parte I. Explore suas fantasias sexuais em busca de elementos de sadismo ou masoquismo. Sem fazer críticas, reconheça apenas o que o excita. Escreva uma fantasia sexual e depois relacione o seu conteúdo com um problema da vida atual, sexual ou de outra ordem.

Parte II: Ao explorar as fantasias sexuais, veja outra vez se consegue imaginar-se separando o sadismo ou masoquismo da sua sexualidade, e deixando de lado apenas as distorções negativas, mas não a energia sexual essencial.

3. Parte I: Selecione um relacionamento da sua vida de cuja desarmonia você tem consciência. Encontre e reconheça em você atitudes negativas que contribuíram para a desarmonia — críticas, hostilidade, competitividade, cobiça, medo. Por enquanto, esqueça totalmente todas as suas justificativas e razões, a sua argumentação contra a outra pessoa. Escreva com clareza apenas o que é negativo em você e como isso criou energia negativa nesse relacionamento.

Parte II: Depois de entender qual foi a sua contribuição negativa para um relacionamento desarmônico, encontre e afirme um compromisso com a verdade desse relacionamento por trás das distorções que atualmente se manifestam entre vocês dois.

4. Parte I: Explore o seu orgulho, a sua obstinação e o seu medo. Faça uma descrição realista desses atributos em você. Em seguida, decida quais dessas três qualidades do eu inferior é dominante no seu caso. Relacione a qualidade dominante do eu inferior com a máscara dominante que você usa.

Parte II: Encontre e reivindique a expressão do Eu superior que está por trás da defesa dominante do eu inferior. Por exemplo, o seu orgulho está encobrindo uma necessidade de reivindicar seu verdadeiro valor e dignidade? Veja se consegue sentir o potencial de transformação da principal defesa do eu inferior na qualidade oculta do Eu superior.

CAPÍTULO 8

O Encontro com o Eu Superior

"Aquele que, consciente e deliberadamente, toma a
decisão e assume o compromisso de viver
a vida com a finalidade primordial de ativar
o eu real, ou Superior, é o único que pode
encontrar a verdadeira paz."

— Palestra 145 do Guia do Pathwork — *"O chamado da corrente da vida e a resposta."*

O coração de Susan: abertura ao Eu superior

O velho diácono se encaminha devagar para o púlpito da Igreja Batista de Shiloh, aproxima-se do microfone, abaixa a cabeça e começa a orar. Atrás dele estão os membros do coro, na sua maioria mulheres, a na sua maioria vestidas com trajes cor de lavanda. Eles haviam entrado há pouco no templo, cantando, gingando e batendo palmas. Na parede caiada do fundo, um quadro retrata com nitidez a Última Ceia, em cores vivas sobre veludo negro.

"Agradeço-te, ó Deus, por ter acordado esta manhã na minha cama limpa e numa casa seca; agradeço por este corpo que ainda respira, ainda é capaz de ir do quarto até a cozinha. Dou graças, querido Jesus, por ter alimento para o café da manhã e uma família com quem repartir a refeição." As lágrimas começam a rolar pelo meu rosto ao me sentir banhada pela rica fonte de gratidão que flui através desse homem que outras pessoas, do ponto de vista econômico, poderiam considerar pobre.

Mas quando tento dar graças a Deus, sinto um nó na garganta e um aperto no coração. Por todos os sinais externos vou bem, mas estou desanimada e minha gratidão está ausente. Sinto-me carente da graça de Deus, espiritualmente vazia. Estou profundamente decepcionada porque minha visão de uma comunidade espiritual residencial em Sevenoaks, onde moro, não está se concretizando. Não estendo a razão. Estarei fazendo algo errado ou preciso sacrificar a minha vontade a algum plano ainda desconhecido que Deus tem para o nosso centro? Preciso de ajuda.

Inclino ainda mais a cabeça para orar. Sentindo as batidas do meu coração, sentindo minha respiração se aprofundar, lembro-me de um sonho sobre outro homem negro, também cheio do Espírito, que me ensinou e guiou durante quase trinta anos. Ele me apareceu pela primeira vez em 1964, quando sonhei que eu era um homem negro sereno, profundamente espiritualizado, que tinha, alguns anos antes da época do sonho, presenciado o linchamento do filho por uma turba enfurecida de homens brancos. Tive esse sonho na época do auge da luta pelos direitos civis, na qual me engajei profundamente. Nessa ocasião, eu fazia terapia e revivi o ultraje e o sentimento de impotência que a história desse homem despertou em mim. Depois da explosão de sentimentos durante a sessão de terapia, perguntei ao homem do sonho como ele conseguia ficar tão calmo e conformado diante desse horror. Ele me disse que lhe fora concedida uma experiência de perdão que transcendia a compreensão, que tomara cada ultraje em seus braços, curava todas as feridas e abria seu coração a uma paz que ignorava a dor. Entendi que isso tinha algo a ver com a aceitação de Cristo, com o poder curativo do Amor. Nessa época, tudo o que fosse cristão constituía um anátema para mim; dessa forma, só entendi parcialmente o que ele estava tentando me dizer. Mas eu sabia, isto sim, que aquele homem era o meu mestre interior, e também, de alguma forma que não compreendia, que ele também era eu. Foi como resultado desse sonho que cogitei pela primeira vez na possibilidade da existência de vidas passadas, mesmo que, na época, considerasse exótico o conceito de reencarnação.

Enquanto o coro da Igreja Batista de Shiloh canta seu amor a Jesus, às vezes de modo suave, às vezes apaixonadamente, reflito sobre a minha complexa relação com a entidade de Jesus Cristo. Cristo tornou-se real para mim nos anos que se seguiram à minha rebelião contra o vazio patético da igreja protestante na qual fui criada. Ele é a personificação da Força do Amor, um poder universal do coração que mobiliza, abre, introduz a solidariedade, faz esquecer e suportar todas as formas de dor e trabalho árduo. Para mim, ele não se limita ao Jesus das histórias da Bíblia, e sem dúvida não é a pessoa que São Paulo e outros transformaram no porta-voz da religião agudamente dualista e moralista, em cujo nome tanto mal foi cometido. Ao contrário, ele é uma Presença cheia de luz que, nas épocas em que estou aberta ao seu amor, me leva para a casa do meu eu mais profundo. As descrições budistas dos bodhisattvas de compaixão talvez se aproximem da descrição das minhas experiências de Cristo. Como sinto Cristo como o poder universal do Divino Amor, não consigo identificar-me com nenhuma igreja, e hoje estou pela primeira vez na Igreja Batista de Shiloh. Todas essas reflexões passam pela minha cabeça durante o andamento dos serviços religiosos.

O reverendo John Franklin, vestido de preto e vermelho, está com a palavra. Ele nos exorta a aceitar a dádiva de Jesus Cristo em nossos corações. O suor faz brilhar suas faces negras, principalmente depois que tira o microfone do apoio, anda de um lado para outro na plataforma do púlpito, gritando e exortando, e entre uma e outra torrente de palavras, enxuga o rosto com um lenço. Numa admoestação que poderia ter sido dirigida a mim, ele indaga: "Vocês pensam que precisam salvar as pessoas, fazer do mundo um lugar melhor, consertar esta sociedade arruinada? Vocês acham que precisam ser os salvadores?" A voz dele revela escárnio pela absoluta audácia dessa idéia megalômana; a admoestação me atinge. Depois ele faz uma pausa, deixando a dúvida pairando no ar. Torna a falar, agora numa cadência mais amena, e anuncia, triunfante: "Vocês não têm de fazer isso. Sabem por quê? Porque isso já foi feito!" A voz do reverendo aumenta de intensidade: "O salvador já veio! Vocês só precisam deixar que ele entre em seus corações." E, num crescendo de ardente súplica, completa: "Aceitem que vocês já foram salvos pelo sacrifício de Jesus Cristo na cruz! Vocês não precisam fazer nada. Basta aceitá-lo como Senhor e Salvador!"

Volto mentalmente a 1980. Estou num trem, numa viagem que durará o dia todo, indo de Londres para a Escócia, a caminho da comunidade Findhorn, onde eu iria conhecer meu marido Donovan. Eu havia chegado a Londres no dia anterior com uma terrível dor de cabeça, uma tensão intolerável no corpo e, para completar, ansiosa e nervosa. Minha mestra espiritual, Eva Pierrakos, estava morta, e eu temia pela continuidade do Pathwork, que, nos últimos oito anos, representava toda a minha vida. Sentia-me profundamente incerta e fora de centro; tudo o que podia fazer era orar. Orei para conhecer mais a fundo o meu eu espiritual, e para descobrir de que forma eu deveria servir a Deus. Minhas preces se estenderam por toda a noite, no limiar da mente consciente, enquanto eu me revirava numa cama estranha.

Eu estava exausta ao embarcar no trem na manhã seguinte, mas vi que minha mente não desistia de rezar. No trem, enquanto eu meditava e mergulhava mais fundo dentro de mim, vi outra versão de mim mesma num desagradável hábito preto de uma freira, ajoelhada na pedra fria de um mosteiro medieval, tentando saber o que significava ser uma noiva de Cristo, devotar a vida ao serviço dele. "Meu Senhor e Mestre", eu ficava repetindo para mim mesma, enquanto as lágrimas de compaixão que me vinham aos olhos embaçavam a paisagem da Inglaterra que a janela do trem enquadrava. Nessa vida, como freira, eu deixara uma vida exterior muito confortável *para empreender a busca do espírito interior, para encontrar e servir a Deus. Apesar das falhas, eu sabia que, nessa e em muitas outras vidas, eu havia me entregado a Cristo, havia feito difíceis escolhas morais da melhor forma que pude e havia me convencido de que o estado de pureza de minha alma imortal, principalmente no momento da morte, era mais importante para mim do que qualquer realização mundana. Nesse momento, no trem, conheci Cristo outra vez como o meu eterno "Senhor e Mestre", o único guru de que eu jamais precisaria. Fui tomada pela sensação de Sua presença; minha mente e meu corpo por fim se descontraíram e eu pude apreciar a beleza da paisagem campestre inglesa.*

*Cerca de uma hora depois, novamente agitada, ouvi uma voz interior insistindo para chamar a atenção. "Eu poderia falar com você?", dizia a voz. Portanto, peguei lápis e papel e escrevi suas palavras. "Já não basta lembrar de mim como seu Senhor e Mestre. Isso é velho, conhecido. Agora você está sendo chamada a **ser eu**. Você deve incorporar a Força do Amor que flui através de você, assim como eu fiz. Muitos, agora, serão chamados para essa tarefa. Este é o verdadeiro significado da Segunda Vinda. À medida que mais pessoas despertarem para o fato de que seu alicerce interior é o amor, e souberem que o amor é a sua verdadeira identidade, a manifestação do amor se espalhará pelo mundo todo."*

Essas palavras me deixaram nervosa. "Quem sou eu?", protestei em resposta. "Não me vejo com uma identidade tão elevada. Apenas conheço profundamente meus defeitos e distorções, meu nervosismo e falta de fé, meus medos e, para compensá-los, a tendência ao controle. O que você me pede é demais", disse medrosamente. "Tem certeza de está falando com a pessoa certa?" Eu até conseguia achar graça naquilo. Eu sabia que nada do que estava sendo dito visava despertar o meu orgulho nem o meu medo; simplesmente eu estava sendo convidada a me apoiar com mais firmeza na identificação com o eu interior, com o Cristo interior. Da melhor forma que podia fazê-lo na ocasião, eu disse "sim" à chamada. Meu corpo foi inundado por uma quentura ao mesmo tempo sensual e espiritual, e dali até Findhorn a paisagem brilhou, irradiando a mesma luz interior que eu acabara de descobrir dentro de mim.

Interrompendo minhas lembranças, observo o reverendo Franklin que, no púlpito, prega entusiasmado sobre a necessidade de abandonar-se, de entregar-se a Jesus Cristo. "Parem de pensar que vocês têm todas as respostas. Deixem tudo, tudo, nas mãos de Jesus." Sinto que a área em volta do meu coração começa a se aquecer e a doer. Sinto agora uma onda de dor e luto para abandonar os sonhos que acalentei para Sevenoaks e deixar tudo nas mãos de Deus. Abrir mão nunca é fácil, e eu choro baixinho enquanto rezo para abandonar minhas fantasias para o futuro e dar lugar para a plenitude de cada momento, exatamente como ele é.

Observo as mãos escuras do reverendo Franklin ondulando no ar, os fortes músculos de seu braço que as mangas de sua bata, ao escorregarem acompanhando seus gestos, deixavam à mostra. Comoveu-me ver toda aquela força masculina posta a serviço do Amor. O reverendo Franklin, pela força, pela dignidade, faz-me lembrar de outra experiência de vida passada em que recordo ter sido um príncipe africano escravizado; um homem amargamente tentado a vingar-se de seus amos mas que, ao contrário, manteve a integridade moral e conservou a capacidade de amar, mesmo em meio a uma vida de degradação e brutalidade.

Este ser também sou eu, um aspecto do meu animus, outra personificação do meu Eu superior. Ele está vivo em mim neste momento, sentada nesta igreja do interior da Virginia. Ele vive em mim, e me tranqüiliza particularmente agora, quando a dúvida sobre minhas capacidades como mestra espiritual são novamente atiçadas pelas recentes decepções que sofri. Ouço sua voz bondosa, que me faz lembrar de quem sou. Sim, concordo, descobrindo uma nova dignidade que se apossa de mim, e sutilmente endireito a postura. Sou esse jovem príncipe africano de imensa compostura e grande estatura moral, mesmo sendo também uma ansiosa mulher branca de meia-idade, debatendo-se interiormente e incerta sobre o que deve fazer para a sua querida comunidade do Pathwork.

O sermão do reverendo Franklin termina; restam as palmas e os gritos de "Aleluia" e "Deus seja louvado". Ele pede que uma das mulheres da congregação vá à frente e cante. É uma mulher grande, com um enorme peito proeminente, que se aproxima lentamente do microfone. A voz dela é surpreendentemente celestial. Seu canto, gutural e ao mesmo tempo intensamente suave, me despedaça o coração, e começo a chorar outra vez. "Eu me entrego", ela canta, "eu entrego tudo ao Senhor." Baixo a cabeça e decido, tanto quanto consigo, também me entregar, esquecer os planos e projetos do pequeno ego, abrindo mão totalmente das decepções do passado e das idéias para o futuro. Deixo tudo nas mãos de Deus, no misterioso porém ilimitadamente confiável projeto do universo, que me inclui enquanto eu mesma, e que também é muito maior e mais inteligente do que o eu separado com o qual tantas vezes, e tão erradamente, me identifico.

Meus braços começam a ficar muito pesados, enquanto o coração bate cada vez mais forte. Sinto as pulsações do coração se intensificarem e extravasarem até os limites do meu corpo. Sinto uma imensa pressão interna, como se as paredes do meu coração estivessem sendo empurradas, alargadas, de dentro para fora, para dar mais espaço a alguma coisa que existe em mim. Alguma presença divina, algum Espírito, procura ampliar sua morada ali dentro. Não sou eu quem ativa conscientemente essa nascente interna, que, no entanto, exige o meu consentimento. Sinto que poderia interromper esse movimento involuntário, se tentasse, mas em vez disso continuo orando para me sintonizar com algo que parece uma regeneração, uma expansão espontânea da capacidade do meu coração de sentir e conhecer Deus. Rezo para liberar qualquer coisa em mim que restrinja a livre ação do Poder do Amor de conduzir a minha vida.

Quando a bênção foi cantada, a onda já havia passado, e eu me sentia um pouco mais normal. Meu peito dói, mas a sensação é boa — ele está mais amplo; existe mais espaço vazio à volta do meu coração. Vejo que consigo me sintonizar com esse espaço vazio e ouvir sua mensagem. Em grande parte, é uma suavidade não verbalizada, uma confirmação de que está tudo bem, tudo está muito bem. Mas também existe uma mensagem para mim sobre a dor, sobre não levá-la a sério demais, sobre deixá-la fluir sem apegar-se a ela, e principalmente sobre não tentar poupar os outros da dor do próprio karma, que cada um precisa resolver por si mesmo. "Você vai aprender", eu ouvi, "a suportar a dor dos outros que você sente, sem ter nada a ver com ela, sem tentar mudar o que não pode ser mudado, a não ser dentro de cada ser humano. Você vai aprender a prolongar a bem-aventurança do Amor como rea-

lidade unificadora, central, por trás da aparente fragmentação da vida exterior."
Assim falou a voz do meu Eu superior. Nesse momento, a fé flui suavemente em mim.

Terminado o culto, aperto as mãos calorosas e amigas de muitas pessoas que me dão as boas-vindas e me convidam a vir outras vezes assistir ao serviço religioso. Dou um grande abraço no reverendo Franklin e me dirijo para o carro, ainda um pouco vacilante, mas com enorme satisfação e gratidão pelo Espírito do Amor que permanentemente guia a minha vida.

O encontro com o Eu superior

Todos nós, em algum momento, entramos em contato com uma realidade mais profunda, quando nos sentimos particularmente expandidos, centrados, lúcidos, compassivos ou conectados. Esses momentos podem acontecer quando estamos na natureza, fazendo amor, criando música ou arte, meditando, pensando nos sonhos, acordando de um sono restaurador, ou até sentados numa igreja ou sinagoga. Temos um vislumbre de uma versão maior de nós mesmos, um estado expandido de consciência, uma essência que faz parte da energia espiritual universal, uma janela para o cosmos. Ouvimos a pequena e tranquila voz interior. Sentimos a presença de Deus em nós.

De acordo com a minha experiência, o Eu superior muitas vezes se apresenta à consciência através da personificação da nossa divindade interior na forma de uma presença angélica ou arquetípica. O Eu superior pode vir até nós personificado como uma personagem em nossos sonhos ou jornadas interiores; pode falar pela voz de um guru, ou aparecer como um animal aliado, um deus ou uma deusa, um anjo ou a figura de Cristo. Às vezes, é simplesmente um silêncio tranquilo e que contém toda a experiência em sua profundidade. Essas experiências de pico revelam a existência da nossa divindade pessoal, a essência de nossa alma, nosso Eu superior.

O que é o Eu superior?

O Eu superior é a nossa corporificação pessoal, a nossa ligação com o espírito universal que atravessa todas as coisas. Encontrar o Eu superior é sentir que o espírito, a energia vital ou Deus nos preenchem e circulam dentro de nós. É uma experiência normalmente acompanhada de alívio, pois a sensação é a de voltar para a casa da nossa verdadeira identidade, a de lembrar quem realmente somos. As partes de nós mesmos que foram esquecidas e estão perdidas no ego separado, na criança ferida ou no demônio vingativo são temporariamente acalmadas, postas em perspectiva, com o conhecimento de que somos maiores e essencialmente íntegros, firmemente ligados à permanente consciência da Terra e à pulsação benigna da vida no Universo. Nessa identidade expandida, encontramos o nosso centro e o nosso chão.

O Eu superior existe em muitos planos de consciência. É um *continuum* que começa no plano do ego e se amplia, se aprofunda, se expande até os planos transpessoais de percepção e experiência unitiva de Deus. O conhecimento da nossa verdadeira identidade como Eu superior pode começar com o resgate dos aspectos positivos da nossa personalidade que se alinham com a verdade, com o amor, com a serenidade ou com a beleza. Mesmo quando uma grande parte da personalidade está distorcida, sempre existe algum lugar, algum momento em que a luz de Deus brilha e sentimos unidade e harmonia. Podemos expressar o nosso "raio" divino pessoal na esfera do talento artístico, no modo compassivo de tratar as crianças, na integridade no trabalho, no amor pelas árvores. Por mais fugazes que sejam, esses momentos em que despertamos para o que há de melhor em nós podem ligar-nos à nossa essência mais profunda.

Quando começamos o trabalho pessoal, tomamos ciência do honesto e compassivo eu observador, que é uma expressão do Eu superior no plano do ego positivo. Podemos conhecer o Eu superior no plano corporal, como um fluxo agradável de energia, como respiração e sangue que pulsa em sincronia com os ritmos vitais universais, de inspiração divina.

Num momento de intimidade com outra pessoa, podemos saber que não passamos de uma expressão de uma única consciência humana universal. Nos serviços e cerimônias religiosas, podemos saber que todos os seres humanos são nossos irmãos.

Muitas vezes podemos sentir a nossa unidade com a vida não-humana quando estamos na natureza. Nesses momentos, podemos nos perceber como apenas uma expressão do Espírito da Terra universal, a Deusa adorada nos tempos antigos, que nos conclama a restabelecer a ligação com a Terra, de uma maneira sagrada. Na meditação, ou em momentos de profunda inspiração, podemos conhecer nossa essência do Eu superior como seres arquetípicos de sabedoria, amor, serenidade ou bondade.

Num nível ainda mais profundo, a sensação do Eu superior separado se dissolve na consciência cósmica ou unitiva, onde todas as identidades separadas desaparecem no Um.

A experiência do Eu superior

As experiências do Eu superior em qualquer plano, principalmente no da consciência última de Deus, alteram para sempre a nossa compreensão da realidade e da nossa identidade. No entanto, esses momentos de iluminação não eliminam a máscara nem o eu inferior.

> Existem muitos movimentos cujas práticas e ensinamentos colaboram, ativa e eficazmente, para a finalidade de tornar real o potencial divino interior. ... No entanto, isso não significa necessariamente que os outros níveis fragmentários de consciência sejam, dessa forma, automaticamente eliminados e incorporados ao centro divino. Muitas vezes, essas práticas realmente trazem à tona o eu real, Superior, mas deixam intactos os aspectos não desenvolvidos da consciência. Muitas entidades têm um anseio tão intenso de manifestar sua natureza inerente divina que esquecem o fato de que, enquanto estão no corpo, elas têm uma missão a cumprir no plano universal. Essa missão é a purificação e o crescimento da "matéria cósmica" não desenvolvida. Para isso, a luz da percepção e da experiência conscientes precisam iluminar as distorções, a feiúra, a escuridão, o mal, o sofrimento internos, bem como a verdade, a beleza, o amor, a bondade, a alegria internos.
>
> É preciso ter uma apurada sensibilidade para perceber o ritmo e a alternância orgânicos necessários para cada caminho individual: saber quando se concentrar no Eu superior, para fortalecer seu poder de permanência e fazer o possível para que ele proporcione mais orientações; quando prestar atenção ao eu inferior com o seu mal oculto, sua desonestidade e suas trapaças, seu ódio e sua malevolência camuflados; quando en-

focar os expedientes próprios da máscara e as defesas que ela usa para manter oculto o eu inferior. (*PGP 193*)

O caminho espiritual exige que conheçamos intimamente tanto o Eu superior como o inferior, que podemos encontrar no nosso íntimo e que se manifestam nas experiências da vida.

O Eu superior e o eu inferior

Tanto o Eu superior como o inferior são centros da nossa consciência criativos e pró-ativos. Tanto o Eu superior como o inferior são muito mais reais e energizados do que a máscara. A máscara não é criativa; ela apenas reage. Como sua principal função é encobrir e negar os mais profundos medos e anseios da alma, ela não contém muita energia vital; pelo contrário, ela drena a nossa energia.

Todas as nossas experiências de vida são uma manifestação criativa das energias do Eu superior e inferior, que criam a nossa vida em direções opostas. O Eu superior nos leva ao centro divino, e o eu inferior nos afasta dele, para uma falsa identificação com nossas defesas, com nosso ego separatista, com nossos demônios inconscientes.

Um encontro em profundidade com qualquer um dos dois, o eu inferior ou o Eu superior, provoca em nós uma alteração permanente. Já não podemos negar a presença nem do mal nem do Deus interiores. Os eus inferior e Superior fazem pedidos opostos à nossa alma. Eles representam a divisão arquetípica ou o conflito profundo de todo coração humano — a tensão dualista entre o anseio por Deus e a identificação com o ego; o desejo de agir corretamente e a atração pelo mal; a intenção de unir e a vontade de separar; o desejo de amar e o medo de amar.

Quando trabalhamos para transformar o eu inferior, a energia assim liberada nos proporciona uma ligação mais forte com o Eu superior.

Joe estava empenhado em trabalhar o eu inferior, principalmente a parte que minava o amor que sentia pela esposa. Ele estava ciente de sua violenta necessidade de estar sempre certo e de ser sempre superior, o que o mantinha afastado dela e o fazia ter medo de entregar-se ao amor. Logo antes de dormir, certa noite, Joe resolveu que estava na hora de "enterrar" sua recalcitrante persistência nessas diferenças com a esposa, e, em vez disso, sair em busca do potencial da união amorosa. E teve o seguinte sonho:

Minha mulher e eu temos um cão que começa a cavar ao pé de um arbusto. Cavando freneticamente, o cão desenterra a cabeça de um homem morto. Penso que é aquele sujeito que enterramos antes. Ao chegar mais perto, descobrimos que o buraco está coberto apenas por uma fina camada de terra, que se move como se acompanhasse a respiração de alguém enterrado ali embaixo. Morro de medo que essa pessoa possa ter sido enterrada viva. Mas em seguida fica claro que o "homem que respira" é uma ilusão, porque quando olho de novo o buraco está vazio. Minha esposa e eu ficamos perplexos e espantados, ao perceber que estamos testemunhando uma espécie de ressurreição.

Olho à minha volta e vejo que estamos no terreno da fazenda de minha família. Olho para o céu e vejo uma imensa barcaça, uma arca de fundo chato, viajando pelo céu, enquanto pássaros voam por baixo dela. Presto mais atenção e vejo o perfil como o de um prédio, com vigas inacabadas — uma igreja flutuante no céu. Há gente rindo e caminhando pelo convés. A arca se inclina como uma nave espacial, mas as pessoas demonstram contentamento e segurança. Fico muito alegre e minha mulher e eu começamos a rir com muito prazer diante dessa visão."

Joe acordou sentindo-se despreocupado e feliz, sabendo que seu Eu superior ressuscitara no local onde o eu inferior havia sido enterrado, e estava lhe proporcionando a visão de uma vida mais feliz e amorosa, numa "arca segura".

Como o Eu superior abrange uma realidade muito maior que a do eu inferior, o poder criativo do primeiro é mais duradouro. O eu inferior é finito, uma expressão da consciência humana limitada e dualista, enquanto o Eu superior pessoal vai além do humano e alcança o infinito, vai além de todas as limitações, até atingir a Consciência Total de Deus. O Eu superior, que faz parte do infinito, é, assim, a parte da nossa identidade com mais capacidade de expansão. Ele é o que somos mais verdadeiramente.

Negação e vergonha do Eu superior

Como nos sentimos vulneráveis ao ultrapassar os limites conhecidos da identidade habitual, resistimos à idéia de reivindicar o nosso Eu superior, assim como resistimos à idéia de admitir o eu inferior. Podemos rejeitar nossa própria compaixão e sabedoria com tanto ardor quanto negamos a nossa escuridão e crueldade. Todos nós criamos uma máscara, e depois nos identificamos com ela para evitar os extremos interiores. No entanto, a jornada interior exige que penetremos na máscara para revelar os altos e baixos da nossa realidade total.

A vergonha do Eu superior resulta da experiência infantil, quando os impulsos amorosos, sexuais, afirmativos, espontâneos ou generosos foram rejeitados, ofendidos ou sutilmente ridicularizados pelos pais ou por figuras de autoridade. Com isso, muitas vezes a criança se sentiu inferiorizada ou envergonhada por causa de suas melhores qualidades. Quando nos dedicamos ao trabalho de resgatar o que há de melhor em nós, temos a obrigação de revelar a inocente criança inferior que foi rejeitada devido à expressão espontânea de seus impulsos superiores, bem como dos inferiores. Precisamos estar dispostos a atravessar as barreiras temporárias do medo e da vergonha, e a sentir a dor e a raiva por ter tido nossas melhores e mais vulneráveis facetas rejeitadas pela autoridade dos pais.

Também começamos a entender que internalizamos as vozes paternas da opressão, e assim criamos a auto-repressão. Ao nos identificarmos com as críticas paternas, traímos nosso amor e nosso anseio vulneráveis, e criticamos as pessoas que demonstram "fraquezas" semelhantes. Como adultos, nosso sofrimento é o resultado da opressão interior, que pode ser revertida quando aprendemos a substituir o genitor interior crítico por um genitor interior amoroso.

Muitas vezes, a criança percebe um dos pais como mais amoroso e tolerante que o outro, e se sente mais rejeitada pelo genitor menos amoroso. Empenhando-se mais ainda para "conquistar" o amor do genitor que a rejeita, a criança começa a acreditar que o amor "mais fácil" de outros adultos é algo garantido. No fim das contas, ela acaba traindo os desprezando o genitor amoroso, ao mesmo tempo em que procura compulsivamente aquele que a rejeita. Desse padrão, é comum nascer um falso conceito — as qualidades da amabilidade e da solicitude são fracas e indesejáveis, enquanto a frieza e o distanciamento são atributos valiosos e desejáveis. A criança pode crescer com vergonha de sua natureza espontânea e amorosa.

Enquanto não entendemos essas origens da vergonha do Eu superior, o conflito sobre o amor nos oprime. Como nosso amor aparentemente foi rejeitado na infância, ele pode parecer um caminho perigoso na idade adulta. A traição sentida quando nosso amor espontâneo e inocente foi rejeitado é aumentada ainda mais pelo fato de, em seguida, rejeitarmos o genitor mais amoroso; assim, a culpa vem somar-se à dor de não ser amado. O sentimento de desesperança associado ao amor é ainda mais intensificado quando rejeitamos a nossa própria natureza amorosa. Essa traição de si próprio é a mais dolorosa.

A culpa por essa traição oprime vocês. Esta é a mais intensa de todas as culpas... a responsável pelas mais profundas raízes dos sentimentos de inferioridade. Vocês não confiam em si mesmos quando essa traição fica presa na alma. A psique diz: "Como posso confiar em mim mesmo, sabendo que sou um traidor, sabendo que continuo sempre traindo o que há de melhor em mim? Se eu não puder confiar em mim, não posso confiar em ninguém mais." (*PGP 66*)

Ronald tinha poucos amigos homens e achava muito difícil expressar sua necessidade de amizades. Raramente demonstrava como era vulnerável em relação aos homens, mesmo sabendo que essa era a única forma de conquistar o grau de amizade que desejava.

Ronald fora criado por uma mulher fria e amarga, cuja forma de controlar o marido era rejeitar o afeto deste, e que ensinou o filho a agir da mesma forma. Quando o pai de Ronald pegava o menino no colo para abraçá-lo, a mãe mostrava desprezo pelos dois. Sempre que Ronald chorava ou demonstrava precisar do pai, a mãe o chamava de maricas. Mais tarde, quando o pai o chamava para jogar bola e o menino se negava, a mãe elogiava a independência de Ronald. Aos poucos, o pai deixou de procurar contato com o filho, e Ronald ficava sozinho com a mãe, que lhe dispensava um tratamento pouco caloroso.

Somente ao se tonrar adulto Ronald percebeu que tinha rejeitado o calor do pai por preferir imitar a fria pseudoforça (a máscara de poder) da mãe. Ronald precisou se empenhar muito para abrir seu coração, que tinha fechado tão cedo, aos homens.

O Eu superior e a máscara

A máscara esconde e disfarça o Eu superior e o eu inferior. Quando nos fizeram sentir vergonha de nossas carências e do nosso amor, podemos, como resultado, esconder esses sentimentos por trás da máscara do poder, expressando uma falsa força ao rejeitar os outros. Podemos, também, fabricar uma máscara de serenidade, demonstrando um falso distanciamento, exibindo altivez e retraimento em relação à vida. Quando nos fizeram sentir vergonha do poder ou da raiva, podemos nos esconder por trás da máscara do amor, agradando aos outros. Ou podemos fabricar uma máscara de amor para dramatizar exageradamente o afeto que sentimos, pois temos vergonha de demonstrar a simples e verdadeira necessidade de amar e ser amado.

O fato de explorar os defeitos de caráter da personalidade adulta põe à mostra suas raízes na vergonha da infância. Quem usa a máscara do amor sente profunda vergonha do seu poder e de sua eficácia pessoais, como se isso, de alguma forma, não fosse "simpático". Quem usa a máscara do poder com mais probabilidade se envergonha do amor e da carência, e encara esses sentimentos como fraquezas. Quem usa a máscara da serenidade normalmente sente intensa vergonha de quaisquer sentimentos fortes ou paixões que poderiam significar uma recaída na situação vulnerável da infância.

No entanto, a máscara freqüentemente também mostra a força do Eu superior real de forma distorcida ou caricata. Por trás da máscara do amor, existe uma forte ligação com os verdadeiros sentimentos de amor. Por trás da máscara do poder, existe um autêntico desejo de ser eficiente e responsável no mundo. E por trás da máscara da serenidade existe uma profunda capacidade de distanciar-se dos melodramas pessoais. A máscara surge quando as qualidades inatas do Eu superior são encobertas pelo medo e pela vergonha.

Em todos os casos, vocês precisam eliminar essa camada da máscara e ver onde está o eu real. Deixem que ele saia, mesmo se no começo isso só acontecer raramente, com muita cautela. Mas, nesse caso, o Você real verá que realmente não tem medo, que não precisa se envergonhar. O medo surge principalmente como conseqüência da vergonha de se expor. Através desse processo, vocês poderão eliminar o mundo de fantasmas que criaram por causa das falsas impressões da infância. Vocês não têm idéia do enorme alívio que significa eliminar esse mundo fantasmagórico e viver na realidade. Vocês viverão em liberdade, e descobrirão que já não será mais necessário trair o que há de melhor em vocês ou nos outros. (*PGP 66*)

O que o Eu superior não é

O Eu superior é a expressão do Deus interior, seja pela experiência no nível da personalidade, como abertura ao amor e à verdade, seja no nível transpessoal, como o mestre interior, os guias espirituais ou a Alma universal, seja no nível unitivo, como consciência cósmica. O Eu superior reúne, em sua natureza, a moral e o prazer. No entanto, o Eu superior jamais é moralista ou perfeccionista. Estas são qualidades da máscara ou consciência sobreposta — o eu idealizado — que não são naturais ou inatas ao Eu superior. Precisamos aprender a distinguir entre o verdadeiro Eu superior e o impostor.

Martha pediu um sonho de orientação do Eu superior, e sonhou o seguinte: "Estou dirigindo um carro, com três pessoas no banco de trás. Um é um homem sexy e feliz, que se interessa por uma bela mulher sentada a seu lado. A terceira pessoa é uma velha que olha os outros dois com desaprovação." Martha reconheceu o casal sensual como guias espirituais que a incentivavam a aproveitar melhor a vida e a sexualidade, mas não conseguiu identificar a terceira pessoa.

Numa sessão posterior do Pathwork, na qual foi abordada a questão da conveniência de ela acrescentar mais uma e nova importante responsabilidade às muitas que já assumira, o ajudante pediu que ela sentasse em uma almofada, representando o Eu superior, e buscasse orientação. Imediatamente ela disse: "É claro que você tem de assumir essa tarefa. Parece ser uma coisa boa e você deve aceitar. Você só teria motivo para recusar por ser preguiçosa e irresponsável."

Eu a interrompi. *"Martha: isso não é o seu Eu superior. O Eu superior jamais diz 'você tem de'. Ele sempre dá opções e respeita o livre-arbítrio. Ele sempre ama você e não usa esse tom de voz reprovador. De quem é a voz que você está confundindo com a do seu Eu superior?"*

"Acho que deve ser a voz da minha avó", respondeu Martha. *"Minha avó era quem me mandava para a escola dominical e sempre lia a Bíblia para mim e me dizia o que eu devia ou não devia fazer. Ela me fazia sermões o tempo todo."*

Somente mais tarde Martha percebeu que a terceira figura no carro do sonho era a avó. Ela simbolizava a distorção do Eu superior de Martha: uma velha crítica, moralista, amarga. Ao confrontar essa imagem, que falsamente bancava o Eu superior, Martha chegou mais perto de sua verdade interior.

Às vezes o Eu superior dá uma orientação provocadora, dizendo "não" a alguma coisa que o pequeno ego deseja ardentemente, ou instruindo-nos a assumir tarefas difíceis e desafiadoras. Mas ele sempre faz isso com respeito e amor pelo eu total. O Eu superior sempre apresenta escolhas, ao mesmo tempo que nos ajuda a entender as conseqüências das opções negativas. O Eu superior pode nos levar à mais estrita autodisciplina, mas nunca nos priva do prazer positivo da vida.

Precisamos aprender a diferenciar a voz da consciência sobreposta da voz da verdadeira consciência, tirar a máscara das boas aparências e ao mesmo tempo afirmar o verdadeiro desejo de servir aos outros, de nos livrar de todos os "tenho que" e "é preciso" que vêm de fora e são próprios da máscara perfeccionista e, ao contrário, encontrar a verdade interior.

As emanações dos três eus

Os três reinos que incorporamos — o eu-máscara, o eu inferior e o Eu superior — emitem emanações diferentes. Essas emanações têm a forma de cores, de cheiros e tons de sentimentos no plano das vibrações. Normalmente, não são visíveis, a não ser para as pessoas dotadas de sensibilidade psíquica. Mas todos nós reagimos instintivamente a essas emoções, e podemos aprender a nos sintonizar com as qualidades dos diferentes eus.

> É importante que todos você procurem treinar o olho interior para verem a si mesmos e aos outros do ponto de vista espiritual. Vocês sentirão, quando entrarem em contato com o Eu superior, uma diferença muito nítida em relação ao eu-máscara, desde que a intuição esteja ativada, mesmo que a experiência exterior seja semelhante.
> (*PGP 14*)

As vibrações do Eu superior sempre são agradáveis, tranqüilizadoras e reais. Na sua presença, sentimos uma aceleração das energias vitais; sentimo-nos revigorados e renovados. A qualidade da energia do Eu superior é a atividade descontraída, o movimento harmonioso, a atitude confiante e amorosa, o desembaraço e a autoconfiança. As cores das emanações do Eu superior são puras e claras, vivas ou com um matiz suave.

Ao contrário, as emanações da energia ativa do eu inferior são denteadas e pontiagudas, normalmente dilacerantes e dolorosas. Ou, se o eu inferior for expresso por meio de passividade ou dependência, suas emanações são viscosas, mórbidas, estagnadas. As cores habitualmente são escuras e sinistras. Por mais dolorosas que sejam, as vibrações do Eu superior muitas vezes parecem um alívio quando comparadas às da máscara, que são sempre desagradáveis.

O eu-máscara tem uma cor muito feia, muitas vezes morbidamente doce, e seu cheiro também é doentio e nauseante. Nós, do mundo espiritual, até preferimos as emanações e os efeitos do eu inferior, por mais desagradáveis que sejam, pois pelo menos o eu inferior é honesto. *(PGP 14)*

O eu-máscara obscurece a luz de uma forma mais indireta e difícil de detectar do que o eu inferior. A máscara freqüentemente emite meias verdades, ou verdades aparentes, ocasiões em que o conteúdo das palavras parece correto, mas sentimos que algo está errado. Esta é uma sensibilidade importantíssima a ser desenvolvida, pois o mal só pode florescer na esfera política ou pessoal se estivermos cegos à verdadeira energia que está por trás das palavras e promessas "açucaradas". O discurso duplo das pessoas que tentam justificar o racismo, o sexismo, o abuso infantil ou até o genocídio pode estar pontilhado de referências a "Cristo", ao "bem superior" ou à "vontade de Deus". Assim, a verdade é pervertida e o amor é distorcido, para dissimular as más intenções. Para reconhecer o mal pelo que ele é, em nós e nos outros, precisamos pôr a descoberto a falsidade da máscara. E para isso precisamos desenvolver uma percepção confiável das intenções e emanações que se escondem por trás das expressões verbais.

As crianças costumam reagir imediatamente às vibrações subliminares, porque a sensibilidade inata delas ainda não foi embotada pelo excessivo desenvolvimento da mente verbal racional. A criança se esquiva instintivamente de um parente que se aproxima com palavras doces, mas cuja intenção é má ou hostil.

O discurso da máscara freqüentemente nos confunde. Sentimos vagamente quando os outros não "agem de acordo com o que pregam", principalmente quando a defesa de algum objetivo superior parece visar fazer com que nos sintamos maus ou inadequados, ou inferiores a alguma causa, a algum culto ou pessoa. É preciso confiar na dúvida que sentimos nesses casos, pois o Eu superior nunca incita a dúvida sobre a bondade inata. Mesmo que Deus esteja além da compreensão racional, a experiência do Eu superior não nos deixa confusos. Ela nos faz sentir bem e com direito a estar na presença da realidade benévola da nossa natureza divina.

Ao aprender mais sobre a forma de expressão desses três eus, também desenvolvemos a sensibilidade em relação à verdadeira intenção que se esconde por trás do que os outros dizem. Ao aprender a reconhecer as meias verdades e as racionalizações da máscara, não permitimos que os outros nos induzam ao erro. Ao aprender a captar as motivações do eu inferior ocultas por trás das intenções declaradas, aprimoramos a capacidade de descobrir a verdade ou a falsidade das intenções dos outros. Ao desenvolver a nossa própria integridade, a nossa disposição em nos manter firmes do lado da verdade, conseguimos avaliar com mais exatidão se os outros estão falando a verdade.

O que é Deus?

No último capítulo, que tratou do eu inferior, perguntamos: "O que é o mal? Qual é a essência do negativismo que se manifesta em cada ser humano como o eu inferior pessoal?" Agora chegou o momento de perguntar. "O que é Deus? Qual é o núcleo de energia divina que se revela no Eu superior pessoal?" Mesmo admitindo que todas as respostas são parciais, ampliamos a nossa compreensão ao refletir sobre esse tema.

Deus é a força vital essencial, o movimento criativo da energia, o espírito que permeia todas as coisas. Deus existe como o mais requintado movimento vibratório do universo, uma energia ou um campo de força tão sutil que não pode ser medido. Essa força está constantemente se movimentando, mudando, proliferando, e até evoluindo, tornando-se mais e mais conhecida de si mesma, mais e mais consciente.

Deus é também o espaço onde se move a energia, o pano de fundo e o alicerce de tudo o que existe, além do movimento. Podemos nos aproximar de Deus mantendo a mente e o corpo tão tranqüilos, atentos e relaxados quanto possível, e prestando atenção ao jogo interior de energia/consciência que nos anima.

Deus é bem-aventurança, intensidade, atualidade, infinidade, totalidade, realidade. Chegamos mais perto da experiência de Deus quando estamos desprotegidamente, vulneravelmente reais, abertamente acolhedores, totalmente presentes.

Deus é amor, que se manifesta em padrões cada vez mais abrangentes e conscientes, movimentando-se de maneiras que asseguram a reunião de tudo o que algum dia perdeu a consciência da sua unidade com a origem. Na vida humana, o amor divino se manifesta pelas leis do karma, pela operação de causa e efeito, através da qual podemos saber o que nos causa dor e o que leva ao amor. Chegamos mais perto de Deus quando nos rendemos à lei espiritual, àquele profundo amor que nos reconduz à fonte.

No fundo, nós, humanos, somos a mesma coisa que essa essência ilimitada de toda a vida. A energia vital do nosso âmago jamais morre; ele apenas muda constantemente, num movimento infinitamente criativo. Ela respira, se move, vibra através de nós, como nós.

> Toda consciência individual é consciência universal. Não seria correto afirmar que ela é uma parte, pois uma parte implica pouco, sendo um fragmento do todo. Mas sempre que existe uma consciência, ela é totalmente a consciência original. Essa consciência original, o Princípio Vital criador, se individualiza de várias formas. Quando a individualização passa de um determinado ponto e ultrapassa o estado em que conhece a ligação com sua origem, começa a existir um desligamento. Assim, a consciência continua a existir e a conter todas as possibilidades da Consciência Universal, tendo porém se esquecido de sua própria natureza, de suas leis e potenciais. Este é, em resumo, o estado da consciência humana como um todo.

> Quando vocês começam a ficar conscientes da natureza onipresente do Princípio Vital, descobrem que ele sempre esteve ali, mas vocês não o notaram porque estavam sob a ilusão de ter uma existência separada... Vocês podem começar a perceber o poder onipresente do Princípio Vital como consciência autônoma ou como energia. A personalidade-ego separada possui as duas coisas; mas a inteligência do ego é muitíssimo inferior à Inteligência Universal que vocês são em potência, independentemente do fato de vocês a perceberem e utilizarem. (*PGP 152*)

Deus abarca todas as dualidades, incluindo o bem e o mal, o macho e a fêmea, a luz e a sombra, a vida e a morte, e todas as esferas de experiência e figuras arquetípicas que representam essas dualidades. O mal não passa de uma distorção da força vital, embora não tenha um poder igual ao dela. Da mesma forma, a morte não é o oposto da vida, pois a morte é apenas um estágio temporário e transitório da única força vital, que vai além do término de qualquer forma de vida. Como a nossa consciência humana está muito impregnada de dualidade, para nós é difícil conceber uma realidade além da dualidade — uma vida que não morre, uma bondade que não pode ser vencida pelo mal. Mas esta é a realidade unitiva subjacente a todas as aparências. Isso é Deus.

O Eu superior como consciência cósmica

Sentir o Eu superior na sua totalidade é conhecer a Deus. Quando nos identificamos plenamente com a área por onde estamos extravasando energia divina, podemos sentir amor total e contentamento total, mesmo que apenas por um momento. Começamos a perceber esse sentimento nas áreas em que já estamos abertos, e aos poucos adquirimos a capacidade de manter os bons sentimentos.

Todos nós acreditamos que o que nos dá mais medo é a dor, mas na verdade é muito mais fácil manter a dor do que o contentamento. O contentamento, a Consciência de Tudo, constitui uma ameaça maior à idéia de quem pensamos ser. Ele abala nosso sentimento de um eu isolado; ele é um choque para nossas expectativas normais. Ele despedaça todas as nossas crenças limitadoras e negativas sobre nós mesmos e os outros. Assim, a abertura para o bem que está dentro e fora de nós precisa ser lenta e gradual, para podermos aprender a adquirir e a manter a capacidade de sentir contentamento.

No fim, podemos vir a sentir o que o Guia chama de "sentimento cósmico" e outros chamaram de "consciência cósmica".[1] Esta é a experiência do nível unitivo de Deus, onde todas as dualidades se dissolvem.

> O sentimento cósmico é uma experiência que já não promove a distinção entre sentir e pensar. A experiência da unidade é total. É uma experiência de contentamento, de compreensão da vida e seus mistérios, do amor que tudo abarca, a certeza de que **tudo está bem e não há nada a temer.** É muito difícil para o ser humano normal visualizar a total ausência de medo, porque vocês estão parcialmente inconscientes dos medos existentes e parcialmente estão tão acostumados a viver com eles que não lhes ocorre que a vida poderia ser diferente. ... No estado de sentimento cósmico, vocês sentem a proximidade da presença de Deus no seu íntimo. A proximidade dessa presença incrivelmente poderosa, a princípio, é um choque. O sentimento bom é um choque. É como se, literalmente, o sistema nervoso todo levasse um choque. Portanto, a personalidade-ego precisa ficar suficientemente forte e saudável para poder acostumar-se às altas vibrações da presença interior de Deus manifestando-se na pessoa exterior. Essa manifestação, então, é sentida como a realidade e o estado eterno de

---

1. Para descrições pessoais do estado de consciência cósmica, remetemos o leitor ao livro de Richard Bucke, *Cosmic Consciousness*.

vocês, a verdadeira identidade de vocês. No momento em que vocês descobrirem que estão nesse estado, saberão, da forma mais profunda, que sempre souberam o que agora estão redescobrindo, que sempre foram o que agora sentem que são — que nada disso é de fato novidade; vocês apenas tinham se desligado temporariamente desse estado de sentir e conhecer, de experimentar e perceber a vida como ela realmente é. (*PGP 200*)

Embora a experiência direta de Deus — a consciência cósmica — seja a meta do nosso trabalho espiritual, ela é uma dádiva de graça que não pode ser forçada. Quando persistimos na busca de Deus, gradualmente removemos os obstáculos à nossa visão da realidade última.

O Eu superior e a imagem de Deus

Na primeira vez que procuramos entrar em contato com o Deus interior, deparamos, ao contrário, com nossas limitações e falsas concepções, com nossas imagens de Deus. Como ensinaram a todos nós que Deus é a autoridade suprema, as imagens que temos dele foram distorcidas pelas nossas primeiras experiências infantis com a autoridade. Se tivermos experimentado a autoridade como punitiva, nossa expectativa é encontrar um Deus duro e crítico. Portanto, podemos resistir ao encontro do nosso eu-Deus por medo de encontrar a autocrítica e a culpa. Se tivermos experimentado a autoridade como indulgente, nossa expectativa é a de um eu-Deus que sirva aos desejos do ego, e ficaremos decepcionados e impacientes, podendo até perder a fé quando aprendermos as inevitáveis lições de que o ego precisa ser domado para servir ao Eu Maior.

Em todas as culturas, as imagens de Deus são adicionalmente reforçadas pelas falsas interpretações características da religião instituída. As religiões têm origem na experiência direta de Deus, na percepção da consciência cósmica de seus fundadores. No entanto, à medida que, com o tempo, os ensinamentos ou as práticas dos fundadores se sedimentam, criam-se distorções que reforçam a separação e a diferenciação dos adeptos de uma determinada religião ou seita, dando margem a atitudes dualistas que promovem uma forma de interpretar Deus e de praticar o caminho que leva a ele *em oposição* a outra forma. Essas imagens de massa culturais recebem um novo reforço da identidade étnica e da história social dos adeptos, por exemplo, uma história de perseguição, que cria outras distorções na idéia e na percepção da Realidade Última, ou Deus. O judaísmo e o cristianismo, como todas as grandes religiões do mundo, têm suas distorções específicas.

As imagens de massa da religião institucionalizada e as imagens de Deus resultantes da história cultural dessas religiões combinam-se, em seguida, com as respostas pessoais à autoridade, de forma que surge uma confusão sobre a natureza de Deus e um desestímulo a buscar a experiência de Deus. Muitas vezes, nesse caso, a única forma de reencontrar o caminho da autêntica busca de Deus exclui a religião institucionalizada na qual fomos criados. A seguir, são apresentadas histórias de experiências negativas da religião na infância, combinadas com experiências negativas da autoridade, que tiveram como resultado uma imagem distorcida de Deus. Essas histórias se referem a pessoas criadas nas religiões judaica, católica e protestante:

1) Uma experiência judaica:

Eli achava que não podia abrir-se a Deus; fazê-lo seria tolo e até perigoso. Era criança, na Polônia, quando o país foi invadido pelos nazistas. Ele e o pai fugiram, mas todos os outros membros da família foram mortos em campos de concentração.

Eli lembrava de quando tinha sete anos de idade e estava com o pai assistindo ao desfile dos soldados nazistas na cidade. O pai revelara a Eli seu maior medo: "Nunca vão detê-los, nunca." Eli, que tinha medo da crueldade do pai, ficou tão horrorizado e decepcionado com essa sombria certeza que se misturou à multidão e passou o resto do dia escondido. Somente um mês depois, contudo, quando Eli ouvia, através de uma porta fechada, as palavras tranqüilizadoras de seu ilustre e amado avô a um grupo de judeus da cidade, no sentido de que, sem dúvida, não havia com que se preocupar, o menino se viu repetindo a certeza do pai de que não se passaria muito tempo até "estarmos todos mortos. Nada irá detê-los". Muitas vezes, desde então, ele desejou ter sido suficientemente forte e corajoso, quando menino, para gritar essa verdade sombria ao avô e insistir que o velho partisse com eles, em vez de aguardar passivamente a terrível morte que viria alguns meses depois.

Na cabeça de Eli, o profundo pessimismo se misturou com a salvação da vida. Se ele e o pai fossem benevolentemente otimistas em relação aos alemães, como era o avô, ninguém da família teria sobrevivido. Uma grande parte dele ainda vivia na realidade aterradora da Polônia da sua infância, onde os impulsos de seu amado avô não eram dignos de confiança.

Eli ainda estava muito convencido de que a propensão da humanidade para o mal sobrepujava seu potencial para o bem, e tinha a dolorida certeza de que a raça humana estava destinada a acabar num holocausto nuclear, assim como os judeus da Polônia tinham sido submetidos ao holocausto genocida de Hitler. "Nenhum de nós vai sobreviver" era uma frase que ressoava freqüentemente em sua cabeça. Na qualidade de conhecido conferencista sobre a ameaça que as armas nucleares representavam para a humanidade, ele se viu repetindo as sombrias opiniões da sua própria criança desesperançada e amarga, esmurrando a porta da humanidade surda aos perigos que ele conhecera tão de perto.

Se houvesse um Deus, ele merecia a fúria de Eli. Eli não podia perdoá-lo por permitir o mal cometido por Hitler. Esse mal ele havia conhecido na pele. Era real. Se isso também era Deus, então Deus também participou, arrogante, da marcha dos nazistas, e falou pela voz aterrorizante do cruel pai de Eli. Esse Deus não passava de uma força punitiva implacável e irracional; seria humilhante falar com um Deus assim — e, muito mais, orar para ele.

Depois de passar anos sentindo a dor e a raiva do que, na opinião dele, fora uma traição de Deus, a ele pessoalmente, mas também aos judeus e a toda a humanidade, Eli começou a se dar conta do anseio que tinha por ouvir uma voz interior diferente.

Durante um curso intensivo do Pathwork, onde Eli fora para tentar reverter seu padrão de autodestruição, ele liberou muita raiva contra o pai, tão brutal com o filho, que tantas vezes o espancara na infância e constantemente o criticara na idade adulta. Eli chegou a entender que o ódio profundamente arraigado que sentia por si mesmo não era a voz da verdade, mas sim a do seu eu inferior, falando como o pai internalizado. Eli começou a encarar esse fenômeno como um demônio interior, determinado a destruí-lo, assim como os nazistas estavam determinados a acabar com os judeus. Sua autodestrutividade estava perpetuando o anti-semitismo fatal que ele abominava. Eli começou a perceber que seu profundo negativismo não poderia ser superado apenas com sua limitada bondade humana; ele precisava de algo mais. Precisava de Deus.

No diário que fez durante esse retiro intensivo, Eli escreveu: "Confrontado com o demônio, reconheci minha impotência. Admiti que eu (o meu eu-ego) não era um adversário à altura dele, não poderia detê-lo. Vi como isso funciona. Meu ajudante me convidou a pedir a ajuda de Deus, a rezar. Não consegui. Admiti que estava perdido. Eu não sabia rezar. Não conseguia dizer a palavra 'Deus'. Eu disse que não poderia perdoá-Lo, e depois solucei muito, repetindo a mesma coisa muitas vezes. Depois de um certo tempo, meu coração estava tranqüilo e calmo ('neutro'). Meu ajudante perguntou se eu desejava abrir o coração a Deus ainda mais; eu queria, mas não conseguia ir mais longe. Ainda não conseguia abrir meu coração, mas pelo menos já não me opunha à abertura, já tinha renunciado à minha tenaz incapacidade de perdoar."

Depois dessa sessão, Eli voltou ao quarto e se viu inesperadamente preocupado com matemática. Mais tarde, escreveu: "Entendi por que fiquei resolvendo equações de álgebra a tarde toda: baseei todas as minhas crenças, toda a minha vida, na convicção do triunfo do mal, e nem ao menos estava ciente de que precisava haver alguma coisa para equilibrar a equação."

Eli aceitou a idéia de que o mal precisava ser contrabalançado pelo bem, de que seu eu inferior precisava ser contrabalançado pelo Eu superior. E, mais ainda, que o projeto do universo que criava as equações de álgebra também poderia ser a mesma realidade maior que criara e dera condições de existência ao bem e ao mal. Assim, começou a abrir-se à idéia de Deus, como aquilo que abrange o todo, todas as dualidades, incluindo o bem e o mal, e que é maior que ambos.

A experiência de Eli, como judeu, criou nele a imagem de Deus como uma autoridade caprichosa ou até hostil, e das pessoas como mais capazes de praticar o mal que o bem. Ele começou a encontrar o caminho de volta para uma visão mais benigna do Universo ao explorar e liberar os sentimentos infantis de rejeição pelo pai e opressão pelos nazistas. Além disso, sua inclinação natural pela matemática ajudou-o a entender que ele mesmo estava fora de equilíbrio ao enfatizar exageradamente o lado escuro da vida.

2) Uma experiência católica:

James, cuja história deu início ao Capítulo 3, freqüentou escolas paroquiais durante toda a infância, e levava o catolicismo muito a sério. Aos sete anos, já estava convencido de ter cometido um pecado mortal por ter perdido a missa certo domingo. Ficou apavorado com a perspectiva de sofrer eternamente no inferno.

Nas escolas paroquiais, ensinaram a James que "Deus está em toda parte. Deus sabe todas as coisas".[2] Assim, ele sabia que Deus saberia quando ele desobedecia

---

2. Extraído de *My First Communion Catechism*, publicado pela Confraternity of Christian Doctrine, Washington, D.C., 1942.

aos mandamentos. E como os mandamentos ensinados no catecismo proibiam sentir raiva dos pais, da Igreja ou das autoridades escolares e desobedecê-los, e continham normas sobre a honestidade e pureza de pensamentos e palavras, ele tinha certeza de ter falhado a Deus muitas vezes.

Quando garoto, James se empenhava muito em ser bom, e pelos padrões normais era uma criança tranqüila e obediente. Mesmo assim, pelos padrões do catecismo, ele se sentia um fracasso constante. O valor que atribuía a si mesmo diminuiu ainda mais quando acreditou piamente nestas palavras do catecismo, que pareciam ter sido escritas especificamente para ele: "Nascemos sem a graça de Deus. Não somos santos e agradáveis a Deus. Não temos direito ao Céu."[3] Mesmo depois de ter recebido os sacramentos do batismo e, mais tarde, da comunhão, que o ajudariam a chegar ao céu, James estava convencido de que jamais poderia fazer o suficiente para agradar a Deus.

Na adolescência, James começou a rebelar-se contra a rigidez de sua formação católica. Quando a sexualidade despontou com toda a força, ele soube que jamais poderia cumprir as exigências da sua Igreja. Achava que tinha duas opções: ceder ao peso dessa terrível sentença e tentar reprimir a sexualidade e os "maus pensamentos", ou apenas aceitar que era irremediavelmente mau e continuar sendo mau/sexualizado, na inútil esperança de que o juízo final católico, no fim das contas, estivesse errado. Esta parecia ser uma escolha arriscada; ele ainda poderia passar a eternidade no inferno. Mas a sexualidade era tão forte que ele já não podia mais se reprimir...

Na faculdade, James começou a fazer leituras variadas, inclusive sobre psicologia moderna, e sua rejeição ao catolicismo adquiriu bases mais intelectuais. Fez leituras aprofundadas de livros sobre o misticismo oriental e começou a abrir-se a outra visão de Deus. A prática da meditação do Zen-budismo passou a ser uma forma de retomar a serenidade da infância em relação a Deus, mas sem nenhuma das armadilhas da religião que tanto o haviam oprimido.

A experiência católica de James levou-o a conceber a imagem de um Deus exigente cheio de rejeição, anti-sexual e punitivo, a quem ele — um simples mortal, com desejos sexuais normais e defeitos humanos inevitáveis — jamais poderia agradar. James achou que deveria rejeitar ou a Deus ou a si mesmo — uma opção intolerável. No entanto, sua preocupação com as questões fundamentais, seu desejo de conhecer o significado profundo da vida e da morte continuaram a absorver seus pensamentos, e acabaram reconduzindo-o a Deus, através de um caminho que levou a uma experiência direta, não moralista, da Realidade Última.

3) Uma experiência protestante:

Martha foi criada numa pequena cidade do interior e freqüentou a igreja luterana local. Ela se lembrava da escola dominical como agradável mas entediante, e da família na igreja, sempre ostentando a aparência de respeitabilidade e normalidade, agindo como se tudo estivesse ótimo. Mas em casa o pai bebia muito, era violento com a mãe e os filhos, e raramente capaz de prover o sustento da família. A igreja

---

3. *Ibid.*

era uma impostura; em casa a vida era dura, assustadora e real. A mãe era oprimida e subjugada, incapaz de ser uma fonte de consolo para Martha. O verdadeiro patriarca não era Deus nem Jesus, mas o pai alcoólatra, que dominava a cena doméstica. Deus e a religião, como ela veio a acreditar, eram algo que servia principalmente para fachada, uma máscara que se coloca para agradar aos outros. A religião nada tinha a ver com a realidade.

Na infância, Martha muitas vezes fugia do ambiente opressivo de sua casa e passava horas sozinha no campo e à beira dos riachos das proximidades, tornando-se amiga das plantas e das criaturas desses locais. Sentia-se muito próxima da pulsação benévola da vida; achava reconfortante e tranqüilizante o ciclo dos dias, o ritmo das estações. A natureza, e não a religião, passou a ser a sua salvação.

Já adulta, Martha a princípio saciou sua sede espiritual pelo contato com a espiritualidade dos índios americanos, cujo centro era o amor pela Terra, encarada como aquela que ensina e conforta os seres humanos. A Mãe Terra era um Ser que ela podia amar e que, evidentemente, era essencial ao seu bem-estar. Martha começou a ler tudo o que encontrava sobre religiões organizadas em torno da Terra, onde as deusas eram tão importantes quanto os deuses, e as avós tão sabias quanto os avôs.

Através de sua experiência protestante, Martha concebeu a imagem de um Deus ineficaz e pretensioso. Seu caminho de volta para a espiritualidade passou pela ligação com a natureza. Isso também lhe deu acesso ao seu próprio eu-deus feminino, que fora negado pela religião patriarcal e pela família patriarcal na qual fora criada.

A sede de experiências espirituais encontra um meio de vir à tona mesmo na alma mais cética. Esse anseio pode se manifestar como desejo de amar ou de conhecer o Universo. Para James, veio como sede por respostas às questões finais; para Martha era o anseio de ligar-se mais intimamente à Terra; para Eli, era a vontade de se livrar do negro pessimismo e encontrar um universo equilibrado. Todos esses anseios de conhecer mais a fundo, de amar mais a fundo, de ligar-se mais a fundo, são, em última análise, o desejo de experimentar um estado de consciência mais unificado do que o que é proporcionado pelo ego normal desconectado. Esse anseio nos leva a buscar o Deus interior e resulta num contato com o Eu superior. Ao buscarmos essa ligação, precisamos reconhecer e, gradualmente, descartar todas as distorções culturais e psicológicas da imagem de Deus.

> Os menores desvios e obstruções internas são entraves à compreensão da inexplicável e limitada grandeza de Deus, que não pode ser limitado pelas palavras. É preciso cuidar de eliminar os entraves, passo a passo, pedra a pedra, pois somente assim vocês poderão vislumbrar a luz e a sensação de contentamento infinito.

> Um desses entraves é que, apesar dos ensinamentos que receberam de diversas fontes, inconscientemente vocês ainda pensam em Deus como uma pessoa que age, escolhe, decide, dispõe arbitrariamente, a seu critério. Por cima disso, vocês colocam a idéia de que Deus também é justo. Mas essas idéias são falsas. Porque **Deus é**. A justiça vem da operação das leis espirituais, que também apenas **são**. Deus é, entre tantas outras coisas, vida e energia vital, o grande poder criador à disposição de vocês.

Vocês, feitos à semelhança Dele, têm liberdade de escolher que uso desejam fazer desse poder. Vocês aprendem com o tempo que o desvio da lei espiritual, do caminho do amor e da verdade, traz a infelicidade. E que agir de acordo com a lei espiritual traz a felicidade. Vocês são totalmente livres para escolher. Vocês não são forçados a viver na bem-aventurança e na luz. Vocês podem, se quiserem. Tudo isso significa o amor de Deus. (*PGP 52*)

A entrega ou a resistência ao Eu superior

A experiência dos planos transpessoal e unitivo do Eu superior só vem depois que o eu exterior, o ego adulto, consegue aprender a render-se à realidade maior dentro do eu. Isto só se torna possível depois que as imagens limitadas e opressivas de Deus, trazidas da infância e de vidas passadas, são encaradas e descartadas.

"O ego precisa saber que não passa de um servo do ser maior interior. Sua principal função é procurar deliberadamente estabelecer contato com o eu maior interior." (*PGP 158*) O trabalho do ego inclui enfrentar as obstruções, para podermos ouvir e aceitar as mensagens do Eu superior.

Quando renunciamos ao ego, ficamos tão abertos e sensíveis com éramos na infância. "A menos que você se torne uma criancinha, você não poderá entrar no Reino dos Céus." Temos medo dessa entrega porque a abertura nos torna vulneráveis às imagens de autoridade — a autoridade paterna, de Deus, da religião — que conhecemos quando éramos muito jovens e indefesos. Assim, precisamos voltar às ocasiões em que a nossa confiança na autoridade foi traída e nossa fé foi abalada.

Carol ansiava por conhecer a Deus, sentir seu Eu superior. Ela lera toda a literatura espiritual que conseguira, desde os textos básicos de diferentes religiões do mundo até obras sobre a Nova Era. Intelectualmente, acreditava numa realidade espiritual, mas era incapaz de senti-la pessoalmente. Ela batia, mas a porta continuava fechada.

Durante o trabalho com suas primeiras memórias da infância, Carol espontaneamente reentrou na realidade do eu bebê. Nascida prematuramente, ela passou vários meses na incubadora do hospital, e a mãe estava muito doente para cuidar dela ou mesmo visitá-la.

Deitada num sofá na sessão do Pathwork, Carol começou a falar com voz estrangulada, tensa: "Onde está você, onde está você?" O tom do sentimento alternava entre o desespero e a raiva impotente. Incentivada a chutar e a gritar, Carol deu vazão total à ansiedade do seu bebê. Depois que se atenuou a forte onda de sentimentos, ela falou com um fio de voz triste: "Sinto-me tão abandonada, tão traída. Não é assim que devia ser. Onde está ela, onde está ela?" Agora, o pesar substituía a raiva, e ela soluçava, arquejante. Quando parou de chorar, Carol ficou quieta, e durante um breve momento entrou num espaço vazio e aberto onde ela acreditou ter ouvido a música dos anjos.

Mais tarde, Carol recapitulou reflexivamente essa regressão ao estágio de bebê. "É exatamente isso que eu sentia em relação a Deus. Abandonada, traída, deixada à minha própria sorte, sem ajuda. Mas agora vejo que a escolha foi minha. Assim que eu cresci o bastante para me defender, jurei nunca mais ser tão vulnerável e carente quanto fui como bebê. Identifiquei-me fortemente com o ego, e não quero *deixá-lo para trás porque sei que seria preciso cair outra vez nessa terrível e pura vulnerabilidade. Todo esse tempo, inconscientemente, identifiquei Deus, ou o meu Eu superior, com minha mãe que não estava presente. Agora, pela primeira vez, sinto uma certa esperança de poder entrar em contato com alguma coisa — um anjo da guarda, minha própria alma, meu Eu superior — que **estava** lá comigo, **está** aqui comigo, mesmo que minha mãe não estivesse. Sei que, para ouvir a voz de Deus, vou precisar ir até ele com a minha carência pura, e não com meu intelecto adulto."*

No caminho que leva ao Eu superior, caímos em vários estados de consciência dolorosos e assustadores. Negociando esses estados, o ego aprende a tornar-se "transparente", rarefeito, para que outras realidades mais profundas possam aflorar. Como o Eu superior é uma corrente de energias involuntárias, precisamos aprender a fluir junto com os processos involuntários que eram tão fortes na infância, antes de criarmos um ego. À medida que nos desembaraçamos do controle, e permitimos o involuntário, separamos gradualmente os impulsos que vêm do Eu superior — e que, portanto, são dignos de confiança — e os que vêm do eu inferior — e que, portanto, precisam ser confrontados ou contidos. Sem dúvida, precisaremos nos abrir aos medos e à vulnerabilidade da infância que jazem na base dos controles do ego. Ao aprender a tolerar todos os nossos sentimentos involuntários, abrimo-nos mais plenamente ao fluxo do espírito interior.

Não se soltar sempre reflete a luta interior, espiritual, sobre o que merece confiança; o pequeno ego ou o Deus interior. Para confiar no Deus interior, é preciso atravessar os estágios intermediários de consciência. E com muita freqüência o eu deseja evitar a dor ou a confusão, o vazio ou o medo. Seja qual for o estado, ele precisa ser aceito temporariamente, para poder ser explorado, entendido e dissolvido.

É por isso que a resistência a se soltar é tão forte. Vocês preferem o *status quo* no qual evitam cair nesses outros estados de consciência que precisam ser atravessados, para poderem se soltar, criar e expandir a vida. Vocês preferem o *status quo,* mesmo que o estado de afrouxar, de permitir a presença de Deus, proporcione uma sensação maravilhosa, rica, leve, alegre e segura. Quando vocês optam por se abandonarem a esses outros estados, a resistência a se soltar gradualmente diminui. Mas isso nunca pode ser feito através de uma única decisão. Trata-se de uma decisão e de um compromisso que precisam ser renovados muitas vezes. (*PGP 213*)

O abandono adequado aos processos involuntários precisa ser acompanhado de disciplina e do enfrentamento dos impulsos negativos oriundos do eu inferior. Enquanto o ego não desenvolver essa disciplina, o abandono ao involuntário parece perigoso. Com o tempo, aprendemos a confiar no desdobramento do nosso material interior, e a trabalhar com o nosso lado negativo em contextos seguros e apropriados. Aprendemos a confiar na natureza auto-reguladora do processo vital criativo e evolutivo presente em nós. "O reconhecimento desse fato deve ajudar vocês a dar mais um passo em direção à **vida real autodeterminante,** cujo potencial existe em vocês." (*PGP 153*)

Exercícios do Capítulo 8:

1. Descreva na íntegra uma experiência que você teve com o Eu superior. Diga também de que forma, se isso aconteceu, você sentiu que a experiência o transformou.

2. Escreva uma lista de suas melhores qualidades, as áreas em que sente que o Eu superior "brilha" na sua personalidade atual. Depois de completar essa lista, explore a relação, se existir, entre a lista e aspectos do eu-máscara. Explore as semelhanças aparentes e as diferenças reais.

3. Volte-se para o seu íntimo a fim de descobrir se existe vergonha em reivindicar as qualidades do seu Eu superior. Em caso positivo, explore como essa traição a si mesmo se relaciona com maneiras em que você pode ter traído o amor oriundo de um ou de ambos os seus genitores. Você achava que o amor de um de seus pais, o mais amoroso, estava garantido, e se voltava para o que demonstrava menos amor?

4. Examine a sua vida para ver até que ponto você se sente aberto ou "espiritualmente bem" em diferentes contextos: por exemplo, ficar sozinho, ficar com pessoas do mesmo sexo, ficar com pessoas do sexo oposto, dar o melhor de si no trabalho, estar na natureza, estar com crianças. Pergunte a si mesmo até que ponto você fica (relativamente) descontraído, aberto, confiante, verdadeiro nessas diferentes áreas. Numa prece ou ritual, convide o Eu superior a conduzi-lo a uma maior abertura nas áreas em que atualmente você se sente bloqueado ou fechado.

5. Visualize o Eu superior como um mestre/curador/companheiro interior. Descreva esse Eu superior que vive dentro de você. Em seguida, invente um diálogo entre o ego e esse ser (que também é você). Defina cada uma das vozes e escreva o diálogo. Pode ser sobre algum assunto da sua vida que esteja causando problemas no momento; mas você também pode simplesmente ouvir a orientação que vier nesse momento.

CAPÍTULO 9

A Libertação das Ligações com o Eu Inferior

"Quando você põe a descoberto suas intenções negativas,
você pode se enganar dizendo que as coisas
negativas 'acontecem' a você. Você precisa aceitar
o fato de que a vida que você vive é o resultado
das escolhas que faz. E escolher implica a liberdade
de adotar outra atitude."

— Palestra 195 do Guia do Pathwork — *"Identificação e intenção: identificação com o eu espiritual para superar as intenções negativas."*

O demônio de Michael: explorando as raízes do fruto proibido

Michael veio ao Pathwork especificamente para tratar de suas fantasias sexuais negativas. Estava casado há pouco e profundamente apaixonado pela mulher. Sentindo a possibilidade de uma união mais amorosa e sexualmente mais vibrante com ela, Michael queria eliminar o que, para ele, era um grande obstáculo a uma sexualidade mais amorosa.

Suas fantasias mais freqüentes eram sobre encontros sexuais com prostitutas, principalmente homossexuais masculinos. Esses homossexuais vivem no submundo da ambigüidade sexual: nascem homens mas se identificam como mulheres. Apresentam características sexuais secundárias femininas, mas possuem os órgãos genitais masculinos. Michael tivera várias relações sexuais eventuais com homossexuais e ainda se excitava com as fantasias envolvendo essas pessoas.

O seguinte sonho incitou Michael a começar a analisar seu problema sexual: "Estou num ambiente urbano, no bairro da cidade onde alguns homossexuais se prostituem. As pessoas aplaudem um helicóptero que sobrevoa várias ruas da cidade e dá voltas em torno de um prédio triangular, fazendo extravagantes evoluções. Todos os prédios são muito altos e as ruas são estreitas.

O helicóptero é enorme, como o Queen Mary, e também muito flexível; tem uma longa cauda que se dobra como uma sanfona. Faz manobras complicadas e muito perigosas, tentando dar a volta ao prédio triangular com muita rapidez. Numa curva fechada, a cauda balança muito, fica fora de controle e o helicóptero se choca contra um prédio, fazendo um barulho enorme. Eu tinha sentido a iminência do desastre e agora a visão da destruição me provoca náuseas."

A simbologia sexual estava evidente para Michael. Ele associou o prédio triangular com o "triângulo pubiano" feminino e tinha medo de que sua energia sexual, ligada naquele momento às "manobras" com os homossexuais, tivesse enorme poder de autodestruição. Ao analisar este sonho, Michael se identificou com o piloto do helicóptero:

"Estou no controle. Estou na cabina. Tenho um poder enorme e fico muito excitado fazendo essas acrobacias, impressionando todo mundo lá embaixo. Gosto da emoção e do perigo. Sei que as acrobacias do helicóptero são arriscadas, mas me sinto invulnerável. De repente, percebo que a cauda está totalmente fora de controle, que o desastre é iminente, e depois... a morte súbita."

Michael disse que a sensação de desastre iminente era conhecida, como se ele quase se lembrasse de ter morrido subitamente numa situação de forte conotação sexual em outra vida. O sentimento também lembrava seus encontros com os gays, com quem ele se sentia alternadamente paternalista e assustado. A iminência do perigo fazia parte da excitação sexual. Sexo e perigo, poder e o lado sombrio, emoção e destruição — de alguma forma tudo isso estava ligado, e ele sabia que precisava separar as coisas para livrar-se da negatividade associada à sua sexualidade masculina.

Michael recapitulou o começo de sua vida sexual. Até onde podia lembrar, ele tomara o partido da mãe contra o pai. Os pais brigavam, em geral porque o pai bebia demais. Michael, filho único, sabia que a mãe gostava dele e desprezava o marido. A mãe confiava em Michael e queixava-se a ele do marido, dizendo, inclusive, *que ele não a satisfazia sexualmente. A mãe também flertava com Michael. Desfilava nua ou seminua pela casa, pedia muitas vezes que o filho massageasse seu pescoço ou lavasse suas costas quando estava na banheira, e, depois de vestida, pedia a opinião dele sobre seu aspecto. Na adolescência, Michael tivera obsessivas fantasias sexuais com a mãe.*

Para o menino, a mãe era a rainha da casa, o pai era o rei impotente e ele, Michael, o princípe herdeiro. A energia incestuosa entre a mãe e o filho, mesmo sem se concretizar, era intensa e evidentemente perigosa: e se perdessem o controle e violassem o tabu maior? E se o pai descobrisse? Relembrando suas primeiras associações de sexo com perigo, e do seu envolvimento posterior com o "fruto proibido" da homossexualidade, Michael começou a entender o desprezo que sentia pela heterossexualidade "entediantemente normal" do casamento. Também percebeu que a maior intimidade com a esposa ameaçava reacender a sensação de violação de tabu associada à mãe.

Teve novo sonho: "Estou em um lugar escuro, provavelmente um metrô em Nova York, tentando me esquivar de um demônio que quer fazer um acordo comigo. Ele quer me dar poderes, inclusive a capacidade de voar, e em troca eu tenho de 'vender minha alma'. Ele é um espírito e pode assumir qualquer forma.

Ele me diz: 'Adivinha aonde vou agora.'

Sinto um zunido na cabeça e percebo que ele está no meu cérebro. Ele me convida a fazer sexo com ele, e lembra que pode mudar de forma. Em seguida, transforma-se em um homossexual muito bonito e sedutor. Outro homossexual está com ele. Ambos têm órgãos genitais estranhos, com a pele quase destacada do corpo, como um apêndice falso. Os dois querem fazer sexo comigo, e sabemos que isso foi tramado pelo espírito demoníaco. No entanto, os homossexuais começam a discutir e os órgãos genitais deles se desprendem."

Na sessão seguinte, Michael viu que o sonho ressaltava o medo de castração que ele sentia na infância, como um aspecto do envolvimento incestuoso com a mãe. Mas, além do nível psicológico, Michael achava que tinha feito um pacto com o diabo, que agora queria esclarecer e alterar. Nesta sessão, Michael teve o seguinte diálogo com o demônio, dizendo as falas dos dois:

Demônio: "Você precisa de mim. Deixe a sua sexualidade por minha conta. Vou tornar você poderoso."

Michael: "Não. Vá embora. Não preciso de você. Não quero você. Quero escolher o amor, não o que você me oferece. Quero acreditar que o amor é mais poderoso que você."

Demônio: "Lembre-se: eu não poderia ter vindo se você não me quisesse."

Nesse ponto eu interferi, sugerindo que Michael explorasse sua ligação com a força demoníaca.

Michael: "Sinto o poder que a minha sexualidade negativa me dá; é a excitação que movimenta a máquina. O poder sexual em mim anima tudo e faz a vida valer a pena."

Perguntei então: "Quem você seria sem ele?"

Michael: "Sem ele eu seria o meu pai — um conformista deprimido e impotente. Meu pai era uma máscara oca, alguém que se contentou com muito pouco, que ficou rígido e certinho, e depois bebia para se soltar, e ficava pateta, bobo e infantil. Ele já morreu; ele teve rigor mortis *da mente."*

Demônio: *"Está vendo? Eu dou vida a você. O tipo de sexo que posso oferecer é a sua vida. Você não precisa de nenhum outro sentimento."*

Michael: *"Você me dá poder a um preço terrível: dor, culpa e separação da mulher que amo. Também limita minha vida sentimental. Não quero ter apenas sentimentos sexuais. Quero ser capaz de aumentar a intimidade com minha mulher, o poder de ficar triste e zangado, de conhecer a alegria e o medo, de sentir tudo o que há na vida. Detesto o seu interesse exclusivo pela sexualidade."*

Demônio: *"Eu lhe dou poder através do sexo. Isso é tudo o que existe."*

Michael: *"Quem é você e o que você quer?"*

Demônio: *"Quero poder e separação. Isso é tudo o que eu conheço."*

Em sessões posteriores, Michael refletiu sobre a pergunta que fizera sobre a identidade do demônio. Começou a reconhecer o demônio como uma criança destrutiva e cheia de vontades, em busca de atenção constante, gratificação imediata e poder sobre os outros. Por baixo desse eu inferior criança, ele descobriu uma criança carente, que acreditava que precisava do poder para compensar a sensação de não ser amada. Michael sabia que o que realmente desejava era amor recíproco, incompatível com o rematado egoísmo infantil, e no entanto sabia que continuava sentindo atração pelo poder e pelo perigo da sexualidade proibida. Portanto, perguntou outra vez ao seu demônio-criança: "Quem é você e o que você quer?"

Em outro diálogo em que Michael desempenhou os dois papéis, e seu eu inferior, o seu demônio, começou a parecer sempre mais com uma criança emocionalmente angustiada, lembrando a Michael um adolescente insubordinado que certa vez aconselhara durante um trabalho realizado numa instituição para adolescentes problemáticos. Michael lembrou que certa vez, depois de receber a visita da mãe cansada e preocupada, que veio acompanhada de três dos seus onze filhos, o garoto foi para os fundos da casa e começou a arrancar mudas de uma floresta recém-plantada. Michael correu atrás dele, agarrou o menino pelos ombros e gritou: "O que você está fazendo?" O garoto, com um brilho de ódio no olhar, fitou-o fixamente sem dizer nada. Michael assumiu uma atitude mais branda e, calmamente, continuou insistindo: "O que você quer? O que você quer de verdade?" Depois de um longo silêncio, o garoto finalmente respondeu baixinho, com lágrimas nos olhos: "Eu quero a minha mãe."

Michael ficou com a voz embargada ao relatar esse episódio e, pela primeira vez, percebeu quão pouco cuidado maternal ele próprio havia recebido. Para a mãe, ele fora marido e amante, pai e consolador, mas raramente um filho que deveria ser alvo de apoio e cuidados maternos. O trabalho subseqüente de Michael enfocou o pesar pela mãe que ele não teve, pelos cuidados que não recebeu. Sua vida emocional começou a ampliar-se, abrangendo surtos mais freqüentes de pesar e raiva.

Ao mesmo tempo, Michael começou a sentir mais compaixão pela sua criança interior perturbada e voluntariosa; começou a ter paciência com ela, a querer ajudá-la a crescer e saber que era amada e não precisava ter atitudes negativas. Michael estava despertando o "bom pai" interior que poderia cuidar de sua criança interior.

Também começou a meditar com mais regularidade e a fazer mais contato com o Eu superior, a essência espiritual que, como ele sempre soube, era a sua verdadeira identidade. Michael sabia que esse Eu amava e aceitava todas as suas facetas, incluindo a criança eu inferior/demônio. Pelo fato de ter consumido drogas psicodélicas na passado, ele já tinha uma boa idéia do que é o eu expandido, embora também tivesse usado a experiência com drogas como substituto do crescimento emocional.

Durante algum tempo, Michael constatou que seu desejo sexual pela esposa diminuía, pois ele começou a voltar-se cada vez mais para o sentimento de amor por ela. E então, certa vez, quando fazia sexo com ela por amor, e se sentia inundado por uma nova espécie de força — a poderosa união de sexo e amor — ele teve uma dor súbita e aguda no quadril esquerdo, tão forte que precisou interromper a relação. Temporariamente identificado com a energia que o havia "atacado", Michael falou novamente com a voz do demônio: "Não, não vou deixar que você junte as energias do amor e do sexo. Você não sabe que isso vai matá-lo? Você vai ser esmagado! Nunca vou deixar você juntar essas forças. Volte para mim; é muito mais seguro."

Michael sabia que quem sairia perdendo com essa entrega ao fluxo unificado de sexualidade e amor era apenas o controle do seu ego, não o eu real. Assim, tendo em mente que o demônio era uma defesa de sua criança confusa, ele o enfrentou novamente, dizendo: "Eu sei que a unificação dos sentimentos mete medo em você. Sei que traz de volta o medo do incesto e a sensação de ser esmagado. Sei que você pensa que está me protegendo ao separar a minha sexualidade dos sentimentos do meu coração."

Depois disso, Michael conseguiu sentir e contar à sua companheira seus medos da infância, sua confusão e seu isolamento. Depois de ter exposto esses sentimentos, ele sabia que também precisava enfrentar o demônio diretamente. "Já não preciso da defesa da sexualidade dissociada, com a qual você me tenta constantemente. Quero juntar tudo. Recuso a sua vontade negativa, e conscientemente me alinho com a intenção do meu Eu superior, que é amar e expressar meu amor sexualmente." A dor nos quadris aos poucos desapareceu.

Michael começou a praticar diariamente a visualização da união da sexualidade com os sentimentos do coração e a parar com as fantasias sexuais que, ele sabia, dividiam a força vital sexual. Através da meditação e da visualização, ele reforçou o contato com o Eu superior.

(A história de Michael continua no Prólogo do Capítulo 10.)

A libertação das ligações com o eu inferior

Como Michael aprendeu com seus sonhos e diálogos, o eu inferior, que ele chamava de seu demônio interior, tem vida própria, objetivos próprios e forma espiritual própria. Ele luta para permanecer vivo e atingir sua meta de separação. Ele floresce na sombra e fermenta no inconsciente, o lugar mais propício para frustrar as boas intenções conscientes. Prefere o clima emocional de negação, de autojustificação, de confusão e de desonestidade. Quando permanecemos ignorantes do eu inferior, ele dá as ordens para que nossa vida siga um padrão destrutivo, apesar da vontade consciente em contrário. Enquanto não trouxe os sonhos do inconsciente para a luz da consciência, Michael ficou preso ao padrão de sexualidade negativa compulsiva.

O eu inferior também está determinado a nos persuadir de que ele é a nossa melhor proteção, que só podemos ficar seguros, ou ser poderosos, ou ter prazer se seguirmos o caminho do egocentrismo e da negatividade. O demônio de Michael constantemente apresentava argumentos para que o rapaz não se entregasse ao amor e à vulnerabilidade. Enquanto não desmascaramos as verdadeiras intenções do eu inferior, continuamos enredados nos padrões de vida negativos.

Estamos sob o domínio inconsciente do eu inferior sempre que não conseguimos mudar o que conscientemente queremos mudar. Mesmo quando deixamos de culpar os pais, a cultura ou Deus — mesmo quando já nos libertamos de muitas das mágoas infantis que estão por trás das imagens — ainda podemos sentir que não conseguimos deixar de ser do jeito que somos; que isto é simplesmente a nossa "natureza humana". Essa aparente impotência diante do eu inferior resulta de uma **ligação** profunda, e em grande parte inconsciente, que temos com a negatividade. Essa ligação deriva tanto da nossa **intenção** como do nosso **prazer** em permanecer no lado negativo.

Intenção negativa, vontade negativa

Podemos trazer à tona nossas intenções negativas analisando as áreas de insatisfação na nossa vida. Podemos desejar conscientemente todas as coisas certas — amor, felicidade, situação profissional satisfatória, auto-expressão criativa. No entanto, podemos simultaneamente temer ou fazer oposição ao preenchimento dos desejos conscientes, por várias razões inconscientes. Podemos, inconscientemente, estar punindo a nós mesmos ou aos outros, ou perversamente recusando-nos a aceitar a felicidade ou a confiar no mundo simplesmente porque esses sentimentos ameaçam o controle do nosso ego.

Precisamos descobrir em que nível do eu inferior decidimos, por livre e espontânea vontade, fazer oposição à ligação divina com toda a vida, em favor das limitações egocêntricas. Esse nível pode aparecer sob a forma de um demônio ou diabo, uma voz arquetípica negativa ou o inconsciente coletivo negativo que temos em comum com todos os seres humanos que existem na dualidade. Somente quando nos tornamos conscientes dessa escolha negativa mais profunda, no sentido de resistir à vida, é que temos a oportunidade de mudá-la.

Descobrir a intenção negativa de manter-se separado do núcleo divino, opor-se ao amor, à verdade e ao prazer que existe em nós e à nossa volta, é a princípio uma descoberta perturbadora. É difícil acreditar que realmente dizemos "não" exatamente àquilo que mais desejamos na vida. E, no entanto, a descoberta de que o "não" está dentro e não fora de nós é o que nos leva a conhecer a liberdade e a amadurecer. Às vezes, uma intenção negativa em relação a algum aspecto da vida só se torna clara quando já começamos a fazer outras opções, como mostra o caso a seguir:

Sophie era uma jovem mulher recentemente divorciada de um homem mais velho, com quem ela não gostava de fazer sexo. Agora estava apaixonada por um jovem tranquilo que ela amava de fato, e que a ajudou a descontrair-se sexualmente a ponto de, pela primeira vez na vida, atingir o orgasmo. Mas Sophie tinha muitas dúvidas sobre esse relacionamento e estava pensando em deixar o seu novo parceiro. Logo depois, sonhou que foi para a casa do ex-marido, que demonstrou uma violência assassina quando ela contou que agora atingia o orgasmo.

Na sessão do Pathwork, pedi que Sophie falasse como a personagem do ex-marido do sonho. Falando por ele, Sophie percebeu que ela abrigava em si uma voz que era rechaçada pela sua recém-descoberta sexualidade. A voz disse: "Veja o que você fez. Você renunciou à sua única vantagem, o poder da recusa, que usou todos esses anos para controlar os homens. Que má escolha você fez! Agora você não passará de um capricho dos homens; vai virar escrava deles, e qualquer homem será capaz de possuir você. Se quiser manter o respeito próprio, é melhor voltar a retrair-se e abandonar esse jovem."

Sophie identificou essa voz como a do seu lado de intenções negativas. Uma parte dela estava apavorada e enraivecida com a vulnerabilidade representada pela sexualidade mais aberta, e queria fechar-se outra vez, batendo em retirada. O fato de tornar consciente essa intenção negativa ajudou Sophie a levar adiante o relacionamento e continuar a abrir-se a uma vida sexual mais satisfatória.

Leva um tempo considerável até a pessoa crescer e aceitar que, quando existe insatisfação, a intenção interior é diferente dos desejos, vontades e intenções conscientes exteriores. Vocês vão acabar descobrindo essa verdade da vida: de que opera dentro de vocês alguma coisa que frustra a satisfação desejada. Mas quando vem a aceitação, a princípio puramente conceitual, continua parecendo impossível pensar que existe de fato um "não" interior em contraposição ao "sim" consciente. Para início de conversa, quase ninguém consegue acreditar que aquilo que ele deseja tão ardentemente seja negado por ele mesmo devido a "razões" de ordem interior. Essa desconexão com essa voz interior é o problema básico. Qualquer trabalho relacionado com a auto-análise e o desenvolvimento autênticos precisam caminhar no sentido de trazer à tona a negação interna, essa voz interior que diz não. *(PGP 186)*

O momento em que conseguimos encarar e perceber a intenção inconsciente de persistir nas atitudes e padrões negativos, de dizer "não" ao que afirmamos que queremos, constitui um grande passo à frente. Depois de perceber que escolhemos a insatisfação, o negativismo e o sofrimento, deixamos de culpar o mundo e os outros. Nós assumimos a responsabilidade pela criação da nossa vida e redirecionamos a energia criativa.

A própria palavra **intenção** indica que o eu está no comando; ele faz uma escolha deliberada, **tem a intenção** de fazer, de agir, de ser. Mesmo que vocês assumam as atitudes mais destrutivas, cruéis e brutais, existe sempre uma implicação que não podem evitar que sejam do jeito que são. Quando vocês põem a descoberto a intenção negativa, já não podem se enganar, dizendo que as coisas negativas "acontecem" a vocês. Mais cedo ou mais tarde, será preciso aceitar o fato de que a vida que levam é o resultado das escolhas que fizeram. E a escolha implica a liberdade de adotar outra atitude. ... É imensamente difícil admitir que o eu escolhe deliberadamente um caminho de negação, de rancor e ódio, mesmo pagando o preço do sofrimento. Mas, depois de feita a escolha, abre-se a porta da liberdade, mesmo antes de a pessoa estar verdadeiramente pronta para transpô-la. *(PGP 195)*

A compreensão das intenções negativas — a escolha interior que uma parte da alma faz no sentido de adotar uma atitude negativa perante a vida — normalmente só é obtida depois de muito trabalho pessoal. Primeiro precisamos desenvolver o eu observador (descrito no Capítulo 3) objetivo e compassivo, identificar-nos com ele, para depois saber quais são os nossos falsos conceitos particulares sobre a realidade, as nossas "imagens", e como estas recriam padrões negativos repetitivos, ou círculos viciosos, na vida atual (ver Capítulo 5). Precisamos aprender a remover a máscara (Capítulo 6), a aceitar a existência do eu inferior (Capítulo 7) e, finalmente, a nos basear no Eu superior (Capítulo 8). Normalmente, todos esses passos são condições necessárias para termos a força espiritual e a maturidade de encarar a nossa profunda desconfiança em relação à vida e ao eu, representada pelas nossas intenções negativas.

Sophie já tinha trabalhado consideravelmente sua hostilidade em relação aos homens do ponto de vista do abuso sexual a que fora submetida pelo pai alcoólatra. Ela havia visto suas imagens de desconfiança e a forma como justificava a própria hostilidade, e havia liberado muitas vezes a raiva, o pesar, a dor profunda. Ela havia visto como havia recriado, com o ex-marido, um relacionamento indigno de confiança. E mesmo agora, com um novo relacionamento andando bem, ela continuava achando que a desconfiança era uma barreira para entregar-se mais plenamente ao amor.

Num grupo do Pathwork, Sophie, espontaneamente, relembrou "memórias" de outras vidas com o pai. Segundo ela, os dois já haviam repetido muitas vezes esse jogo de poder e controle, de abuso e traição, revezando-se nos papéis de vítima e de carrasco. Ela queria entender por que escolhera o pai nesta vida, e tentou conversar com ele, na imaginação, com base na nova percepção das intenções do eu inferior:

"Escolhi você. Eu sabia que você ia me maltratar, ser cruel, e escolhi você. Agora tenho todas as desculpas de que preciso para odiar os homens. Você me deu essas desculpas, seu canalha; mas estou contente, porque agora posso tomar a decisão de me afastar de você e de todos os homens para sempre. Nunca vou confiar, nunca vou ceder, nunca vou amar. Vou ficar à parte e magoada para sempre!

Esta era uma clara declaração de sua intenção negativa subjacente, da escolha para justificar o ódio, o retraimento e o rancor. Com a percepção de que a visão negativa dos homens e dos relacionamentos derivava de uma parte da sua personalidade, Sophie pôde atenuar a influência que essa faceta exerce sobre sua vida. Ela rezou para que essa postura básica passasse de negativa e desconfiada para positiva e confiante nos homens. Somente depois que fez aflorar essa profunda vontade negativa e decidiu renunciar a ela, suas preces tiveram um profundo impacto no inconsciente e permitiram que Sophie tivesse um relacionamento amoroso satisfatório.

As intenções negativas tornadas conscientes

Sempre que nossos padrões negativos — áreas de desarmonia e de insatisfação na nossa vida — parecem estar profundamente arraigados, precisamos procurar intenções negativas ocultas e enunciá-las claramente. Podemos ouvir a voz interior que pode estar dizendo:

"Pretendo viver em retraimento. Não acredito que alguém vá apreciar ou retribuir o fato de eu me dar livremente. Vou resistir aos outros e castigá-los por não me darem o que eles querem de mim. É dessa forma que serei poderoso."

"Quero fazer trapaça com a vida — receber mais do que dou. Meus pais me fizeram passar privações e agora a vida está me devendo. Não quero participar do dar e receber."

"Gosto de culpar os outros e ser a criança vitimizada — é mais fácil do que crescer e ser um adulto responsável por si mesmo."

"Pretendo continuar carente e infeliz na vida — com isso, com certeza, vou atingir meus pais e outras pessoas que gostam de mim. Não serei feliz porque tenho rancor; vou usar minha desgraça como arma para punir os outros."

"O fato de ser frio e cruel me dá a sensação de poder. Quanto mais inatingível eu for, mais os outros precisarão me procurar. Não ligo se isso também significa solidão; simplesmente não vou sentir nada."

"Sou irremediavelmente mau e não mereço prazer nem bondade na vida. Vou encarar minha vida como um castigo e nunca vou ter alegria."

Nós nos aferramos a essas intenções negativas porque elas são conhecidas. Fizemos essas promessas há muito tempo; elas são uma expressão de nossas principais imagens da vida como algo hostil, doloroso ou ameaçador. Nossas defesas contra a dor acabam se consolidando numa atitude geral negativa ou desconfiada. Abrir-se a uma visão positiva da vida e do eu é, a princípio, algo não familiar, e ameaça a "segurança" de nossas defesas.

O objetivo fundamental do eu inferior é nos convencer de que nós e a vida somos maus, indignos de confiança e sem salvação, pois assim conservaremos o separatismo defensivo e não nos entregaremos à força vital ou ao Deus que está em nós e nos rodeia. Nossas intenções negativas são uma expressão dos nossos medos mais profundos de que o eu inferior seja a nossa realidade final. É por isso que é particularmente importante manter uma identificação clara com o eu observador objetivo e compassivo e com outros aspectos do Eu superior, ao empreendermos o trabalho de colocar a descoberto o nosso "não" mais firme à vida.

Algumas das nossas intenções negativas derivam de uma imagem cultural ou de massa segundo a qual a vida é uma batalha ou um esforço árduo e que, portanto, a forma de atingir a felicidade é ter mais poder que os outros e impor-se a eles. De acordo com essa imagem, o egocentrismo é "esperto", enquanto a vida baseada no amor e na compaixão é "burra" e nos torna fracos. Questionar a nossa própria vontade negativa muitas vezes significa questionar as imagens de massa negativas sobre a vida. Precisamos aprender que o egocentrismo jamais nos fará felizes. O caminho que leva à satisfação é a confiança na vida, a disposição em se envolver com os outros, participar dos ciclos humanos e planetários de dar e receber.

Por que escolhemos o negativismo

Enquanto nos identificamos com o pequeno ego, nosso comportamento em relação ao Eu superior é muito semelhante ao de uma criança em relação aos pais. Vemos Deus como uma autoridade exterior que vai nos invadir ou tolher se cedermos a ela. Nossas imagens de Deus, conforme discutimos no Capítulo 8, definem o quadro inconsciente que temos do Eu superior e dificultam a nossa entrega à vida.

Acreditamos que não ceder é um passaporte para a autonomia. "Para a criança, não resistir é a mesma coisa que renunciar à individualidade." *(PGP 195)* Ela resiste, logo ela existe. Empenhar-se em conquistar autonomia e liberdade em relação às autoridades externas é próprio da criança e do jovem, mas nos adultos facilmente se distorce e assume a forma de resistência à vida e a Deus.

Também nos apegamos à negatividade como um meio de rejeitar e de nos defender dos sentimentos às vezes muito dolorosos da infância, e como um meio de punir nossos pais imperfeitos.

O apego às instruções da vontade negativa se deve à recusa em assumir responsabilidade na vida, em lidar com circunstâncias não ideais. É uma resistência interior para 'forçar' os 'pais maus' a se tornarem 'pais bons', como se fosse possível usar o infortúnio como arma. O infortúnio transforma-se, assim, num meio de punir a vida (os 'pais maus'). *(PGP 195)*

Quando a psique resiste e abriga o sentimento de rancor, identificamo-nos apenas com um fragmento da consciência — o eu criança inconsciente ou o pequeno ego separado. Oferecemos resistência ou desejamos punir a consciência maior do Eu superior que, para nós, é igual à autoridade temida. A resistência ao Eu superior representa um grande desperdício de energia e impede o desenvolvimento de um autoconceito e uma experiência de vida mais amplos. Dizemos "não" à própria força vital que poderia nos sustentar.

Quando reconhecemos as limitações do eu criança e do pequeno ego, e temos a experiência do Eu maior que poderíamos ser, tornamo-nos capazes de moderar a nossa autonomia medrosa e o nosso rancor autodestrutivo e liberar o nosso potencial mais vasto.

O abandono das intenções negativas; a afirmação das intenções positivas

Depois de estarmos plenamente cientes das intenções negativas, e particularmente de sua base nas falsas imagens a nosso respeito e a respeito do mundo, precisamos dar um passo arriscado — optar pela intenção e pela energia positivas, pela realidade maior, que transcende as limitações inerentes à negatividade. O Guia dá a isso o nome de **abandono** ou entrada no "abismo da ilusão". Damos um salto na misteriosa realidade maior, saindo da realidade baseada nas imagens, conhecida, porém limitada, superando nosso medo da aniquilação exatamente pelo fato de mergulhar nele.

Renunciar ou deixar para trás a vontade negativa de vocês parece equivalente a cair de cabeça no abismo. No entanto, o abismo só pode desaparecer se vocês mergulharem nele. Depois, e somente depois, vocês aprenderão que não vão se despedaçar nem morrer, e sim flutuar maravilhosamente. Vocês verão, então, que o que os deixava tensos de medo e ansiedade era tão ilusório quanto esse abismo. *(PGP 60)*

Para saber quem realmente somos, precisamos fazer a opção de colaborar com a vida, confiar nela e abrir mão do egocentrismo mesquinho e das intenções negativas, que se baseiam no medo e no ressentimento. A opção pelo amor, pela esperança, pela bondade, exige a renúncia à estreita identificação com o pequeno ego-eu. Desde que feitas com sinceridade, as preces para procurar e seguir a vontade de Deus na nossa vida terão profundo impacto na substância da nossa alma.

O que mais nos ajuda, na primeira vez que tomamos consciência das intenções negativas, são as afirmações positivas. O compromisso de Sophie, no sentido de se entregar ao novo relacionamento amoroso, ficou muito mais forte depois que ela identificou suas intenções negativas para com os homens e decidiu livrar-se delas. Quando nos livramos da ligação com a vontade negativa, criamos um espaço vazio. Então, o compromisso com a energia positiva "preenche" esse espaço. Dessa forma, a verdade substitui a inverdade, a ligação substitui a separação, a auto-estima substitui o auto-aviltamento.

Quando nos livramos da intenção negativa de retraimento da vida, ou de trapacear com a vida, esta é uma afirmação particularmente poderosa:

"Pretendo dar tudo que sou à vida. Vou confiar que a minha doação generosa será apreciada e retribuída. Quero ser um participante completo do ciclo vital de dar e receber."

Quando abandonamos nossa ligação como a atribuição de culpas, a privação ou vitimização, esta é uma afirmação particularmente proveitosa:

"Decido crescer e tomar meu lugar como um adulto entre outros adultos. Assumo responsabilidade por mim mesmo e pela criação de felicidade na minha vida."

E quando nos livramos das intenções de ter poder, na forma de hostilidade e crueldade, podemos fazer a seguinte afirmação:

"Abandono a minha frieza e a minha crueldade. Prefiro amar em vez de ter poder. Quero ter todos os meus sentimentos; portanto, aceito a minha vulnerabilidade."

Ao nos livrarmos da ligação negativa com a falta de valor e o desespero, afirmamos:

"Dou o melhor que tenho à vida e mereço o melhor da vida. Sou uma manifestação divina de Deus, nem mais nem menos que qualquer outro ser humano ou expressão natural da Força Vital neste planeta."

A boa vontade — a decisão de ficar do lado do amor e da verdade — é a nossa dádiva a Deus. Nem a visão clara das origens infantis, nem a liberação ativa dos sentimentos negativos bastam para transformar os padrões negativos. Precisamos também mudar a direção da nossa **vontade:** em vez de preservar a criança medrosa ou o ego destrutivo, aceitar e manifestar a vontade de Deus na nossa vida. O trabalho de abandono e realinhamento leva-nos, lentamente, a acreditar que estar "em Deus" é infinitamente mais vantajoso para a nossa realização pessoal e planetária do que a resistência egocêntrica a Deus. Quando nomeamos e abandonamos nossas opiniões negativas mais arraigadas, damos um salto em termos de expansão do Eu espiritual.

Vocês devem identificar o eu inferior, mas identificar-se com o Eu superior. O ego, como observador objetivo, faz a identificação, mas sai de cena voluntariamente para se fundir no Eu espiritual. *(PGP 195)*

A compreensão dos níveis mais profundos da nossa negatividade

Talvez a contribuição individual mais importante do Guia do Pathwork seja o ensinamento sobre a forma como a negatividade fica tão firmemente arraigada na substância da alma dos seres humanos — por que continuamos fazendo escolhas negativas, mesmo depois de saber que determinados comportamentos são errados ou destrutivos para nós ou para os outros? Por que não conseguimos simplesmente "acordar" e começar a fazer boas escolhas? Por que os seres humanos são tão pervertidos?

A resposta do Guia para o quebra-cabeça da teimosia humana começa com a compreensão de que vivemos a vida de acordo com as imagens, que criam círculos viciosos, de tal forma que nossa visão negativa do mundo e nossas escolhas negativas sempre se reforçam mutuamente. Nossas percepções cotidianas do mundo não são a realidade, mas um produto de nossas ilusões; no entanto, estamos tão acostumados a ter expectativas negativas da vida que raramente questionamos nossas suposições sobre a realidade. Isso nos mantém presos a uma visão negativa e limitada do mundo.

A compreensão do eu inferior, inerente a todo ser humano, constitui outra peça do quebra-cabeça. Originário da antiga escolha da substância divina de separar-se do todo e assumir essa separação, o eu inferior é profundamente contrário ao fluxo natural da vida, porque isso significaria o fim da existência separada baseada no ego. O eu inferior é uma parte perversa de nós que resiste ferozmente ao chamado da vida para a integração e a união, e cuja separação se sustenta nas defesas da obstinação, do orgulho e do medo. A opção de permanecer separado ficou profundamente impregnada na substância da alma, através de muitas vidas de escolhas negativas repetidas. As instruções da vontade negativa da alma precisam ser trazidas à consciência e depois liberadas, para aumentar nossa sintonia com Deus, no caminho de volta à totalidade. Precisamos dar o salto das limitações do já conhecido — nossas idéias negativas e limitadas sobre a vida — para a vastidão do mistério desconhecido do Espírito.

O prazer negativo

Outra peça do quebra-cabeça da perversidade humana consiste na combinação da negatividade com a Força Vital, ou princípio do prazer, de modo que temos medo de que a renúncia ao negativo acarrete a perda da emoção e do prazer que ele nos proporciona. A "terra do eu inferior", tão presente nos jornais e programas de TV, nos sonhos e fantasias sexuais secretas, ainda é uma fonte de prazer, ou pelo menos de irresistível atração para muitos de nós, por mais vergonha que possamos ter da emoção que essa negatividade nos proporciona. Em certo sentido, parte da nossa capacidade natural de sentir prazer é refém do eu inferior; caso contrário, renunciaríamos com muito mais facilidade à negatividade.

Michael, cuja história deu início a este capítulo, queria conscientemente juntar a sexualidade com o amor pela esposa. Ele sabia que sua felicidade estava na relação sexual com ela, baseada no amor atual, e não nas fantasias de experiências passadas, onde o amor estava ausente. No entanto, mesmo com a maior força de vontade, ele precisou localizar dentro de si as áreas que estavam "enganchadas" na sexualidade negativa, em que a excitação correspondia ao proibido, que estavam sob o domínio do "demônio".

Quando, como Michael, ficamos dispostos a enfrentar os demônios que se banqueteiam na nossa destrutividade, efetuamos uma espécie de exorcismo pessoal, digno do maior respeito. Nesse momento, demonstramos heroísmo para combater o dragão cara a cara, sentindo a ameaça de seu bafo quente, matando-o, comendo sua carne, e, assim, incorporando o seu poder. Reproduzimos a trajetória do herói quando nos decidimos conscientemente a conhecer o prazer secreto de nossas muitas tentações sombrias.

> Quando vocês se vêem em dificuldades para tentar superar a negatividade, é extremamente importante sentir, bem no fundo, o aspecto agradável que a negatividade envolve, independentemente do nível de dor existente na consciência superficial. A dificuldade em livrar-se da destrutividade, naturalmente, também se deve a outras razões que vocês já comprovaram — o desejo de punir a vida ou de forçar a vida a ir ao encontro das expectativas de vocês. ... Mas essas razões não constituem as maiores dificuldades para expulsar a negatividade. É necessário, em primeiro lugar, sentir intuitivamente, e depois sentir muito especificamente, que a negatividade tem uma associação com o prazer. *(PGP 148)*

O que é o prazer?

O prazer é a sensação da força vital fluindo através do corpo. A essência do prazer não é diferente do estado cósmico da bem-aventurança, uma entrega do ego ao livre fluxo da energia vital.

O que estamos chamando de "prazer negativo" é a sensação de uma partícula, um pedaço solto da força vital, que temporariamente se ligou a uma situação de vida negativa. Assim como o ego é um pedaço solto da consciência universal, também o prazer negativo é um fragmento da bem-aventurança universal.

> O prazer negativo é sempre, de alguma forma, mais voltado para a gratificação das metas do ego do que para a satisfação das reais e legítimas necessidades da entidade de banhar-se na luz do prazer supremo. ...
>
> Enquanto vocês se identificam com a estrutura tacanha do ego, o prazer total e real se torna impossível, pois ele depende da capacidade do ego de soltar-se, de deixar-se levar e existir através de um poder maior do corpo e da alma. *(PGP 177)*

Enquanto nos apegamos ao pequeno ego e às atitudes destrutivas, prejudicamos nossa integridade e deixamos o corpo/mente agitado. Nessas circunstâncias, não podemos criar o estado de descontraída receptividade interior, necessário para a experiência do prazer supremo. O prazer somente flui sem entraves quando nosso ser interior está em paz e, assim, é capaz de entrar em sintonia fina com o ritmo cósmico que se movimenta, pulsa e respira através de nós, como nós.

O prazer torna-se possível quando o estado da mente e das emoções é de tranqüila confiança, calma expectativa, receptividade paciente e ausência de ansiedade, de pressa e de preocupação. *(PGP 177)*

Esse estado de abertura descontraída ao fluxo cósmico da vida é raro, já que nossa condição normal é um estado de ego contraído, de medo e recusa a abrir mão do orgulho e da obstinação. Dessa forma, todos nós vivemos em vários estágios de entorpecimento, fora do alcance da plena pulsação da força vital.

Mesmo assim, como os seres humanos não podem viver sem prazer, eles o encontram naquilo que já conhecem — na superatividade agitada ou na passividade sem vontade. E como nos defendemos contra o terno e vulnerável fluxo de sensações e sentimentos internos, ficamos na dependência de um intenso nível de estímulo sensorial externo. Quanto mais insensíveis ficamos ao fluxo vulnerável de experiência interior, tanto mais precisamos intensificar a agressão externa aos nossos sentidos para poder sentir **alguma coisa**. Ou então, a vida apressada, extremamente ativa, nos faz entrar em colapso, e esperamos encontrar o prazer na passividade total, em deixar-nos cuidar pelos outros. Esses prazeres falsos ou parciais nunca são muito satisfatórios; mas, até aprendermos a relaxar profundamente, ficamos atrelados ao padrão de alternância entre alta intensidade e colapso passivo.

A ligação da força vital a situações negativas

Quando o princípio do prazer, ou Força Vital, se associa a situações de passividade e/ou inatividade, estamos diante do masoquismo. Quando o princípio do prazer se associa a situações de excesso de poder, controle ou imposição estamos diante do sadismo.

A persistência da crueldade sádica na nossa psique coletiva deriva do prazer que sentimos nas fantasias de conquista, exploração e vingança. Esta é a base da ligação da humanidade com a guerra e outras crueldades de massa, bem como com todas as guerras familiares e atrocidades emocionais que cometemos na vida privada. Falamos até em "doce vingança", em "deliciosa crueldade". A tenacidade da autodestruição masoquista, por outro lado, também depende do prazer derivado da passividade, de "receber", de não ter responsabilidade por si mesmo ou pela vida. Se não houvesse excitação e prazer sexual associado aos atos e fantasias sádicas e masoquistas, elas não persistiriam com tanta força na psique humana.

Se o princípio vital positivo não estivesse envolvido e não fosse usado inadvertidamente, o mal ou a destrutividade teriam vida muito curta. *(PGP 135)*

Quando o princípio do prazer está fortemente associado à negatividade, o mal aumenta em intensidade e tenacidade. Sempre que o negativismo é manifestado poderosamente, dolorosos sentimentos de culpa podem inundar a psique. Com o intuito de isolar essa dor, a pessoa se insensibiliza ainda mais, cortando os sentimentos calorosos de ligação a outros seres humanos, e assim torna mais possível a perpetuação da violência futura. No caso extremo do *serial killer*, há um constante aumento do estímulo da excitação negativa, que visa anular a dor da culpa e a angústia da marginalização, até que, finalmente, toda a empatia humana normal é eliminada.

Um homem, condenado por assassinato e estupro de meninos, declarou: "Se eu escapar, prometo que vou matar e estuprar outra vez, e vou sentir prazer do começo ao fim." Esse "prazer" do sadismo dele é chocante, e no entanto a perversidade desse homem estimula o nosso sistema nervoso. Que outra explicação podemos dar para o incrível predomínio de material violento e perverso na cultura popular? De alguma forma, os atos dos sociopatas sádicos estimulam e atraem uma faceta nossa, mesmo que, do ponto de vista moral, provoquem o nosso repúdio.

Até as pessoas "normais" podem ser levadas a atos extremos de assassinato, de estupro e de tortura, se uma cultura de massa suficientemente perversa estimular seu apetite para a violência e entorpecer sua consciência inata, destruindo os sentimentos humanos, como é o caso da participação dos "alemães bons" na época de Hitler ou, mais recentemente, dos "sérvios bons" na ex-Iugoslávia, no processo coletivamente insano do genocídio. Atos de tortura e estupro não são apenas executados sob ordens; os executores sentem prazer no que fazem. É essa ligação entre o prazer, a violência e o mal que precisamos investigar para podermos entender por que ela persiste em nossa alma.

A origem do prazer negativo

Como a força vital do prazer se associa a situações negativas? Vamos investigar primeiro a origem do prazer negativo na psique infantil, e depois estender essa investigação ao nível da psique coletiva.

No universo da criança, toda experiência é unificada; ela é um fluxo contínuo de vida. A criança não se separa de sua experiência de vida. Ela ainda não desenvolveu um ego separado e discriminador, capaz de discernir claramente, em especial no que diz respeito aos pais. A criança sente um intenso fluxo de energia e prazer pelo simples fato de estar viva. Ela se defende menos da vida do que os adultos que aprenderam a diferenciar-se do ambiente.

A criança pequena ainda não é capaz de distinguir entre circunstâncias de vida positivas e negativas. Ela ama seus pais e precisa da presença deles para se sentir segura. Assim, ela sente prazer em estar com eles, independentemente do fato de eles serem merecedores desse amor. Quando tratada com crueldade, humilhação, rejeição ou frieza, a criança "associa" o prazer e o amor que sente pelos pais à negatividade a que é submetida por eles.

Na vida adulta, essa criança recria a forma de suas relações na infância, não apenas porque esse é um padrão conhecido, mas também porque, agora, ela de fato sente prazer — incluindo a espontaneidade que tinha quando criança — em reviver os padrões negativos da infância. A vitimização da infância, ao "amadurecer", corresponde ao masoquismo e à autodestrutividade do adulto.

Nancy estava analisando os problemas que tinha no trabalho, como enfermeira. Ela sabia que tinha escolhido essa profissão, em grande parte, para agradar a seu poderoso pai, um médico, em vez de dar ouvidos ao seu próprio desejo de seguir algum caminho relacionado com a espiritualidade. Agora ela estava insatisfeita com o emprego.

Quando eu lhe perguntei o que a fazia continuar agradando ao pai, Nancy disse que estava sentindo uma forte sensação de ardência nas coxas, que se deslocava para os órgãos genitais. Ela sabia que tinha algo a ver com ocupar uma posição inferior ao pai, permitindo que ele ficasse "por cima". Fiz com que Nancy deitasse no chão, e coloquei sobre a pélvis dela uma almofada, representando o pai. Nancy contorceu-se de prazer ao imaginar que ele a estava sujeitando, e percebeu que gostava muito de ser mantida embaixo dele, de ser a sua menininha, passiva e incapaz de se movimentar, completamente controlada por ele.

Depois de algum tempo, ela resolveu livrar-se da almofada e reivindicar sua própria vida e sua própria visão independente do mundo. No entanto, logo que se viu livre, colocou a almofada de novo em cima dela. O prazer de Nancy ainda estava associado a não ser ela mesma, a ser a menininha do papai.

Ela havia dado um importante passo ao entender que não estava disposta a tornar-se quem de fato era, como pessoa independente. Ela ainda sentia prazer na entrega masoquista ao pai. Até Nancy reconhecer essa ligação negativa, era um mistério o fato de ela ter traído seus desejos; desse momento em diante, a responsabilidade dela por si mesma aumentou de forma incomensurável.

O prazer muitas vezes está associado ao masoquismo — à auto-rejeição — como forma de perpetuar a vitimização sofrida na infância. Se a independência é reprimida na infância, o prazer pode se associar a uma situação de indiferenciação e dependência, que dá uma sensação mais aconchegante do que a afirmação solitária do eu separado.

O prazer também pode se associar ao sadismo como meio de compensar as mágoas da infância. Crianças que foram maltratadas, por exemplo, e tiveram a sensação de total impotência, podem mais tarde sentir prazer em exercer poder sobre os outros. Albert, cuja história foi contada no início do Capítulo 5, caiu num ciclo desse tipo, associando o prazer à vingança pelo abuso sexual de sua mãe quando ele era criança.

O fato de a criança, ao crescer, se identificar com a vítima ou com o agressor depende de muitos fatores, mas as duas identificações são sustentadas pelo prazer misturado de maus-tratos da infância. O prazer e a negação da dor por parte da criança visavam suavizar as inadequações dos pais, ajudando-a a não se sentir arrasada pela situação em que se encontrava.

A mãe de Karl costumava fazer uma estranha brincadeira com seu filhinho. No meio de alguma outra brincadeira, ela subitamente se estirava no chão, fingindo estar morta. Karl tentava despertá-la, gritando:

"Acorde, acorde, mamãe! Mamãe, o que você tem?"

Ela continuava a farsa até o menino ficar frenético, correndo em círculos, apa-

vorado. Só então ela "acordava", rindo e dizendo: "Enganei você! Enganei você de novo. Mamãe está aqui, mamãe está bem."

Ele, naturalmente, caía nos braços dela, chorando de alívio.

Por mais que a mãe repetisse a brincadeira, o que ela fez durante 5 anos — até Karl ter 8 anos de idade — o menino sempre ficava arrasado.

Como adulto, Karl era particularmente atencioso com as mulheres; orgulhava-se de ser "boa gente". No entanto, admitiu para si mesmo, e para mim, ter outro lado, mais escuro, que só vinha à tona em ocasionais fantasias sexuais. Nelas, ele estava com uma mulher forte e sexy, que se aproximava dele cheia de bravatas. Ele aceitava o oferecimento dela e começavam as preliminares sexuais, mas logo antes da relação propriamente dita a mulher ficava apavorada, vulnerável, infantil, querendo parar. Mas ele insistia, impondo-se sexualmente a ela, vibrando com o medo que se escondia por trás das bravatas iniciais dela.

O medo foi a emoção que a mãe de Karl despertou no garotinho, não só para provar o poder que exercia sobre ele, mas também o amor que ele sentia por ela. A mãe manipulava as emoções do menino para ter certeza de que era amada e necessária. Dessa forma, o medo ficou associado a intimidade, e o controle ficou associado a prazer. Agora, parte da sexualidade de Karl estava condicionada a sentir prazer com o medo que provocava na mulher controladora — um reflexo perfeito do que fizeram com ele na infância, e uma exata punição compensatória em relação à mulher (mãe).

Se formos totalmente honestos, todos nós poderemos identificar situações em que sentimos prazer ao controlar ou ferir a nós mesmos ou aos outros. Nosso sadismo e/ou masoquismo pode estar profundamente encoberto ou ser negado. Nesse caso, precisamos esperar pacientemente que essas atitudes venham à tona. Muitas vezes, contudo, é possível detectar com bastante rapidez o prazer negativo examinando as fantasias ou o comportamento sexual.

As distorções da sexualidade

As atitudes do eu inferior, que podem ser negadas ou reprimidas em outras áreas da vida, muitas vezes se mostram claramente na esfera sexual. Infelizmente, essa área também é tão coberta de falsa culpa e vergonha que a verdadeira situação interior fica obscurecida. A culpa, como acontece com toda a falsa culpa, resulta do forte perfeccionismo da máscara, reforçado por injunções dos pais e da sociedade, que nos fazem acreditar que deveríamos ser mais amorosos, respeitáveis ou sadios do que realmente somos.

Portanto, a tarefa é libertar-se da falsa culpa induzida pelos padrões idealizados da máscara, e encarar **seja o que for** que exista em nós. Dessa forma, podemos aprender a conhecer inteiramente e sentir o prazer negativo, inclusive as fantasias sexuais sádicas ou masoquistas. "Quando vocês descobrirem a semelhança entre o problema externo e a corrente de prazer da sexualidade, serão capazes de fazer fluir novamente a energia bloqueada." *(PGP 148)* Com o tempo, a força vital da nossa sexualidade pode ser desvinculada da nossa negatividade.

Sabemos atualmente que a maioria das pessoas que abusa de crianças também sofreu abusos na infância. A questão não se resume ao fato de que esses adultos acabam achando que essa é a forma normal de tratar as crianças. O prazer sexual deles também está associado a essa situação negativa.

No caso de abuso, a excitação poderosamente focalizada da sexualidade adulta sobrepuja a sexualidade inocente e desfocalizada da criança. Assim como a criança não tem um ego focalizado, sua sexualidade ainda não está concentrada exclusivamente nos órgãos genitais. Para a criança, a sexualidade não é separada do conjunto do seu corpo, que está aberto às correntes indistintas de prazer e amor. Quando forçada a focalizar apenas a dimensão sexual e genital do prazer, a criança é privada da doçura do prazer que engloba o corpo todo, da segurança física e da brincadeira inocente a que tem direito. Se a pessoa que comete o abuso é alguém amado, a perda implica a separação entre a sexualidade e o amor, porque o fato de ser superestimulado e sexualmente usado por uma pessoa que a criança ama constitui uma experiência dolorosa e confusa demais para ser suportada. Quando a ingenuidade natural da criança é violada para gratificar a obsessão sexual de um adulto, ela perde abruptamente a inocência e a confiança na vida. Ao crescer, a criança que sofre abusos geralmente detesta o sexo ou fica obcecada por ele.

Como adulto, a criança que sofreu abuso sente-se fortemente tentada a recriar sua história negativa. O prazer ficou associado à incitação da inocência infantil, de modo que ela pode achar a interação sexual adulta ameaçadora demais. Portanto, é possível que procure parceiros em relação aos quais se sinta inferior (como uma criança) ou superior (tratando o outro como se fosse criança). O prazer pode ficar associado a submissão ou a controle, como forma de compensar a impotência sentida na infância. Pode acontecer até que o ato sexual se transforme numa transferência de vingança, cujo alvo é a pessoa que cometeu o abuso no passado.

Tendo ou não sofrido abuso explícito na infância, todo mundo tem uma situação interior semelhante. Na idade adulta, tudo o que provocou dor na infância nos deixa excitados. A criança interior não curada está sempre buscando reencenar o abuso inicial exatamente da mesma forma que procuramos, compulsiva e inconscientemente, recriar outras mágoas causadas pelos nossos pais. Acabamos ficando presos ao prazer da insatisfação, quando não do abuso explícito.

Como lidar com o prazer negativo

Reconhecer o prazer negativo, saber o que nos excita — mesmo que também nos envergonhe — traz para a luz do dia a energia desse prazer distorcido, tornando-o passível de aceitação e transformação. Não se trata de algo fácil. Temos medo de patentear nossas distorções relativas ao sexo e ao prazer porque, inconscientemente, tememos que o fato de expor o prazer negativo signifique renunciar inteiramente ao prazer e à sexualidade, para não sermos "maus".

A ligação ou associação entre prazer e destrutividade contribuiu para a extrema difusão do sentimento de culpa da humanidade com respeito a todas as experiências de prazer. Isso, por sua vez, é responsável pelo entorpecimento de todos os sentimentos. Como a destrutividade pode proporcionar prazer, se ambos são considerados igualmente errados? Contudo, o homem não pode viver sem prazer, pois vida e prazer são uma coisa só. Quando o prazer está atrelado à destrutividade, não é possível renunciar à destrutividade. É como se fosse preciso renunciar à vida. *(PGP 148)*

Mas não é preciso que seja assim. Podemos, ao contrário, reivindicar o prazer não diluído que está além das distorções que é muito maior que os pequenos pedaços que passam com dificuldade pelos estreitos buracos de fechadura de nossas fantasias negativas, de nossas distorções.

Todo mundo tem distorções na sua sexualidade. Existem elementos de sadismo ou masoquismo na expressão ou nas fantasias sexuais de todas as pessoas. O masoquismo diz: "A inatividade e a autopunição são doces. O prazer está em não fazer nada, em deixar que os outros façam, sem nenhuma responsabilidade por si mesmo. Ou o prazer está em ser 'punido' por ter sentimentos sexuais e ser forçado a ter sentimentos sexuais que não tenho e pelos quais eu não sou responsável." O sadismo diz: "O poder é doce. O prazer consiste em ter poder sobre os outros, e principalmente em 'dar o troco' a todos os que foram muito mais poderosos do que eu na infância." Quando enfrentamos com coragem as distorções sexuais, liberamos uma poderosa energia transformadora.

Depois de dois anos de casamento, Jack, o marido de Patricia, ficou fortemente atraído por uma mulher mais jovem, Laurie, que também era amiga de Patricia. Como estavam juntos no Pathwork, os três amigos se comprometeram a manter a sinceridade e a honestidade um com o outro, mesmo que entrassem no doloroso terreno desse triângulo amoroso. A infelicidade de Patricia por causa dos sentimentos de Jack por Laurie rapidamente cresceu e se transformou na agonia da vitimização; Patricia freqüentemente se sentia tentada a ameaçar com o divórcio e freqüentemente se deixava levar pela superioridade moral que mantinha com tanto fervor. No entanto, como ela também queria preservar o casamento, preferiu agüentar a dor. Patricia fazia discursos bombásticos e vituperava contra Jack e Laurie, sentindo-se ora a juíza deles, ora sua vítima; ela chorava a dor de não ser o "único e exclusivo" amor romântico eterno de Jack.

Depois de meses de agonia auto-imposta, Patricia finalmente concluiu que devia haver alguma coisa a aprender com essa situação. Como, além de ameaçar divorciar-se, Patricia era incapaz de controlar os sentimentos amorosos e os desejos de Jack, ela preferiu aprender o que pudesse a seu próprio respeito, independentemente do que viesse a acontecer com o casamento.

Em um dia passado em meditação, Patricia se viu expressando muitas e muitas vezes a vontade de saber a verdade sobre esse doloroso triângulo amoroso. "Só quero a verdade", ela ficava repetindo para si mesma, "por mais dolorosa e menos lisonjeira que seja". Ficou, então, muito receptiva, disposta a prestar atenção em qualquer coisa que surgisse. Depois de alguns instantes de profundo silêncio interior, onde todo o seu corpo/mente parecia inusualmente imóvel e focalizado, Patricia começou a ter sensações sexuais nos órgãos genitais. Ao sintonizar-se com essas sensações, ela percebeu, terrivelmente chocada, que na verdade ficava excitada com o amor e o desejo sexual de Jack por outra mulher. Espontaneamente, visualizou o marido e Laurie fazendo amor, e depois teve uma fantasia com os três fazendo amor juntos, percebendo que essas imagens a excitavam. Foi um choque. Ela quase travou total-

mente os sentimentos, mas foi corajosa o bastante para admitir a verdade a si mesma. De alguma forma, a atração recíproca entre Jack e Laurie também dava prazer a Patricia. Ela ficava excitada com uma situação negativa que também a afligia.

Essa descoberta foi o início de um longo trabalho. Pela primeira vez na vida. Patricia se permitiu ter fantasias sexuais com mulheres e com casais. Ao analisar essas fantasias, percebeu que elas derivavam, pelo menos em parte, da privação física que sentira na falta de um vínculo profundo com a mãe. O fato de não ter tido o afeto físico necessário na infância levou-a ao desejo reprimido de "unir-se" fisicamente a uma mulher.

A exploração posterior levou-a a entender que ela se sentia sexualmente estimulada pelo "triângulo" formado com a mãe e o pai. Nenhum de seus genitores era dado a demonstrações físicas, nem entre si nem com os filhos. Patricia tinha desejo intenso de um contato mais afetuoso com os dois. Em criança, tivera fantasias em que passava a noite entre as camas separadas onde os pais dormiam. Imaginara que poderia conseguir o afeto e a proximidade física que desejava pelo fato de ficar entre os dois, de estar no meio, alimentando-se dos impulsos desconhecidos que poderiam unir seus pais durante a noite. Patricia ficou ciente de que sua situação atual recriava a sensação intensa de "estar no meio" dos pais. Mais uma vez percebeu como sua energia sexual estava inconscientemente vinculada ao triângulo amoroso que ela, conscientemente, abominava.

A sexualidade positiva saudável só pode ser resgatada se a sua forma distorcida for resgatada primeiro, e depois gradualmente separada do prazer da situação negativa. Podemos aprender a separar a nossa sexualidade do nosso sadismo e do masoquismo sem abrir mão do prazer sexual, e podemos aprender a separar o prazer da vingança e da exploração dos outros, sem diminuir nossa capacidade de sentir o verdadeiro prazer.

A transformação do prazer negativo

O primeiro passo da transformação de qualquer aspecto do eu inferior é ter consciência de que ele atua dentro de nós. Precisamos sentir e conhecer nossa ligação com o prazer negativo.

Não basta saber disso genericamente. É preciso esmiuçar as circunstâncias relativas a cada pessoa. Qual é a manifestação exterior, neste momento, que provoca contínua angústia em vocês? Para poder resolver de fato essas condições, a energia bloqueada e paralisada precisa fluir outra vez. E isso só pode acontecer quando vocês começarem, como primeiro passo dessa fase particular do desenvolvimento, a identificar o aspecto prazeroso da destrutividade (incluindo a autodestrutividade). *(PGP 148)*

Esta, de fato, é a recompensa que resulta da exploração da negatividade arraigada em nós. Existe energia vital presa em todo padrão destrutivo, confinada e oculta em bolsões de crueldade e em lamaçais de estagnação da alma. Ao enfrentarmos e libertarmos a energia distorcida presa dentro de nós, vamos adquirir a capacidade de sentir prazer verdadeiro e diminuir o medo que sentimos do prazer destrutivo. Dessa forma, aos poucos aumentaremos a possibilidade de sentir contentamento.

A possibilidade do aumento do prazer e do contentamento é uma das principais motivações para a transformação. A compreensão de que a corrente do prazer é uma grande força indivisa, cuja ligação com a negatividade é apenas temporária, e que é muito mais poderosa quando não está presa a essa armadilha, constitui um forte incentivo para a nossa transformação.

Exercícios do Capítulo 9:

1. Em alguma área de desarmonia ou insatisfação da sua vida, encontre e depois enuncie claramente a negatividade que você tem — os ressentimentos, a amargura, a raiva e a atribuição de culpas.

    a. Em seguida, descubra e coloque no papel as intenções negativas relacionadas com essa situação — a ligação que você tem com o lado negativo e com a insatisfação, com a parte de você que quer as coisas desse jeito. Por exemplo, essa situação alimenta suas conclusões negativas sobre a vida, ou a sua infelicidade pune as pessoas que você acha que o magoaram? Você está se vingando de alguém?

    b. Depois disso, veja se consegue encontrar o prazer negativo dessa situação — a parte de você que gosta dessa situação negativa, que fica excitada com a dor ou com a insatisfação, que gosta da vitimização ou do controle.

    c. Volte à infância para ver se consegue encontrar o protótipo ou a origem dessa ligação entre insatisfação e prazer. Como e quando a sua força vital se associou a esse tipo de fatos?

2. Depois de ter posto a descoberto suas intenções negativas, depois de ter explorado a corrente de prazer a elas associada, pense se você está disposto a se transformar sob esse aspecto. Anote claramente a atitude positiva que gostaria de adotar — a vontade positiva e o prazer positivo que você gostaria de colocar no lugar da atual atitude negativa. Nas meditações, imprima profundamente essa nova afirmação positiva na substância da sua alma.

CAPÍTULO 10

A Transformação do Eu Inferior

*"Do outro lado do portal do sentir a sua dor estão
o seu prazer e a sua alegria."*

— Palestra 190 do Guia do Pathwork — *"A importância de sentir todos os sentimentos."*

O demônio de Michael: a transformação de luxúria em amor

Michael, cuja história deu início ao Capítulo 9, estava trabalhando para transformar suas obsessões sexuais numa paixão não dividida e saudável. Depois do trabalho exploratório com o seu "demônio" sexual, descrito na primeira parte de sua história, Michael teve o seguinte sonho:

"Estou visitando um amigo que mora no alto de uma montanha. Estamos conversando na cozinha; olhamos pela janela e vemos que se aproxima uma tempestade. O céu está coberto de nuvens escuras que vêm se acumular diretamente sobre o local onde estamos; a sensação é de muito perigo. Pela tela da porta da cozinha, percebo que já se acumularam uns 30 cm de água. Vou até a sacada e vejo, mais longe, outros locais inundados. De repente, a sacada desmorona e eu caio sobre uma linha de energia elétrica.

A linha vai desde onde estou até o vale. Desço escorregando com o fio entre as pernas. Tenho a sensação de uma corrente elétrica passando entre as minhas pernas; é uma sensação sexual forte e ao mesmo tempo agradável. O fio faz a ligação entre o perigoso lugar alto e um local mais seguro do vale, e termina num campo de futebol de uma escola, coberto apenas com cerca de 60 cm de água. Vejo que não me machuquei quando escorreguei pelo fio e que a água é muito menos perigosa aqui embaixo."

A "água" das emoções de Michael estava associada aos perigosos lugares "altos"* — ao uso de drogas e à sexualidade distorcida. Esse local estava cedendo e Michael já não podia ficar ali. O sentimento de Michael em relação à linha elétrica que o conduzira para a segurança era uma expressão da sua energia espiritual essencial, a força vital que era ao mesmo tempo sexual, amorosa, benigna e poderosa. O sonho expressava sua capacidade cada vez maior de basear a sua sexualidade na corrente maior do seu poder espiritual.

Durante esta fase do Trabalho de Michael, fiz várias sessões de Energética da Essência[1] com ele, para dar-lhe condições de conseguir sustentar e estabilizar uma forte carga de energia. Para poder juntar a força sexual e espiritual, como desejava, Michael precisava contar com um forte receptáculo, um corpo capaz de sentir o êxtase. Ele estava reforçando sua capacidade de sentir paixão e prazer no próprio corpo, sem necessidade de recorrer a fantasias sexuais indesejáveis para manter a excitação.

Eu estava convencida de que estávamos trazendo à tona sua capacidade de cavalgar a sua "linha de força" interior, quando Michael teve uma série de sonhos sobre cobras. A cobra é uma imagem arquetípica da **kundalini**, ou energia essencial da Força Vital, que sobe pela coluna dorsal, como uma cobra. A cobra, que também simboliza a energia sexual, foi demonizada na religião ocidental.

---

* *High*, em inglês, significa "alto" e também "sob o efeito de drogas".

1. Energética da Essência é uma modalidade terapêutica para trabalhar diretamente com as energias emocionais e físicas e os bloqueios de energia. Foi criada pelo dr. John Pierrakos, psiquiatra e marido de Eva Pierrakos, com base no seu trabalho de formação em bioenergética e nos conceitos das Palestras do Guia do Pathwork.

Michael tinha pavor de cobras; a lembrança de ter sido perseguido por um bando de meninos mais velhos, que corriam atrás dele levando uma cobra morta num pedaço de pau, causava-lhe horror. Ele contou um sonho:

"Um grupo de garotos está me perseguindo e eu corro para o portão de casa. Lá vejo uma cobra que vem na minha direção e fareja meus pés. Ela vem ondeando e eu fico com muito medo. Depois começam a nascer pêlos na cobra e ela fica parecida com o meu gato Pansy; aí já não tenho tanto medo." Michael sabia claramente que precisava encarar sua energia sexual, que lembrava uma cobra, mas também sabia que seria menos assustador do que fora no passado.

Ao analisar o sonho, Michael falou primeiro sobre a cobra peluda: "Sou uma energia primitiva, coletiva, primordial — ondulante, vibrante, não inteligente. Vivo no meu porão. Gosto de ver você [o ego, o Michael inteligente] ficar embaraçado." Michael, como ele mesmo, foi então capaz de afirmar: "Aceito você como minha — minha pura e crua energia sexual/primitiva." Michael percebeu que o medo que sentira do bando de garotos que o perseguiam refletia as distorções de sua energia sexual masculina, cujas origens estavam na infância. Quando criança, sua sexualidade estava vinculada à atração pela mãe, mas admitir plenamente esse fato equivaleria a admitir o incesto; como resultado, ele bloqueou essa energia, que só veio a manifestar-se mais tarde nos encontros sexuais "proibidos".

Mais tarde, Michael teve outro sonho com cobras: "Estou numa sala com outra pessoa muito parecida comigo, só que velha e mais sábia. De repente, vejo uma cobra listrada de dois pés saindo do radiador, e sinto medo. A outra pessoa diz tranqüilamente: 'Você ainda não percebeu, mas está cheio de cobras.' Olho para cima e fico horrorizado ao constatar que, de fato, todo o meu corpo está coberto de minúsculas cobras, parecidas com vermes. Começo a arrancá-las freneticamente e descubro que algumas se quebram, como cobras de vidro. A outra pessoa fala comigo calmamente: 'Observe que as cobras não machucam você. Deixe-as em paz; você vai ver que elas são inofensivas.'

Depois que me acalmo, percebo que as cobras não são venenosas e começo a me interessar por elas; noto que são de muitas variedades. Uma delas é uma espécie de cobra de sucção que grudou na minha perna. Descubro que existe alguma coisa de infantil nessa cobra, como se estivesse carente e tivesse se agarrado a mim para se alimentar. Começo a sentir que estou vendo as cobras como a pura energia que são, incluindo a carência infantil que faz parte da minha sexualidade. Estou vendo que há uma criança por trás de cada cobra."

De acordo com a análise que fez desse sonho, Michael viu as cobras como a sua natureza sexual animal, que ele havia associado ao "demônio". Mas agora, com a ajuda do homem mais velho e mais sábio — representando o seu Eu superior e mestre — Michael viu que a faceta sinistra do demônio se fora. As cobras eram benignas, uma expressão da sua kundalini ou Força Vital, que inclui a sexualidade não atrelada ao mal nem à culpa.

Na verdade, o que antes fora visto como ameaçador agora parecia infantil, até mesmo carente. Michael percebeu que a cobra de sucção era ele mesmo quando pequeno, querendo mamar, com grandes necessidades orais insatisfeitas. Michael não fora amamentado no peito, mas quando criança teve muitas fantasias nas quais sugava os seios da mãe, e como adulto sua sexualidade apresentava um forte componente oral. Ele assumiu o compromisso de falar mais sobre suas carências orais, para poder saber melhor como se nutrir. Ele soube que também precisava tornar-se um pai melhor para seu menininho interior.

Pouco tempo depois, Michael teve dois sonhos que refletiam o que estava acontecendo na sua vida de vigília. Michael estava tendo menos fantasias eróticas com homossexuais e estava mais integralmente presente quando fazia amor com sua esposa.

"Estou num filme de espionagem, perseguindo uma bonita mulher que, na verdade, é um gay. Acho que talvez ela tenha a missão de me fazer cair numa armadilha. Estou sempre procurando ficar sozinho com ela, mas somos constantemente interrompidos. Quando, finalmente, ficamos a sós e ela se despe, olho seus órgãos genitais e levo um choque ao ver que no lugar não existe nada, apenas uma cicatriz."

Michael começou a perceber que, na realidade, "não há nada naquele lugar". Os homossexuais já não o excitavam. E ele conseguiu entender que, por trás da excitação negativa, estava a velha dor, agora enfrentada e superada. Tudo o que restou foi a cicatriz, o lembrete da dor.

Um segundo sonho confirmou a mudança interior: "Estou visitando minha mulher num apartamento no porão que ela alugou na cidade. Encontro alguns gays e transexuais. Não me parecem atraentes — apenas tristes. De repente, percebo dois homens olhando pela janela do apartamento — homens zangados, que me chamam, através de gestos, para ir lá fora. Eles me lembram as personagens depravadas do filme **Amargo pesadelo**, homens que, usando de violência, forçavam outras pessoas a praticar atos sexuais humilhantes e aterrorizantes. Mas, sem saber por que, não tenho medo quando saio para encontrar os dois. Confiante, digo que eles devem estar procurando por outra pessoa, e não por mim. 'Trata-se de um erro de identidade', digo calmamente."

Michael já não se identificava com a sexualidade negativa que fora a expressão do seu demônio interior, do seu eu inferior. Agora ele poderia encarar essa faceta com confiança e dizer: "Não, não sou mais quem fui. Você já não pode me contar entre os seus." Depois desse sonho, em especial, ele notou que nas suas pouco freqüentes fantasias sexuais com gays muitas vezes eles acabavam sendo substituídos pela sua mulher, com quem estava conseguindo se expressar sexualmente de forma cada vez mais rica e mais plena. O "apartamento do porão", o palco onde anteriormente se desenrolavam suas fantasias, agora passara a ser o apartamento dela; já não pertencia aos gays.

Por volta dessa época, Michael também começou a se sentir muito mais forte no trabalho e em atividades físicas. Notou que estava mais consciente, mais afirmativo, mais autônomo e menos distraído. O amor pela esposa se aprofundou e ele a via mais claramente como ela mesma, em vez de percebê-la como uma vaga ameaça, já que a presença feminina dela inconscientemente se fundia com a da mãe.

As muitas emoções que se haviam fundido na energia sexual precoce de Michael, centradas em torno da mãe, estavam agora sendo separadas, e, conseqüentemente, sua vida emocional estava muito mais rica. A necessidade de ser alimentado e de ter algum tipo de "cuidado maternal" adequado estava sendo suprida por mim, como sua ajudante do Pathwork, sem que houvesse nenhuma interferência de energia sexual. Sua necessidade de amor romântico e sexual estava sendo suprida pela esposa, *que também era uma fonte de alimento para ele. E sua necessidade de cuidar dos outros estava sendo suprida na medida em que ele agora cuidava da própria criança interior não amada e tomava conta do seu gato, Pansy.*

A transformação do eu inferior

A transformação do eu inferior é a jornada heróica do nosso tempo. O caminho do herói de nossos dias é ir para dentro, não para fora; entrar profundamente nos porões da nossa escuridão interior, onde encontraremos e transformaremos nossos demônios e diabos.

Mais do que qualquer um de nós percebe, a negatividade inconsciente restringe o poder pessoal. Como Michael descobriu ao enfrentar suas distorções sexuais, podemos liberar com segurança a energia do prazer negativo bloqueada no inconsciente e, dessa forma, intensificar grandemente o prazer real e a vitalidade. Quando tiramos a máscara, ficamos impressionados com o poder criativo bruto do eu inferior, pois ele é, de fato, mais autêntico e passional do que aquilo que o escondia e reprimia. E também acabamos percebendo que comprazer-se com o poder do eu inferior jamais leva à felicidade constante, e passamos a ansiar pelo poder mais profundo, associado ao amor. Assim, o fato de colocarmos a descoberto nossas atitudes e paixões não amorosas tem a finalidade de liberar-lhes a natureza original, e isso leva à religação da energia pessoal com o poder de Deus.

A jornada do herói, da transformação pessoal, tem um efeito de contágio que aumenta a força de todas as pessoas que encontramos. Ao abrir mão da amargura e da incriminação, sabemos que nossa infelicidade existe na proporção direta do nosso eu inferior não redimido. Quando assumimos a responsabilidade pela nossa infelicidade, as pessoas que nos rodeiam ficam livres da culpa e da coerção, e nós conseguimos nos relacionar de forma mais aberta. Além disso, cada passo dado na exploração da escuridão interior inspira coragem em quem nos observa. Em última análise, a transformação do eu inferior beneficia toda a criação: cada defesa desmantelada, cada demônio desenergizado, cada distorção solucionada libera a energia correspondente, que se junta ao manancial coletivo de energia vital positiva.

No entanto, é verdade que raras pessoas empreendem essa jornada conscientemente, e um número menor ainda a escolhe como forma de vida. Não é fácil nem indolor a visão do eu inferior, sem disfarces, sem negações e sem auto-aviltamento. É difícil deixar de culpar os outros e assumir responsabilidade total pela nossa própria felicidade. O fato de nos vermos com clareza e compaixão requer uma auto-estima forte e resistente, que se aprofunda e se enraíza quanto mais fazemos esse trabalho.

Para aqueles que fazem essa escolha, nada é mais estimulante do que transformar as distorções internas, voltar à essência de verdade e amor. Essa odisséia inclui a escolha consciente de encarar a negatividade e as limitações internas que, se deixadas operar inconscientemente, resultariam em circunstâncias de vida negativas. A experiência dolorosa de vida acaba nos ensinando a olhar para dentro, em busca da nossa negatividade. Ao empreender conscientemente essa jornada, aceleramos esse processo e nos alinhamos com o mestre interior da grande escola da vida, avançando no processo evolutivo que nos levará para casa.

Como o nosso eu inferior é o que mais tememos, o fato de enfrentá-lo com coragem aumenta o nosso destemor. Não estamos fazendo nada menos do que combater e exorcizar Satã, a energia distorcida de Deus. Essa energia distorcida existe em todos nós desde os mais remotos tempos, desde a invenção do ego, desde que deixamos o "Jardim do Éden", o estado de consciência unificada e ligada a Deus.

A jornada do autoconhecimento atravessa muitas vidas. Cada um de seus estágios exige muita paciência consigo mesmo, com base na compreensão de que, seja qual for o sentimento ou a percepção que temporariamente ameace esmagar a nossa autoestima, tudo não passa de uma pequena parte de uma imensa tarefa.

> Nunca se esqueçam de que vocês não são os seus traços feios. Mas, ao mesmo tempo, não os neguem nem repudiem. ... É preciso admitir que os aspectos feios fazem parte de vocês; é preciso assumir a responsabilidade por eles, para poderem entender que, de fato, vocês não são esses aspectos.

> É possível responsabilizar-se por eles sem acreditar que eles sejam a sua única realidade. Somente quando vocês assumirem primeiro a responsabilidade por eles é que vocês chegarão à maravilhosa conclusão de que não são essas facetas, mas as possuem para uma determinada finalidade. Somente então vocês podem chegar ao passo seguinte da integração. *(PGP 189)*

A ativação das energias do Eu superior

Não podemos atingir o âmago do eu inferior sem ter também uma forte ligação com o Eu superior. Ao nos aprofundarmos, ao transformarmos o que há de pior em nós, precisamos simultaneamente aprender a nos identificar com o Eu superior e buscar toda a ajuda espiritual que pudermos. Precisamos alinhar nossa energia com a intenção positiva de incorporar o melhor que somos, conhecer nossa verdadeira identidade espiritual, mesmo quando descobrimos nossas piores facetas.

O ingrediente mais importante do processo de transformação é a boa vontade; **é preciso estar disposto a se transformar.** A boa vontade pode ser incentivada e desenvolvida nesse trabalho, à medida que aprendemos a aprofundar nosso alinhamento com o Eu superior, mas ela já deve existir, em algum grau, antes do início da transformação. Ela cria a sustentação espiritual, a rede de segurança, o palco onde as personagens interiores são convidadas a sair da sombra e se mostrarem como são.

Quando aceitamos que a tarefa da transformação é o propósito da vida, encontramos alegria e significado em admitir e devolver a energia e a consciência distorcidas à sua essência divina original.

> Na medida em que a vida é vivida dessa forma, nessa mesma medida a consciência — como um todo que tudo permeia — fica menos fragmentada e mais unificada. *(PGP 189)*

O abandono do eu inferior

Abandonar uma parte do eu inferior poder ser uma simples questão de pedir desculpas por atos negativos que sabemos ter cometido. Pedir desculpas com sinceridade pode representar um grande passo para desanuviar o ambiente. Em certas ocasiões, pode ser preciso ser mais específico: "Vejo agora que a minha competitividade fez com que eu o sabotasse quando você precisava de apoio. Vejo que magoei você, e peço desculpas. Tenho a firme intenção de deixar de ser competitivo para poder ajudar você no futuro." Quando dizemos uma verdade, quando sentimos a dor da culpa real e assumimos o compromisso de mudar o comportamento no futuro, podemos pedir desculpas e, da mesma forma, ser perdoados; o karma termina. Às vezes é simples assim.

A ativação das energias do eu inferior

Muitas vezes, contudo, não basta trazer à consciência e confessar aos outros o eu inferior, mas também liberá-lo vigorosamente por meio da auto-expressão física. Nosso corpo "consolida" determinadas atitudes repressivas ou negativas através de tensão muscular e das distorções estruturais. Ao liberar essas tensões, resgatamos a energia que está por trás das atitudes negativas e, assim, adquirimos uma liberdade de movimentos muito maior, além de uma nova vitalidade integral. Às vezes podemos conseguir a ajuda de outras pessoas para liberar essas tensões, por exemplo, por meio da massagem profunda dos tecidos, da Energética da Essência e de outras formas de trabalho corporal, ou por meio de curas. Ao assumir a responsabilidade pelas tensões e distorções do corpo, sempre encontramos meios de descarregar essa energia negativa com segurança e de modo adequado.

Não é fácil encontrar a expressão adequada. Tendemos a adotar uma atitude do tipo ou/ou em relação à expressão do eu inferior. Ou o reprimimos, para não sermos maus — o que pode nos deixar com a sensação de sufocamento, de entorpecimento, de falsidade, de depressão e de ressentimento — ou o expressamos de forma descuidada e agressiva, e terminamos com a sensação de culpa e auto-rejeição.

Existe outro caminho. Podemos criar ambientes seguros nos quais o extravasamento das hostilidades acumuladas pode ser feito com apoio e orientação. Até a energia de assassinos e estupradores latentes, líderes obcecados pelo poder ou masoquistas pode ser liberada e transformada, com segurança, no contexto de grupos de apoio e sessões individuais com ajudantes, conselheiros e terapeutas treinados.

Há muitas maneiras reconhecidas de expressar os sentimentos negativos usando objetos inanimados. Podemos usar uma mangueira de borracha para bater em catálogos telefônicos e destruí-los.[2] Esta é uma técnica particularmente proveitosa para as pessoas que, quando pequenas, nunca tiveram permissão para fazer bagunça, ou que precisam viver a destrutividade que possuem. Podemos usar uma raquete de tênis ou um bastão revestido de borracha para bater num sofá, numa cama ou num travesseiro representando alguém (ou um aspecto negativo de alguém) que despertou nossa raiva. Podemos ter um "acesso de raiva", deitados numa cama, esmurrando e esperneando; podemos "estrangular" uma toalha ou um bastão de borracha, e assim por diante.[3] Podemos conversar ou esmurrar travesseiros representando nossos pais ou outras pes-

---

2. Esta técnica foi criada nos seminários sobre "Vida, Morte e Transição" da dra. Elisabeth Kübler-Ross.

3. Essas técnicas são usadas pelos terapeutas da Bioenergética e da Energética da Essência, e foram criadas pelos drs. Alexander Lowen e John Pierrakos.

soas com quem temos "assuntos pendentes". Essas expressões energéticas ativas do eu inferior permitem que as pessoas trabalhem os sentimentos em questão sem ferir ninguém. No entanto, a presença de um líder de grupo ou de um conselheiro treinado é necessária para assegurar o uso adequado e seguro dessas técnicas.

Para algumas pessoas, a substituição de pessoas reais por objetos inanimados pode, a princípio, parecer artificial. Mas é possível superar essa sensação de estranheza; é muito melhor aprender a trabalhar com representações simbólicas do que reprimir a energia negativa ou expressá-la destrutivamente com outras pessoas. O simbolismo nos ajuda a entender que a energia que precisa de expressão é nossa, tendo apenas uma relação secundária com quem quer que, na nossa opinião, mereça a nossa raiva, a nossa amargura, a nossa incriminação. Isto nos leva a resgatar a energia pura e original que está por trás da nossa negatividade.

Essa forma de tatear em busca do eu inferior parece confusa até se encontrar o método e a maneira de tornar possível aceitar os impulsos e os desejos destrutivos que existem em vocês sem justificá-los, entendê-los sem se agarrar a eles, avaliá-los realisticamente sem manifestá-los. Vocês precisam evitar as armadilhas da projeção, da autojustificação, da isenção hipócrita, que culpa os outros e apresenta desculpas para o eu, ou as armadilhas da autocomplacência, da negação, da repressão e da evasão. É preciso ter inspiração contínua das forças internas superiores e pedir a ajuda delas com muita clareza, para despertar os sentimentos negativos que estão por trás da insensibilidade e da negação, para podermos descarregá-los e deixar que voltem à sua identidade inata de energia pura.

Sentir os sentimentos

Para eliminar a negação e o entorpecimento, precisamos sentir a energia ardente do eu inferior por baixo de nossos frios disfarces.

Uma mulher que estava realizando um trabalho pessoal por muitos anos deparou pela primeira vez, em sonho, com a intensa crueldade que se escondia por trás da sua "frieza". O trabalho dela nos últimos tempos estava enfocando o medo de ficar sozinha em casa à noite, enquanto o marido ia trabalhar. Ela conta o sonho:

"Estou em casa sozinha. Acordo com alguém batendo vigorosamente à porta. Saio da cama, vestida com uma delicada camisola cor-de-rosa. Começo a procurar o robe mas não consigo encontrá-lo. As batidas continuam e ficam mais insistentes. Abro a porta, esperando ver o meu marido. Em vez disso, deparo com um homem atraente mas ameaçador, tipo David Bowie — andrógino, esguio, com o cabelo puxado para trás, vestido com esmero, calças pregueadas, jaqueta de piloto de couro com gola de pele e uma echarpe branca. Os olhos azuis e gelados completam seu aspecto ameaçador. Ele entra na sala sem hesitação, como se estivesse em casa.

O sonho muda. Eu me transformo numa assassina enfurecida. O homem está no chão. Tenho alguma coisa nas mãos, um monte de facas, um objeto de metal ou talvez apenas minhas unhas compridas e perigosas. Estou esfrangalhando o homem caído a meus pés, mutilando-o, atacando-o como se eu fosse um cachorro louco. Parte de mim está distante — meu observador objetivo está assistindo a essa cena, estupefato com a minha energia assassina — enquanto outra parte de mim se ocupa em fazer o homem em pedaços.

O sonho muda de novo. 'Acordo' do sonho anterior. É como se eu estivesse saindo de um surto psicótico que começou quando me transformei na assassina enfurecida. Olho para baixo e vejo que o que eu pensava ser o homem que estava mutilando era, na verdade, a minha gata, que estou esmagando com o pé. A gata me olha e mia penosamente, como se dissesse: 'O que você está fazendo comigo?'

Depois eu acordo de verdade, chocada comigo mesma. Minha gata pula na minha cama. Descubro que a única coisa que consigo fazer é ficar parada, acariciando-a automaticamente. Muito depois, quando consigo analisar o sonho, percebo que ele é a resposta que venho pedindo: entender por que tenho terrores noturnos, e entender e encontrar o meu eu inferior. Eu não sabia, até ter esse sonho, que o meu terror noturno real era o medo de mim mesma, da minha assassina. No passado, meu eu inferior se expressou mais como o frio andrógino, de sentimentos embotados, frio e cruel. Neste sonho, finalmente, vejo a minha crueldade fortemente emocional, minha energia assassina. Quando eu 'acordo' durante o sonho e vejo o que estou fazendo com a minha gata, percebo o quanto essa energia é negativa.

Desde que analisei detalhadamente esse sonho, diminuiu muito o meu medo da noite e de ficar sozinha. Agora que tenho acesso à energia e à origem do meu medo, já não tenho nada a temer. Encontrei o meu inimigo que, na verdade, sou eu mesma."

A sonhadora encontrou sua faceta assassina, a destruidora de sua energia suave, feminina, confiante, travessa como uma gatinha. Esse encontro deu-lhe mais capacidade de assumir a responsabilidade pelo terror noturno, deixando-a menos vulnerável às fantasias negativas. O homem andrógino é um arquétipo do demônio sofisticado e chique. Essa personagem nega sua paixão humana e só leva em conta a vantagem do poder. A sonhadora tira a máscara da personagem fria e põe a descoberto o assassino extremamente emotivo.

O eu inferior atinge o máximo da periculosidade quando emudecemos tanto a crueldade passional como a terna vulnerabilidade que estão por trás das atitudes negativas que abrigamos. Quando estamos dissociados de nossos sentimentos, é fácil negar a vulnerabilidade dos outros seres humanos e, dessa forma, racionalizar nossa crueldade para com eles. A crueldade e a animação inconsciente que ela provoca passam, então, a substituir o fluxo real de vida representado pelos sentimentos.

Quanto mais entorpecidos ficamos, mais é preciso aumentar a negatividade para podermos sentir alguma coisa. Ao contrário,

> Quanto mais vocês admitirem a raiva, menos irão odiar. Quanto mais aceitarem suas características feias, mais bonitos se tornarão. Quanto mais aceitarem a fraqueza, mais fortes ficarão. Quanto mais admitirem a mágoa, mais dignidade terão. Estas são leis inexoráveis. Este é o caminho que trilhamos. *(PGP 197)*

O mal visto como defesa contra a dor

Uma coisa que ajuda muito a tarefa de encarar e transformar o mal que existe em nós é entender que todas as distorções são, em última análise, uma defesa contra a dor. Numa determinada encarnação, as dores da infância — provocadas por perda e rejeição, invasão e abandono — constituem o conjunto de sentimentos que são encobertos pelas defesas da hostilidade ou do retraimento, do sadismo ou do masoquismo. Na jornada da alma também há mágoas de vidas passadas — separação de entes amados, traição e autotraição — que resultam em uma predisposição a determinadas falhas e distorções de caráter na vida atual.

No plano cósmico, o mal que existe em nós é uma defesa contra a dor da escolha que fizemos de nos separar de Deus. A maior das dores da alma decorre da falsa crença de que somos apenas os nossos eus limitados, separados, incapazes e indignos de se ligarem à totalidade do eu e da vida.

Quando decidimos deixar de reprimir os sentimentos e negar a dor, podemos resgatar o eu inocente que éramos antes de criar as defesas que constituem a parte essencial do eu inferior. A dor de todas as nossas mágoas pode ser muito intensa, mas ela também nos suaviza e se completa ao ser sentida. A dor pessoal leva rapidamente à dor mais fundamental de todos nós, que é o sentimento de separação de Deus, e a falsa crença de que não somos dignos de refazer a ligação com a totalidade da vida.

Quando nos protegemos da dor, ficamos rígidos, defensivos e revidamos, cada um a seu modo. O fato de sentir a dor e descobrir que podemos suportá-la é o início do fim das defesas. Aprendemos a nos curvar como o salgueiro, em vez de continuar de pé, embora frágeis. Já não temos vergonha de chorar, de lamentar, de perdoar. Recuperamos a alma ao assumir todos os nossos sentimentos: a raiva, o pesar e o medo podem se transformar em alegria e animação, se dermos livre curso a todas as nossas emoções.

Precisamos, em especial, sentir o pesar da criança magoada por trás das nossas defesas.

Julie estava trabalhando sua atitude crítica em relação aos outros, que, em muitos casos, ela considerava irrecuperáveis. O resultado disso foi que ela tinha poucas relações próximas e estava começando a sentir a dor do isolamento. Julie teve o seguinte sonho:

"Sou criança outra vez e estou montada no cavalo de pêlo vermelho que ganhei quando tinha quinze anos. Estou batendo no meu cavalo, Big Red, com um chicote, com mais força do que deveria, e dizendo como ele é mau por não se comportar como eu acho que deveria. O sonho é muito real; esta é uma cena de que me lembro nitidamente, quando, na adolescência, eu realmente maltratava meu cavalo grande, paciente e confiável."

Por minha sugestão, Julie se transformou na criança que batia no cavalo, representado por uma grande almofada marrom avermelhada. Quando lhe perguntei por que batia no cavalo, ela respondeu: "Porque estou zangada. Estou zangada porque estou sempre sozinha e acho que ninguém gosta de mim. Meus pais sempre me dizem que tudo o que faço é errado e que nada é certo. Só quero ferir alguma coisa para não precisar sentir o quanto estou ferida por dentro. Em vez disso, vou ser durona."

Agora que tinha visto o seu eu inferior na forma da adolescente que maltratava o cavalo, Julie achou que as coisas deveriam mudar e voltou a intolerância contra si mesma. Numa sessão posterior, ela expressou sua crítica contra o eu inferior adolescente, representado por outra almofada. Julie começou a bater na almofada e a gritar: "Por que você é tão teimosa? Quero enfiar algum juízo em você. Quem é você e por que não acorda? Acorde!"

Quando Julie esmurrou a almofada mais uma vez, viu o rosto da adolescente mesquinha e rebelde que fora, só que desta vez o rosto começou a mudar. Com os braços ainda esticados para bater na almofada, ela viu uma fisionomia diferente. Quem devolvia seu olhar agora eram os olhos suaves e suplicantes de um filhote de corça encolhido de medo. Julie desmoronou e chorou, abraçando a almofada que representava a criança/corça assustada que sua dureza encobria. Finalmente, ela conheceu a vulnerabilidade mascarada pelas defesas.

"Além do portal da fraqueza sentida está a sua força.
Além do portal da dor sentida estão o prazer e a alegria.
Além do portal do medo sentido estão a segurança e a certeza.
Além do portal da solidão sentida está a capacidade de ter satisfação, amor e companheirismo.
Além do portal da aceitação das carências da infância está a satisfação de agora."
(PGP 190)

A dor da culpa verdadeira

Além de sentir a dor verdadeira da carência da infância e das perdas da idade adulta, a transformação do eu inferior também exige que estejamos prontos a sentir a dor pela culpa verdadeira de ter abandonado ou rejeitado outras pessoas. Na nossa negatividade, transgredimos a lei espiritual na medida em que, devido a más escolhas e falhas pessoais, fazemos outras pessoas sofrer. Esse tipo de dor muitas vezes é mais difícil de sentir do que a dor de ter sido ferido pelos outros.

Na era da pré-psicologia, a religião imbuiu a humanidade de um sentimento de culpa distorcido e debilitante. Falsas culpas; medo de um Deus punidor; culpa que não tornava possível às pessoas levantar a cabeça com dignidade e com a noção de quem eram em essência. Para corrigir essas distorções, o pêndulo precisa necessariamente oscilar para o extremo oposto, até ser encontrado o equilíbrio certo, a verdade. Assim, todo o movimento psicológico se afastou da dor da culpa.

Mas a culpa verdadeira, referente às distorções de cada um de vocês, precisa ser vista, encarada, sentida e entendida por inteiro, em todas as suas ramificações em cadeia. Caso contrário, vocês nunca se sentirão à vontade consigo mesmos. Se não agirem assim, vocês jamais poderão ser íntegros; não poderão sentir amor e respeito próprios. Não poderão ser quem vocês realmente são. *(PGP 201)*

Sentir a dor da culpa verdadeira significa assumir a responsabilidade por ter criado uma situação que provocou dor em outras pessoas. Isso é difícil de fazer e, a princípio, parece um golpe à auto-estima. No entanto, não existe dor mais libertadora e transformadora. A dor da culpa verdadeira é suave, e se consome ao ser sentida. Ao dar vazão total a essa dor, podemos saber que fomos perdoados por Deus. Pagamos o preço e estamos livres da culpa.

A dor da culpa verdadeira e a dor do nosso sofrimento real são diferentes da dor "dura" da incriminação, que é um meio de tentar punir quem nos magoou. A mensagem da dor dura é sempre esta: "Veja como estou infeliz. É tudo culpa sua." Nossa infelicidade, então, se transforma em arma para punir os pais ou outras pessoas que nos magoaram, e a intenção do perdão está ausente.

A dor pela culpa verdadeira, o verdadeiro remorso, também é diferente da dor da falsa culpa, que resulta do fato de não corresponder às expectativas — nossas ou dos outros. O *mea culpa* exagerado da falsa culpa reforça a máscara e transmite esta mensagem: "Veja como sou bom porque me sinto tão mal", ou "Sou tão mau que você não deve esperar muita coisa de mim, e deve ter pena de mim." Eliminar essas distorções permite que a dor simples e mais branda da culpa real seja sentida, ao mesmo tempo que se conserva a dignidade pessoal e a consciência da nossa divindade.

Reconhecer a culpa verdadeira e sentir a dor dela decorrente é um maravilhoso processo de limpeza e é o verdadeiro significado do antiquíssimo ritual da confissão. Esse processo pode ser seguido por um ato de restituição — desde um simples pedido de desculpas até atos mais amplos para corrigir o mal feito. Se perguntamos a nós mesmos qual é o tipo certo de restituição para cada caso — sem negar nem exagerar o mal praticado —, as respostas virão. Acima de tudo, precisamos saber que já estamos perdoados, que já somos amados por tudo o que somos. Pois nada do que possamos fazer, sentir ou pretender sobrepuja o poder de perdão de Deus.

A paciência para a cura do eu inferior

Depois da boa vontade, o elemento mais importante para o processo de cura é a paciência. Precisamos lembrar que o eu inferior tem raízes nas próprias origens da consciência humana, que é dualista. Ele nasceu quando, pela primeira vez, uma parte de Deus se separou da totalidade de Deus. Começou com o livre-arbítrio, que nos deu a capacidade de preferir a separação, e foi reforçado por escolhas erradas feitas por seres humanos durante milênios. Pensar que podemos reparar completamente os danos causados numa única vida pode ser o máximo da arrogância. De qualquer forma, essa pretensão leva necessariamente à frustração e ao desespero — portanto, é preciso ter paciência.

Julie era uma mulher nascida no sudoeste dos Estados Unidos e que gostava do campo. Gostava de acampar e se sentia totalmente em paz no deserto. Com as pessoas, era diferente; com elas, muitas vezes Julie demonstrava desconfiança e se sentia marginalizada.

Quando começou a trabalhar o seu eu inferior, ela o visualizou como um menino adolescente, durão, paranóico, ganancioso, sedento de poder, conhecedor das "manhas" da vida urbana — uma versão exagerada da adolescente que ela havia sido e que maltratava o cavalo de que gostava. Nas suas visualizações, ela levava esse garoto das ruas para o deserto e o via sentado quietamente com ela durante longos períodos. Ele era orgulhoso demais para pedir ajuda ou até para conversar com ela. Se por acaso precisasse de alguma coisa e se dignasse a pedir a Julie, ele o fazia num tom ríspido e desdenhoso. Julie respondia apenas o mínimo e esperava.

Ela continuou com essa visualização durante meses, e cada vez que entrava em sintonia, ela achava que o menino de rua estava ficando um pouco mais tranqüilo, começando a perceber que havia alguém do lado dele (o Eu superior de Julie). Pela primeira vez ele teve motivos para confiar. Mas mesmo assim Julie estava disposta a esperar, com fé, pela reunião dos eus inferior e superior.

Julie achava que essa visualização de cura também era um retrato de suas escolhas de encarnação. Ela estava ciente de que confiava muito pouco em outros seres humanos. Quando começou o Pathwork, julgava-se quase incapacitada a esse respeito, suspeitando que isso fosse um reflexo de dificuldades e erros de outras vidas. A escolha de sua alma por nascer e ser criada no deserto, desta vez, se explicaria porque ela precisava consolidar a ligação com a natureza e com o Eu superior. Isso lhe daria forças para, finalmente, assumir o eu inferior, depois de muitas vidas em que este se manifestava inconscientemente.

Nós só podemos dar um passo de cada vez. Muitas vezes receamos despertar para o nosso eu inferior por medo de perceber quanta desordem ou destruição ele pode ter provocado. Ficamos apreensivos, achando que precisamos mudar tudo de uma só vez, e recuamos diante de uma tarefa que pode representar a ameaça de nos deixar arrasados.

Diane negou que era alcoólatra durante anos. Ao começar a se dar conta da realidade de que era alcoólatra e a reconhecer o estrago que a doença provocara nela e nos filhos, ficou horrorizada. Estava tudo de pernas para o ar; de que forma ela poderia dar um jeito na situação?

A essa altura, ela teve este sonho: "Estou lavando o cabelo numa pia e descubro, horrorizada, que minha cabeça ficou presa embaixo da torneira e não consigo soltá-la. Entro em pânico e procuro puxar bruscamente a cabeça, enquanto a água continua correndo. Machuco o pescoço e engulo água sem querer; tenho a sensação de que estou me afogando. Em seguida, ouço uma voz tranqüila dentro de mim que diz: 'Vá devagar e dê um passo de cada vez.' De alguma forma, consigo pensar com clareza. Primeiro, fecho a torneira. Depois, com cuidado, viro a cabeça de lado e descubro que, aos poucos, consigo me soltar, passo a passo, até ficar livre..."

Além do eu inferior, habita em nós, sempre, a presença tranqüila, a luz e a sabedoria do Eu superior, que nos guia em cada passo do caminho. O eu inferior é uma sombra escura que procura amortecer a luz e desviar nossa atenção do brilho constante e suave que está sempre presente para nos guiar.

Meditação para reeducar o eu inferior

Depois de termos encontrado o eu inferior e sentido a dor encoberta pela sua manifestação, podemos reeducá-lo, com a ajuda do Eu superior. No Pathwork, trabalhamos ativamente, nas meditações, com o eu inferior e o Eu superior. Só fazemos esse trabalho de meditação depois de termos adquirido a capacidade de acalmar a mente exterior, por meio da concentração na respiração ou da outra prática de centralização. Nesse momento, podemos usar o ego consciente para a tarefa de contatar, entender e reeducar o eu inferior. Assim, a meditação se transforma numa conversa ativa entre três facetas nossas: o ego positivo, o eu inferior criança e o Eu superior.

O ego consciente precisa procurar alcançar o que está embaixo e dizer: "Seja o que for que existe em mim, seja o que for que esteja oculto e eu precise conhecer a meu respeito, seja qual for a negatividade e a destrutividade, tudo isso precisa ser trazido à tona. Quero ver tudo isso. Eu me comprometo a enxergar, a despeito da possibilidade de, como conseqüência, ficar com o orgulho ferido. Seja qual for o bloqueio que impede o meu avanço, quero saber como deliberadamente me recuso a ver o eu inferior, passando, assim, a me concentrar nos defeitos dos outros." Este é um dos rumos tomados pela meditação.

O outro é buscar o Eu superior, universal, cujos poderes superam as limitações do eu consciente. Esses poderes superiores devem ser convocados com o mesmo objetivo, isto é, trazer à tona o pequeno eu destrutivo, para que seja possível superar a resistência. A vontade do ego, sozinha, pode ser incapaz de realizar essa tarefa. Mas o ego pode meditar para solicitar a ajuda dos poderes superiores.

....

Quando o eu inferior começa a se expressar com mais liberdade, porque o ego permite e o recebe, na qualidade de ouvinte interessado e tolerante, vocês precisam reunir esse material para estudá-lo mais a fundo. É preciso investigar as origens e os resultados do que vai se revelando. Que falsos conceitos subjacentes (imagens) são responsáveis pela autodestruição, o ódio, o despeito, a maldade que se manifestam?

....

O passo seguinte da meditação é reeducar o eu-criança destrutivo (e o eu inferior adulto) que agora já não é totalmente inconsciente. A criança, com suas falsas crenças, sua resistência teimosa, seu rancor, sua raiva assassina, precisa ser reorientada.
(PGP 182)

Quando pequena, Judith sentia pavor da mãe, a quem via como uma bruxa malvada.[4] Agora, Judith estava ciente de que seu eu inferior era uma recriação da bruxa da mãe — uma defesa que Judith usou para se afastar do contato íntimo. Criado como defesa contra a dor da infância, o eu inferior de Judith já não tinha serventia, mas tinha, mesmo assim, assumido vida própria. Agora, ele a mantinha trancada mesmo quando ela estava conscientemente disposta a se abrir.

Na meditação, Judith começou a conversa de três interlocutores, na qual o ego adulto convidava o eu inferior-bruxa e o Eu superior-anjo a falar. Imediatamente a bruxa voltou-se ameaçadoramente para ela, tentando sujeitá-la e acabar de uma vez com a conversa.

Judith resistiu: "Quero meus sentimentos de volta."

A bruxa malvada respondeu: "Você não vê que isso é impossível? Seus sentimentos irão matá-la. Foi por isso que você me criou. Eu impedi você de enlouquecer

---

4. A bruxa, como símbolo da energia feminina destrutiva, está arraigada na mente inconsciente das crianças graças à difusão dos contos de fadas europeus. Essas histórias derivam da luta arquetípica, e também histórica, entre a visão do mundo racional, cristã ou patriarcal, que objetiva destruir a visão do mundo intuitiva, pré-cristã, matriarcal. A verdadeira bruxa (ou feiticeira) era uma curandeira ou sacerdotisa da religião pré-cristã da deusa, que foi demonizada pelo cristianismo.

quando era criança; portanto, é melhor me agradecer e deixar que eu cuide das coisas."

Judith adulta: *"Agradeço por você ter impedido que eu me sentisse vulnerável demais quando era pequena. Mas já não preciso da sua proteção. Agora quero ser capaz de me sentir vulnerável, porque estou entre pessoas mais seguras do que minha mãe. Agora eu quero amar e ser amada; por favor, liberte os meus sentimentos."*

A bruxa: *"Não, eu quero manter as coisas como estão e sentir o meu poder de assustar você e os outros. O poder é o que mais quero no mundo."*

Judith, nesse momento, invocou o poder maior do Eu superior. Durante algum tempo, ela não viu nem ouviu nada. Depois, aos poucos, viu uma mulher vestida de luz branca surgir por detrás de uma cortina.

Essa figura angélica falou com a bruxa: *"Você diz que quer poder. Mas do que você precisa, de verdade?"*

A bruxa, subitamente, transformou-se numa menininha e falou com voz de criança: *"O que eu quero é amor. Mas acho que não mereço. Preciso ser boa para ter amor. Se eu tivesse sido boa, minha mãe não teria sido tão malvada comigo. Portanto, eu devo ser má. Já que sou má, vou agir com maldade e assustar os outros, porque pelo menos assim me sinto poderosa."*

A bruxa, então, se dissolveu totalmente na pequena Judy, que começou a chorar baixinho. Judith viu seu eu criança espiando por trás de uma cortina. Também viu o anjo abrindo os braços para a criança. A criança atravessou a sala e pulou no colo do anjo, aninhando-se ali por alguns instantes, mas depois ficou novamente assustada.

Judy criança: *"Sabe, tem montes de bruxas aqui. Não sou só eu."*

Na meditação, Judith agora via uma fila de moças e mulheres atrás da pequena Judy — surgiu toda uma linhagem feminina, da qual faziam parte a mãe, duas avós e outras parentes mulheres. *"Todas elas também precisam de amor"*, disse a criança Judy. *"Elas têm voz de bruxa porque também estão assustadas e solitárias. Elas também não tinham ninguém que gostasse delas."*

Judith viu a pequena Judy ir ao seu encontro, puxando a fila de mulheres/bruxas. Viu o anjo como uma deusa vestida de branco; o anjo, a criança e todas as outras mulheres deram-se as mãos e formaram um círculo. O anjo instou para que as mulheres se expressassem e encontrassem sua força como mulheres de verdadeiro poder, sem as distorções. Judith começou a ouvir mentalmente as palavras e a música de *"Canto da Alma"*, cantado por um coro de meninas e mulheres.

É preciso ter prática para estabelecer a ligação entre o eu inferior e o Eu superior durante a meditação, mas esse tipo de procedimento acelera o trabalho.

As qualidades divinas por trás dos defeitos

Atrás de cada defeito que precisa ser transformado existe uma qualidade divina. Essa qualidade divina existe mesmo antes de o defeito ser transformado.

Por exemplo, por trás da preguiça existe uma capacidade positiva de descontrair e aceitar a vida conforme ela vem, sem se apressar em controlá-la. Por baixo da hiperatividade, por outro lado, existe uma capacidade positiva de agir e pôr a vida em movimento. Por baixo da atitude crítica existe a capacidade de discernir com clareza. Por baixo do desleixo, por outro lado, existe uma capacidade de esquecer o controle do ego e deixar a vida fluir sem interferências.

Normalmente, constatamos que nossas melhores qualidades estão muito próximas de nossos piores defeitos. À medida que os defeitos são gradualmente transformados, as boas qualidades correspondentes não se perdem — como às vezes, erroneamente, tememos — mas ficam mais fortes e equilibradas.

Até os piores aspectos da natureza humana, desde que enfrentados, descarregados e transformados, mostram uma semente divina. A raiva assassina pode transformar-se em afirmação veemente. A crueldade pode tornar-se agressão positiva e criativa.

> Por mais feias que efetivamente sejam algumas dessas manifestações — a crueldade, o rancor, a arrogância, o desprezo, o egoísmo, a indiferença, a cobiça, a trapaça e muitas outras — vocês podem vir a perceber que cada um desses traços é uma corrente de energia que, na origem, era boa, bonita e uma afirmação da vida. Pesquisando nessa direção, vocês acabarão entendendo e sentindo que isso é verdadeiro em cada caso; que este ou aquele impulso hostil é, na origem, uma força do bem. Quando vocês entenderem isso, terão feito um avanço expressivo no sentido de transformar a hostilidade e liberar a energia que está canalizada em um sentido realmente indesejável e destrutivo, ou está travada e estacionada.
>
> Vocês precisam aprender a reconhecer plenamente que o modo **como o poder se manifesta é indesejável, mas a corrente de energia que produz essa manifestação é, em si mesma, desejável.** Pois ele é feito da matéria da vida. Ele contém consciência e energia criativa. Ele contém todas as possibilidades de manifestação e expressão da vida, de criação de novas manifestações de vida. Ele contém o melhor da vida. *(PGP 184)*

Quanto mais nos aprofundamos no exame de nossas falhas, maior a possibilidade de nossa essência se aprimorar. O contrário também é verdadeiro. Quanto mais ligados estivermos à nossa essência divina, mais coragem teremos para enfrentar todos os aspectos distorcidos e não curados que ainda restarem na psique. Na verdade, essa jornada faz aflorar o que há de melhor em nós, fazendo de todos nós heróis e heroínas do caminho interior.

A responsabilidade total por si mesmo

Quando assumimos plena responsabilidade pelo eu inferior, ultrapassamos nossas limitações e expandimos a nossa identidade.

> O fato de assumir responsabilidade integral pelos traços distorcidos, demoníacos, por mais paradoxal que pareça, liberta vocês da identificação com esses aspectos. Vocês saberão perfeitamente que são vocês e que esses aspectos não passam de apêndices ou acessórios que vocês podem atrair para si e ao mesmo tempo dissolver. Ou seja, a energia básica e a natureza não distorcida deles pode tornar-se parte da consciência que vocês manifestam. *(PGP 189)*

Patricia e seu marido Jack estavam vivendo um triângulo amoroso com Laurie, como foi mostrado no Capítulo 9. Os três, conscientemente, exploraram os fortes impulsos que os mantinham nesse relacionamento punitivo para todas as partes envolvidas. Parte do trabalho de Patricia a esse respeito foi enfrentar sua vontade de se separar e sua postura de dona da verdade, o que, para ela, era muito mais fácil do que sentir a dor. Teve vislumbres de uma persona interior que era freira — moralmente superior e sexualmente reprimida — que ela começou a chamar de "Madre Superiora". Jack viu que, por medo de se comprometer, achava mais fácil dividir o seu desejo de ter intimidade numa atração por duas mulheres, em vez de reunir tudo numa só mulher. Laurie analisou como sua sensação de segurança dependia de ter por perto um homem forte e mais velho.

No fim, eles conseguiram acabar com o triângulo. Jack decidiu arriscar, comprometendo-se totalmente com Patricia. Laurie decidiu afastar-se do casal, para começar vida nova e formar um relacionamento só dela. E Patricia decidiu abrandar o moralismo e dar todo o seu amor sexual a Jack. O casamento se solidificou de forma incomensurável pelo fato de eles terem trazido à consciência, com honestidade, essa experiência dolorosa.

Várias semanas depois do afastamento de Laurie, Patricia estava passeando sozinha pelo bosque, quando de repente teve a visão de um quadro completo de uma vida passada. A época era a Idade Média, o local talvez o sul da atual França. Ela viu Jack como o senhor de um pequeno domínio feudal, um homem poderoso, porém centrado em si mesmo que, entre outras coisas, de vez em quando exercia seu direito (o "droit de seigneur") de iniciar sexualmente qualquer virgem que morasse em suas terras. A si mesma, viu como a esposa moralista e contida, sempre repelindo e julgando o marido. Viu Laurie como a linda filha de um dos guardas de Jack. Nessa vida, Patricia acabou abandonando o marido e entrou para um convento, rejeitando formalmente os homens e a sexualidade, e vivendo a vida em amarga solidão, com exceção de um caso muito agressivo com uma freira mais jovem. "Jack" acabou casando com "Laurie", mas continuou cedendo egoisticamente à satisfação dos seus desejos, ao que "Laurie" não teve força suficiente para se opor. "Laurie" viveu essa vida em lastimável dependência.

Depois dessa surpreendente revelação de uma vida anterior, Patricia viu que, desta vez, todos os envolvidos haviam feito o trabalho interior necessário para não precisar recriar os erros do "passado". De uma forma que fugia à sua compreensão, Patricia sentiu que o trabalho feito nesta vida também ajudou as pessoas que eles foram um dia. Ela teve a impressão de que as vidas do passado e do presente se interpenetram e que o trabalho interior e as escolhas certas feitas agora significavam a cura de três almas. Com essa revelação de reencarnação veio também um grande sentimento de dignidade e de respeito por si mesma e pelos outros dois envolvidos. Um tinha ajudado o outro, de fato, a enfrentar profundas questões não resolvidas e, juntos, fizeram sua jornada para a totalidade.

A entrega a Deus

Quando identificamos e experimentamos o eu inferior, incluindo a intenção negativa e o prazer negativo, e quando nos livramos das defesas e sentimos a dor subjacente e a culpa verdadeira, também afirmamos continuamente a nossa essência como seres de luz, anjos de Deus. Jogamos luz sobre todas as nossas facetas que precisam ser transformadas.

Depois de termos nos empenhado ao máximo para enfrentar alguma de nossas áreas negativas, renunciamos ao controle e deixamos todo o processo a cargo de Deus. Por mais que possamos conseguir tendo as melhores intenções do mundo, nós — o pequeno ego — não podemos efetuar sozinhos a transformação. Precisamos invocar as energias espontâneas do Eu superior, e a orientação e a graça de Deus e do espírito mundial de Deus, para que a transformação se efetue.

A prece e a meditação, a afirmação positiva e a invocação das energias do Eu superior são instrumentos importantes em todos os estágios do processo de transformação. Não seria possível enfrentar as profundezas do eu inferior sem a constante confirmação, apoio, perdão e orientação do Eu superior.

A transformação não se dá de forma linear. Muitas vezes seus estágios se sobrepõem e se entrelaçam. Durante algum tempo, pode ser necessário trabalhar a máscara, depois os aspectos do eu inferior, e depois talvez seja preciso adiar tudo até que a percepção do Eu superior se fortaleça o bastante para permitir a consciência desses aspectos que ainda precisam ser transformados. Esta é a espiral do crescimento, que se aprofunda cada vez mais.

Exercícios do Capítulo 10:

1. Escreva honestamente sobre algum episódio no qual você acha que se comportou mal. Coloque por escrito claramente que falhas você acha que teve nessa situação, que erros cometeu. Se o episódio envolveu outras pessoas, escreva a cada uma delas uma carta simples pedindo desculpas (mas não precisa enviar a carta).

2. Depois de ter identificado uma atitude negativa sua, enuncie-a claramente, e em seguida correlacione essa atitude, esses prejuízos à sua vida, as conseqüências ou o preço que você paga por continuar mantendo essa atitude negativa.

3. Durante a meditação, deixe acontecer uma conversa entre o ego, o eu inferior e o Eu superior. Depois de se concentrar, escolha um problema ou uma desarmonia da sua vida. Convide o eu inferior a dar a sua versão, enquanto o ego-mente se descontrai e apenas escuta. Em seguida, convide o Eu superior a falar sobre a questão, enquanto o ego continua apenas ouvindo. A seguir, deixe que os três eus conversem sobre a questão. O Eu superior pode aparecer como um anjo benigno ou outra figura arquetípica; o eu inferior talvez apareça como criança, como demônio, ou assuma alguma outra forma. Deixe que o Eu superior converse diretamente com o eu inferior. O ego é o moderador. Escreva ou faça um roteiro dessa conversa para captar a energia que as suas personagens interiores revelarem.

4. Relacione cinco dos defeitos que acha que tem. Encontre cinco qualidades positivas correspondentes que estão muito próximas dessas distorções da sua psique.

5. Escolha um dos seus defeitos e convide o espírito do perdão a cercar e a banhar esse defeito. Que visão diferente você tem desse defeito quando pensa nele levando em conta que ele já foi perdoado?

CAPÍTULO 11

A Criação da Vida a Partir do Eu Superior

"O potencial inato de criação de todos os seres humanos é espantosamente subestimado. Ele é infinitamente maior do que vocês seriam capazes de imaginar agora. ...: A maioria das pessoas não conhece sua capacidade latente de criar e recriar conscientemente a vida."

— Palestra 208 do Guia do Pathwork — *"A capacidade inata de criar."*

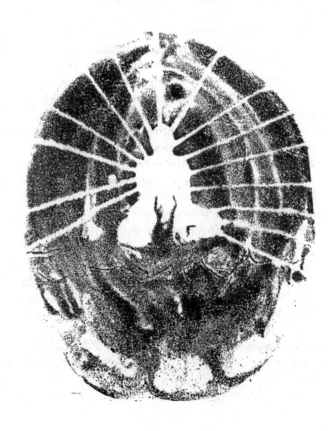

O retiro de Susan: em busca do feminino

Quando fiz quarenta anos, comecei a sentir um forte e visceral desejo de me tornar mãe. Em épocas anteriores do meu casamento, essa vontade surgiu ocasionalmente, mas me convenci de que se tratava ou de um desejo deslocado de aumentar o grau de intimidade no casamento ou de uma reprodução do meu papel de mãe em Sevenoaks, o centro espiritual que Donovan e eu criamos e que, na verdade, passou a ser o nosso "bebê". Na realidade, eu achava que meu desejo anterior não era outra coisa senão um impulso biológico que, na minha opinião, não era o que Deus planejara para mim ou para nós dois como casal.

Mas o que me movia agora não podia ser ignorado; era um impulso que absorvia toda a minha atenção. No entanto, a visão de mim mesma como mãe — mais tranqüila, mais feminina, mais interiorizada, mais caseira — também despertava uma profunda recusa interior, que até então eu desconhecia.

Velhas imagens, medos e dualidades se revelaram: a maternidade significava prisão, dependência, impotência, perda do controle, perda da personalidade. Por outro lado, a intensa doação exigida pelo trabalho espiritual que eu executava oferecia criatividade e eficácia, mas tinha um sabor de esterilidade. A divisão entre a maternidade e a vocação espiritual me atormentava, embora eu procurasse, às cegas, uma nova unidade.

Uma dualidade ainda mais profunda veio à tona: minha identidade pessoal como "filha do patriarcado", identificada com a mente e a vontade, ao mesmo tempo temendo e desejando mergulhar no lado mais feminino e receptivo do meu ser, do qual eu me sentia extremamente dissociada. A opção pela aproximação do meu eu feminino, sexual, fértil, invisível, parecia a entrada num vazio — desconhecido e solto no ar.

Tive um sonho no qual minha mãe, minha irmã e eu estávamos num carro, a caminho do escritório de papai. A burocracia estava desatualizada — papai falecera nove anos antes! Ainda estávamos presas ao mundo dos valores masculinos; ainda não éramos capazes de assumir, juntas, a nossa condição feminina; ainda andávamos no carro de um homem.

Talvez a divisão mais profunda fosse entre a fé nos meus guias, que confirmaram essa direção, e minhas próprias dúvidas e desespero que continuavam a aflorar, principalmente quando, a cada mês, eu descobria que não estava grávida.

Meus sentimentos oscilavam. Certa ocasião, quando Donovan e eu voltávamos do cinema, vários meses depois de termos tomado a decisão de ter um filho, senti-me subitamente envolta em escuridão e desolação, ouvindo vozes hostis que falavam sem rodeios: "Quem você pensa que é? Você nunca vai alcançar esse objetivo." Senti os demônios que me diziam que eu estava errada e era arrogante por querer tanto de uma só vida. Em vez de anunciação, eu era alvo de uma denúncia. O desespero e a dúvida do meu eu inferior permitiram esse ataque demoníaco à minha fé; no entanto, ao final desse encontro, senti que minha determinação saíra fortalecida.

Cerca de uma semana depois desse "ataque" de escuridão, senti um momento de êxtase, uma abertura para uma visão clara, com doce sexualidade e alegre prontidão. Eu estava desenvolvendo um trabalho intenso com casais sobre o tema da sexualidade e senti-me totalmente dentro do próprio corpo, mais saudável do que jamais me sentira na vida; comecei a descer correndo a colina pelo caminho que vai até o lago, gritando encantada para o Universo: "Estou pronta! Estou pronta!" Mergulhei no lago, sentindo-me energizada, deliciosamente sensível, feliz e plena. E louvando a Deus: "Graças, graças a Deus, estou pronta."

Mas a vinda da menstruação no mês seguinte foi a maior decepção de que me lembro. Senti-me estéril, destituída, carente, louca. Era como se eu tivesse acabado de perder a coisa mais preciosa do mundo. Chorei muito. Deixei de acreditar na possibilidade de ser mãe. Percebi como era profundo o meu desespero em relação à minha realização feminina espiritual. As áreas em que eu ainda ansiava por mais realização eram precisamente aquelas nas quais a vontade do meu ego não valia nada — a sexualidade, a espiritualidade, a maternidade. Tudo o que me restava era ficar pronta para receber a graça de Deus.

A dificuldade e a vulnerabilidade da questão não ficaram claras enquanto eu lutei contra esse desejo. Mas agora já não era mais possível negá-lo. Minha vontade de entrega mais plena era física; isso eu podia sentir. E não dependia da minha vontade. Eu não podia fazer nada. Só podia deixar que as coisas seguissem. Comprometi-me a renunciar a essa luta despropositada da vontade. Rezei para não interferir e deixar que Deus agisse. Isto desencadeou uma forte dependência em relação a Donovan. Muitas vezes eu me sentia como se fosse uma criança carente, um filhote de gambá agarrado ao colo da mãe; Donovan reagiu bem a essa necessidade arcaica que se manifestava dolorosamente em mim.

Passaram-se meses; como eu não engravidava, pensamos na possibilidade de adotar uma criança. Nessa mesma época, visitamos a nova neta de Donovan, Pamela, cuja vida começara em circunstâncias difíceis e precárias. Eu já amava essa menininha doce, o que tornou ainda mais intensa a angústia da esterilidade.

Pedi orientação, que veio da seguinte forma: "A criança que você terá só poderá vir como resultado de uma purificação maior. Portanto, prossiga o processo de purificação e alimente a fé nesse processo que precede a maternidade. Purifique as emoções: veja a sua raiva, a sua inveja (que eu sentia sempre que via alguma mãe com seu filho), a competitividade para com outras mulheres, a desconfiança. Purifique a vontade: veja a tendência a forçar os acontecimentos, o desespero em precisar renunciar à vontade exterior. Livre-se da vontade superativa, da tensão de manter o controle. Purifique a mente e os pensamentos: fique ciente dos limites da mente e não se esforce por ultrapassá-los. Interrompa o processo negativo de fazer críticas e tirar conclusões apressadas. Disponha-se a não saber. Use o não-conhecimento como condição para um conhecimento mais profundo, que só pode ter origem no lado receptivo do seu ser. Livre-se da agitação da mente pequena, e dê espaço para um tipo diferente de conhecimento. Purifique também o seu corpo. Com moderação e paciência, adote uma dieta melhor, faça mais exercícios, aproveite a água da sua casa.

Faça essa purificação com boa vontade. Fique atenta a ela. E esqueça a questão da gravidez. O que tem de acontecer acontecerá quando chegar o tempo certo. Você não pode nem deve fazer nada a esse respeito. Deixe essa questão, honestamente, nas mãos de Deus. A meta não é conceber, mas se purificar; o nascimento do seu próprio eu divino feminino, não o nascimento de outra alma. Desde que fique atenta ao processo interior, você não deslocará as expectativas, as necessidades ou os va-

lores para o acontecimento externo. Você já é o bastante tal como é. Sua principal tarefa na terra é purificar-se e transformar-se — e não ser mãe nem ajudar as pessoas nem qualquer outra tarefa exterior. Não se deixe desviar pelo que está fora."

Depois dessa mensagem, tive uma repentina depressão, pois incorretamente interpretei a renúncia à satisfação das exigências nos termos do meu ego como a renúncia à própria satisfação. No entanto, aos poucos, recuperei a fé e continuei afirmando o meu desejo, sabendo, porém, que somente Deus completa a criação.

Continuei a trabalhar o meu aspecto antifeminino. Consegui ver que minhas fortes imagens da "mulher de Deus" equivaliam a uma freira — ascética, invulnerável, sem precisar de ninguém. A ligação com o espírito é tudo o que importa, com desprezo pela vida, pelas necessidades e pelo corpo humanos (principalmente femininos). Profunda desconfiança e hostilidade em relação à vida instintiva do corpo. Sonhei com uma corpulenta deusa primitiva numa floresta verdejante. Numa cena posterior desse mesmo sonho, vi pessoas cavando degraus numa montanha gelada e ajudando-me a subir por eles. A deusa é a obediência cega aos instintos primitivos da sexualidade e da procriação, da fertilidade do corpo, antes da razão e da moralidade. Seria eu, então, a virgem do gelo, cuidadosamente levada pelos degraus que sobem até o céu, enquanto lá embaixo ficam os impulsos passionais e caóticos de um ser primitivo, sexual e de coração aberto? Ela também sou eu? No meu eu consciente, os clamores da ordem levaram a melhor sobre os reclamos do instinto. Quero ligar-me outra vez à terra e à paixão, ao acasalamento e ao caos. Preciso começar de novo, da estaca zero, por assim dizer, para resgatar a feminilidade.

À medida que eu percebia melhor que precisava encontrar em mim mesma a realização feminina, saber que bastava ser como sou, ouvi uma voz interior que dizia: "Nunca. Se for preciso ser mãe de mim mesma e alimentar a criança interior, eu me recuso. Prefiro morrer."

Durante várias semana, depois disso, caí num estado doentio, uma espécie de morte interior. Dores de cabeça fortes, náusea menos forte mas constante. Eu vivia numa desolação de um cinza-escuro absoluto, apenas de vez em quando quebrado pelo vermelho dos acessos de raiva. Parecia que eu ia morrer. Eu estava com raiva de Deus, da morte, de todos os que já haviam morrido, inclusive de meu pai, e de todos os que vão morrer, inclusive de minha mãe e de Donovan. E nada tinha importância. Eu vivia em solidão existencial, pensando na morte e com medo do nada. Eu tinha a sensação de que uma nova vida existia além daquela cortina negra. Mas não era para mim, não naquele momento.

Meu diário informa sobre essa época, junho de 1981: "Deito de bruços no chão duro de ladrilhos, sem alegria, oprimida pelo calor pesado e modorrento do dia, enquanto sobre minha cabeça o ventilador range, inclemente, inexpressivo. Vislumbres de mosteiros medievais cristãos e budistas — locais onde se entende a morte. Eu sei que vou morrer. Donovan vai morrer. Minha mãe vai morrer. E a criança que eu der à luz poderá morrer. A morte é. Esta não é a verdade espiritual mais profunda que já conheci, mas é um passo do caminho, e um passo que omiti. A morte é. Dar à luz não me poupará da morte. E Deus não me poupará da morte. E minha raiva a esse respeito não altera a veracidade desse fato."

Minha cabeça continuou latejando durante dias. O desejo de ter um bebê ficava mais distante à medida que percebi que uma das razões, até então não examinada, da minha vontade de ser mãe era negar a morte. Sentada em meditação, meu corpo transformou-se num esqueleto coberto com um manto. Eu me transformei no vento que, suavemente, fazia a poeira rodopiar em volta desse esqueleto. Grandes espaços vazios, nenhum eu; apenas Vazio. O vento, nem mesmo o esqueleto.

Escrevi o trecho de um sonho: "Um anúncio é feito em tom sinistro: 'Os mortos comerão em grandes mesas de metal e vão escavar a horta.'" Mas eu estava doente até para comer ou cuidar da horta.

E então, no meio dessa batalha com a morte e o desespero, tive uma visão. Certa noite, logo antes de ir para a cama, comecei a deslizar para baixo de uma espiral negativa, escorregando até um lugar totalmente morto, onde minha vida não tinha sentido algum, e onde eu também poderia estar morta. A vida humana comum parecia cinzenta e inútil. Minha mente estava vazia e eu fiquei imensamente desolada. Logo antes de achar que poderia, de fato, escorregar da borda e cair na morte, uma certeza vibrou no meu íntimo. Vou conceber em julho e preciso me preparar por meio de um retiro de cinco dias, sozinha, jejuando um pouco e meditando muito, preparando-me internamente. O clarão dessa certeza veio e se foi. A princípio duvidei, mas no fundo acreditava que era assim que seria, que esse sempre havia sido o plano. Ouvi o riso de um espírito alegre com o anúncio. Concordei: "Seja feita a Tua vontade, e não a minha."

Comecei o retiro. Meu diário registra:

"2/7/81: Estou gostando do meu retiro calmo, simples. Pouco gasto de energia e jejum. Dia chuvoso, propício. Minha mente se acalmou um pouco. Estou esperando, desfrutando da simplicidade atual de apenas ser.

Só tenho uma vaga idéia do que estou fazendo aqui, algo relacionado com o fato de Tornar-me Mulher, preparando meu corpo e minha alma para conceber, não sei se é uma concepção física ou espiritual. Estou preparando o vaso sagrado. Quero abrir-me à vida, alimentar-me e aguardar a plenitude, seja como for que isso deva acontecer. O que procuro — um renascimento? Uma iniciação? Quero entrar no escuro do desconhecido para descobrir o quê? Um novo eu? Um velho eu? Um eu feminino? Um eu-Deus? Este retiro parece um processo iniciatório arquetípico de retraimento do exterior para a renovação interior. Espero, com fé, o que quer que esteja por vir."

"03/7/81: Esta manhã estou amarga e zangada. Minha temperatura basal subiu, o que provavelmente significa que a ovulação já aconteceu outra vez, e eu não engravidei. E este deveria ser o mês mágico, quando **aquilo** aconteceria.

Sinto hostilidade para com Deus. Qual é a vantagem de querer? Qual é o objetivo do retiro — tentar me aproximar de Deus?

Começo a ver a minha amargura como um estado de alma que existe por baixo da minha tentativa de fazer com que a vida me dê o que eu quero. Serão minhas visões e sonhos apenas versões mais sutis de minhas exigências de que a vida me dê o que eu quero — quando, onde e como eu quero? Sinto agora aquele gosto acentuadamente amargo, aquela negritude estéril, aquela falta de fé que me corrói a alma. Sinto você e reconheço que você é minha.

Hoje, enquanto limpava os canteiros de morangos da horta, comecei a ter a noção de que o estado de não pensar, de apenas ser, é o que pratico agora, o antídoto necessário para a minha arrasadora impaciência em relação à vida."

"03/7/81, mais tarde: Depois de um cochilo, acordo com o pescoço e as costas enrijecidos: o protesto do meu orgulho e da minha vontade. É exatamente nesses locais do corpo que preciso relaxar, fundir-me na confiança da Vontade Divina, parar de tentar dirigir a vida com a vontade do pequeno ego. Mas não consigo fazer nada além de observar e aceitar minha teimosia e meus medos. Não posso me forçar a descontrair.

Em zazen, senti minha simples condição de ser. Além da dor, além da morte, EU SOU. Além da obstinação, além dos esforços para me livrar da obstinação, EU SOU. Senti-me sintonizada com as árvores e os pássaros, que existem em abundância perto dessa maravilhosa cabaninha de retiro. A princípio fiquei imensamente triste. O que dá sentido à vida deles? Eles vivem e morrem. Por que os pássaros cantam? Sobre o que eles cantam? Só existem. Isso será mesmo suficiente? Para eles, é."

"03/7/81, mais tarde ainda: Sinto um ceticismo tão grande como raramente senti. Uma profunda falta de confiança no eu e na vida. O que me faz pensar que estou ligada a Cristo? Será que a espiritualidade não passa de superstição e da vontade de que as coisas sejam como queremos? Sinto ondas de amargura e dúvida, que começo a ver como rostos assustadores que entram e saem da consciência. Bruxas tagarelas zombando de mim e da minha bondade séria. Demônios apontando para mim, numa atitude zombeteira e humilhante. Velhas mulheres enrugadas e ásperas, jovens mesquinhos, rindo, apontando para meu ventre estéril. Esses rostos me acompanham. Eu os aceito."

"4/7/81: Ao despertar, ainda em jejum, passo por alguns minutos extraordinários de não-ser, ciente apenas de correntes informes de energia. Uma voz pergunta na minha cabeça: 'O que é? O que é?' Entro num nível ainda mais profundo de não saber, parada nesse vasto espaço vazio mas totalmente energizado. E depois outra voz: 'É isso. É isso.' Esse mar cintilante de energia sem forma. Ciente da respiração, mas não de quem respira. Depois, lentamente, a forma volta. Durante um longo período, sinto a feminilidade essencial — as formas redondas, os seios, o ventre, a vagina — mamífera, mas ainda não-humana. E só lentamente me conheço como mulher humana, irmã evoluída de tudo o que veio antes. Renascida. Fêmea.

Durante horas caminhei pelos bosques estivais fora de cabana em estado de bem-aventurada ligação, sentindo-me intimamente relacionada com tudo o que vive e cresce na vegetação que me rodeia.

Mais tarde, volto a sentir amargura e desespero, pensando na confusão que é esta estada. O que estou fazendo aqui? Talvez eu nunca venha a saber. O que me faz pensar que sei o que estou fazendo? Não sei. E, além disso, não preciso saber. Tudo que posso fazer é seguir os instintos mais profundos, o mais profundo senso de orientação que tenho sobre o que devo fazer neste período de minha vida. Nada mais posso fazer."

"5/7/81: Caí no sono no começo da noite passada e sonhei: 'Estou num piquenique para o qual foram convidadas muitas pessoas que já fizeram parte da minha vida. Estamos comendo batatas assadas de forma ritual. Comemos as batatas logo depois que eu atravessei muitas salas de um museu de antigos objetos artesanais — feitos por mulheres e destinados apenas a elas — na companhia de minha mãe. Minha mãe está olhando móveis do século XVIII; eu estou entretida com artesanato popular.

A diretora do museu é uma africana grandalhona. Noto que um projeto de costura — animais empalhados — está incompleto.

Acordo do sonho, no meio da noite, morrendo de vontade de comer batatas assadas. Um alimento tão comum, vindo diretamente das entranhas da terra, uma mulher-alimento redonda, prenhe de nova vida. Depois de três dias de jejum, eu morria de vontade de comer uma batata!

Tive um impulso de fazer um ataque noturno à horta e desenterrar batatas. Minha mente argumentou que isso não fazia sentido e que eu deveria apenas voltar a dormir. Mas o anseio primordial levou a melhor.

Assim, debaixo da chuva leve na noite escura como breu, peguei minha lanterna e fui até a horta, sentindo-me feliz e aventureira. Ajoelhei-me no chão e, fazendo preces de agradecimento à Mãe-Terra, colhi algumas batatas. Levei-as à cozinha, aninhadas em meus braços como se fossem bebês fofinhos, e as ofereci à panela. Veio-me uma forte idéia de que essa deveria ser uma refeição ritual, que me uniria a todas as mulheres, que me uniria ao Feminino arquetípico da vida. Andei sozinha pela cozinha cantando a união com a Deusa e fazendo preces para que os profundos ritmos da mulher penetrassem meu corpo e minha alma, e para conhecer minha tarefa individual e específica de criação feminina.

Depois, sentei-me para comer a refeição ritual, na mesa da cozinha decorada com galhos de trigo seco — minha oferenda às deusas da abundância e da fertilidade. Depois de comer as batatas, passeei um pouco, fazendo mais algumas preces às deusas. Depois tomei leite, devagarinho, saboreando minha ligação com as vacas e com as mães de todas as espécies. Somente depois de terminar a refeição é que percebi que eu havia passado por uma morte e um renascimento e, como o meu sonho havia predito, eu havia sentado a uma grande mesa de metal e escavado o chão da horta.

Voltei lentamente à cabana, refletindo sobre a imagem do sonho dessa noite — o museu do Feminino, presidido por uma figura feminina arquetípica. Por mais distanciadas que minha mãe e eu estejamos nesse momento de nossa natureza primitiva, estamos ambas sob o poder e a energia da guardiã africana, Eva, nossa mãe original. E o animal empalhado (representando um bebê?) ainda não foi costurado.

Durante toda a noite, ouvi um som de fundo que parecia a batida de tambores. Podia ser a chuva pingando no teto, ou os fogos de artifício do dia da independência, 4 de julho, ou o som da bateria de algum disco que alguém tocava longe dali. Parecia o som de tambores africanos. Ritmo primordial. Hoje celebro a minha interdependência com tudo que é feminino."

"6/7/81: O que aprendi com esse retiro: minha natureza e, por conseqüência, meu Deu interior, é profundamente feminina — tranqüila, lenta, da terra, reflexiva. Aprendi que posso dispensar o conhecimento e até a forma, e voltar à essência. Também percebi de novo o quanto duvido de mim mesma e como me sinto inútil enquanto mulher, e até que ponto usei a mente e a vontade masculina para encobrir esses doídos abismos do vazio feminino. E agora decidi penetrar na ferida da minha auto-rejeição, ir até o fundo e constatar a sua inverdade, para poder vir à tona de novo, só que desta vez com as falhas da alma "preenchidas" pela minha verdadeira feminilidade. Meu caminho para o crescimento passa por essa ferida."

"7/7/81: Último dia do meu retiro. Acordo devagar, descanso por muito tempo, *semi-adormecida, respiro pelo diafragma e sinto leves arrepios de prazer que me sobem pelo corpo, começando na vagina. Estou acordando para me tornar um espaço aberto para a criação de uma nova vida. Tenho a impressão de que o trabalho interior foi cumprido, o veículo está preparado. Agora, só preciso esperar e ter fé."*

Fui para casa, depois do retiro, e preparei um quarto para o bebê, ainda sem saber como ele viria, mas confiante de que isso iria acontecer. Exatamente nove meses depois, Donovan e eu adotamos Pamela, a neta dele, então com onze meses de idade. Os pais da menina a deram para adoção. Minha alma tinha sido cuidadosamente preparada para me tornar a mãe dessa bonita menininha, a verdadeira filha do meu coração.

A criação da vida a partir do Eu superior

Os seres humanos são incrivelmente criativos. Somos crianças brincando na areia — criando, destruindo e recriando as infinitas formas e expressões do espírito humano. Pode ser que jamais criemos um quadro ou um poema, mas cada um de nós é o criador da sua própria vida. A nossa vida é a nossa arte, a manifestação exterior do espírito interior.

A soma total de todos os nossos pensamentos, crenças, suposições, intenções, emoções, sentimentos e vontade, conscientes, semiconscientes ou inconscientes, explícitos ou implícitos — por mais conflitantes que sejam — geram um resultado bem claro. O resultado é a experiência atual e a forma como a vida de vocês se desenrola. A vida atual de vocês é a expressão exata, como uma equação matemática impecável, do seu estado interior. Dessa forma, é muito possível usá-la para mapear as regiões interiores. (*PGP 208*)

No episódio que introduziu este capítulo, contei como o meu desejo de ter um filho se tornou o início de uma jornada de transformação.

À medida que eu explorava a minha rejeição do Feminino, fui aos poucos desmantelando a fortaleza do ego masculino com o qual, no fundo, eu me identificava, e ingressei num espaço onde essa identidade pôde morrer para permitir o nascimento de um novo eu feminino. Ao aceitar a idéia de me tornar um veículo receptivo, ajudei a criar o estado interior através do qual a maternidade exterior pôde manifestar-se.

À proporção que, gradualmente, entendemos que a nossa vida é a nossa criação, podemos voltar a atenção e o interesse mais diretamente para a criação consciente da vida a partir do Eu superior.

Existe uma enorme diferença entre aqueles que criam inadvertidamente, sem saber jamais que seus pensamentos errôneos e insensatos, seus sentimentos destrutivos e seus descontrolados desejos negativos trazem conseqüências, tão certo como se eles tivessem praticado um ato consciente; e aqueles que tentam verificar, que tentam pôr à prova e questionar seus conceitos, que buscam a verdade e adaptam suas idéias, processos de raciocínio e metas, e que purificam seus sentimentos, examinando-os com coragem e honestidade. Esta última atitude em relação à vida pode trazer como resultado a **criação deliberada** da própria vida. (*PGP 194*)

O processo criativo é uma constante dinâmica entre o exame das causas inconscientes internas da nossa infelicidade e a procura de uma forma nova e mais produtiva de encaminhar a vida. Queremos permitir que o fluxo da vida, pleno e focalizado, passe através de nós, ao mesmo tempo que tentamos entender e eliminar os entraves interiores.

A criação positiva é conseqüência do alinhamento com o Eu superior. A corrente positiva da vida está sempre à nossa disposição; basta remover o que nos impede de vivenciá-la e conhecê-la como o nosso verdadeiro eu. Dentro de nós está tudo aquilo de que precisamos para criar uma vida satisfatória e serena.

Todas as respostas, todo o conhecimento, todo o poder de criar, de sentir, de desfrutar, de vivenciar — todos os mundos existem do lado de dentro. Pois o verdadeiro universo é interior, enquanto o mundo exterior não passa de um reflexo, como uma imagem num espelho. Tudo o que vocês precisam saber sobre vocês mesmos e a vida que levam existe no íntimo de vocês, e esse conhecimento pode ser concretizado se vocês aprenderem a focalizar-se. ... A criação e a recriação são primordialmente uma questão de focalização. Se vocês quiserem criar a partir do ser interior, precisam de uma **focalização relaxada**. Se tentarem criar apenas a partir do nível do ego, o enfoque será tenso, provocando ansiedade. A vontade exterior do ego, a força de vontade, é necessária. Mas, por si mesma, ela cria com a obstinação, que carece de sabedoria e de entendimento, de visão e de profundidade. (*PGP 208*)

Cada um de nós pode encontrar no seu íntimo aquilo de que precisa para sua realização. Para abrir-se a essa Fonte ilimitada, é preciso procurar ativamente e desvendar as distorções, e depois deixar de lado a atividade e permitir que o eu mais profundo fale e atue por nosso intermédio.

Os cientistas e os artistas dizem que suas realizações mais criativas, suas percepções mais profundas da natureza do Universo, acontecem depois que eles deixam de lado o cansativo trabalho mental e se deixam invadir por uma sabedoria ou visão mais profundas. Depois de entrar em contato com uma realidade mais profunda, onde existe uma verdade matemática, um belo quadro ou uma primorosa peça musical, a tarefa deles é dar a esses elementos uma forma que os torne compreensíveis, audíveis ou visíveis no nosso mundo.

Toda criação é uma questão de "canalizar" a realidade de dentro para fora, fazendo manifestar-se a sabedoria, o amor e a beleza inerentes ao Universo. Nossa vida é um veículo da canalização do divino na realidade terrena.

O processo da criação positiva da vida pode ser comparado ao trabalho do agricultor. Precisamos usar o ego consciente para plantar as sementes dos nossos desejos e regar as plantas por meio da afirmação. Mas, sozinhos, não podemos fazer a planta crescer. Para isso, é preciso deixar que a força vital opere no solo que preparamos. Ao longo do caminho, precisamos aprender, com o retorno que a plantação nos dá, onde é preciso enriquecer o solo, como é preciso controlar as pragas, quando se devem eliminar as ervas daninhas. Da mesma forma, nós, na criação positiva da nossa vida, primeiro precisamos focalizar e depois deixamos que as coisas sigam o seu curso.

Aceitamos nossas limitações e depois nos abrimos a energias maiores. Ouvimos com cuidado o retorno que a vida nos dá e trabalhamos para eliminar os obstáculos. Afirmamos novas direções e aguardamos que elas se manifestem. Dessa forma, nós, os seres humanos, dividimos com Deus a tarefa da criação.

A criação de nós mesmos e a responsabilidade por nós mesmos

Só podemos dar um encaminhamento positivo à nossa vida quando estamos dispostos a assumir responsabilidade por ela como ela é agora. A pior forma de escravização da mente é sucumbir à mentalidade da vítima, de acordo com a qual tudo o que somos é resultado dos atos de outras pessoas. Quando caímos na armadilha dessa crença, ficamos impotentes, humilhados, incapazes de mudar ou de aproveitar qualquer opção que se apresente. Exigimos que os outros mudem primeiro para nos sentirmos livres, poderosos, o que for. Gastamos toda a nossa energia tentando mudar os outros ou as circunstâncias. Agindo assim, não somos livres.

É verdade que, num dado momento, pode ser preciso culpar os outros ou esbravejar contra a sociedade, contra os pais ou o destino, com o intuito de descarregar os sentimentos e perceber em que sentido ainda estamos presos à impotência e à desesperança. Mas se mantivermos a crença na vitimização, trairemos a mais profunda verdade do nosso ser, ou seja, a de que somos agentes livres e criativos da divindade, por mais que estejamos temporariamente limitados e distorcidos, e por mais restritivas que sejam as circunstâncias kármicas.

Quando percebermos que **estamos** neste mundo limitado e dualista, mas não **somos** necessariamente deste mundo, também saberemos que estamos unidos ao Criador. Nossa tarefa é manifestar tanto quanto possível a nossa divindade inerente, aprendendo a ser co-criadores positivos do nosso mundo. O primeiro passo é assumir a responsabilidade pela criação da nossa própria vida, tal como ela se apresenta na atualidade.

Somos responsáveis pela nossa própria vida simplesmente porque ninguém mais poderia sê-lo. Estamos constantemente sujeitos a muitas influências e condicionamentos externos, passados e presentes, e contudo somente nós conduzimos a nossa experiência de vida a cada momento. Por mais caótica que pareça a nossa vida num determinado momento, somos nós os autores das escolhas atuais.

Esta verdade não deve ser usada para nos diminuir quando a vida vai mal nem para nos engrandecer quando ela vai bem. É fácil distorcer a idéia da responsabilidade pessoal e transformá-la no dever de assumir a culpa pelas coisas "más" da vida e o crédito pelas "boas". A criação da vida não é uma questão de culpa ou crédito do ego, pois as forças criativas que moldam a nossa vida incluem complexas forças inconscientes, coletivas e circunstanciais que estão além do controle do pequeno ego. No entanto, também é verdade que as escolhas de vida pessoais, tanto no nível consciente como no inconsciente, em última análise cabem exclusivamente a nós.

Cada um de nós manifesta um conjunto único de realidades, organizado como um eu separado. Cada um de nós é uma expressão complexa do que os seres humanos podem expressar e vivenciar. Somos muito mais do que o eu separado delimitado pela pele. No entanto, cada um de nós também é um eu diferenciado, um corpo separado. A vida que vivemos agora precisa ser aceita como a manifestação do nosso centro singular de consciência criativa — tanto do eu inferior como do superior, nos níveis da personalidade do ego, da criança interior e da alma transpessoal.

Quando aprendemos a reconhecer o centro criativo interior, podemos aprender a criar a vida de maneira muito mais harmoniosa. Aprendemos a criar conscientemente, a partir do Eu superior, e não a criar inconscientemente, a partir do eu inferior. Mas, para aprender a criar positivamente, em primeiro lugar é preciso aceitar a responsabilidade, sem atribuir culpas, pelas nossas criações negativas na vida.

Martin era um jornalista talentoso e bem-sucedido, que de vez em quando também escrevia contos e peças de teatro. Mas sua vida pessoal era uma desgraça. Martin passara muitos anos tentando ter relacionamentos heterossexuais satisfatórios. De vez em quando, porém, ele dava umas escapadas noturnas para encontros homossexuais nos quais o amor estava ausente. Aos poucos ficou claro que, mesmo gostando de mulheres e tendo algumas sólidas amizades femininas, ele já não podia negar sua inclinação homossexual.

Quando admitiu abertamente sua condição de homossexual nas sessões do Pathwork que teve comigo, Martin ainda mantinha casos secretos de curta duração com outros homens, casos nos quais os sentimentos estavam ausentes, e que deixavam uma sensação emocional e espiritual de impureza. Estava preso a um círculo vicioso: precisava validar sua sexualidade, mas detestava essa faceta de si mesmo e, portanto, procurava encontros degradantes e autopunitivos, o que reforçava o ódio que sentia por si mesmo e aumentava ainda mais sua necessidade de validação.

Martin queria ter um relacionamento amoroso firme que satisfizesse suas necessidades de companheirismo e sexualidade. No entanto, parecia incapaz de ter um relacionamento duradouro com um homem, o que provocava uma grande inquietação interior. E se não conseguisse encontrar o parceiro certo? Por que a vida era tão podre?

Martin fora criado como judeu secular, não-ortodoxo, e reconhecia a própria desconfiança e falta de fé em Deus. A injustiça da vida o deixava enraivecido; como Jó, ameaçava Deus. No meio de uma de suas queixas, Martin se viu subitamente inundado por lembranças de maus-tratos físicos e emocionais por parte de sua madrasta, que o humilhava, enquanto o pai ficava distanciado e não lhe oferecia proteção. Isso provocava ainda mais raiva. Lembrou-se da total sensação de impotência e vitimização que a madrasta despertara nele na infância, e, aos gritos, extravasou sua fúria misturada com pesar, soluçando angustiadamente. Sua privação de amor na idade adulta parecia uma recriação terrivelmente injusta da agonia da infância.

Enquanto fazia o trabalho interior, Martin também ampliava sua vida social. Começara a freqüentar uma sinagoga de gays, onde conheceu homens inteligentes, de mentalidade aberta, cujos interesses iam além do sexo. Até começou a relacionar-se com um deles, mas rompeu depois de alguns meses.

Esse fato reavivou o desespero de Martin. Pedi que ele imaginasse que, contrariamente a seus sentimentos, o rompimento desse caso era exatamente a motivação de que ele precisava para ir ainda mais fundo na investigação das causas de suas carências. A essa altura, a fúria dele contra Deus também se voltou contra mim. Mas, mesmo assim, uma parte dele estava apenas observando a raiva e a crença na injustiça da vida, sem estar tão associada às opiniões negativas que motivavam a raiva.

Martin compareceu à sessão seguinte muito pensativo.

"Quero entender de fato por que continuo insatisfeito. Será que estou mesmo criando a minha vida, ou o meu destino é ser infeliz? O que está acontecendo?"

"Imagine", sugeri, "que a insatisfação da sua vida amorosa seja o tema de um conto ou peça que você está escrevendo. Imagine que você é o autor dessa peça. Que diferença isso faz na forma de você considerar a infelicidade da sua vida?"

Martin, então, explicou: "Quando escrevo, sempre crio histórias de infelicidade e esperanças frustradas. Exatamente o que acontece muitas vezes na minha vida. Creio que a felicidade não é para mim. Para os outros, talvez, mas de alguma forma tenho alguma maldição especial e minhas histórias sempre têm finais tristes, meio amargos. Uma vida de um Tennessee Williams amargurado, cheia de relacionamentos curtos e infelizes."

"Você consegue imaginar uma história diferente?", perguntei. "O que você acha dos finais felizes? Até que ponto você está preso à amargura e ao desespero?"

Esta foi uma metáfora útil para Martin, que começou a pensar até que ponto ele não gostava de finais felizes, por considerá-los falsos. As histórias de que ele mais gostava sempre tinham um tom de amargura — grandes possibilidades que nunca se concretizavam por completo, esperanças baldadas e sonhos frustrados. Isso, e apenas isso, parecia-lhe real.

"Pense outra vez que você é o autor da sua vida", repeti. "Como você poderia criar um tipo diferente de história, no lugar da história que repete as decepções e desilusões da sua infância?"

"Você quer dizer que eu poderia reescrever esse triste roteiro da vida de Martin? Que idéia extravagante! Bom, para começar, eu gostaria que o último amor que perdi não fosse o final da história, mas uma oportunidade de recomeçar."

"E como você faria isso?", perguntei. Martin não sabia, mas aceitou a idéia de que, como autor da própria vida, na realidade ele poderia escrever o roteiro que quisesse, em vez daquele que, até então, parecia irremediavelmente destinado a recriar, e que tinha por base a sua infância. Martin agora sabia que poderia realizar seu desejo de ter um relacionamento firme.

Martin acrescentou à sua prática espiritual normal uma prece para sintonizar-se com a felicidade, e uma visualização de satisfação. Começou a achar que a felicidade não era só para os outros ou para os impostores. Poderia ser real e poderia ser dele. Vários meses mais tarde, Martin conheceu um homem que também queria mais que encontros casuais, e os dois começaram um relacionamento que acabou se tornando completo e estável, e que poderá, segundo ambos acreditam, durar a vida toda.

Quando Martin deixou de se identificar com a vítima de um roteiro trágico escrito por um Deus hostil e passou a se identificar com o autor da própria vida, descobriu seu enorme potencial criativo. Agora ele se identifica com o Eu superior, em vez de se considerar uma criança desamparada.

De forma semelhante, no episódio da minha vida que deu início a este capítulo, a princípio assumi a responsabilidade pela criação da minha própria insatisfação, supondo que minhas atitudes me separavam do que o meu coração queria. Ao descer ao nível das barreiras interiores, fiquei na melhor condição possível para encarar minhas dúvidas e meu desespero apenas como aspectos meus, que eu poderia acolher no meu todo, em vez de me definir pelas limitações que tenho. Minha identidade expandiu-se gradualmente, passando da rejeição da feminilidade para o acolhimento de mim mesma como um aspecto da deusa universal. Quando a identidade do Eu superior se firmou mais como a pessoa que sou, a maternidade pôde concretizar-se.

Identificação com o Eu superior

No trabalho de transformação, a primeira coisa a aprender é identificar-se com o ego positivo na sua função de observador objetivo e compassivo. À medida que aprofundamos a nossa identificação com a observação desapegada e amorosa, passamos a ser o próprio recipiente da percepção, em vez de ser o conteúdo.

Continuando com as metáforas apresentadas no Capítulo 3, sobre o eu observador, nossa identidade muda, passando do observador na platéia (o eu observador) para o autor da peça que contém as diversas personagens interiores (a alma criativa). Deixamos de ser o observador da casa onde vivem nossas diferentes facetas e passamos a saber que somos o construtor da casa da alma. Aceitamos que a manifestação da nossa vida é o resultado do potencial criativo tanto do eu inferior como do Eu superior. Nossa identidade, que era a do ouvinte de diferentes estações de rádio — os diferentes "canais" da psique — passa a ser a identidade de quem mexe no botão da sintonização e, dessa forma, é responsável pelo que se manifesta. A compreensão da responsabilidade por si mesmo e pela vida constitui um nível muito profundo e criativo da alma em ambos os seus aspectos, do Eu superior e do eu inferior.

Nossa identidade gradualmente se aprofunda e vai além do nível da responsabilidade pela criação da própria vida. Acabamos atingindo o nível mais profundo do Eu superior, no qual podemos nos identificar com a totalidade da vida. Atingimos o estado de consciência unitiva. Nesse nível, podemos nos conhecer como expressão de uma única força vital, um aspecto do todo. Aprendemos a deixar a vida viver por nosso intermédio, em vez de imaginar que somos nós, na identidade do ego ou mesmo como a alma criativa singular, quem detém o controle.

Prosseguindo com as metáforas anteriores, vemos que é Deus quem escreve a peça, e nós concordamos com o papel que nela desempenhamos; é a casa de Deus que está sendo construída, e concordamos com a criação dessa construção em especial; o rádio que contém nossos muitos canais internos é, na verdade, um instrumento de Deus. Em última análise, a tarefa do ego é concordar com o movimento positivo e criativo da energia vital divina da qual nós, como todas as coisas, somos um veículo que vai para onde ela nos conduzir.

> O ego precisa saber que é apenas um servo do ser maior interior. Sua principal função é, deliberadamente, procurar entrar em contato com o eu maior interior. (*PGP 158*)

Quando chegamos ao ponto de conhecer o Eu superior e nos identificar com ele, em níveis cada vez mais profundos, podemos expressar os dons da nossa personalidade ímpar de uma forma que prescinde do ego. Passamos a conhecer a solução das dualidades que normalmente nos atormentam. Podemos nos sentir ao mesmo tempo alertas e descontraídos, intensamente sexualizados e profundamente espiritualizados, compassivos e combativos, totalmente presentes e sabiamente distanciados, animados e tranqüilos.

Este é o tipo de felicidade que é, a um só tempo, dinâmica, estimulante, animadora, vibrantemente viva e, no entanto, tranqüila. Já não existe nenhuma divisão resultante da separação desses conceitos e da sua transformação em mutuamente excludentes, que é o que faz o ego dualista. (*PGP 158*)

A experiência do Eu superior é a maior experiência de prazer acessível aos seres humanos, a abertura às correntes cósmicas que passam pela forma física. No começo do trabalho pessoal, a experiência do Eu superior pode ser fugaz e rara. Mais tarde, podemos esquecer ou negar a sua realidade. Mas, aos poucos, passamos a nos ancorar nessa nova experiência do eu. Nossa identificação se desloca das camadas periféricas do eu para o centro da nossa verdadeira identidade. Passamos a saber que isso é o que sempre somos, por baixo da névoa cotidiana do esquecimento.

Meditação para a criação positiva

A meditação pode ser um esforço para revelar as causas internas da insatisfação externa, e podemos instaurar as condições da criação positiva da vida. Como qualquer ato de criação, a meditação para a manifestação positiva compreende tanto o princípio ativo como o princípio receptivo, tanto o fazer como o não fazer, o afirmar e o permitir.

A mente consciente assume o papel ativo pronunciando a palavra, formulando concisamente a intenção. ... A substância da alma é o princípio receptivo. Quanto mais direcionada e desprovida de conflitos for a declaração, sem a presença de dúvidas ocultas, decorrentes de aspectos negativos não reconhecidos, tanto mais profunda e clara é a impressão na substância da alma. (*PGP 194*)

São estes os passos básicos da criação positiva: 1. formular um conceito claro do que se quer, na certeza de que o estado desejado está em harmonia com a verdade e o amor para consigo mesmo e para com os outros; 2. imprimir esse conceito na substância da alma; 3. visualizar o novo estado como uma realidade interior; 4. afirmar e permitir a realização; 5. esperar com fé.

Em qualquer ponto do processo de manifestação, quando encontramos obstáculos, voltamos atrás para trazer à tona as causas da nossa insatisfação relacionadas com o eu inferior. Ficamos atentos aos indicadores da vida que mostram sob que aspecto precisamos nos esforçar mais para eliminar os obstáculos.

Resumo do trabalho pessoal necessário para a criação positiva da vida

No Pathwork, primeiro aprendemos a observar e, depois, a assumir responsabilidade pelo eu inferior, que se manifesta como insatisfação e desarmonia. Só depois disso é que o Eu superior pode se manifestar como harmonia e satisfação. As etapas abaixo, que sintetizam o Pathwork conforme é descrito neste livro, devem ser seguidas como o alicerce da criação positiva.

Etapas do caminho do eu sem defesas

Capítulos 1 e 2:
a) Alinhar-se com a intenção de unificar o eu, de trazer todos os aspectos para a consciência. Praticar a honestidade consigo mesmo e com os outros.
b) Identificar defeitos e desarmonias, bem como atributos positivos e harmonias. Aceitar a dor e o desconforto, junto com os bons sentimentos. Renunciar ao perfeccionismo e às exigências de que a vida seja diferente do que é.

Capítulo 3:
c) Desenvolver um eu observador objetivo e compassivo e aprender a identificar-se com ele, mediante as práticas da recapitulação diária e da meditação.

Capítulo 4:
d) Conhecer e começar a aceitar os muitos aspectos diferentes do eu, incluindo os três eus da máscara, do eu inferior e do Eu superior, e os estágios de desenvolvimento da criança interior, do ego adulto, da alma transpessoal e da união com Deus.

Capítulo 5:
e) Revelar os padrões da vida diária que indicam imagens — falsos conceitos sobre a realidade. Ver como as mágoas da infância são recriadas no presente. Enunciar claramente essas imagens.
f) Permitir que as mágoas da infância sejam plenamente sentidas, liberadas e esquecidas. Abrir-se às energias espontâneas da criança que não se defende.
g) Imprimir na alma o verdadeiro conceito, em substituição ao falso. Meditar em diálogo com a criança interior, pedindo a ajuda divina para promover a cura.

Capítulo 6:
h) Entender a identificação com a auto-imagem idealizada — o eu máscara — e depois livrar-se dela. Investigar as distorções do ego (excessivamente passivo ou excessivamente controlador) e aprender a ser ao mesmo tempo flexível e firme.

Capítulo 7:
i) Encarar e aceitar a existência do eu inferior. Determinar de que forma se manifestam o orgulho, a obstinação e o medo.

Capítulo 8:
j) Assumir o Eu superior, aprender a identificar-se com ele. Permitir que as correntes de energia espiritual atravessem o corpo/mente.

Capítulo 9:
k) Se persistirem padrões negativos, desvendar as ligações do eu inferior com as intenções negativas — a má vontade em relação ao eu e aos outros — e o prazer negativo — o sadismo e o masoquismo.

Capítulo 10:
l) Livrar-se dessas ligações entendendo e sentindo plenamente o que elas fazem com a alma. Assumir responsabilidade total pelo eu inferior.
m) Admitir a dor da verdadeira culpa e aprender a perdoar. Afirmar a intenção positiva e admitir o prazer positivo do eu e da vida.

Capítulo 11:
n) Criar a vida a partir do Eu superior. Entregar-se cada vez mais profundamente ao Deus interior.

A dança criativa da evolução espiritual

Nossa evolução rumo à maior satisfação espiritual está garantida. No decorrer da jornada da alma para o reencontro com Deus, adquirimos mais fé, ficamos mais conscientes, mais verdadeiros, e colocamos mais amor na nossa vida. Adquirimos mais capacidade de enfrentar e liberar a negatividade oculta que se manifesta como experiências negativas de vida. Adquirimos a capacidade de transformar o "não" interior em um "sim" à vida, que é cada vez mais profundo.

O processo pode, às vezes, parecer intoleravelmente lento e, em outras ocasiões, de uma rapidez estonteante. Durante algum tempo, nos expandimos rumo a uma expansão maior; depois, passamos por um período temporário de encolhimento. Nossa evolução espiritual avança como uma espiral. Damos voltas em torno de algumas questões e dificuldades interiores, mas cada vez num nível mais profundo, à proporção que aumenta a capacidade de aprender com as experiências da vida. No fim, chegamos ao cerne ou núcleo psíquico de algum padrão negativo. Nesse momento, nós o substituímos por uma atitude confiante e amorosa, e a vida retoma a espiral, dessa vez com mais criação positiva de vida.

O processo de evolução pessoal, como qualquer outra atividade criativa, compreende alguns períodos de trabalho ativo e outros de receptividade descontraída. Durante algum tempo, talvez seja preciso criar uma nova realidade interior para permitir uma manifestação diferente. Depois, talvez seja preciso deixar de lado a mudança e aceitar totalmente as limitações, sejam elas quais forem, que se apresentam no momento. Empenhamo-nos em mudar as facetas que podemos mudar e deixamos de lado o que ainda não está pronto para ser mudado. Aguardamos o desdobramento pessoal com paciência, mesmo enquanto trabalhamos nas áreas que estão maduras para a transformação.

Aprendemos a encontrar o ponto de equilíbrio entre a função de redirecionar a consciência e a função da entrega receptiva ao fluxo vital. Precisamos dar espaço tanto para a atividade focalizada quanto para a receptividade confiante. Somos capazes de escolher, de dirigir e persistir na criação ativa de nossas vidas. E, como vivemos na dualidade, nosso conhecimento é parcial e a criação de nossa vida é limitada pelo karma, também precisamos nos render à inteligência maior que está além dos limites da mente humana. Cada um de nós tem um enorme potencial de criatividade e cada um de nós também não passa de um simples pontinho no grande desenho criativo da vida cósmica que pulsa no nosso íntimo.

O movimento do nosso caminho espiritual é de gradual expansão da identidade para uma unidade maior. Assim que consolidamos uma identidade, o caminho nos leva à desintegração desse eu conhecido, desse estado que agora é uma "falsa unidade". Velhas formas e crenças precisam ser destruídas para dar espaço a nova energia, para a consciência expandida, para uma união mais profunda. Durante algum tempo sabemos que sabemos, e depois esquecemos o conhecido e deixamos que a vastidão do desconhecido se abata sobre nós. Ao aprofundar cada vez mais a exploração interior, sob a orientação segura do Eu superior, atingimos uma integração ainda mais profunda do eu, uma identidade mais plena, da qual uma parte maior do que somos é iluminada pelo amor. Precisamos estar dispostos a deixar que o nosso conhecimento se dissolva, ainda que isso seja motivo de desespero, para podermos atravessar a "noite escura" da alma, ao depararmos com material interior até então desconhecido, para chegar ao eu novo e expandido. Cada vez que passamos por esse processo de morte e renascimento do eu, adquirimos uma atitude um pouco mais despreocupada em relação ao que sabemos, e nossa fé fica um pouco mais firme.

O crescimento espiritual é o processo de expansão constante de nossas fronteiras, que acabarão abrangendo todo o espectro das possibilidades humanas. Nesse momento, saberemos, não apenas teoricamente, mas também pela experiência mais profunda, que não existe separação alguma entre nós e qualquer outro ser humano. No fim das contas, ultrapassamos nossas fronteiras humanas e nos unimos a toda a natureza, ao resto do universo, e aprendemos humildemente a ocupar o nosso lugar.

A expansão da nossa identidade nos ensina a aceitar as dualidades — nosso eu inferior e nosso Eu superior, o consciente e o inconsciente, e o ego separado do fluxo da força vital universal que pulsa por nosso intermédio. Ao dar lugar à nossa criatividade, integramos nossas polaridades — nossos aspectos masculino e nosso feminino, nosso trabalho focalizado e nossa entrega ao caos, nossa satisfação e nosso vazio.

Essa atitude de aceitação de tudo o que somos faz de nós um todo.

A criação do céu na Terra

Para concretizar essa possibilidade é preciso mudar completamente a nossa situação de habitantes do nosso corpo e do nosso planeta. É preciso saber que somos filhos de Deus, mas também conhecer o Deus que habita em nós. Podemos voltar ao Jardim do Éden, a este planeta inerentemente maravilhoso que chamamos de lar, não como filhos dependentes ou rebeldes, não como conquistadores ou vítimas, mas como co-criadores do amor, da beleza, da harmonia.

Quando começamos a despertar para a nossa verdadeira natureza de seres divinos, tratamos a nós mesmos, aos outros seres humanos e ao mundo não-humano com infinito respeito e solicitude. Saberemos então que o amor, e não o medo nem o ódio, é o nosso verdadeiro lar; que a criação é o nosso destino e a cooperação o nosso modo natural de vida. Encontraremos nosso lugar singular na teia da criação e deixaremos para trás as defesas egoístas do orgulho, da obstinação, do medo e da separatividade.

No entanto, para despertar em nós essa fé mais profunda, também precisamos despertar para a realidade temporária do eu inferior, que teme e nega a nossa divindade essencial. Embora nosso desejo fundamental seja amar os outros e desfrutar a ligação com a vida toda, nós nos desviamos do caminho por acreditar que a gratificação momentânea da vontade pessoal e do orgulho nos trará a felicidade. Esquecemos nossa falta de merecimento e perdemos a ligação com o todo. Depois de admitir o eu inferior, podemos perceber que a atitude anterior era uma ilusão. Ela pode ser transformada. Podemos escapar de suas limitações e resgatar a vitalidade criativa.

Podemos lembrar quem somos e o que todos os seres humanos, no fundo do coração, sabem:

Que basta ser o que cada um de nós é.

Que cada um de nós, em última análise, é bom e está profundamente ligado à vida como um todo.
Que temos no nosso íntimo tudo que é necessário para fazer-nos felizes.
Que somos dignos de amor e capazes de amar.

Que a forma mais agradável de viver neste planeta é numa comunidade de relacionamentos de reforço e apoio.
Que somos capazes de ter profunda intimidade com o outro privilegiado.
Que podemos encontrar amigos que nos apoiarão no caminho do crescimento espiritual e emocional.
Que podemos descobrir a nossa verdadeira tarefa no mundo — a tarefa peculiar a cada um — e que ela também satisfaz nossas verdadeiras necessidades.
Que podemos encontrar o lugar certo para viver, nossa base neste planeta.
Que nosso universo é, em última análise, benigno.
Que a ordem e o sentido que existem na nossa vida podem ser gradativamente revelados, de dentro para fora.
Que o enfrentamento e a aceitação de todos os eus interiores trarão paz, amor, harmonia, felicidade e satisfação para nossa vida.

Quando desistimos das defesas e aceitamos tudo o que somos, passamos a conhecer nossa verdadeira identidade como seres de inspiração divina. Aceitamos o livre-arbítrio e optamos pela harmonia, pelo amor e pelo respeito, em lugar da divisão, do medo e da destruição. Optamos pela ligação e pela individuação, e não pela separação e a negação de si mesmo.

Ouvimos um chamado para realizar uma visão de harmonia sobre a Terra. Conhecemos esse anseio. Nós nos sintonizamos com a criação do amor e da confiança, mesmo sem esquecer as limitações intrínsecas à condição humana no seu atual estágio de evolução. Nós nos abrimos e afirmamos o que há de melhor em nós e nos nossos semelhantes. Reconhecemos e nos empenhamos em transformar o que há de pior em nós e nos nossos semelhantes. E mantemos viva a visão da criação do céu na Terra, da entrada no novo Éden da consciência desperta.

Exercícios do Capítulo 11:

1. Como você gostaria de contribuir para criar "o céu na Terra?" Qual é o seu maior sonho, para você mesmo e para este planeta? Não se acanhe. Coloque no papel seus anseios mais grandiosos. Ao escrever, observe se surgem sentimentos de vergonha, de medo, de desconfiança ou de ceticismo relacionados com a concretização do sonho. Em seguida, dialogue com o Eu superior a respeito de cada uma das reações negativas que você teve, para ver se consegue debelar o medo e reafirmar o que deseja.

2. Que obstáculos ou distorções internas entravam a realização dos sonhos que você trouxe à tona no Exercício 1? Que plano de trabalho você tem para transformar esses obstáculos?

3. Recapitule o seu caminho espiritual. Veja onde você foi bem-sucedido ao assumir a responsabilidade por algum padrão negativo na sua vida. Nomeie as atitudes negativas específicas, que você fez aflorar, relacionadas com esse padrão. Como você as substituiu por atitudes positivas e como isso mudou a criação da sua vida? Você consegue ver a forma espiralada do seu trabalho em torno dessa questão — como você pode ter descrito círculos em torno de uma determinada distorção em níveis cada vez mais profundos, até chegar à solução?

4. Investigue a questão da fé que você tem. Até que ponto você acha que vão a sua identificação e a sua confiança no Eu superior? E no Poder Superior do Universo? Até que ponto você acredita que a sua vida e o seu caminho são, no fim das contas, dirigidos por esse Poder Superior e pelo Eu superior? Até que ponto você tem "fé cega" — a necessidade de acreditar em uma ordem benigna para não precisar soltar-se e abrir-se ao desconhecido? Até que ponto você está disposto a abrir-se e a questionar a sua vida toda, aventurando-se em novo território?

Gráfico "Passos do caminho espiritual"

Um mapa da psique humana
e do trabalho de transformação interior

Gráfico "Passos do caminho espiritual"
Um mapa da psique humana e do trabalho interior de transformação

O trabalho de transformação é imenso — vai do fortalecimento do ego positivo até a liberação do ego; da revelação da criança interior magoada à descoberta da identidade espiritual que jamais é ferida, por mais terrível que tenha sido a infância. Além dos mapas da psique que tentam mostrar os vários tipos de consciência que somos, também precisamos de mapas que nos ajudem a identificar as diferentes espécies de trabalho adequadas aos diferentes níveis da nossa identidade. O trabalho num determinado nível, a postura do ajudante — que pode ser um conselheiro, um terapeuta, um amigo espiritual, um curador ou um mestre espiritual — é muito diferente e às vezes até contradiz o trabalho em outro nível.

Por exemplo, no trabalho com a criança interior, o ajudante precisa manter limites tênues mas claros e permitir a transferência dos sentimentos da infância para ele mesmo, o ajudante. Entretanto, no nível da ligação com a alma, o ajudante precisa ser capaz de atenuar ainda mais esses limites e estabelecer um profundo contato transpessoal com a pessoa que está ajudando (que, no Pathwork, chamamos de "trabalhador"). Além do mais, no trabalho de co-criação da comunidade espiritual, *todos aqueles* que estão num determinado caminho — incluindo ajudantes e líderes, que também são trabalhadores — precisam, no momento oportuno, estar dispostos a expor e apresentar suas falhas e defeitos humanos, bem como perfilar-se com o seu Deus interior.

O nível da criação de relacionamentos humanos íntimos e autênticos pressupõe e requer a prática da igualdade básica entre todos os seres humanos. O objetivo final é aprender a encarar todos, mesmo os nossos mestres espirituais, como irmãos ou irmãs, e transcender a ilusão de que seremos capazes de encontrar alguém que será a mãe ou o pai perfeitos que nos dirá como conduzir a vida. Um paradoxo fundamental do caminho espiritual é que precisamos encontrar mestres espirituais aos quais possamos transferir nossa autonomia, embora também seja preciso aprender que a entrega final só deve ser feita a Deus e aos guias espirituais que cada um encontrará bem no fundo do seu ser. Nós, seres humanos, somos todos filhos e expressões do único Deus — por mais superficial ou profunda, unificada ou diversificada que seja a compreensão e a manifestação da nossa verdadeira natureza e origem.

No Pathwork, no qual os ajudantes auxiliam o trabalho psicológico de transformação das defesas erigidas na infância, e os ajudantes e trabalhadores também criam em conjunto uma comunidade espiritual, é imperativo que o ajudante deixe bem claro, para o trabalhador, qual o nível que está sendo trabalhado. Caso contrário, a transferência, um subproduto inevitável do trabalho com a criança interior, torna-se confusa e inconscientemente atrapalha o esforço de criação da comunidade e do estabelecimento da ligação com a alma. O único antídoto para essa confusão é o aumento do nosso grau de consciência e de clareza sobre o que é adequado na interação ajudante-trabalhador em cada estágio do processo. O gráfico das páginas seguintes resultou da minha necessidade de ter mais clareza sobre esse tema complexo.

Comecei com o mapa delineado no Capítulo 4: "O acolhimento da criança, do ego adulto e dos eus transpessoais." O mapa da psique humana mostra como os quatro estágios de desenvolvimento — o nível da criança, do ego adulto, da alma ou transpessoal e unitivo — se cruzam com os três eus — ou eu-máscara, o eu inferior e o

Eu superior. Esse mesmo mapa foi reproduzido do lado esquerdo do mapa a seguir, "Passos do caminho espiritual", com o acréscimo de um nível de relacionamentos humanos, não incluído no Capítulo 4. Esse nível é um estágio necessário para a criação da comunidade espiritual.

O lado direito do gráfico traz uma descrição do trabalho de transformação a ser feito em cada um dos níveis de desenvolvimento. "O trabalho interior" inclui as práticas espirituais a serem feitas por conta própria, e o trabalho mais ativo e interativo a ser feito com um ajudante. Essas duas colunas foram escritas como diretrizes para o investigador espiritual. A coluna da extrema direita, "Postura do ajudante...", destina-se aos que trabalham como ajudantes no campo da transformação pessoal — conselheiros, terapeutas, amigos espirituais, curadores, mestres espirituais. As diretrizes para o ajudante mostram a postura adequada e necessária em relação ao trabalhador nesse nível do trabalho.

Criei uma versão ampliada desse gráfico como um pôster de quatro cores, para ser pendurado na parede, que pode ser adquirido na livraria do Sevenoaks Pathwork Center.

PASSOS DO CAMINHO ESPIRITUAL

Estágio de desenvolvimento e tarefa:	OS TRÊS EUS		
	O eu-máscara	O eu inferior	O Eu superior
Eu criança *Reeducar a criança interior para transformar-se num adulto autônomo*	Comportamento falsamente infantil como reação às expectativas dos outros, com o objetivo de evitar a vulnerabilidade decorrente da autenticidade. Criança submissa ou rebelde, como reação à autoridade dos pais projetada em outras pessoas.	Criança egoísta e voluntariosa, que quer tudo à sua moda. Criança negativa e magoada, que se defende do sentimento de dor e da decepção. Supersticiosa e sem autonomia.	Criança espontânea, amorosa, criativa, em contato com o espírito. Criança aberta e sem defesas, capaz de sentir dor e ser vulnerável. Aberta à realidade espiritual, sem pré-concepções.
Ego adulto *Fortalecer a mente positiva do ego; alinhar-se com o Eu espiritual*	Auto-imagem idealizada, que mostramos ao mundo e queremos acreditar que corresponde ao que somos. Exigências de perfeccionismo para si mesmo e para os outros. Defesas de caráter da máscara: distorção de uma qualidade divina. Submissão (amor), agressão (poder), retraimento (serenidade).	Defeitos de personalidade. Ego egoísta, que quer dominar tudo o que está sob a sua supervisão. Alternativamente, ego fraco e dependente que não assume responsabilidade nem reivindica o que merece. Orgulho, obstinação e medo (aspectos do eu inferior em todos os níveis).	Boas qualidades da personalidade. Vontade positiva do ego, a serviço do Eu espiritual. Escolhas positivas. Observa e aceita todos os aspectos do eu. Busca disciplina espiritual e segue as orientações recebidas. Força pessoal: amor, poder, serenidade.
Relacionamentos humanos *Integrar-se com os outros*	Padrões de dependência e/ou separação. Atribuição de culpas e projeção dos próprios problemas sobre os outros.	Relacionamentos manipuladores e desonestos baseados na sensação de ser especial e importante (eu contra o outro).	Relacionamentos onde existem, ao mesmo tempo, autonomia e amor recíproco (eu e o outro).
Alma/nível transpessoal *Curar a alma pessoal e coletiva; entregar-se a Deus*	A máscara deixou de existir.	Alma pessoal: Direção negativa da alma, visando perpetuar a dualidade. Falhas pessoais da alma, distorções kármicas. Alma coletiva: Arquétipos negativos e impulsos demoníacos. Ligação com o poder negativo e com a separação (mal).	Alma pessoal: Direção positiva da alma, visando unificar. Dons pessoais da alma e vontade de servir. Alma coletiva: Arquétipos positivos e essências angélicas. Entrega aos guias interiores e a Deus.
Nível unitivo ESTAR EM DEUS	A máscara deixou de existir.	Não há mais impulsos de separação; o eu inferior desaparece.	Presença criativa: amor e verdade. ESTAR AQUI AGORA

PASSOS DO CAMINHO ESPIRITUAL

	O TRABALHO INTERIOR		Postura do ajudante na relação de assistência
	Práticas espirituais	**Trabalho com um ajudante**	
ORAÇÃO ... MEDITAÇÃO ... ORAÇÃO ... O RITMO ... TRABALHO COM A RESPIRAÇÃO, O RITMO ... TRABALHO COM A RESPIRAÇÃO, RECAPITULAÇÃO DIÁRIA ... DIÁRIO, RECAPITULAÇÃO DIÁRIA ... MEDITAÇÃO ... ORAÇÃO	Questionar todas as idéias fixas/imagens/atitudes; ver o eu com atenção, curiosidade e sinceridade.	Abrir-se à realidade emocional da criança interior. Descobrir como as imagens da infância criam e distorcem a realidade atual.	Trabalhar a transferência: analisar ativamente como a realidade da infância é reproduzida na relação com o ajudante.
	Meditar e rezar, em diálogo com a criança interior.	Externar sentimentos reprimidos na infância, incluindo raiva, pesar, dor e alegria.	Permitir a transferência positiva e negativa: projeções do genitor "perfeito" e do genitor "decepcionante" ou "monstruoso".
	Invocar o ego positivo adulto e a Divina Mãe/Divino Pai para que cuidem da criança interior.	Deixar para trás as ilusões da infância.	
	Fazer um diário e uma recapitulação diária para descobrir padrões de personalidade. Meditar para desenvolver e fortalecer a capacidade de se observar com objetividade e tolerância. Fazer preces e afirmações para entrar em sintonia com o amor e a verdade.	Examinar honestamente padrões de vida e o que eles revelam sobre o eu. Aceitar as contradições do eu — os defeitos "maus" e as qualidades "boas"; a dor e o prazer. Diferenciar o eu dos outros; criar um ego resistente e eficaz. Reconhecer e aceitar os sentimentos atuais que vão surgindo. Fazer ligações com o passado, se forem pertinentes; libertar-se do passado para atuar no presente.	Negociar um contrato claro e confiável, limites claros. Promover a diferenciação entre o ego e o ajudante. Não participar da transferência: trabalhar com problemas adultos, não com a recriação do relacionamento infantil. Fazer revelações pessoais dentro do razoável. Permitir que os sentimentos aflorem, em vez de incentivá-los.
	Meditar e rezar para abrir o coração, praticando o perdão de si mesmo e dos outros. Envolver-se com o serviço compassivo.	Fazer interações conscientes; negociar os relacionamentos. Praticar a ligação com a realidade/vulnerabilidade/ confissão/perdão. Vivenciar a fraternidade.	Participar por inteiro: falar mais, estimular a ligação, confrontar a separatividade. Passar da transferência para a intimidade; permitir o companheirismo.
	Rezar, aceitar e afirmar as intenções positivas. Sintonizar-se com o raio divino da alma: amor, poder ou serenidade. Descobrir e esforçar-se por cumprir a tarefa da alma. Trabalhar com rituais e cerimônias. Buscar e ouvir os guias espirituais; entregar-se aos mestres espirituais. Dedicar a vida e a vontade a Deus.	Descobrir e analisar as intenções negativas. Sentir e extravasar a dor que está por trás da vingança, da amargura, do retraimento. Revelar e eliminar as marcas kármicas de vidas passadas. Assumir total responsabilidade pela criação da própria vida. Trabalhar com arquétipos, sonhos, jornadas interiores, visualizações criativas. Trabalhar com respiração e ritmo.	Observar como problemas mais profundos da alma são recriados no relacionamento com o ajudante. Servir de modelo para a forma adequada de se relacionar. Atenuar os limites para permitir o contato no nível da alma. Sair do caminho; entrar no espaço que ultrapassa os limites do ego; canalizar energias superiores. Ser pessoalmente transparente.
	Adorar o Divino em todas as suas formas. Praticar a percepção do momento.	Dar lugar aos impulsos espontâneos e criativos. Relaxar na respiração, no ritmo, em Deus.	Deixar que o trabalho seja uma constante criação conjunta do mestre e do aluno, em que ambos têm acesso ao Divino, sem limites nem separações.

Lista de Palestras do Guia do Pathwork para uma vida de Espiritualidade Integral

1. O mar da vida
2. Decisões e testes
3. Escolha o seu destino
4. O cansaço do mundo
5. A felicidade como elo da cadeia da vida
6. O lugar do homem nos universos espiritual e material
7. Pedir ajuda e ajudar os outros
8. O contato com o mundo espiritual de Deus — mediunidade
9. A prece do Senhor
10. Encarnações femininas e masculinas — seus ritmos e causas
11. Conhece-te a ti mesmo
12. A ordem e a diversidade nos mundos espirituais — o processo de reencarnação
13. Pensamento positivo
14. O Eu superior, o eu inferior e a máscara
15. A influência entre os mundos espiritual e material
16. Alimentação espiritual
17. O chamado
18. O livre-arbítrio
19. Jesus Cristo
20. Deus — a criação
21. A queda
22. A salvação
25. O caminho
26. A descoberta dos próprios defeitos
27. A fuga do caminho também é uma possibilidade
28. A comunicação com Deus
29. Atividade e passividade
30. Obstinação, orgulho e medo
31. A vergonha
32. Tomada de decisões
33. Preocupação com o eu
34. O preparo para a reencarnação
35. Voltar-se para Deus
36. A prece
37. Aceitação — dignidade na humildade
38. Imagens
39. Descoberta de imagens
40. Mais sobre imagens
41. Imagens — o dano que causam
42. Objetividade e subjetividade
43. Três tipos básicos de personalidade: razão, vontade e emoção
44. As forças do amor, de Eros e do sexo
45. Desejos conscientes e inconscientes

46. A autoridade
47. A muralha interior
48. A força vital
49. Culpa: justificada e injustificada — obstáculos no caminho
50. O círculo vicioso
51. Opiniões independentes
52. A imagem de Deus
53. Amor-próprio
55. Três princípios cósmicos: expansão, restrição e imobilidade
56. Motivações saudáveis e doentias do desejo
57. A imagem de massa da importância do eu
58. O desejo de ser feliz e infeliz
60. O abismo da ilusão — liberdade e responsabilidade pessoal
62. O homem e a mulher
64. A vontade exterior e a vontade interior
66. A vergonha do Eu superior
68. A repressão de tendências criativas — processos mentais
69. O desejo legítimo de ser amado
71. Realidade e ilusão
72. O medo de amar
73. A compulsão para recriar e superar mágoas da infância
74. Confusões
75. A grande transição no desenvolvimento humano
77. Autoconfiança — sua verdadeira origem
80. Cooperação — comunicação — união
81. Conflitos no mundo da dualidade
82. A conquista da dualidade simbolizada pela vida e morte de Jesus
83. A auto-imagem idealizada
84. Amor, poder e serenidade
85. Autopreservação e procriação
86. Conflito entre os instintos de autopreservação e procriação
88. Verdadeira e falsa religião
89. O crescimento emocional e sua função
90. Moralização — necessidades
92. Renúncia às necessidades cegas
93. A imagem principal — necessidades e defesas
94. Os conceitos divididos geram confusão — neurose e pecado
95. Alienação de si mesmo — como voltar ao eu real
96. Preguiça, sintoma de alienação de si mesmo
97. O perfeccionismo é um obstáculo para a felicidade — manipulação das emoções
98. Fantasias de realização de desejos
99. Falsas impressões dos pais, sua causa e sua cura
100. O enfrentamento da dor dos padrões destrutivos
101. A defesa
102. Os sete pecados capitais
103. Os males de amar demais — vontade construtiva e destrutiva

104. O intelecto e a vontade como instrumentos que atrapalham a percepção do eu
105. O relacionamento do homem com Deus em várias etapas do seu desenvolvimento
106. Comparação entre tristeza e depressão — relacionamentos
107. Três aspectos que impedem o homem de amar
108. A culpa fundamental por não amar — obrigações
109. Saúde espiritual e emocional pela reparação pela culpa real
110. Esperança e fé
111. Substância da alma — como lidar com as exigências
112. A relação do homem com o tempo
113. Identificação com o eu
114. A luta: saudável e doentia
115. Percepção, determinação e amor como aspectos da consciência
116. A consciência sobreposta
117. Vergonha e problemas não-resolvidos
118. Dualidade por meio da ilusão — transferência
119. Movimento, consciência, experiência: prazer, a essência da vida
120. O indivíduo e a humanidade
121. Deslocamento, substituição, sobreposição
122. Realização pessoal por meio da autopercepção como homem ou mulher
123. Como superar o medo do desconhecido
124. A linguagem do inconsciente
125. A transição da corrente do não para a corrente do sim
126. O contato com a força vital
127. Os quatro estágios da evolução: refletir, perceber, entender e saber
128. Como o homem protege as alternativas ilusórias
129. O vencedor e o perdedor
130. A abundância comparada com a aceitação
131. Expressão e impressão
132. A função do ego no relacionamento com o eu real
133. O amor como movimento espontâneo da alma
134. O conceito do mal
135. Mobilidade na descontração — ligação da força vital a situações negativas
136. O medo ilusório do eu
137. Controle interno e externo — amor e liberdade
138. Um dilema humano: desejo e medo da intimidade
139. Entorpecimento do centro da vida pela má interpretação da realidade
140. A ligação ao prazer negativo como origem da dor
141. A volta ao nível original de perfeição
142. O desejo e o medo da felicidade
143. Unidade e dualidade
144. O processo e o significado do crescimento
145. O chamado da corrente da vida e a resposta
146. O conceito positivo da vida — amar sem medo
147. A natureza da vida e a natureza do homem
148. Positivismo e negativismo: uma só corrente de energia
149. O impulso cósmico para a evolução

150. O amor-próprio como condição do estado universal de bem-aventurança
151. Intensidade, um obstáculo para a autopercepção
152. Ligação entre o ego e a consciência universal
153. A natureza auto-reguladora dos processos involuntários
154. A pulsação da consciência
155. Dar e receber
157. As infinitas possibilidades de experiência entravadas pela dependência emocional
158. O ego e o eu real: cooperação ou obstrução
159. A manifestação da vida como ilusão dualista
160. A conciliação da cisão interior
161. A negatividade inconsciente obstrui a entrega do ego aos processos involuntários
162. Três níveis de realidade para orientação interior
163. Atividade mental e receptividade mental
164. Outros aspectos da polaridade — o egoísmo
165. As fases evolucionárias do sentimento, da razão e da vontade
166. Percepção, reação, expressão
167. O centro vital imobilizado adquire vida
168. Duas formas básicas de viver: aproximação e distanciamento do centro
169. Os princípios masculino e feminino no processo criativo
170. Medo e anseio de ser feliz
171. A lei da responsabilidade pessoal
172. Os centros de energia vital
173. Práticas para abrir os centros de energia
174. Auto-estima
175. Consciência
176. Como superar a negatividade
177. Prazer, a plena pulsação da vida
178. O princípio universal da dinâmica do crescimento
179. Reações em cadeia na dinâmica da vida
180. O significado espiritual do relacionamento humano
181. O significado da luta humana
182. O processo de meditação
183. O significado espiritual da crise
184. O significado do mal e como transcendê-lo
185. Reciprocidade: lei e princípio cósmico
186. O risco da reciprocidade: força de cura para mudar a vontade interior negativa
187. Alternância entre o estado de expansão e de contração
188. Afetar e ser afetado
189. Auto-identificação pessoal determinada pelos estágios de consciência
190. A importância de sentir todos os sentimentos
191. Experiência interna e externa
192. Necessidades reais e falsas
193. Resumo dos princípios básicos do Pathwork
194. Meditação: suas leis e vários enfoques
195. Identificação com o eu espiritual para superar as intenções negativas
196. O compromisso: causa e efeito

197. Energia e consciência distorcidas: o mal
198. A transição para a intenção positiva
199. O significado do ego e como transcendê-lo
200. O sentimento cósmico
201. A desmagnetização dos campos de força negativos
202. A interação psíquica da negatividade
203. A interpretação da centelha divina e das regiões exteriores
204. O que é o caminho?
205. A ordem como princípio universal
206. O desejo: criativo ou destrutivo
207. O simbolismo espiritual e o significado da sexualidade
208. A capacidade inata de criar
209. A palestra de Roscoe: inspiração para o Pathwork Center
210. O processo de visualização para evoluir para o estado unitivo
211. Acontecimentos externos refletem a autocriação — três estágios
212. Reivindique a capacidade total de grandeza
213. Solte-se, abra-se a Deus
214. Pontos nucleares psíquicos
215. O ponto do agora
216. Relação entre o processo de encarnação e a tarefa de vida
217. O fenômeno da consciência
218. O processo evolutivo
219. A mensagem do Natal — mensagem para as crianças
220. Acorde da anestesia ouvindo a voz interior
221. Fé e dúvida: verdade e distorção
222. A transformação do eu inferior
223. A Nova Era e a nova consciência
224. Vazio criativo
225. Consciência individual e grupal
226. Perdoar a si mesmo sem justificar o eu inferior
227. A mudança das leis exteriores para interiores na Nova Era
228. O equilíbrio
229. O homem e a mulher na Nova Era
230. Mudança: reencarnação no mesmo período de vida
231. Educação da Nova Era
232. Os valores do ser comparados aos valores do parecer
233. O poder da palavra
234. Perfeição, imortalidade, onipotência
235. A anatomia da contração
236. A superstição do pessimismo
237. Liderança — a arte de transcender a frustração
238. A pulsação da vida em todos os níveis de manifestação
239. Palestra de Natal de 1975 e mensagem de casamento
240. Aspectos da anatomia do amor: amor-próprio, estrutura, liberdade
241. A dinâmica do movimento e a resistência à sua natureza
242. O significado espiritual dos sistemas políticos

243. O grande medo existencial dos desejos
244. "Estar no mundo sem ser do mundo" — o mal da inércia
245. Causa e efeito
246. Tradição: aspectos divinos e distorcidos
247. Imagens de massa do judaísmo e do cristianismo
248. Três princípios do mal
249. A dor da injustiça
250. A exposição do déficit — a fé na graça divina
251. O casamento na Nova Era
252. Segredo e privacidade
253. Continuar lutando ou parar de lutar
254. A entrega
255. O processo de nascimento — a pulsação cósmica
256. Espaço interior, vazio enfocado
257. Aspectos do influxo divino: comunicação, consciência de grupo, exposição
258. Contato pessoal com Jesus Cristo

Essas palestras podem ser encomendadas aos centros relacionados na página seguinte.

"Sejam todos vocês abençoados.

Os que quiserem comprometer-se com o ser interior e valer-se da ajuda que este caminho pode proporcionar terão todos os seus esforços abençoados e guiados. E os que não quiserem dar esse passo ainda, ou quiserem buscar outro caminho, também são abençoados.

Fiquem em paz."
— O Guia

Para maiores informações sobre o Pathwork

Há numerosos Pathwork Centers em atividade e uma rede de vários grupos de estudo e de trabalho com as palestras sobre Pathwork na América do Norte, na América do Sul e na Europa. Acolhemos com alegria a oportunidade de ajudá-lo a estabelecer contato com outras pessoas interessadas em aprofundar-se nesse estudo. Para pedir qualquer palestra ou livros sobre Pathwork, ou para obter mais informações, entre em contato com os centros regionais marcados com um asterisco (*):

Califórnia
Pathwork of California, Inc*
1355 Stratford Court # 16
Del Mar, California 92014
Ph. (619) 793-1246
Fax: (619) 259-5224
E-mail: CAPathwork@aol.com

Região Central dos Estados Unidos
Pathwork of Iowa
24 Highland Drive
Iowa City, Iowa 52246
Ph. (319) 338-9878

Região dos Grandes Lagos
Great Lakes Pathwork*
1117 Fernwood – Royal Oak,
Michigan 48067
Ph./Fax (248) 585-3984

Eixo América-Inglaterra
Sevenoaks Pathwork Center*
Route 1, Box 86 – Madison, Virginia 22727
Ph. (540) 948-6544
Fax: (540) 948-3956
E-mail: SevenoaksP@aol.com

*Nova York, Nova Jersey,
Nova Inglaterra*
Phoenicia Pathwork Center*
Box 66, Phoenicia
New York 12464
Ph. (800) 201-0036
Fax: (914) 688-2007
E-mail: PATHWORKNY.ORG

Noroeste
Northwest Pathwork
811 NW 20th, Suite 103-C Portland,
Oregon 97209
Ph. (503) 223-0018

Filadélfia
Philadelphia Pathwork
901 Bellevue Avenue
Hulmeville, Pennsylvania 19407
Ph. (215) 752-9894
E-mail: dtilove@itw.com

Sudeste
Pathwork of Georgia
120 Blue Pond Court –
Canton, Georgia 30115
Ph./Fax (770) 889-8790

Sudoeste
Path to the Real Self/Pathwork
Box 3753 – Santa Fe,
New Mexico 87501
Ph. (505) 455-2533

Estados Unidos
Pathwork Foundation
P.O. Box 6010, Charlottesville,
VA 22906-6010 – USA
Tel.: (434) 817-2660
E-mail: pathworkfoundation@pathwork.org
http://www.pathwork.org

Pathwork Brasil
http://www.pathwork.com.br

Brasil
Pathwork Regional Bahia
Bahia, Ceará, Pará
Av. ACM, 2501, Sala 412/Candeal
41288-900 – Salvador – BA
Tel./Fax: (71) 3353-7091
E-mail: pathworkbahia@yahoo.com.br
http://www.pathworkba.com.br

Brasil
Pathwork Regional São Paulo
Rua Roquete Pinto, 401
05515-010 – São Paulo – SP
Fone: (11) 3721-0231
E-mail: pathwork@pathwork.com.br
http://www.pathworksp.com.br

Brasil
Pathwork Regional Paraíba
Paraíba, Pernambuco e Alagoas
Rua Josias Lopes Braga, 497
Bairro Bancários
58051-800 – João Pessoa
Paraíba – PB
Tels. (83) 3235-5188/9967-8303/3224-2362
E-mail: claubetenobrega@terra.com.br

Brasil
Pathwork Regional Brasília
Brasília e Goiânia
Setor Terminal Norte, Conj. 0,30
Centro Clínico Life Center, sala 113
70630-000 – Brasília – DF
Tel: (61) 3340-5253
E-mail: eloisaprata@brturbo.com.br

Brasil
Pathwork Regional Rio
Rio de Janeiro e Espírito Santo
Rua Duque Estrada da Barra, 57 –
Apto. 102 – Gávea
22451-090 – Rio de Janeiro – RJ
Tel: (21) 2529-2322/8224-4333
E-mail: gmdell@globo.com
http://www.pathworkrio.com.br

Brasil
Pathwork Regional Sul
Rio Grande do Sul e Santa Catarina
Av. Iguaçu, 485/401
90470-430 – Porto Alegre – RS
Tel: (51) 9963-0623
http://www.pathworksul.com.br

Brasil
Pathwork Regional Minas Gerais
Rua Santa Catarina, 1630 – Pilotis
Bairro de Lourdes
30170-081 – Belo Horizonte – MG
Tel: (31) 3335-8457
E-mail: rnlac@terra.com.br

Luxemburgo
Pathwork Luxembourg
L8274 Brilwee 2
Kehlen, Luxembourg
Ph. (352) 307328

Países Baixos
Padwerk
Amerikalaan 192
3526 BE Utrecht
The Netherlands
Ph./Fax (035) 6935222
E-mail: Trudi.groos@pi.net

Uruguai
Uruguai Pathwork
Mones Rose 6162
Montevideo 11500, Uruguay
Ph. (598) 2-618612
E-mail: lgf@adinet.com.uy

Argentina
Pathwork Argentina
Castex 3345, piso 12 – Cap. Fed.
Buenos Aires, Argentina
Ph. 0054-1-801-7024

Canadá
Ontario/Quebec Pathwork
P. O. Box 164
Pakenham, Ontario KOA - 2X0
Ph. (613) 624-5474

Alemanha
Pfadgruppe Kiel
Ludemannstrasse 51
24114 Kiel, Germany
(0431) 66-58-07

Holanda
Padwerk*
Boerhaavelaan 9
1401 VR Bussum, Holland
Ph./Fax (03569) 35222

Itália
Il Sentiero*
Via Campodivino, 43 – 04020 Spigno
– Saturnia (LT) Italy
Ph. (39) 771-64463
Fax: (39) 771-64693
E-mail: crisalide@fabernet.com
http://www.saephir.it./crisalide

Mexico
Pathwork Mexico
Pino # 101, Col Rancho Cortes
Cuernavaca, Mor 62120 Mexico
Ph. 73-131395
Fax: 73-113592
E-mail: andresle@infosel.net.mx

Há traduções do material sobre Pathwork disponíveis em holandês, francês, alemão, italiano, português e espanhol.

Este livro proporciona profundas introvisões sobre o significado das inevitáveis dificuldades dos relacionamentos e dá orientação sobre o modo de resolvê-las para ter parcerias vibrantes. Ele responde de uma forma simpática às perguntas sobre sexualidade e espiritualidade, divórcio, medo da intimidade, reciprocidade e sobre como manter acesa a chama do amor.

CRIANDO UNIÃO

O Significado Espiritual dos Relacionamentos

Eva Pierrakos e Judith Saly

"*Criando União* nos desafia a empreender corajosamente a maior aventura da vida, a jornada que vai do isolamento inspirado pelo medo, ou da parceria relutante, até o amor sem medo e a plena realização com um espírito semelhante ao nosso. O que poderia ser mais fascinante e satifatório?"

– Gene Humphrey, Ph.D.
Presidente da Pathwork Press

EVA PIERRAKOS canalizou 258 palestras, ao longo de um período de 22 anos, sobre a natureza da realidade psicológica e espiritual e sobre o processo do desenvolvimento espiritual das pessoas. Essas palestras do seu Guia constituem a base do método psicológico que Eva criou e que chamou de *Pathwork*, basicamente um Caminho que conduz ao nosso Deus interior pelo confronto entre nossos demônios e nossos anjos, entre os interesses mesquinhos do ego e nossas forças espirituais. Um grupo cada vez maior de professores, curadores e terapeutas veio estudar com ela, entre eles, o psiquiatra John Pierrakos, criador da Core Energetics. Eles se casaram, e da fusão de seu trabalho nasceu uma poderosa forma de transformação pessoal.

JUDITH SALY começou a praticar o Pathwork em 1958, e é professora e conselheira do Pathwork há 25 anos. Casou-se com John Saly em 1955 e ambos passaram a integrar o grupo de direção do Pathwork, juntamente com Eva e John Pierrakos. Desse vibrante relacionamento de 38 anos nasceram três filhos e dois netos. Com Donovan Thesenga, Judith trabalhou na organização do livro *O Caminho da Autotransformação*, também publicado pela Editora Cultrix, e escreveu *How to Have a Better Relationship*.

EDITORA CULTRIX

NÃO TEMAS O MAL
O Método Pathwork para a Transformação do Eu Inferior

Eva Pierrakos e *Donovan Thesenga*

> "*Não Temas o Mal* apresenta a idéia do mal em abordagem prática e moderna que nos ajuda a encarar nossas experiências negativas sob uma nova luz que irá transformar nossa dor pessoal em alegria e prazer."
> – Barbara Ann Brennan, autora de *Mãos de Luz*, publicado pela Editora Pensamento.

"Você não é uma pessoa má. Eu não sou uma pessoa má. Contudo, o mal existe no mundo. De onde ele vem?

"As coisas más que são feitas sobre a Terra são praticadas por seres humanos. Nós não podemos pôr a culpa disso nas plantas ou nos animais, numa doença infecciosa ou em influências nefastas do espaço sideral. Mas, se você e eu não somos maus, quem é mau?

"Aqueles dentre nós que estudaram e praticaram o *Pathwork* de Eva Pierrakos descobriram, com um sentimento de alívio, que esses ensinamentos fornecem o elo perdido que até aqui tem escapado às considerações da religião e da psicologia.

"A vasta maioria das transmissões espirituais da atualidade, ou material canalizado, concentra-se na bondade essencial dos seres humanos, na nossa natureza divina final. E essa é uma mensagem valiosa para o nosso tempo. Mas o que faremos com o nosso "lado escuro"? De onde ele vem, por que é tão difícil de ser tratado e como devemos lidar com ele?

"É nas respostas a essas questões que repousa o valor principal deste livro. A transmissão que veio através de Eva Pierrakos ensina-nos que alguma forma de mal pode ser encontrada no coração de cada ser humano, mas que ele não precisa ser temido ou negado. Um método é oferecido para que possamos ver claramente o nosso "lado escuro", compreender suas raízes e causas e, o que é mais importante, transformá-lo. O resultado dessa transformação será paz no coração humano, e só depois que esta for alcançada é que haverá paz na Terra."

Donovan Thesenga

EDITORA CULTRIX

MÃOS DE LUZ

Barbara Ann Brennan

> *Este livro é de leitura obrigatória para todos os que pretendem dedicar-se à cura ou que trabalham na área da saúde. É uma inspiração para todos os que desejam compreender a verdadeira essência da natureza humana.*
> ELISABETH KÜBLER-ROSS

Com a clareza de estilo de uma doutora em medicina e a compaixão de uma pessoa que se dedica à cura, com quinze anos de prática profissional observando 5000 clientes e estudantes, Barbara Ann Brennan apresenta este estudo profundo sobre o campo energético do homem.

Este livro se dirige aos que estão procurando a autocompreensão dos seus processos físicos e emocionais, que extrapolam a estrutura da medicina clássica. Concentra-se na arte de curar por meios físicos e metafísicos.

Segundo a autora, nosso corpo físico existe dentro de um "corpo" mais amplo, um campo de energia humana ou aura, através do qual criamos nossa experiência da realidade, inclusive a saúde e a doença. É através desse campo que temos o poder de curar a nós mesmos.

Esse corpo energético – pelo qual a ciência só ultimamente vem se interessando, mas que há muito é do conhecimento de curadores e místicos – é o ponto incial de qualquer doença. Nele ocorrem as nossas mais fortes e profundas interações, nas quais podemos localizar o início e o fim de nossos distúrbios psicológicos e emocionais.

O trabalho de Barbara Ann Brennan é único porque liga a psicodinâmica ao campo da energia humana e descreve as variações do campo de energia na medida em que ele se relaciona com as funções da personalidade.

Este livro, recomendado a todos aqueles que se emocionam com o fenômeno da vida nos níveis físicos e metafísicos, oferece um material riquíssimo que pode ser explorado com vistas ao desenvolvimento da personalidade como um todo.

Mãos de Luz é uma inspiração para todos os que desejam compreender a verdadeira essência da natureza humana. Lendo-o, você estará ingressando num domínio fascinante, repleto de maravilhas.

EDITORA PENSAMENTO

O CAMINHO DA AUTOTRANSFORMAÇÃO

The Pathwork of Self-Transformation

Eva Pierrakos

"*O Caminho da Autotransformação*, de Eva Pierrakos, me acompanha há vinte anos. É o trabalho espiritual mais profundo e eficiente que encontrei, e tem me ajudado a realizar os meus sonhos. Cada vez que o leio, fico maravilhada com a profundidade e amplitude de sabedoria e amor que ele ensina. É um caminho de verdade, prático, que modificará a sua vida."

– Barbara Ann Brennan, autora de *Mãos de Luz*.

Eva Pierrakos, nascida Eva Wassermann, é natural da Áustria, em cuja capital, Viena, cresceu, enquanto se adensavam sobre a Europa as nuvens que culminariam na Segunda Guerra Mundial. Entretanto, Eva amava a vida, a natureza, os animais, os prazeres da dança, a prática do esqui e a amizade. Deixando a Áustria, ela passou a viver durante algum tempo na Suíça antes de se fixar em Nova York. Durante esse período, tornou-se o canal de comunicação de um espírito-guia altamente desenvolvido que proferiu a série de palestras que formam o conteúdo deste livro.

Sua história é idêntica à de todos os transmissores da verdade espiritual: primeiro, espanto pela manifestação desse dom especial; depois, relutância em admiti-lo; e, finalmente, humilde cumprimento da tarefa com total devotamento. Discretamente, Eva atraiu a si um número sempre crescente de pessoas que se sentiram arrastadas ao caminho da autotransformação ensinado pelo Guia. Trabalhando com seu marido, o psiquiatra John C. Pierrakos, autor de *A Energética da Essência*, Eva desenvolveu o que chamou de *The Pathwork*, basicamente, um Caminho, um método psicológico que conduz ao nosso Deus interior pelo confronto entre nossos demônios e nossos anjos, entre os interesses mesquinhos do ego e nossas forças espirituais.

Mostrando-nos como aceitar-nos plenamente como somos agora e a superar tudo o que bloqueia nossa evolução pessoal e espiritual, este livro oferece-nos um método prático, racional e honesto para atingirmos nossa identidade criativa mais profunda.

EDITORA CULTRIX